中国司法改革实证研究丛书

致力于中国司法制度、刑事诉讼制度和纠纷解决的
实证研究作品

最高人民法院2011年审判理论重大课题资助
国家“九八五工程”四川大学社会矛盾与社会管理研究创新基地支持

中国司法改革实证研究丛书

左卫民/丛书主编

中国特色案例指导制度研究

THE RESEARCH ON THE GUIDING CASE SYSTEM IN CHINA

主　编

左卫民　陈明国

撰稿人

蒋　敏　吕国凡　钟兴全　段陆平
李照彬　蒋　军　魏庆锋　舒劲松
余　静　陈丽华　聂　茸

北京大学出版社
PEKING UNIVERSITY PRESS

“中国司法改革实证研究丛书”序

2014年10月20日至23日召开的中共十八届四中全会，无疑将在当代中国法治建设的进程史上留下划时代的一笔。继党的十八届三中全会提出进一步深化司法体制改革的新措施后，党的十八届四中全会通过的中共中央《关于全面推进依法治国若干重大问题的决定》，又提出了关于司法改革的重大举措，这对中国司法建设与改革而言显然具有积极意义。

长期以来，笔者及笔者带领的学术团队包括所指导的博士研究生，一直致力于司法制度、刑事诉讼制度和纠纷解决的实证研究，力图真切地把握中国司法与诉讼制度的运行现状，深度剖析其利弊得失，抓住切实存在的重要问题，探究其成因，并在此基础上提出有针对性和可操作性的改革建言。通过不断地展开实证研究，我们取得了关于司法与诉讼制度若干方面的一些研究成果。考虑到当前司法改革的重要性，也考虑到实证研究的重要性，笔者将我们团队近期有关司法制度的研究成果收辑成册，以中国司法改革实证研究为主题，与北京大学出版社联系并系列出版。笔者的看法是，中国司法研究固然早成显学，但司法改革的正确推进尤其是长期有效推行，仍然有待于科学、细致及深入的实证研究。有鉴于此，笔者将自己及所带领团队关于司法的实证研究成果奉献给大家，希望抛砖引玉，引起更多学界同仁关注并展开司法实证研究，同时也为当下和未来的司法改革提供些许参考。

需要指出的是，对于法学研究者而言，实证研究乃是一门新兴的研究方法，无论是笔者抑或笔者所带领的团队成员,都有一个学习与掌握的过程。本系列作品中,有些实证研究方法运用得比较多,有的则比较少;有些运用得比较好,有些则有所欠缺,但鉴于这些作品大都或多或少地运用实证方法,比如使用数据展开分析等,因此笔者仍然以实证研究为主题收辑在一起。其中不当之处,敬请读者诸君批评。

左卫民

2014 年 12 月 3 日于四川大学研究生院

序

“例以辅律，非以破律”。中国历来重视案例，无论是秦代的“廷行事”、汉代的“决事比”、唐宋的“法例”与“断例”，还是明清的“成案”与“例”，以及新中国成立后的案例实践，均可视为“以例断案”之传承与典范。同时，成文法的固有缺陷进一步推动了案例这一“活的法律”的持续发展。南宋理学家朱熹曾指出：“大抵立法必有弊，未有无弊之法……”而德国法学家拉伦茨也曾断言：“法律必然有漏洞。”由此，大陆法系与英美法系逐渐在发挥案例拘束力的制度“路口”交织与融汇。在此背景之下，2010 年 11 月，最高人民法院出台《关于案例指导工作的规定》，标志着中国特色案例指导制度从理论迈入实践，发展远景从编选转向应用。放眼未来，发展与完善成为中国特色案例指导制度的主题。为此，最高人民法院将“中国特色案例指导制度的发展与完善”作为 2011 年审判理论的重大课题，在全国范围内公开招标。四川省高级人民法院与四川大学联合成立课题组，成功申报并成为该课题唯一承担单位。

“道虽迩，不行不至；事虽小，不为不成。”实践是成事至道的关键。四川省高级人民法院从 2003 年起率先建立案例指导制度，经省高级人民法院审判委员会讨论后向全省法院发布典型案例。截至 2011 年年底，四川省高级人民法院共发布《案例指导》30 期、案例 107 件，并公开编辑出版《案例指导》系列丛书 3 辑，在案例的选取、编写、发布等工作机制及激励机制方面积累了较为丰富的经验。最高人民法院发布的第一批、第二批全国指导性案例（仅 8 件）中各有 1 件来自四川省高级人民法院的案例实践。而四川大学拥有丰富的文献资料和高层次的研究人员，具备高水平的理论研究能力。此种“院校合作”模式具有明显的优势，沟通了理论与实践。因此，课题组充分利用“院校合作”优势，确定了课题写作的总体思路,即“以理论引领实证,以实证反哺理论”,从而以理论的高度指引未来实践的深入。具体而言,课题组综合运用比较研究、历史研究、实证研究等方法,既着眼于对中国特色案例指导制度的必要性、定位、效力等宏观层面进行分析论证,又着力于对中国特色案例指导制度的推荐、筛选、废止等运作程序以及制作技术、案例检索、识别技能等微观层面的精心设计;既注重对《最高人民法院公报》案例、四川省高级人民法院发布的典型案例、案例应用试点情况及问卷调查进行统计分析,又注重对上述实践运作中存在的问题、应用“软肋”、发展“瓶颈”等问题进行深度剖析。同时,积极转化调研成果,结合理论研究与实证调研起草《〈关于案例指导工作的规定〉的实施细则(建议稿)》,着力构建一种以法院为主导、社会广泛参与,以“用”为依归回应“选”与“编”的中国特色案例指导制度。

本书的主要内容包括“理论研究”“实证分析”“改革建言”三篇。

上篇为理论研究,以“借鉴与传承”为主线,以比较研究与历史研究为主要方法,从横向与纵向维度勾勒案例指导相关制度的整体轮廓与客观运作情况,从而论证了建立中国特色案例指导制度的必要性问题。

一是案例指导相关制度的域外考察。总体而言,大陆法系与英美法系的判例均是司法过程的自然产物,通过审级监督确保其权威。但二者存在“法官释法”与“法官造法”、事实拘束力与法律拘束力、侧重演绎推理与侧重归纳推理等区别。

二是新中国成立前案例指导相关制度的历史考察。中华法系历来重视案例的指导作用,形成了律例共存的传统,并在民国政府时期和陕甘宁边区政府时期得到承袭与延续,呈现出“例以辅律,非以破律”、判例生成与适用过程中行政化色彩浓厚等特点。

三是新中国成立后案例指导相关制度的探索与实践。新中国成立后,案例受到不同程度的重视,一些标志性事件极大地推动着中国特色案例指导制度的发轫成行,如“初创时期”以1962年《关于人民法院工作若干问题的规定》为代表,“发展时期”以1985年《最高人民法院公报》刊发案例及江苏省高级人民法院、天津市高级人民法院、四川省高级人民法院等地方法院的踊跃实践为典型,“成型时期”则以2005年《人民法院第二个五年改革纲要》及2010年11月《关于案例指导工作的规定》为标志。在此历史进程中,案例指导制度在名称、效力定位、发布主体、经最高人民法院审判委员会讨论决定的发布程序等方面体现了延续性。

四是构建中国特色案例指导制度的必要性。案例指导相关制度作为具有普适性的法律自我完善机制，一直是任何社会法律体系不可或缺的组成部分，也是统一法律适用的必然趋势，其必要性奠基于对历史传统与法治潮流的对接与融汇、弥补立法“疏漏”、解决“同案不同判”等现状，以及案例指导制度自身所具有的统一规范、社会管理、沟通交流功能。

中篇为实证分析，以“描述与评价”为主线，以实证研究为主要方法，对《最高人民法院公报》案例、四川省高级人民法院发布的典型案例、案例应用试点情况及问卷调查进行客观描述，深度分析应用“软肋”与发展“瓶颈”等问题。

一是案例制度的现实图景。通过对《最高人民法院公报》1985 年创刊至 2011 年年底发布的 834 件案例及四川省高级人民法院 2003 年至 2011 年年底发布的 107 件典型案例进行统计分析，案例编选呈现出一些趋同性，主要表现为：案例主要来源于经济发达地区；审级集中在高、中级人民法院，上诉审案例居多；民商事和刑事案例较多，案由集中在债权纠纷、破坏社会主义市场经济秩序等；案例主要解决具体规则，特别是实体法规范的理解与适用问题等。区别主要表现为《最高人民法院公报》案例以复述法律、司法解释相关规定为主，而四川省高级人民法院发布的填补法律空白型案例所占比例较高。

二是指导机制的运行样本。针对案例应用实践经验相对匮乏的问题，课题组通过制订实施方案、会议现场推进、确定参照案例及参照标准等方式，从 2011 年 9 月 6 日至 2012 年 3 月 5 日在全省 10 个基层人民法院开展案例应用试点工作，期间共计 176 件案件参照适用案例 62 件，呈现出案例适用率较低、案件主要以民商事案件为主、参照案例以该院既往判决与四川省高级人民法院发布的案例居多、解决法律适用疑难的案例参照频率较高等特点。从试点效果看，试点法院法官的案例意识明显增强，案例应用技能得到锻炼，疑难案件得到有效化解，审判效率有所提升，服判息诉效果明显。

三是案例指导的制度愿景。问卷调查结果显示，大部分调查对象认为我国有必要建立案例指导制度，并定位为一种法律适用机制，具有事实拘束力，其首要功能在于统一法律适用标准。对于编选机制，普遍认为各级人民法院应当建立案例工作专门机构负责案例工作，经本院审判委员会讨论后逐级推荐报送，最终由最高人民法院审判委员会讨论决定后按季发布，并定期清理汇编。指导性案例在形式上应当事实清楚、法律适用正确、程序合法、说理充分、裁判效果良好，在实质上应当能够解决法律法规规定较为原则、法律适用疑难复杂、填补法律空白等问题。对于案例“指导”机制，绝大多数调查对象认为，指导性案例的裁判要旨和裁判理由具有指导价值，并表示在办理疑难复杂案件时，会在形成合议意见或裁判观点的过程中、合议庭研究案件时、向审判委员会汇报时，作为裁判理由引述案例，同时希望有权机关制定专门的案例相似性比对规则。

四是案例指导的制度反思。调查结果显示，绝大多数调查对象认为案例指导制度不完善或不够完善，案例指导制度的社会认同情况有待提升，指导性案例的编选机制如编选条件、推荐机制、发布机制、清理汇编等方面尚须完善，案例“指导”机制方面存在案例供给数量不足、拘束力与参照技术不明、说理性与针对性不强、案例检索不便、裁判思维习惯不同等问题。

下篇为改革建言，以“发展与超越”为主线，以理论建构与制度设计为主要方法，对中国特色案例指导制度的宏观与微观层面进行了论证与设计。

一是中国特色案例指导制度的整体轮廓。课题组认为，我国案例指导制度应当定位为一种法律适用机制，具有事实拘束力，其既不同于英美法系的判例法制度与大陆法系的判例制度，也区别于传统中国及民国政府的判例制度，具有“中国特色”：以成文法传统为制度基础，是“法官适法”而非“法官造法”；以中国式成文法体系，即法律或司法解释规定过于原则、概括，法官的自由裁量权较大为制度背景；以归纳提炼为编写技术，注重归纳案情，准确提炼裁判要点；以最高人民法院为唯一的确定发布主体；以诉讼机制外的遴选为案例生成机制；下级人民法院的判决也有可能成为指导性案例，具有跨审级性特征；以解“疏”作为制度运作重心，具有明确、具体和弥补法律条文原则、模糊乃至漏洞方面的作用；以自上而下为权力递延向度，明确要求各级人民法院审判类似案例时应当参照。

二是中国特色案例指导制度的具体设计。针对案例指导制度中的问题，课题组认为，应当以“用”为依归回应“选”与“编”。第一，关于编选机制，应当将公正性、法律性、时效性、普适性作为案例编选标准，注重案例的“内在法律品格”与指导意义，建立由最高人民法院向推荐人颁发证书并定期通报等激励机制，通过清理以往案例如《最高人民法院公报》案例，建立案例主动发现机制、按季发布案例等措施以增加案例“供给”。第二，关于效力机制，应当明确指导性案例的“裁判要点”与“裁判理由”具有事实拘束力，在参照方式上只能作为裁判理由引用。对当事人、辩护人、诉讼代理人在诉讼活动中引述指导性案例支持诉辩意见，人民法院决定不参照的，应当报请分管院领导提交本院审判委员会讨论决定，并以适当方式回应，在阅卷笔录、审理报告、庭审笔录、合议笔录等案卷材料中记载相关情况及理由。当事人可以将指导性案例作为上诉、申诉、申请再审的理由,上级人民法院发现因参照或者不参照指导性案例不适当导致裁判确有错误的,有权提审或者指令下级人民法院再审。第三,关于适用机制,应当以“裁判要点”为相似性识别技术的基准,以“裁判理由”为区别技术的运用基础,综合利用情势权衡、排除适用等对差异事实进行正确“评估”,并配套改革法官的培训与教育机制。第四,关于检索机制,应当通过改进指导性案例的标题、定期清理汇编案例、建设指导性案例库与案例检索辅助系统等方式方便案例检索。

三是《〈关于案例指导工作的规定〉的实施细则(建议稿)》。课题组在理论研究与实证调研基础上,根据最高人民法院《关于案例指导工作的规定》,反复论证,为最高人民法院代拟《〈关于案例指导工作的规定〉的实施细则(建议稿)》,力求为案例指导制度的运行提供一套有参考价值的具体操作规范。

本书由四川大学左卫民教授、四川省委政法委副书记陈明国同志(时任四川省高级人民法院副院长)共同主持,四川省高级人民法院审判管理办公室主任蒋敏、副主任李照彬,工作人员蒋军、魏庆锋、舒劲松、余静、陈丽华、聂苇等,四川大学博士研究生段陆平、吕国凡,硕士研究生钟兴全具体参与。在左卫民、陈明国同志主持、组织下,确定了调研大纲及研究、写作思路与方法,左、陈二位主持人还承担了本书的修改审订工作,相关的研究与写作具体分工如下:

第一章:钟兴全、段陆平

第二章:段陆平

第三章:蒋敏、吕国凡、蒋军

第四章:蒋敏、蒋军

第五、六、七、八章:蒋敏、李照彬、蒋军、魏庆锋、余静、陈丽华、聂苇

第九、十章:蒋敏、蒋军

第十一章:蒋敏、舒劲松

尽管课题组全体人员十分努力,多次修改,但可能仍然存在不少纰漏与问题,在此敬请读者诸君批评指正,以供我们进一步修改完善。

是为序。

左卫民　陈明国

2014年3月

目 录

上篇 | 理论研究

中篇 | 实证分析

下篇 | 改革建言

上篇 | 理论研究

第一章 案例指导相关制度的域外考察

比较法研究是拓宽理论视野、实现知识增益的有效方法。虽然我们关注的是中国特色案例指导制度的发展与完善，但是，一方面，当今英美法系国家和许多大陆法系国家都存在成熟的判例法制度或判例制度。① 了解两大法系判例及判例法制度的运行机制（生成机制、援引机制与效力机制等），以及与之关联的判例编纂技术，对中国特色案例指导制度的发展与完善具有重要意义。另一方面，“中国特色”不能如同“下自成蹊”般自然展露，唯有在比较意义上才能彰显。因而，整体而言，本部分既要为中国特色“案例指导制度”的发展与完善提供理论支撑，又要为“中国特色”案例指导制度的发展与完善提供制度比照。具体来看，目的有二：一是从比较视角力图证成当代中国构建案例指导制度的正当性和必要性；二是希望从域外的优秀经验中找寻合理、合适的因素，为中国特色案例指导制度的发展与完善提供有益的借鉴或启示。

---

① 判例是西方法学学术和法律实践中经常使用的概念，但严格来说，此概念在两大法系的具体称谓和实际含义有较大差别。在英美法系，占支配地位的观点认为，明确或隐含地提出某个法律主张的法院判决——特别是终审法院的判决，构成了法律的一般渊源和正式渊源。参见〔美〕E. 博登海默：《法理学、法律哲学与法律方法》，邓正来译，中国政法大学出版社 2004 年版，第 450 页。判例具有法律的地位，它与立法机关的制定法相对，被视为法官造的法。因此，通常称为判例法。而在大陆法系，判例虽然在法官判案的过程中具有不可忽视的实际影响，但它不占据英美法系那样的法源地位，而判例的称谓正是这种客观现象的反映。因此，在分析大陆法系的相关制度时通常使用“判例”一词，而在探讨英美法系的相关制度时一般使用“判例法”这个概念。有关判例与判例法的意义辨析，可参见刘风景：《判例的法理》，法律出版社 2009 年版，第 4—6 页。

一、两大法系判例(法)制度概述

从源流上来看,判例法来自于英国,是征服者与被征服者之间针对司法权力妥协后的产物,其价值在于从司法案例中抽象出一些基本的法律原则和规则,并为其后的法院判决所遵循。因此,判例法的精髓或核心在于遵循先例。但此种地位的确立却也不是一蹴而就,而是经历了一个长期演变的过程,事实上,直到20世纪以后,遵循先例原则才得以真正确立。伴随着殖民与移民,英国判例法制度不断向世界范围内诸多国家传播并影响着这些国家法律制度的发展。“当今世界,有近三分之一的人生活在其法律制度不同程度受到过普通法影响的地区。”[①]这些国家和地区包括欧洲的爱尔兰、北美的美国、加拿大,大洋洲的澳大利亚、新西兰,亚洲的印度、巴基斯坦、新加坡、马来西亚、菲律宾、斯里兰卡、中国香港、以色列,非洲的尼日利亚、加纳、肯尼亚、乌干达、赞比亚、利比里亚、坦桑尼亚、冈比亚、南非等。前述国家和地区大部分属普通法系,个别国家和地区如南非、以色列等的法律虽然受到罗马法的深刻影响,类似一种混合法,但在其法律程序、思维方式上仍呈现出典型的普通法系的特征。[②] 对普通法的继受,也意味着对普通法系中判例法制度的接受,甚至随着两大法系的融合趋势不断增强,很多普通法系国家的法律改革都展开了法典化运动,但即便如此,判例法的基础地位仍未动摇,这也说明普通法系判例法制度生命力极其旺盛。

在对待成文法上,与英美法系对一切简单的概括都抱着深刻的怀疑态度不同,大陆法系国家特别重视法律的体系化、理性化与科学化,由于其法律发展大多经由立法者和法学家来主导,因此,成文法典被视为最主要乃至于最重要的法律形式。大陆法系国家法律的基本特征就是审判必须以法律(成文法)为准绳,仅仅是在法无明文规定的情形之下,法官才能适当引用习惯、习俗等作出判决。然而,在司法实践中,不管是英美法系国家还是大陆法系国家,下级法院事实上都是遵从上级法院的判例的,尤其是在存在法官升任制度的背景下,更难

---

① 〔德〕K. 茨威格特、H. 克茨:《比较法总论》,潘汉典、米健、高鸿钧、贺卫方译,法律出版社2003年版,第325页。

② 参见孟凡哲:《普通法系的判例制度——一个源与流的解读》,吉林大学博士学位论文2004年,第30页。

有下级法院审判与上级法院不符之情形。[①] 由此可见，即便是在制度层面一般未明确表示认可案例具有拘束力的大陆法系国家，判例在司法实践中对其后类似案件的裁判也是具有拘束力的，这尤其集中体现为上级法院判例对下级法院审判的强烈影响。

需要指出的是，在大陆法系国家，由于只有法律、法规或一定条件下习惯的法律效力得到认可，因此判例制度一般都是以内化于习惯中的方式来发挥其实质上的法律约束力的。[②] 实践中，法官即便参照某一先例进行裁判，一般也不会将先例写入裁判文书的论证部分，更不会依据先例判决。比如在法国，如果法官以判例而不以法律、法规、习惯和法理为依据判决，上级法院很可能以“缺乏法律依据”为理由废除原判。[③] 不过，如果撇开判例法的外观形式，我们大体可以发现，判例对大陆法系法官的说服力还是比较强的，正如比较法学家勒内·达维德所指出的那样，“判例在大陆法系国家某些领域法的发展中承担第一流的作用”[④]。典型的例证即是法国行政法，某种程度上可以说，法国行政法就是在判例尤其是最高行政法院的判例的基础上发展起来的，在这一过程中，行政法判例的权威性得到逐步确立，判例中的某些原则得到制定法认可，有的至今仍然处于判例状态，甚至制定法有规定时，制定法的适用也由判例所决定。[⑤] 再如德国，20 世纪以来，判例制度已经得到了极大发展，在德国联邦宪法法院系统，判例具有严格的、正式的法律效力已经得到基本法和法律的明确确认，这在很大程度上已经与英美法系趋同。数据显示，“在 1990—1995 年期间，联邦宪法法院的判决中引用判例的比例是 97.02%；1992—1995 年，联邦财政税务法院公布的判决中有 99.29% 引用了判例；在 1990—1994 年期间，联邦行政法院的判决中引用判决的比例是 97.51%”[⑥]。而在德国普通法院系统，判例的法律效力虽然没有得到明确认可，但实践中也与法国一样具有事实上的约束力。由此可见，在最典型的大陆法系国家——法国、德国，判例在司法审判中也起着非常重要的作用。

判例不仅在法国、德国这两个典型的大陆法系国家不断受到重视并发挥着

---

① 参见〔日〕大木雅夫：《比较法》，范愉译，法律出版社 1999 年版，第 126 页。
② 参见〔美〕R. B. 施莱辛格：《大陆法系的司法判例》，吴英姿译，载《法学译丛》1991 年第 6 期。
③ 参见潘锋平、饶艾：《西方两大法系判例之比较》，载《成都行政学院学报》2003 年第 5 期。
④ 〔法〕勒内·达维德：《当代主要法律体系》，漆竹生译，上海译文出版社 1984 年版，第 124 页。
⑤ 参见杨成：《法国行政判例制度及其借鉴》，载《行政与法》2007 年第 5 期。
⑥ 王玧：《判例在联邦德国法律制度中的作用》，载《人民司法》1998 年第 7 期。

重要作用,而且也逐渐在其他大陆法系国家和地区中占据了重要地位。虽未有具体数据,但课题组从对现有的公开资料进行统计后发现,包括意大利、西班牙、葡萄牙、俄罗斯、日本、瑞典、瑞士、哥伦比亚、比利时、卢森堡、我国澳门地区及台湾地区等在内的大陆法系国家和地区都越来越注重判例的作用。如意大利,“最高法院有一个特别的任务,就是确保对法律的准确的遵守和法律解释的统一,因此保障法的确定性和国家客观法秩序的统一。根据意大利学者的说法,基于该条的授权,意大利的最高法院承担了某种可以叫做‘规则编制’(nomofilachia)的功能。而实现这个功能最主要的工具就是最高法院的判例”[①]。第二次世界大战后的日本由于受到美国法的深刻影响,法院审判过程中在某种程度上也已经采用遵循先例原则,尤其是其行政判例作为习惯法的一种,在事实上具有法的拘束力。[②] 又如,《瑞典民法典》第1条规定:“凡本法在文字上或解释上有相应规定的任何法律问题,一律使用本法。如本法无相应规定时,法官应依据惯例;无惯例时,依据自己作为立法者所提出的规则裁判。”瑞典法律虽未对判例作为法律渊源的效力问题作出明确规定,但基于法官可以作为立法者角色的考量,从而赋予法官可以提出裁判规则的权力,而法院的生效判例无疑可成为法官提出裁判规则的依据。再如俄罗斯,近年来,俄罗斯联邦对司法制度进行了一系列重大改革,这些改革带来的一个直接结果就是法院权威的树立和判例地位的提高。此外,俄罗斯联邦最高法院在审理具体案件时作出的判决,尤其是其中涉及法律解释的部分,愈加经常地成为确定的、有说服力的判例。其中的重要判例刊登在专门登载最高法院审判实践经验的定期出版物(如《俄罗斯联邦最高法院公报》)上,引起普遍的关注,在下级法院审理类似案件时被越来越多地在判决中正式援引,事实上起着拘束力的作用。[③]

需要指出,大陆法系的判例虽然得到法院的实质遵从,但严格而言,其遵从乃是基于法律本身所具有的普遍约束力,而非判例的约束力。深入考察可以发现,大陆法系的判例事实上是由司法判决在长期受重视后逐步演变为一种习惯法的表现形式而发挥作用,即在法无明文规定的前提下,某一司法判例在长时间内持续解决某类法律争议并在社会中形成法律确信,最后就成为习惯法的一种表现形式被赋予法律约束力。此外,还有一种特殊的跨越国界与法系的判例

---

① 薛军:《意大利的判例制度》,载《华东政法大学学报》2009年第1期。

② 参见解亘:《日本的判例制度》,载《华东政法大学学报》2009年第1期。

③ 参见杨亚非:《判例与俄罗斯法的发展》,载《法制与社会发展》2000年第1期。

法适用，即欧洲法院的判例，欧洲法院判例在欧盟法中作为重要法律渊源出现，但仅对请求解释国法院具有绝对拘束力，对其他成员国的法院则不具有此种绝对的拘束力。①

综上所述，自20世纪以来，大陆法系和普通法系在法律形式方面已有逐渐接近或趋同的现象，典型之一就是判例在司法实践中占据重要地位，发挥越来越重要的作用。可以说，判例已经成为法制建设的基本内容，成为法治发展的必然趋势。特别是大陆法系国家，为了促进法律能够适应社会发展的需要，也越来越注重运用判例。因此，对于当代中国而言，构建并进一步发展与完善中国特色案例指导制度是符合当代世界法治发展潮流的重要举措，具有不容置疑的正当性与必要性。

二、英美法系判例法制度——以美国为例

判例在美国是正式的法律渊源。在美国，法官不仅运用审判权力解决个案纠纷，还承担着利用司法权力创制一般规则的职能。法官创造法律规则的载体即判例，而蕴含在判例之中的法律的原则与精神就是判例法。

（一）美国司法中判例的运行机制

在美国，法院对制定法的实施和判例法的发展拥有最后发言权，判例法（法官造的法）构成了美国正式和主要的法律渊源，制定法仅在判例法留下空白的地方和判例规则的汇编上发挥有限的作用。从严格意义上来讲，在美国，判例可分为有拘束力的判例和有说服力的判例。② 有拘束力的判例对法院具有正式的法律约束力，法院在审判同类案件时通常必须遵循。③ 具有说服力的判例对后来的法院则没有正式的法律约束力，但如果后来法院认为该判例中的判决理由很充分，可参照该判例进行判决。④ 尽管都可称为判例，但前者是正式法律渊源，故可称为判例法，而后者不能。⑤

---

① 转引自最高人民法院研究室：《关于赴比利时、卢森堡、法国考察判例制度有关情况的报告》。

② 参见廖彦忠：《美国法院运用“遵循先例原则”之探讨》，载《美欧月刊》1994年第11期；刘风景：《“指导性案例”名称之辨正》，载《环球法律评论》2009年第4期。

③ 参见刘风景：《“指导性案例”名称之辨正》，载《环球法律评论》2009年第4期。

④ 参见〔美〕伯纳姆：《英美法导论》，林利芝译，中国政法大学出版社2003年版，第48页。

⑤ 参见刘风景：《判例的法理》，法律出版社2009年版，第5页；刘风景：《“指导性案例”名称之辨正》，载《环球法律评论》2009年第4期。

1. 判例法的效力来源:遵循先例原则

在英美法系国家,判例之所以能担负起为法官(乃至整个社会)提供法律规范的功能,其效力来源于遵循先例原则。遵循先例原则的基本含义是,法官在审理案件时,要受到上级法院以及自身以往类似判例的约束。① 在遵循先例原则下,对于先前类似的判例,法官在审理待决案件时不只是参照,而是必须遵循。② 可以说,美国法官在司法审判中对判例的重视,就如同大陆法系国家法官审理案件时对制定法条文的关切。

2. 判例法制度下的法律推理

在美国,法院单纯援引制定法来处理案件的情况并不常见,特别是在普通法占据主导地位的合同、侵权和财产法领域,单纯引用法律条文来裁决案件的情况非常少。③ 即便在已经具备较为完备的法典的法律领域,也只有少部分案件单纯依据制定法处理。④ 在美国,判决书中援引判例非常普遍。从结构上看,美国的判例通常由案件事实、判决理由和附带说明三部分组成。事实上,仅判决理由对后案具有法律拘束力。但一般而言,判决理由的提出是"只可意会,不可言传"的,这在很大程度上并非逻辑推导的结果,用何美欢教授的表达,这是"领悟"形成的。"法律要求行为人要有注意义务,也即行为要合理,但是什么情况合理、什么情况不合理,并不是法律能够说明的,而需要对判例事实进行'领悟'才可能得出结论。"⑤在这一"领悟"过程中,辨识出何为附带理由、何为判决理由,是运用先例的关键,这就需要运用区别技术。

较之于大陆法系法官,美国法官不习惯运用演绎方法通过解释制定法来处理案件,而更擅长运用区别技术发现与待决案件事实类似的判例,通过判例的区分与适用来解决待决案件。⑥ 按照美国学者列维的观点,判例法制度下的法

---

① 参见刘风景:《"指导性案例"名称之辨正》,载《环球法律评论》2009 年第 4 期。

② 参见杨树明等:《判例:一种法律解释的方法——兼论我国国际私法判例制度的构建》,载《河北法学》2006 年第 5 期。

③ 参见李晓辉:《"水中之石":普通法传统中的美国法典化》,载《人大法律评论》2009 年卷。

④ 根据美国学者马克 · D. 罗森统计,在随机抽取的 200 个案例中 657 个法律问题的 1000 多个引注中,法院仅仅通过成文法条来处理的情况占 40.8%,而这 200 个案件都是与《统一商法典》和《联邦证据规则》这两个重要法典直接相关的。Mark D. Rosen, What Has Happened to The Common Law? Resent American Codifications And Their Impact On Judicial Practice And The Law's Subsequent Development, 1994 *Wisconsin Law Review* 1119, p. 1127. 转引自李晓辉:《"水中之石":普通法传统中的美国法典化》,载《人大法律评论》2009 年卷。

⑤ 何美欢:《案例制度的域外经验》,载《中国法律》2010 年第 5 期。

⑥ 参见杨树明等:《判例:一种法律解释的方法——兼论我国国际私法判例制度的构建》,载《河北法学》2006 年第 5 期。

律推理是一个“个案到个案”的过程，即“将一项由先例提炼出的论断视同一项法则并将之适用于后一个类似的情境之中”①。按照这一理论，判例法的推理过程实际上包含了类比推理、归纳推理和演绎推理三个前后连贯的逻辑过程。②

第一步是类比推理，即通过对比，将待决案件与判决先例连接起来。类比着眼于事实，在这个阶段，法官需要研究待决案件与先例案件在事实方面的相似与相异之处，然后权衡两者的相似性与差异性的重要程度。如果待决案件与先例案件在本质方面存在相似性，则遵循该先例进行裁判；反之，则予以“区别”，不遵循该先例。

第二步是归纳推理，即运用归纳方法从找到的先例中抽象出法律规则或原则。③ 法律规则或原则通常隐含在判例理由之中。而如果作出先例裁判的法官对于裁判的意见有分歧，那么只有代表法院意见和最终处理结果的多数意见才具有先例效力，少数派的异议司法意见不会创造先例。但说服力强的少数意见也可能在后案中得以遵循，从而产生一个新的先例。

第三步是演绎推理，即将抽象出来的法律规则或原则适用于眼前的案件。④“一旦选定了前提，普通法的法官也可同样程度地使用演绎，就像一旦制定法解释出了某个可适用的概念以后，制定法法官所能做的那样。”⑤这是一个三段论的推理过程，大前提是第二步归纳出来的法律规则和原则，小前提是第一步所建立起来的先例与眼前案件的联系，结论就形成了案件的判决。

3. 美国不同法院判例的效力

美国存在着联邦法院系统和51个平行的州级法院系统（50个州法院系统加上哥伦比亚特区法院系统）。尽管联邦与州以及个别州之间的判例法体系存在从属关系，但整体而言，美国并没有形成统一的判例法体系，每个州均有自己的判例法。为考察的便利，我们从纵向和横向两个维度来观察美国的判例法制度。

从纵向看，美国联邦最高法院处于两套法院体系的顶峰，其不仅是美国宪法的解释者，也是各类案件终极意义上的上诉法院，因此其判例对下级联邦法

---

① 〔美〕艾德华·H. 列维：《法律推理引论》，庄重译，中国政法大学出版社2002年版，第3页。

② 参见李安：《归纳法在判例主义法律推理中的有效性与论证》，载《法律科学》2007年第2期。

③ 参见于大水：《简论审判中的法律推理》，载《当代法学》2001年第6期。

④ 参见刘风景：《判例的法理》，法律出版社2009年版，第56—69页。

⑤ 〔美〕理查德·A. 波斯纳：《法理学问题》，苏力译，中国政法大学出版社2002年版，第320页。

院和各级州法院均构成先例。在联邦系统内部，联邦上诉法院的判例也为联邦地方法院所遵循，而联邦地方法院的判决一般不具有判例的性质。在州法院系统，州终审法院的判例同样约束着州上诉法院和州低级法院，而州上诉法院的判决对于低级法院也具有约束力，州低级法院的判决一般不具有判例的性质。[①]

从横向看，某一法院的判例不仅约束下级法院，而且约束它们自己。不过，横向的先例比纵向先例有更小的拘束力，法院推翻自己确立的先例的情形更为多见。同时，这也跟法院的层级有关，较高级别的法院负有更大的发展法律的职责，对待自己的先例的方式也更灵活；而较低级别的法院通常更着眼于适用先在的法律解决个案，因此更多地受到自身判例的约束。例如联邦最高法院就有改变法律政策的权力，通常不需遵循自己的先例。而联邦上诉法院则一般有更多的遵循自己先例的义务。[②] 不同司法辖区的各州法院以及同一辖区的同级法院的判决之间通常不构成先例。[③] 例如，某个州法院的判例对其他州的法院就仅具有说服力，但如果其他州法院援引了这个“有说服力的判例”，则这个判例就衍生为这个州法院的先例，以后对于这个州法院及下级法院就构成了有拘束力的判例。同样，由于实行二元法律与司法体系，联邦法院适用某个州的法律审理案件时对该州法律作出的解释，对那个州而言也仅仅具有说服力而没有拘束力。相反，在适用州法律处理案件时，联邦法院也必须遵循该州最高法院确立的先例。因为，州最高法院而非联邦法院是该州法律的权威解释主体。[④] 这是美国二元司法体制下的一个特色。

（二）美国司法判例的编纂技术

对判例引用的需要，促使美国发展出了十分成熟的判例汇编制度。[⑤] 美国法律界虽然一般认为未出版的司法见解书不能成为先例，但案例汇编并非完全由官方进行，美国许多州以西方图书公司（West Publishing Company）出版的汇

---

① 参见杜江：《美国审判制度》，载《西南师范大学学报》（人文社会科学版）2004 年第 4 期。

② 参见宋晓：《判例生成与中国案例指导制度》，载《法学研究》2011 年第 4 期。

③ 当然也存在例外的情况。例如，缅因州是从马萨诸塞州分离出来的，因此马萨诸塞州法院的判决对缅因州的法院而言就具有先例的约束力，类似的还有西弗吉亚州与弗吉尼亚州、哥伦比亚特区与马里兰州。

④ 参见杨成良：《美国州际协定法律背景的变迁》，载《山东师范大学学报》（人文社会科学版）2005 年第 5 期。当然，这并不排斥联邦法院通过解释宪法推翻州的法院或者州法院的判例，但这是另一层面的问题。

⑤ 参见郎贵梅：《美国联邦最高法院判例汇编制度及其启示》，载《法律文献与信息研究》2008 年第 2 期。

编为准。①

官方出版的含义是指由法院指定或授权的出版机构出版。② 在美国,并非所有的法院判决都能够由官方出版,联邦和州的最高法院的判决都可以出版,而联邦巡回法院和州上诉法院通常只有不到20%的判决得以出版,联邦地区法院和州低级法院的判决则不公开出版。③ 以联邦最高法院的判决为例,在美国,联邦最高法院裁判在宣判之后会先后通过四种印刷品和两种电子产品予以公布。一般在法庭宣判的当天公众就可以得到裁判原文的印刷版,即法庭判决;几天后,单行本判决就会产生;经过数月积累的单行本将会汇编成联邦最高法院判例汇编的初印本,经过最终的编辑和建立索引之后,就形成了美国联邦最高法院判决的最终的官方版本——《美国最高法院判例汇编》(简称 U. S. O)。另外,美国联邦法院的判例还可以通过两种电子化的权威途径获得,一个是美国联邦最高法院的网站,另一个是一个付费的文件服务系统。法官在引用判例时,通常会选择优先引用官方出版的正式判例集。④

美国的非官方案例编纂非常发达,它们不仅出版及时,而且内容全面、便于检索、容易阅读。在美国,最知名的非官方判例汇编是西方图书公司出版的全国判例汇编系统和律师出版公司出版的美国法判例汇编系统。西方图书公司的全国判例汇编系统的鲜明特色是内容全面,有来自 50 个州和联邦法院的判例汇编,几乎涵盖了所有可以公开出版的联邦和州各级法院的判例。而律师出版公司的美国法判例汇编系统是注释性判例集系统,其特色是精选判例、重视注释,仅选择极为有限的重要判例进行汇编并予以详细注释。⑤ 通常非官方判例汇编的完整性、可读性和参考价值比官方判例还大。尤其是西方图书公司的判例报告(汇编)覆盖了全美各州,由于该公司出版了所有允许出版的司法意见,以至于有些州放弃了出版官方判例报告(汇编)的做法。⑥

---

① 参见〔美〕伯纳姆:《英美法导论》,林利芝译,中国政法大学出版社 2003 年版,第 53 页。

② 参见林彦:《美国法院如何遵循先例》,载《中外法学》2009 年第 6 期。

③ 同上注。

④ 参见郎贵梅:《美国联邦最高法院判例汇编制度及其启示》,载《法律文献与信息研究》2008 年第 2 期。

⑤ 同上注。

⑥ 参见余高能等:《美国判例法的运作机制》,载《西安电子科技大学学报》(社会科学版) 2007 年第 4 期。

三、大陆法系的判例制度——以德国为例

德国是典型的大陆法系国家。在德国,正式的法律渊源首先是成文法,其次是作为成文法补充的习惯法。除联邦宪法法院的判决外,判例在德国不具有正式的法律约束力。[①] 尽管没有遵循先例原则的约束,但实际上,“对先例的服从在以德国为代表的欧陆国家制度架构中比在英美制度框架中得到更为严格的遵守”[②]。

(一) 德国司法中判例的运行机制

一般而言,判例在德国法律体系中不具有法律渊源的地位。[③] 法院判决中引用判例的主要目的是解释制定法,且多半是要表明在与待决事项相关的某一事项上,某个权威的法院已有成规,从而增强当前案件判决的法律论证,其作用就如同在判决中引用学说论著那样。[④] 因此,在德国,单纯引用判例进行裁判可能会被视为没有法律依据而在上诉中被撤销。

1. 基本的效力定位

德国判例一般可以分为单独判例和系统判例两种类型。单独判例是指在以前的审判中,有关法院作出过一个或者数个与目前待决案件类似的判例,但未系统化和规模化;系统判例则是指,针对某一类型的案件,法院曾作出一系列判决,该系列判决构成了法院处理目前同类案件的习惯性原则。从效力定位上看,系统判例对待决案件的约束力要强于单独判例。其理由在于,德国法院一般认为,个别的判例尚不足以成为习惯,而只有一系列判例对同一法律问题认定一致时才具有类似习惯的效力。[⑤] 这也表明了判例在德国主要是被视为习惯而发挥作用的。

---

① 参见最高人民法院课题组:《关于德国判例考察情况的报告》,载《人民司法》2006 年第 7 期。

② 〔美〕米尔伊安 · R. 达玛什卡:《司法和国家权力的多种面孔——比较视野中的法律程序》,郑戈译,中国政法大学出版社 2004 年版,第 56 页。

③ 参见胡震远:《案例指导制度初论》,载《上海政法学院学报》2011 年第 4 期。

④ 在德国,法院判决中有引用学者学说的习惯。参见〔法〕勒内 · 达维德:《当代主要法律体系》,漆竹生译,上海译文出版社 1984 年版,第 133 页。

⑤ 参见雷安军、王留彦:《判例制度与经济发展的关系研究(上)——德国判例制度及其对构建我国案例指导制度的启示》,载《前沿》2011 年第 2 期。

2. 不同法院判例的效力

德国实行联邦制,因此法院系统也相应地由联邦法院和州法院组成。[①] 但与美国的二元司法体系不同,在德国司法系统中,州法院实际上是联邦法院的下级法院(宪法法院是例外,在德国联邦宪法法院和州宪法法院之间是相互独立的,两者没有审级关系)。[②] 由于历史传统的原因,德国拥有6个法院系统,分别是:宪法法院、普通法院、劳动法院、行政法院、社会法院和财政法院。[③] 六大系统各成体系。在不同的法院系统,判例的地位和影响力有所差别。

(1) 联邦宪法法院判例具有法律约束力。宪法系统法院主管宪法性案件,由互相独立、没有审级关系的联邦宪法法院和州宪法法院构成。[④] 在德国,联邦宪法法院的权限和组成由《德国基本法》规定,其法律地位高于其他法院。[⑤] 根据《德国联邦宪法法院法》的规定,联邦宪法法院的判决对所有联邦宪法机构、各州和其他部门从其生效时起即具有法律约束力。[⑥] 如果其他法院作出与宪法法院判例相反的判决,该判决即是非法的,将在上诉中被撤销。[⑦] 宪法法院自身也要遵守已有的判例,但这种约束力不是绝对的。简而言之,联邦宪法法院的判例除被联邦宪法法院自身改变或者立法机构通过重新立法废止之外,在联邦及各州拥有类似法律的效力。

(2) 其他法院判例具有事实拘束力。除宪法法院外,另外5个法院系统均由不同审级的法院构成。其中,普通法院主管刑事、民事案件,有四个层级,实行三审制;劳动法院、行政法院和社会法院分别主管劳动案件、行政案件、社会保障案件,均有三个层级,同样实行三审制;而财政法院主管税费案件,由于大多数财政案件都采用了复议前置程序,因此财政法院只有两个层级,实行两审制。[⑧] 这5个法院系统具有一个共同特征,即它们的终审法院均为相应的联邦

---

① 参见钟尔璞:《德国法院的组织体系与法官制度》,载《四川审判》2002年第2期。

② 参见汪倩:《美德司法制度比较研究》,载《湖北经济学院学报》(人文科学版)2009年第2期。

③ 参见宋建潮等:《德国、法国司法制度之比较》,载《人民司法》2000年第3期。

④ 在德国的16个州中,除了石勒苏益格—荷尔斯泰因州以外,其他州均有自己的州宪法法院。参见奚晓明等:《两大法系判例制度比较研究》,北京交通大学出版社2009年版,第12页。

⑤ 德国宪法法院的中心任务是对国家机关的行为进行违宪审查,在这个意义上,它类似于美国联邦最高法院;但它和美国联邦法院的主要区别在于,它不是普通法院系统的一部分,而是独立的司法机关。载维基百科:《德国联邦宪法法院》(zh. wikipedia. org/wiki/)。

⑥ 参见最高人民法院课题组:《关于德国判例考察情况的报告》,载《人民司法》2006年第7期。

⑦ 参见雷安军、王留彦:《判例制度与经济发展的关系研究(上)——德国判例制度及其对构建我国案例指导制度的启示》,载《前沿》2011年第2期。

⑧ 参见奚晓明等:《两大法系判例制度比较研究》,北京交通大学出版社2009年版,第117页以下;汪倩:《美德司法制度比较研究》,载《湖北经济学院学报》(人文科学版)2009年第2期。

法院。

由于德国实行成文法制度，因此联邦宪法法院之外的其他法院（包括终审法院）的判例并不具有强制、正式的拘束力。[①] 法官没有遵循先例的强制义务。但上下级法院的审级关系以及法官的晋升制度客观上使得上级法院的判例会受到下级法院某种程度的重视与遵循。如果法院作出一个与其以前的判例相悖的判决，需要证明另作判决的必要性，同时必须向上级法院报告。[②] 这一制度为上级法院监督下级法院适用判例的情况提供依据。下级法院在害怕自己的判决被上级法院推翻的心理下，往往会考虑依据上级法院的判例进行判决。[③] 这一观点得到我国最高人民法院的调研印证。2011 年 11 月，最高人民法院组织考察团赴欧洲部分国家访问时，多位法国法官提及，崇尚法官"独立、自由和公正"，并不意味着法官拥有绝对的独立和自由：基于上诉法院对下级法院裁决可以撤销的事实，以及大陆法系法官晋升要受自身审判工作业绩、口碑和上一级法院影响等因素，判例在大陆法系国家通常会被所有法官遵循，发挥着事实上影响法官判案的作用。[④] 同时，为了提高效率，法官们也通常乐于直接参照一个现成的判例进行裁判。事实上，判例在各个法院系统最高审判机关公布的判决中被经常引用。[⑤]

（二）德国司法判例的编纂技术

判例汇编是德国判例制度赖以存在的重要基础。在德国，判例汇编同样分为官方汇编和非官方汇编。联邦德国的官方判例汇编由不同法院系统分别编纂，自成体系，如联邦最高法院的半官方判例汇编是《联邦法院判例集》，由民事判例汇编和刑事判例汇编组成；联邦宪法法院的半官方判例汇编是《联邦宪法法院判例汇编》；联邦行政法院的半官方判例汇编是《联邦行政法院判例汇编》，等等。[⑥] 除了官方的判例汇编，还有一些民间的判例集，比如《新法学周

---

① 参见王玧：《判例在联邦德国法律制度中的作用》，载《人民司法》1998 年第 7 期。
② 同上注。
③ 参见潘荣伟：《大陆法系的司法判例及其借鉴》，载《山东法学》1998 年第 4 期。
④ 引自最高人民法院研究室：《关于赴比利时、卢森堡、法国考察判例制度有关情况的报告》。
⑤ 例如，数据显示，1992 年—1995 年期间，联邦财政法院公布的判决中有 99.29% 引用判例；1990 年—1994 年期间，联邦行政法院的判决中引用判例的占 97.51%。参见王玧：《判例在联邦德国法律制度中的作用》，载《人民司法》1998 年第 7 期。
⑥ 参见王洪亮：《德国的判例编纂制度》，载《法制日报》2005 年 3 月 10 日。

刊》(NJW)、《法学者报》《德国法月刊》《经济法杂志》等。[①]

德国的判例编纂的体系化程度较高。判例通常会按照特定的法律问题领域进行归类,按照法院类型、法院级别、文件号、时间以及法律领域归类进行排列。[②] 在所编纂的判例前面部分,通常还要用一句话来概括案件要旨,并展示相关法条,而在案件事实及判决理由后面常附有一些法学家的评论。

四、小结:比较与借鉴

通过上文的分析,我们不难发现,尽管法典法与判例法仍然是大陆法系国家和英美法系国家相区别的主要根据,但大陆法系国家越来越重视判例在弥补成文法缺陷、维护法制统一方面的作用。[③] 无论英美法系国家还是大陆法系国家,均在各自的意义上存在判例制度。[④] 由于两大法系所奉行的哲学理念和政治结构不同,两者的判例制度还是存在较大差别的。

首先,从性质上,判例在美国即是法律,而在德国一般不具有法律的性质。美国的判例法是法官从习惯中发现法律的途径,是法官造法。[⑤] 而德国的做法与之相反,判例是作为习惯对以后的案件发生影响,是法官释法。

其次,判例(法)与制定法的关系不同。在美国,法官仅将制定法视做只能依据其概念自身的含义加以适用的具体的法律规则的集合,制定法概念以外的领域均属于判例法的范围。[⑥] 有学者作了一个形象的比喻:在普通法系,制定成文法就像是在一桶水里放置石头,石头只排除相当于石头体积的水,但是水会立即填满未被石头占据的空间。[⑦] 在德国则完全不同,制定法是主要的法律渊源,而判例法只处于补充和辅助的地位,其作用是对制定法的具体解释和漏洞弥补。判例是在法律的框架之内活动,而立法的目的正是为判例确立这些框

① 参见王洪亮:《德国的判例编纂制度》,载《法制日报》2005 年 3 月 10 日。

② 同上注。

③ 参见房文翠:《接近正义寻求和谐:案例指导制度的法哲学之维》,载《法制与社会发展》2007 年第 3 期。

④ 参见胡云腾:《案例指导制度若干重大疑难争议问题研究》,载《法学研究》2008 年第 6 期。

⑤ 参见朱建敏:《构建案例指导制度的几个具体问题——基于效力定位的视角》,载《法治研究》2008 年第 7 期。

⑥ 参见余高能:《美国判例法的运行机制》,载《西安电子科技大学学报》(社会科学版)2007 年第 4 期。

⑦ 参见刘风景:《判例的法理》,法律出版社 2009 年版,第 61 页。

架。[①] 如果仍用“水中之石”比喻的话,在德国,构成“水”的是制定法,而判例则是“水中之石”。

最后,判例的适用技术不同。在美国,引用判例时必须严格区分判决理由与附带说明,美国的法官精于运用区别技术从浩瀚无边的判例中寻找法律规则。而在德国,法官不太重视先例中的案件事实,而是更依赖从先例中抽象出来的裁判要旨,习惯于运用演绎的方式将判例中的裁判要旨适用到后案之中。这体现了两个法系国家的法官思维方式的基本差异。

尽管存在这些差异,两国的判例制度也有不少共通的做法,这些通行的做法体现了判例制度的某些内在性质,可以为我国案例指导制度的完善提供有益借鉴。

首先,从美、德两国的实践来看,判例的生成均是司法过程的自然结果,没有明确的规范对判例的生成作出规定。[②] 在美国,“判例制度作为一种传统,它一直没有被写下来成为一条成文规则,也未见于宪法、制定法或者就职的誓约”[③]。而在德国,“德国法院先前的与待决案件有关联的判决所具有的约束力是非规范化的,不仅找不到任何法律规定,也并没有明确被作为普遍的司法政策”[④]。从理论上讲,任何法院都不受其他法院判决的约束,判例的生成和运行也是司法实践的自然结果。[⑤] 从法律的国际发展趋势看,两大法系逐渐融合,因此不必拘泥于被划分为成文法系还是普通法系。成文法是刚性的、静态的法律,不可避免地具有滞后性和僵硬性,判例制度的显著优势是既可以保持法律的稳定性,又能使法律保有发展的活力,在对成文法的拾遗补缺方面发挥作用。我国最高人民法院在国家法律作出特别规定之前,为了适应司法审判实践的需要,未雨绸缪地建立了案例指导制度,变被动为主动,是司法能动的一个方面。当然,要借鉴其他法系的经验,也须持扬弃之科学观念,一切以适应中国司法土壤之能动而做特色式构建,以推进中国特色案例指导制度的不断发展与完善,充分发挥案例指导法律适用、统一司法尺度方面的作用。在完善中国特色案例指导制度、发挥指导性案例作用方面要依法逐步推进,循序渐进,切不可将西方判例制度的规则一概套用于我国的案例指导制度,否则,反而会形成制度推行

① 参见刘风景:《判例的法理》,法律出版社2009年版,第5页。
② 参见秦宗文:《案例指导制度的特色、难题与前景》,载《法制与社会发展》2012年第1期。
③ 〔美〕E.阿伦·法恩斯沃思:《美国的判例法》,陶正华译,载《环球法律评论》1985年第6期。
④ 最高人民法院课题组:《关于德国判例考察情况的报告》,载《人民司法》2006年第7期。
⑤ 参见秦宗文:《案例指导制度的特色、难题与前景》,载《法制与社会发展》2012年第1期。

的阻碍。

其次，在两国的判例制度中，判例的效力主要依赖司法过程，即通过审级制度来保证判例的权威，而非借助司法外权力的行使。判例的遵守依赖于司法程序自然产生的规制力量和程序外的柔性约束机制，如司法人员违背判例，主要承担判决被撤销、个人声誉受影响等柔性责任。[①] 同时判例的废止，也主要通过新的判例取代旧的判例，没有专门化的判例清理程序。我国现行的案例指导制度主要依靠最高人民法院的司法外权力来自觉推动，从指导性案例的效力定位到遴选标准与程序等，均以“规定”的形式作出明确的安排，指导性案例对法官起到指导、辅助审判的作用。这是我国案例指导制度建设中不得不由之路。事实上，由于中外在诉讼程序、司法制度、法律渊源、法系文化等方面的区别，上述差异的存在不仅具有合理性，而且在短期内不可能发生根本性的改变。但是从长远来看，应当逐步改变我国现有的审级制度，通过发挥最高人民法院的终局裁判的司法权力来保证指导性案例的权威。在指导的方式上，借鉴两大法系的经验，统一法律适用的重点逐渐转移为通过指导性案例，而非主要依赖请示汇报及司法解释。同时，为适应我国社会主义法律体系已初步构建完成的格局，逐渐将案例指导提取的裁判规则吸收至成文法条之中。

再次，两国的判例制度中均存在多元化的判例体系。在美国，尽管实行判例法，但实际上判例可以区分为有拘束力的判例和有说服力的判例，两者分别以刚性和柔性两种方式为法官的裁判提供法律资源。而在德国，不同的法院体系的判例有不同的约束力。我国地域广阔，法律实施中既有统一性的要求，同时还存在着差别化的需要，加之法律规定呈现的原则性较强等特点，都要求以案例的形式进一步指导审判、统一司法的尺度。因此，在最高人民法院发布指导性案例的同时，至少也应当鼓励各高级人民法院经过本院审判委员会讨论决定，可以发布对辖区法院审判工作具有参考意义的案例并报最高人民法院备案，但不得使用“指导性案例”或者“指导案例”等称谓，并不得与最高人民法院指导性案例相冲突，以实现司法过程中所需要的正常的“因地制宜”。

最后，英美法系与大陆法系在判例实践中的编纂出版以及之后的注释，对于我国案例指导制度的体系构建具有重要参照意义。并不是每个案件都可以起到指导性案例的作用，指导性案例应具有代表性、典型性，为此必须构建一套完善的遴选、审核、发布、废止和作用发挥体系，促进案例指导工作专业化发展。

---

① 参见秦宗文:《案例指导制度的特色、难题与前景》，载《法制与社会发展》2012 年第 1 期。

一是建立上下结合的案例编选体系。不同于西方国家的审级制度，按照我国《人民法院组织法》规定的四级两审制度，绝大多数案例都在地方法院终审，由此必须建立一套运转顺畅的从下级法院的裁判中进行筛选的机制，并形成完整的编选程序。

二是应当建立有利于案例应用的指导体系。借鉴两大法系对案例编纂、汇编的方法，可尽快建立有一定规模效应的案件数据库，应使法官非常容易搜索到需要知悉的相关案件的审判情况和结果，为正确审判案件提供参考。

三是在吸引公众参与方面，我国案例指导制度也规定了人大代表、政协委员、律师和社会公众可向最高人民法院推荐案例，但仍需进一步的制度保障，以确保其实现。

第二章　新中国成立前案例指导相关制度的历史考察

立足于宏观史学视角，我们不难发现，自古代中国至近代中国，判例（与此相关的概念有廷行事、决事比、故事、断例、成案、案例等）①在立法与司法两个层面一直都发挥着重要的历史功能。因此，依循文化传统的延续性逻辑，考察我国历史上与案例指导制度相关的判例（法）运行机制，将有助于为当代中国思考如何建构、完善这一制度提供一定的经验启示。

一、古代中国的判例（法）制度

（一）古代中国判例（法）制度概述

传统中国有无“判例法”制度，学界存在不同观点。有学者认为，中国古代社会的法律样式历经西周、春秋的判例法时代和战国、秦代的成文法阶段，自西汉至清末，形成了成文法与判例法相结合的混合法样式，故此，我国“判例法”的

---

① 有学者指出，在西方判例法国家，判例自有其特殊的定义，因此，以西方概念观照中国实际时，会导致语词对接的错位，即如果将其判例概念原封不动地搬到中国，恐怕很难在中国历史语境中找到与之相吻合的法律现象。目前，在学界存在不加区分地使用概念的问题，表现为将古代的例、条例、断例、案例和判例混同，以及不加分析地将廷行事、决事比、法例和判例完全等同起来。参见刘笃才：《中国古代判例考论》，载《中国社会科学》2007 年第 4 期。事实上，前述学者坚持的是狭义的判例概念，而本文将取用广义上的判例概念，即指判决生效后对后案处理具有拘束力或者指导、参照等影响意义的案例，在此基础上来探讨与案例指导制度相关（相类似）的历史实践。

传统毋庸置疑[①];另一种观点认为,我国古代虽然存在"判例"制度,判例可以在断狱时参照,但未上升到"判例法"的高度,即中国无真正意义上的判例法传统。[②] 上述观点孰是孰非,实则难以判断。但整体观之,上述观点在一个基本问题上达成了共识,即传统中国持续性地存在着重视通过判例解决某些裁判问题、总结司法经验的做法。从某种意义上可以肯定,判例或者判例法在中国古代法律制度中是存在的,争论的焦点可能仅在于中国古代判例法是否与近代西方普通法系的判例法存在差异及差异表现在什么地方。[③]

从舜时的"皋陶造律"的传说中可以推断出中国古代的成文法起源于司法实践,律生于例,律是例的固定和升华。春秋战国之后,形成了以法典为主、判例为辅,多种形式并存的法律体系并长期保持。[④] 秦代的"廷行事",除律以外,以判案成例作为判案依据。汉承秦制,汉代的"决事比"与"廷行事"类似,不过其种类更多,应用更广。晋改旧律为刑名法例,自此例与法联系起来。北齐"集罪例以为刑名冠于篇首",改名为例律。唐朝是我国封建法制成熟与定型时期,法制比较完备,在司法实践中,虽允许法律无明文规定时比照"法例"断案,但控制较严,并注意以成文法规范判例法,以免引例破敕,以例害律。宋元的"断例"、明清的"成案"与"例"均可视为这一传统判例(法)机制发挥功能的体现。其中,宋元时期,判例在法律渊源中的地位上升,在宋代,整个社会对法律的追求不再以成为法典为中心,而是转向判例等适用性和可变性较强的法律渊源;元代时期,在法律渊源上确立以判例法为主、成文法为辅的法律结构,改变了中国自春秋以来形成的以成文法为主、判例法为辅的法律结构。[⑤] 不过,其后的明清两代,案例(成案)又被严格限制适用,重新回到以成文法为主、判例(法)为辅的状态。

---

① 参见武树臣:《中国古代法律样式的理论诠释》,载《中国社会科学》1997 年第 1 期;武树臣:《"案例指导制度"的历史指导》,载《中国法律》2010 年第 5 期。也可参见何勤华:《中国法学史》,法律出版社 2000 年版;胡兴东:《中西判例法形成语境比较》,载《东方法学》2010 年第 6 期,等等。

② 参见贺卫方:《中国古代司法判决的风格与精神——以宋代判决为基本依据兼与英国比较》,载《中国社会科学》1990 年第 6 期;〔日〕滋贺秀三:《清代诉讼制度之民事法渊源的概括性考察——情、理、法》,载滋贺秀三:《明清时期的民事审判与民间契约》,王亚新等编译,法律出版社 1998 年版,第 26、41 页;沈宗灵:《当代中国的判例——一个比较法研究》,载武树臣主编:《判例制度研究》,人民法院出版社 2004 年版,第 194 页。

③ 参见胡兴东:《中国古代判例法运作机制研究:以元朝和清朝为比较的考察》,北京大学出版社 2010 年版,第 1 页。

④ 参加汪世荣:《判例在中国传统法中的功能》,载《法学研究》2006 年第 1 期。

⑤ 参见胡兴东:《中国古代判例法运作机制研究:以元朝和清朝为比较的考察》,北京大学出版社 2010 年版,第 2 页。

（二）古代中国判例（法）内生机制

法律如同语言一样，是一个民族精神的体现，根源于当时的具体国情、历史传统、社会习俗、民族的心理文化结构、心理状态与思维方式之中。就中国古代判例（法）内生机制而言，第一，中国发达的判例（法）传统的逻辑关联归因于中国古代“天人合一”的经验哲学思维模式，士大夫们继承了先秦贵族“贵我”的独立品格和自主意识，往往以天下为己任，面对疑难案件，思维方式首先是立足于个人经验的直觉判断，善于从宏观上把握整个案情，敢于摆脱成文法之局限，积极济世、能动断案。第二，“实用理性”是中国传统法文化心理结构的主要特征，不片面推崇成文法，而是从传统习俗中、情理中寻找法源，扬判例法实用理性之精神，实现其以司法治国平天下之理想。第三，权变文化即儒家“权变”的思想，主要表现为反对唯一的、僵死的概念与信条，人的思想、行为应当与时俱进。“徒善不足以为政，徒法不能以自行。”历代士大夫关于“人法并重”的思想给判例法生存提供了学理上的根据。①

（三）古代中国判例（法）的运行机制：以清代为例

笔者认为，宋元时期对判例的高度重视并将其作为一种主要的法律渊源这一状况，具有其历史的特殊性，对当代中国案例指导制度的发展与完善虽有一定的借鉴意义，但以成文法为主并且距离今日时间更近的清代判例制度，更值得关注。

1. 清代判例生成机制

清代法律明确规定，刑事案件的判决必须有法律依据，即使没有可以直接引用的法律，也必须采用类比适用并说明理由，但一般而言，须在奏谳或者奏案程序中经过皇帝批准（这实质上是通过最高立法者的确认来获得其形式合法性）。② 不经过特殊批准程序的案例不具备判例的法律效力，这和判例法国家的“法官造法”有本质区别。③ 由上可见，清代的判例生成在本质上而言，是一

---

① 参见张本顺：《论中国古代判例法的风格、成因及其现代意义》，载《湖北社会科学》2009 年第 7 期。

② 判例要具有法律效力，必须要有特殊的准批程序。这包括两种情况：一种情况是某一案件的判决在其被皇帝批准时明确宣布将之“著为例”；另一种情况是当时没有明确宣布某判决是判例，但是嗣后援引该判决作为依据进行判决的案件得到了皇帝的批准。参见刘笃才：《中国古代判例考论》，载《中国社会科学》2007 年第 4 期。

③ 参见刘笃才：《中国古代判例考论》，载《中国社会科学》2007 年第 4 期。

种类推或比附下对已有的法律的具体化与明确化,而不是如同宋元时期的全新法律创制。具体来看,在清代,判例(成案)主要是因为法律适用时没有相关律文或条例,所以通过类比适用,或是有法律,但是存在情法不适应的时候,采用加减等判决后而确立为判例。

2. 清代判例适用机制

在法律适用层面,清代司法依循成文法律的价值取向十分明显,严格限制使用判例(成案),仅在法无明文规定的特殊情形下才能比照援引。《大清律例》附例规定:“凡属成案,未经通行,著为定例,一概严禁。毋庸得混行牵引,致罪有出入。”①但实践层面援引判例(成案)断案的情况并未绝迹。在律例无明文规定,又必须裁决的特殊情况下,也可援引判例(成案)。在适用判例(成案)判案时,需要明确待判决案件与成案在性质与情节上一致或类似,司法称为“情罪一致”或“情罪相等”,此时,就需要裁判者掌握一定的区别技术。典型的适用判例(成案)断案的如山西周进才案:

> 道光十一年,山西周进才案的处理中,刑部查出道光七年山东省成案,认为目前案件中的罪犯因行窃被捉时自割衣襟而误伤事主,罪应拟军;因家有老母而家无次丁,请求留养。而被援引成案中罪犯也因行窃被捉时误伤事主,同样采用自割方式,同样应处充军;因亲老、家无次丁,已获准留养。其间的表达方式都极其相似,其间的两处差别,其一是在于图脱的方式分别是自割衣襟和自割衣襟、发辫;其二在于年老被侍的亲属一系七十八岁的母亲、一为年逾八旬之祖母;这并不构成实质性差别,处理结果自然应该相同。②

3. 清代“因案生例”机制

在立法与修法层面,清代非常注重司法经验总结,形成了从判例抽象出规则并上升为成文法条文的“因案生例”制度。这一制度萌芽于汉代,经过唐宋的发展,明清时期终于得以正式确立且被常态化适用。③ 明清法律制度的一个重大发展是通过“因案生例”制度将判例改造成条例,将其成功纳入成文法律体系中。在清代,“例”是单行法规,性质上属于制定法,并非司法判例。就其产生途

---

① 《大清律例·刑律·断狱》。

② 王志强:《清代成案的效力和其运用中的论证方式——以〈刑案汇览〉为中心》,载《法学研究》2003 年第 3 期。

③ 参见汪世荣:《中国古代判例法制度》,载《判例与研究》1996 年第 1 期。

径和存在形态来说，条例通过一定的立法程序产生，且在形式上是一般的抽象条文，和古代律典中的律文性质极为相似，只是在成文法体系中层次较低而已。[①] 通过从判例中抽象出规则并上升为制定法条文，清代形成了“以例辅律”的体例原则。[②] 此外，清政府还设有律例馆，主持律例修订。乾隆元年规定，条例每三年一修。乾隆十一年改为“五年一小修，十年一大修”，继后，修例被定期化、经常化，从而形成较完备的修例制度。[③] 整体而论，判例在明清时代的一个重要功能在于，为制定法条文的变通、补充、完善和发展提供了大量基础性的经验材料。而且，这些通过经验材料抽象的“例”在清代司法实践中发挥着其他法律制度无可比拟的作用，也正因此，近世学者邓之诚发出了“清以例治天下”的感慨。[④] 事实上，清代的“因案生例”制度与案例指导制度裁判摘要的产生具有异曲同工之妙，值得我们在研究如何发展与完善中国特色案例指导制度时借鉴。

4. 清代的判例编纂与研究

除上述几点机制外，古代中国判例制度运作的其他机制也值得关注，如清代较为系统、发达的判例汇编和判例研究。不仅有官府人士积极运作，如清代任职刑部两代老吏历时数十年精心编纂的《刑案汇览三编》等；更有民间人士极力参与，如清代周尔吉编纂的《历朝折狱纂要》、胡文炳编纂的《折狱龟鉴补》、吴坛的《大清律例通考》、薛允升的《读例存疑》等。[⑤] 这一时期的判例汇编与研究，形成了官民有效互动、共同推进完善判例机制的历史格局。这些判例汇编为司法实践对判例的运用提供了更为方便的渠道；而判例研究则立足制定法的原则、精神，总结审判经验，介绍办案技巧，启迪法官智慧，服务立法改革，为判例制度的发展提供了重要的知识支撑。[⑥]

二、近代中国的判例制度

清末以来，近代中国进入国家与社会的转型期，形成了“三千年未有之大变局”，法律制度的变革也风涌云动。这一时期，判例制度发展到了一个较高的层次。

---

① 参见王侃、吕丽：《明清例辨析》，载《法学研究》1998 年第 2 期。

② 参见吕丽：《论〈大清律例〉“以例辅律”的体例原则》，载《吉林大学社会科学学报》1999 年第 4 期。

③ 参见陈一容：《清“例”简论》，载《福建论坛（人文社会科学版）》2007 年第 7 期。

④ 参见邓之诚：《中华二千年史》（卷五），中华书局 1958 年版，第 531 页。

⑤ 参见汪世荣：《中国古代的判例研究：一个学术史的考察》，载《中国法学》2006 年第 1 期。

⑥ 同上注。

(一) 民国大理院(最高法院)的判例制度(1911 年—1949 年)

1. 民国判例制度的运行机制

民国时期,制定法付之阙如,面对大量案件需要处理的情境,当时的大理院(最高法院)不得不通过创制判例的方式解决这一难题,先后公布了《大理院判决录》《大理院判例要旨》《大理院判例要旨汇览》和《大理院判例要旨汇览续集》等。据不完全统计,共收录判例“计三千九百九十一条”。[①] 关于大理院(最高法院)判例的拘束力,存在以下两种不同观点:

第一观点认为,大理院(最高法院)的判例具有明确的拘束力。比如有学者指出,北洋政府时期既未大规模立法又不沿用清末法律,所以大理院创制的大量判例就成为各级法院遵循的判例。而当时的《法院编制法》第 45 条也明文规定:“凡大理院所作出之判词,都具有法律效力,下级法院不得争论。”国民党政府统治时期,虽有大量成文法律,但审判实践中仍然不免适用司法部和最高法院的判例、解释例,甚至援引北洋政府大理院的判例。[②] 此外,南京国民政府1932 年颁布的《法院组织法》第 25 条规定:“最高法院各庭审理案件,关于法律上之见解,与本庭或他庭判决先例有异时,应由院长呈由司法院院长召集变更判例会议决定之。” 据此,我国台湾地区很多学者认为可以肯定最高法院的判例具有拘束力。[③]

第二种观点认为,大理院(最高法院)判例的拘束力并不明确。如有学者认为,《法院组织法》第 25 条并没有明确地确认判例在法律上的拘束力。[④] 此外,还有学者的论述也隐约指出了大理院判例的效力并不明确的问题,其认为,大理院以“最高审判权”所发之判例,“各级法院遇有同样的事件发生,如无特别的反对理由,多同意这一判决;于是无形中形成了大理院之判决而有实质的拘束力之权威”[⑤]。从这一判断可看出,大理院判例是经由下级法院自愿引用遵循而具有实质权威,但其在法律层面上是否获得刚性的拘束力并不明确。当然,关于大理院(最高法院)判例的效力争议并不能否认判例在民国司法实践中

① 参见潘维和:《中国民事法律史》,汉林出版社 1982 年版,第 17 页。

② 参见董皞:《司法解释论》,中国政法大学出版社 1999 年版,第 338 页。

③ 参见刁荣华:《法学绪论》,汉林出版社 1985 年版,第 86—87 页;也可参见林纪东:《法学绪论》,五南图书出版公司 1987 年版,第 57—58 页。

④ 参见丁海湖:《案例指导制度研究》,西南政法大学 2008 年博士论文,第 47 页。

⑤ 胡长清:《民法总论》,中国政法大学出版社 1997 年版,第 35 页。

发挥的重要历史功能。毕竟,实践中法官遵循大理院判例并运用其裁判确立的规则断案的现实情形确实存在。

大理院还发展了一种"解释例",即大理院在公职机关(不仅仅包括法院)请求法令解释时,直接就呈请解释的问题进行答复,以此发展法律。这种"解释例"在形式上形似于目前最高人民法院司法解释中的"批复"类型,其中可能涵括针对个案的具体化法令解释。不过,具体化的法令解释虽然与个案有所关联,但实质上并不能等同于英美语境意义上的"判例法"。

2. 民国的判例编纂与研究

民国时期的判例汇编与研究同样较为发达,不仅有前文所述的大理院汇编的判例集,也有许多民国学者对大理院(最高法院)的判决例、解释例进行汇编并展开深入研究①,同时,一大批学者还细致研究了国外特别是英美法系的判例制度,并取得了一系列可观的研究成果。民国学者的解释、论说与争辩,为当时的法制与社会变革提供了不可或缺的理论支撑。②

(二)陕甘宁边区高等法院的判例制度

陕甘宁边区政府时期,鉴于当时制定法缺失,既有的法律规定过于简单、粗疏,同时审判人员也需要形象化的裁判依据的历史语境,高等法院比较重视通过判例为司法实践提供相应指导,并编制了《陕甘宁边区判例汇编》。但需要指出的是,判例在当时并未成为主要手段,大量案件裁判时适用的是党的政策。这一时期,判例制度的适用机制主要呈现为以下两点:其一,边区法律中的"判例"实质上指的是司法中的"典型案例",其中某些案例虽然具有一定的指导意义,但其生成逻辑和适用机制与西方语境中的"判例"有本质区别,其中,典型案例既包括裁判正确且社会、政治效果较好的案例,也包括判得不好的案例;不仅有审判案例,还有调解案例。其二,判例并不是一种正式的法律渊源,不能在裁判文书中直接引用,换言之,仅对其后的司法活动具有参考价值。③

---

① 参见段向坤:《民国时期判解汇编初探》,载中国法学网(http://www.iolaw.org.cn/showNews.asp? id=22528),访问时间:2012年3月10日。

② 参见刘昕杰、杨晓蓉:《民国学者对民初大理院判例制度的研究》,载《东方法学》2011年第5期。

③ 参见汪世荣、刘全娥:《陕甘宁边区高等法院编制判例的实践与经验》,载《法律科学》2007年第4期。

三、小结:经验与启示

(一)历史上中国判例(法)制度的经验总结

其一,历史上中国一直都存有“判例”制度,甚至,从功能主义的视角来看,历史上中国不少时期存在有“判例法”的传统,不可否认的是,判例在我国长远的历史实践中始终发挥着重要功能。

其二,由于长久的中央集权主义倾向,成文法的价值取向在中国历史上一直表现得尤为明显,制定法的主导地位无可撼动,判例则处于辅助地位。当运用法典调整社会关系时,免不了僵硬和概括,判例有助于在特定情形下进行灵活调整。在中国传统法中,判例承担了克服法典在立法技术上的缺陷的使命,发挥从个别到一般的优势,提高了法典立法技术的水平,保证了法律对社会生活调整的有效性。但是,判例一般情况下只能作为裁判参考,并不具有法律层面的形式合法性,仅在特殊的历史时期(制定法阙如的社会转型大变革期)或特定的裁判情形(法制较为完备的稳定期,但制定法条文未能覆盖某些新问题)才可有限制地适用其中确定的裁判规则来断案。

其三,判例生成、适用过程中控制机制的行政化色彩一直表现得尤为突出。这不仅在古代中国判例制度自下而上层报并经皇帝批准的判例(成案)生成机制的运作模式中可以清晰地看到,也可以从近代中国陕甘宁边区的历史实践中观察得到。

其四,判例的最终发展趋势(最终命运)是在被成文法的吸纳过程中异化与消亡。如明清时期的“因案生例”制度便是这一发展趋势的突出体现。再如近代中国,特殊的社会语境致使大量判例被运用到裁判过程中,但其后,随着制定法条文逐步完善,并将判例中的优秀司法经验予以吸纳,这些判例便淡出裁判者的视野而逐步消亡。

其五,形成了比较系统的判例汇编集与发达的判例研究格局。这些判例汇编为司法实践对判例的运用提供了更方便的技术渠道,而判例研究则为判例制度的发展积聚了深厚的知识资源。

(二)历史上中国判例(法)制度的当代启示

虽然案例指导制度与历史上中国的判例(法)制度尚存在一定的区别,但基于文化延续性的长远视角来看,这些历史实践也可以为古代中国判例法与当前案例指导制度的对接、融合与再生提供一个历史维度,为案例指导制度的完善提供历史之借鉴。

其一,肯定构建、发展与完善中国特色案例指导制度的重要意义。我国法律史学家张晋藩讲过,中华法系在重视国家制定法、以法典为基本渊源上与大陆法系有相似之处,而在适用判例断案,以为制定法的补充,又与英美法系具有某种共同点。历史上,中华判例制度或多或少地都发挥着重要作用,某种程度上可以说,以经验主义为导向的判例制度是中国历史法律传统的一个重要组成部分。上升到中华千年判例制度文明的高度来看,“天人合一”的经验哲学思维模式,“实用理性”的文化心理结构,权变文化的思想理念,使得判例运用成为历代断案者自愿之选,概因从古代以来的历史传统和文化影响使然。在法律文化全球化的今天,我国案例指导制度的建立,不仅要借鉴域外法治发达国家法律文化的文明成果,同时也需要真正认识和理解传统中国的判例法文化,充分吸收对发展与完善案例指导制度可能具有重要意义的“本土资源”。因此,基于历史延续性的视角,我们首先应当肯定,在当代中国构建、发展与完善中国特色案例指导制度,无疑是一项具有历史经验支撑的重要举措,对推动我国司法实践的良性运转具有重要的现实意义和时代价值。

其二,反思历史,应对案例指导制度予以基于本土语境的合理、恰当定位。长久以来,我国历史上都坚持着成文法传统,判例被严格限制适用,同时,即便在特殊情况下的判例适用,其适用机制上坚持的是一种行政化控制方式。而正如苏力所言,“一个民族的生活创造它的法制”①,换言之,即一个国家的文化传统必定会影响这个国家的法律制度,因此,在文化传统尚未有大改观的情形下,那种认为通过案例指导制度可以向英美法系国家的“判例法”模式发展的观点值得质疑;同样,是否走向大陆法系的“判例”制度模式,也值得深入探讨。当前来看,案例指导制度的出台更大程度上是为解决司法中“同案不同判”等现实问题,重在横向的“统一司法”目的而非实现“法的稳定性”。② 对此,有学者指出,其运用了行政化控制机制,偏重于对法官自由裁量权的监督。③ 那么,这是案例指导制度的缺陷,还是如有学者所认为的,是其所体现的中国特色?④ 换言之,

---

① 苏力:《法治及其本土资源》(修订版),中国政法大学出版社 2004 年版,第 304 页。

② 参见秦宗文:《案例指导制度的特色、难题与前景》,载《法制与社会发展》2012 年第 1 期。

③ 参见吴英姿:《谨防案例指导制度可能的“瓶颈”》,载《法学》2011 年第 9 期。

④ 参见秦宗文:《案例指导制度的特色、难题与前景》,载《法制与社会发展》2012 年第 1 期。

中国特色案例指导制度的特色究竟何在？其"指导性"应当如何定位？这需要细致思考与探讨。事实上，这并非理论界所能解决，而是需要实务部门在立足中国政治、文化、社会语境的前提下逐步摸索实践，最后再由学界来归纳总结并上升到理论层面。总之，案例指导制度如何走出一条中国特色的道路仍是任重道远。

其三，正确处理司法与立法的关系，应对案例指导制度的功能作用范围予以严格限制。学界的共识是，案例指导制度可以有效弥补成文法的缺陷。但必须指出，成文法的缺陷有"疏"与"漏"两个方面。从立法技术上来讲，成文法的"疏"与"漏"都可能存在。理想状态下，前者应通过裁判法官充分发挥能动性，对法律进行合理解释来处理。但在法官业务能力、道德素质参差不齐的情形下，由最高司法机关统一发布司法解释的方式（包括发布指导性案例）指导、规范法官的裁判行为，也具有相当的合理性。后者则明确属于立法机构的运作范畴，但这确与历代统治者严防"以例破法"的考究不同，至多也是"以案释法"或"因案生例"，其裁判规则为法律规定所吸纳而已。审判中有时遇到的困难是因为法律规定得过于笼统，因此需要大量的案例参考，它们可以帮助法官和普通民众理解法律，使法律可以预见和确定，逐渐使司法不统一的问题迎刃而解。司法机构决然不能染指立法，这主要是由于司法机构的介入可能会导致"以例破法"现象发生，这与法治原则，尤其是与《刑法》的罪刑法定原则相矛盾。正因如此，在老牌的判例制国家——英国，法院从1972年开始就没有了创制新罪名的权力。1972年，在"克努勒（出版、印刷和销售）股份有限公司诉检察长"一案中，上议院一致否决了法院创造新罪名的残余权力。同时，也否决了法院扩张既有罪名以至于将迄今为止尚未受处罚的行为纳入应受处罚的行为中的残余权力。2005年，这些观点在Rimmington案与Goldstiein案中得到重申。① 同样，在我国传统判例法制度中，成案在特殊情形下的适用必须要经过皇帝（最高立法者）的批准，实则也是为防止"以例破法"现象出现。

立法以后还有实施效果和修订完善问题。在中国特色案例指导制度的运作范围上必须有所框限。一般情况下，只能坚持在"疏"的范围内开展行动。不过，在确有必要的情形下，对于"漏"的内容也可以适当介入。对此，可吸收传统中国判例制度做法中的合理成分，以案例的具体生动性弥补成文法的抽象性与固定性，在稳定的国家制定法与变动不居的民情之间，通过案例的形式，实现

① See Richard Card, *Criminal Law* (*Twentieth Edition*), Oxford University Press, 2012, p. 15.

了有机协调和相互照应。经由最高立法机构授权来获取相应的合法性。其中，还需注意区分不同的案件类型，对于刑事案件，必须严格坚持罪刑法定，不能有所出入，但对于民事案件，若出现法律有“漏”且又不能拒绝裁判的情形下，则可以通过发布指导性案例的方式来对司法实践予以指导。

其四，借鉴“因案生例”制度，通过指导性案例为制定法条文的修改、完善提供经验性材料。案例指导制度在当下具有一种临时性措施的特征，因此，若想将其发展成长效机制，必须要与制定法关联起来。通过制定法吸纳判例的优秀司法经验则不失为一个好方向。换言之，可通过指导性案例为法律的修改、完善与发展提供大量经验性的材料，使得法律制度的修改更多地立足于司法实践可欲又可为的经验基础上。

其五，推动多主体参与案例的汇编和研究工作，为案例指导制度的发展提供技术与知识支撑。从历史经验来看，传统中国明清时期官方和民间人士参与判例汇编与研究对判例制度的发展具有重要作用。而在民国政府时期，学者们对判例的研究更是促进了判例机制的有效运转。就当下而言，各类主体参与推荐指导性案例的程度、深入研究案例的风气尚较为欠缺。因此，必须进一步推动多主体参与案例指导制度的建构与完善过程。其中，特别需要推动地方法院法官积极参与案例的推荐工作，同时，应当继续推动知识精英参与对最高人民法院发布的指导性案例展开深入的研究，也应推动社会民众积极参与对指导性案例的广泛讨论。历史传承和发展的规律告诉我们，要以发展的眼光看待中国特色的案例指导工作，准确把握当前案例指导工作的规律性，借鉴过去、立足当前，把握案例指导工作的未来脉络。

第三章　新中国成立后案例指导相关制度的探索与实践

新中国成立后，案例指导相关制度的探索与实践仍在继续。对于这段时期的探索与实践，基于改革开放在新中国历史中的重要地位，笔者也大体上按照改革开放前与改革开放后的历史时段，将案例指导有关制度划分为初创时期、发展时期、成型时期。

一、初创时期(1949 年—1978 年)

初创时期是一个“缺法少法”的特殊时期。一方面，新中国成立后，全面废除了国民党政府的《六法全书》，法制建设几乎从零开始。另一方面，此历史时期阶级斗争形势严峻，镇压反革命、反右斗争、“大跃进”运动、“文化大革命”等政治运动一波接着一波席卷全国，法制建设停滞不前，法律虚无主义泛滥。因此，特殊的历史时期造就了对案例的客观需要。

新中国成立初期，司法工作中弥漫着“没有学习材料，所以没法学习”的抱怨情绪。对此，中央人民政府政务院政治法律委员会副主任陈绍禹于 1950 年 7 月 27 日在第一届全国司法会议上给予批评，指出“各级人民法院的工作总结、典型判例，工作指示和工作报告等”都是可供学习的材料。[①] 1950 年 11 月 3 日《中央人民政府政务院关于加强人民司法工作的指示》也要求：“人民司法建设

① 参见武延平、刘根菊等编：《刑事诉讼法参考资料汇编》(中册)，北京大学出版社 2005 年版，第 694 页。

工作者必须在实践中一面澄清那些旧的反动法律的观点及其影响，一面不断总结经验，研究判例，以便中央人民政府能够逐渐制定完备的新的法律。”[①]1953年4月25日第二届全国司法会议通过的《第二届全国司法会议决议》提出，要注意运用案例的手段，以纠正肃反扩大化问题，实现举一反三的社会效果。在此背景下，最高人民法院在第二任院长董必武(1954年9月—1959年4月)和第三任院长谢觉哉(1959年4月—1965年1月)的倡导下，开展了对审判实际乃至立法工作产生较大影响的案例实践。一是收集整理奸淫幼女的典型案例。最高人民法院于1953年五六月间，调集各地奸淫幼女的典型案例，进行了检查总结，并于1954年初形成了《关于处理奸淫幼女案件的经验总结和对奸淫幼女犯罪的处理意见》。经实践检验，其后又形成了《1955年以来奸淫幼女案件检查总结》，经最高人民法院审判委员会1957年4月30日通过后下发执行。二是罪名、刑种和量刑幅度总结。从1955年11月开始，最高人民法院组织力量，调集和审阅了各级法院审理的19 200件刑事案卷，从中选出5 500个案例作为研究问题的基础材料，并且参考了一些刑事审判经验总结，拟定了当时刑事审判工作中通用的9类罪、92个罪名和10个刑种。“总结”对各个罪名的特征、量刑幅度都提出了具体意见，并选出了若干有代表性的案例。这个“总结”(初稿)完成后，提交第三届全国司法工作会议进行了认真讨论，提出了修改、补充的意见和案例。后由于当时国家政治形势发生重大变化，刑事政策也相应调整，最高人民法院最终没有定稿、发布。[②]

随后，案例的作用越发得到重视。1959年2月2日，第三届全国司法工作会议提出：要“分类、分批选择典型案例，进行排队研究”，“编成案例汇编，及时指导工作”。1962年2月，毛泽东针对当时不讲法制带来的混乱局面指出：“不仅刑法需要，民法也需要，现在是无法无天，没有法制不行，刑法、民法一定要搞。不仅要制定法律，还要编案例。”[③]1962年12月，最高人民法院响应毛泽东同志的号召，颁发了《关于人民法院工作若干问题的规定》，明确提出“在总结审判工作的基础上运用案例的形式指导审判工作”。这个司法文件基本具备了案例指导制度的雏形。在案例选择方面，要求具有下列条件：有代表性案件，即各种类型案件中的典型案件，如性质容易混淆的案件，刑期难以掌握的案件，政

① 武延平、刘根菊等编：《刑事诉讼法参考资料汇编》(中册)，北京大学出版社2005年版，第651页。

② 参见周道鸾：《中国案例制度的历史发展》，载《法律适用》2004年第5期。

③ 俞建平等：《建国以来法制建设记事》，河北人民出版社1986年版，第163页。

策界限容易模糊的案件,在某种新情况下发生的特殊案件等;判决正确的案件,个别有教育意义的错案也可以选用;判决书事实阐述清楚,理由阐明充分,论点确切,有示范作用的。在具体操作程序方面,规定选定案例的工作由最高人民法院和高级人民法院负责,中级人民法院和基层人民法院要积极提供材料和意见。高级人民法院在选用案例时,必须反复研究,经审判委员会讨论选定后,发给下级人民法院参考,同时上报最高人民法院备案。最高人民法院应当选定在全国范围内有典型意义的案例,报中央政法小组批准后,以最高人民法院审判委员会决议的形式,发给各级人民法院比照援用。① 但遗憾的是,随着 1966 年“文化大革命”的爆发,《关于人民法院工作若干问题的规定》最终没有付诸实施。

二、发展时期(1978 年—2004 年)

经过“文化大革命”的“十年浩劫”,党的十一届三中全会提出改革开放政策,预示着党和国家的主要任务从政治运动恢复到经济与社会建设,法治建设随之跟进。因此,发展时期不是“缺法少法”时期,而是法制建设不能满足社会飞速发展的需要、不能满足人民群众日益增长的物质文化需求的历史阶段。案例成为凝聚法律共识、调适法律与社会发展之间妥适性的辅助物。在此时期,案例指导的实践呈现出一派繁荣景象。一方面,上自最高人民法院,下至地方各级人民法院,都轰轰烈烈地拉开了探索案例指导的历史帷幕。另一方面,案例制度纳入 1999 年制定的《人民法院五年改革纲要》。②

(一)最高人民法院的实践样态

1978 年 11 月 2 日,前任最高人民法院院长江华在第二次全国刑事审判工作会议闭幕时提出:“各地都要有既从当地实际出发又符合政策法律的案例。”③1983 年 1 月 10 日,江华在经济犯罪案件审判工作座谈会上强调:“案例是我们的宝贝,以前我们不善于运用,今后要好好地运用这个武器。省以上的法院对基层法院的指导和监督,可以用案例;对外学术交流,可以用案例。有的

---

① 参见刘树德:《析判例在两大法系中的地位和作用》,载《人民法院报》2003 年 8 月 11 日。

② 其第 14 条规定:“2000 年起,经最高人民法院审判委员会讨论,决定的适用法律问题的典型案件予以发布,供下级法院审判类似案件时参考。”

③ 类比允编:《江华司法文集》,人民法院出版社 1989 年版,第 50—51 页。

问题争论不休，你摆出案例来不就清楚了吗！所以，案例要好好地运用，用案例来讲道理嘛！"①1983年6月至1988年4月，郑天翔担任最高人民法院第六任院长。在其对案例的重视与推动下，1985年《最高人民法院公报》（以下简称《公报》）正式创刊并登载典型案例公开发行。随后，最高人民法院有关部门为教学、研究和指导审判工作需要，也开始选编审判案例，这些案例的载体主要有1992年起由中国高级法官培训中心（国家法官学院前身）与中国人民大学法学院联合编辑出版的《中国审判案例要览》，1992年由最高人民法院中国应用法学研究所编辑出版、分刑事、民事、经济、海事、行政五大类的《人民法院案例选》，1999年以后最高人民法院各审判庭如刑一庭与刑二庭主编的《刑事审判参考》、审监庭主编的《审判监督指导与研究》、行政庭主编的《行政执法与行政审判》等。但《公报》最具权威性与影响力，这是因为最高人民法院曾发文明确规定："我院发出的内部文件凡是与公报不一致的，均以公报为准。"《公报》发布案例，"标志着新中国的案例制度步入了比较规范的轨道"②，其具体操作特征表现在以下方面：

1. 具有指导审判的功能期待

相关资料显示，《公报》发布案例"既不同于作法制宣传的一般案例，也不同于学者们为说明某种观点而编撰出来的教学案例。它具有典型性、真实性、公正性和权威性特点，是最高法院指导地方各级法院审判工作的重要工具，也是海内外人士研究中华人民共和国法律的珍贵资料"③。

2. 编选条件侧重对指导性的考量

《公报》发布案例必须是判决、裁定已经发生法律效力的案件。总的要求是：具有典型性，即有一定的代表性；在改革开放中出现的新类型、适用法律难度较大的案件；适用法律和司法解释正确的案件等。④

3. 发布程序为主管院长审查同意后发布

从1985年至1997年，案例发布程序一般是先由《公报》编辑部对收集的案例研究并提出初步意见，报主管院长（即《公报》主编，历来由最高人民法院常

---

① 《江华传》编审委员会：《江华传》，中共党史出版社2007年版，第430页。

② 周道鸾：《中国案例制度的历史发展》，载《法律适用》2004年第5期。

③ 《最高人民法院公报》编辑部1995年6月30日在《中华人民共和国最高人民法院公报全集》出版说明中对《最高人民法院公报》公布的案例的介绍。参见董皞：《开启神秘之窗——以〈最高人民法院公报〉发布案例为研习对象》，载《判例与研究》2002年第3期。

④ 参见周道鸾：《中国案例制度的历史发展》，载《法律适用》2004年第5期。

务副院长担任)审查同意提请审判委员会讨论,经审判委员会集体讨论确认后,由《公报》编辑部进行编辑发布。从1998年起,发布程序修改为:先由《公报》编辑部提出初步意见,然后送有关审判庭征求意见;有关审判庭同意后,再送主管院长审查同意后即可在《公报》发布。①

4. 编写体例因刊载栏目不同而有所区别

《公报》发布案例主要刊载于"裁判文书选登"和"案例"两类栏目。其中,"裁判文书选登"栏目发布案例主要全文转登最高人民法院的生效裁判文书,忠实再现裁判文书原貌(包括格式和内容);"案例"栏目发布案例则是对全国各级法院报送的生效裁判进行适当编辑加工,不囿于裁判文书规范和格式。早期《公报》(1985年至1986年第2期)刊登的案例之后附有最高人民法院审判委员会对该个案的意见,称为"编后附言",但从1986年《公报》第3期以后取消。从2004年起,《公报》的案例编写体例发生较大变化,增加"裁判摘要",归纳提炼案例揭示或体现的法律精神、法律适用的主要特点等。② 由此,"裁判文书选登"栏目发布案例的编写体例包括:"当事人加案由"构成的标题、裁判摘要、裁判文书全文、审判长简介。"案例"栏目发布案例的编写体例包括:当事人加案由构成的标题、裁判摘要、当事人、诉讼经过、事实和证据、裁判理由、裁判依据、裁判结果等内容。此种体例延续至今。

(二)地方法院的实践样态

基于实践的需要,地方各级人民法院积极探索与实践,案例制度呈现出繁荣的发展态势。在基层人民法院层面,郑州市中原区人民法院于2002年7月试行"先例判决制度"。在中级人民法院层面,成都市中级人民法院、珠海市中级人民法院等推行示范性案例制度,郑州市中级人民法院试行指导性典型案例制度等。在高级人民法院层面,四川省高级人民法院的"案例指导"、北京市高级人民法院、江苏省高级人民法院的"参阅案例"、天津市高级人民法院的"判例指导"最具典型性与代表性。基于对国外判例主要来源于上诉审法院的现状以及审级权威的思虑,课题组通过资料收集、电话访谈、实地考察等方式,选择

---

① 参见周道鸾:《中国案例制度的历史发展》,载《法律适用》2004年第5期。

② 如《最高人民法院公报》2004年第12期刊登的吴成礼等五人诉官渡建行、五华保安公司人身损害赔偿纠纷案,其裁判摘要为:"根据《民法通则》第106条第2款的规定,商业银行在合理限度内未尽到安全保障义务,致使存款人及其他客户在银行的营业场所遭抢劫遇害的,应承担与其过错相适应的赔偿责任。"

部分高级人民法院作为分析样本，对其案例制度的实践进行重点描述。

1. 以江苏省高级人民法院为代表的“参阅案例”

2003 年，江苏省高级人民法院制定《关于建立典型案例发布制度　加强案例指导工作的意见》，确立了案例的发布制度、遴选制度、编报制度、奖励制度等工作机制。在功能定位方面，注重“推出典型案例、塑造知名法官、宣传人民法院、指导审判工作”。在发布程序方面，规定无须审判委员会讨论决定，各级法院推荐报送后由江苏省高级人民法院研究室负责筛选并提出意见，经分管院领导同意后在《参阅案例》刊发，2009 年起在由法律出版社出版的《江苏省高级人民法院公报》刊发。在编写体例方面，参阅案例由标题、案情、审判、评析四个部分组成，并罗列案例报送单位、历审审判组织及法官姓名、编写人、责任编辑。自 2006 年第 3 期起，编写体例发生变化，增加了“要点提示”与“案例索引”，前者类似《公报》案例的“裁判摘要”，后者包括历审法院、案号与裁判日期。

2. 以天津市高级人民法院为代表的“判例指导”

2002 年 10 月，天津市高级人民法院制定《关于民商事审判中实行判例指导的若干意见》。根据该意见，天津市高级人民法院在天津市三级法院审理终结、裁判已经发生法律效力的民商事案件中，选择典型案例，先由职业化、具有丰富审判经验的法官进行论证，再经审判委员会讨论确认后作为“判例”发布。发布载体先为内部刊物《天津审判》，后为公开出版的《天津市高级人民法院公报》。在案例的选择上，注重“指导性”，主要选择能够较好地解决实践中难点热点问题的案例，在法律规定不够清晰的情况下对审判有所借鉴的案例以及与实际情况结合较好的案例。该制度虽名为“判例”，实则通过选择典型案件作为判例，供法官在今后审理类似案情的案件时，在适用法律及裁量幅度上，参照相关案例进行判决。在编写体例上，主要包括诉讼当事人和代理人、案件事实、判决结果、裁判要旨及评析。此外，该意见规定：“凡已发布的案例所要解决的法律适用问题和处理原则，已被新颁布的法律或司法解释所解决的，该判例的指导作用自动失效。因客观情况发生变化，已发布的案例失去指导意义的，经审判委员会讨论通过后予以取消。”

3. 以四川省高级人民法院为代表的“案例指导”

2003 年，四川省高级人民法院发布《关于建立案例指导制度及报送典型案例的通知》（川高法〔2003〕480 号），规定在全省法院建立案例指导制度，注重以典型案例指导审判实践。要求推荐报送案例的条件包括在法律适用上具有典型意义，具有普遍性并对审判工作有指导意义，原则上应是经各级法院审判委员会讨论决定的生效裁判。从程序上看,负责案例工作的专门机构(2010 年 6 月前为研究室,后为审判管理办公室)从各地报送的案例中筛选,经部门集体讨论后报经分管院领导审查同意并提交四川省高级人民法院审判委员会讨论决定,通过后在内部刊物《案例指导》(2011 年起更名为《审判指导》)上公布,定期汇编出版,先后公开出版《四川省高级人民法院案例指导》系列丛书一、二、三辑。在编写体例上,案例包括标题(主标题、副标题)、裁判规则(2008 年前称裁判摘要)、当事人基本情况、案件事实及证据、裁判理由及裁判结果等部分。其中"标题"在 2008 年 10 月以前采用"当事人 + 案由"的形式,后改革为"主标题 + 副标题",其中"主标题"是对裁判摘要(规则)的提炼概括,"副标题"为"当事人 + 案由"。

三、成型时期(2005 年至今)

以往的案例实践,为案例指导制度的正式建立积累了丰富的经验,提供了有益的参照。正是实践的推进,案例指导制度逐渐从幕后走向台前,从学术理论进入规范文件。

(一) 最高人民法院的规划

2005 年,最高人民法院印发《人民法院第二个五年改革纲要》,在"改革和完善审判指导制度与法律统一适用机制"部分,提出"建立和完善案例指导制度,重视指导性案例在统一法律适用标准、指导下级法院审判工作、丰富和发展法学理论等方面的作用。最高人民法院制定关于案例指导制度的规范性文件,规定指导性案例的编选标准、编选程序、发布方式、指导规则等"。相比第一个五年改革纲要,第二个五年改革纲要关于案例指导制度的规定在名称、性质定位、效力、功能、目标等方面都发生了一些重要变化。如在名称上,"典型案例"被"指导性案例"所取代,这是最高人民法院第一次以正式文件提出"案例指导制度"与"指导性案例"的概念。[1] 从性质定位上看,最高人民法院倾向于将案例指导制度作为一种法律适用机制。在效力方面,由"参考"转变为"指导"。在功能上,偏重规范法律适用,加强审判指导,丰富和发展法学理论等。在目标方面,要求形成一整套"制度",由最高人民法院制定关于案例指导制度的规范

① 参见王利明:《我国案例指导制度若干问题研究》,载《法学》2012 年第 1 期。

性文件。

（二）中央政法委的推进

2009年2月，中央政法委出台《关于深入学习实践科学发展观 解决政法工作突出问题的意见》，着力从执法理念、执法方式、执法作风、执法能力、体制机制方面，解决政法工作中不符合、不适应科学发展观要求的突出问题。其中，该意见强调司法公正是政法工作的生命线，要求"要建立和完善法律统一适用机制，进一步规范自由裁量权。中央政法机关要加快构建具有地域性、层级性、程序性的符合中国国情的案例指导制度，充分发挥指导性案例在规范自由裁量权、协调法制统一性和地区差别性中的作用，减少裁量过程中的随意性。特别是要规范重点岗位和重点环节的执法活动，把执法规范化建设贯彻于执法活动的全过程和每一个执法岗位"。2009年全国政法工作会议要求对容易发生执法偏差、群众反映比较强烈的几类案件，要建立案例指导制度，规范自由裁量权的行使。由此可见，决策层认同了最高人民法院对案例指导制度的构建愿景，认同了指导性案例的规范价值，倡导政法机关将其作为建立和完善法律统一适用机制的重要制度，作为执法规范化建设的重要方面。

（三）案例指导制度的发轫成行

2010年12月，最高人民法院印发《关于案例指导工作的规定》（法发〔2010〕51号），对指导性案例的发布机关、编选条件、负责机构、遴选程序、发布平台、效力等作出了规定。在制定背景方面，《关于案例指导工作的规定》指出：为总结审判经验，统一法律适用，提高审判质量，维护司法公正，根据《中华人民共和国人民法院组织法》等法律规定，制定本规定。可见，《关于案例指导工作的规定》仍将案例指导制度定位为一种法律适用机制，体现了政策的延续性。在发布主体与程序方面，候选案例来源于各级法院，但最高人民法院享有垄断权，经案例指导工作办公室审查后提请审判委员会讨论决定后，统一在《最高人民法院公报》、最高人民法院网站、《人民法院报》上以公告的形式发布。推荐程序则包括法院内部推荐与社会推荐两种模式，且须经审判委员会讨论决定后才能逐级推荐。编选条件则要求裁判已经发生法律效力，并符合社会广泛关注、法律规定比较原则、具有典型性、疑难复杂或者新类型、其他具有指导作用等条件之一。在效力方面，第7条规定，最高人民法院发布的指导性案例，各级法院审判类似案例时应当参照。这是《关于案例指导工作的规定》的一大亮点。

从“参考”到“指导”再细化为“应当参照”,折射出最高人民法院推进指导性案例从理论场域迈入实践场域,充分发挥指导性案例在统一法律适用、规范自由裁量权等方面的功能的制度愿景。

四、小　　结

新中国成立后,在不同的历史时期,案例受到不同程度的重视,其间有关案例指导的探索与实践,都在案例指导制度的历史进程中留下了浓墨重彩的一笔,如 1962 年《关于人民法院工作若干问题的规定》、1985 年《公报》创刊并发布案例、2005 年《人民法院第二个五年改革纲要》以及 2010 年 12 月《关于案例指导工作的规定》等。特别是在案例指导有关制度的发展时期,因最具权威性与影响力,最高人民法院《公报》发布案例所折射的案例实践意义深远。地方法院在案例指导有关制度方面的探索与实践,不可避免地带有《公报》案例的印记,如编选条件虽然表述不一,但均强调指导性与典型性,编选体例亦大同小异,在功能定位方面均期望对今后审理类似案件提供参照、指导等。与此同时,地方法院的实践又颇具特色,如江苏省高级人民法院的《参阅案例》无须经过审判委员会讨论决定,编写体例包括评析、案例后标注编报人等;天津市高级人民法院仅在民商事领域开展案例制度,经审判委员会讨论后谓之“判例”,编写体例包括裁判要旨、评析等;四川省高级人民法院经审判委员会讨论发布称为“案例指导”,案例标题独树一帜,包括主标题与副标题,其中,主标题是对裁判规则的高度提炼。前述特色反过来又影响了《公报》发布案例的编写体例,如《公报》从 2004 年起案例编写体例增加了裁判摘要。这种上下互动的探索与实践,为案例指导制度的构建与发展提供了重要经验,特别是为指导性案例的编选机制铺就了一条相对成熟的道路。

通过对新中国成立后案例指导有关制度历史脉络的梳理,我们看到了目前案例指导制度对以往实践有选择性地承继与延续,主要体现在以下方面:

一是以“案例指导制度”“指导性案例”为名,效力定位为“指导”。1962 年《关于人民法院工作若干问题的规定》提出“总结审判工作经验,选择案例,指导工作”。四川省高级人民法院经审判委员会讨论后称之为“案例指导”,2005 年《人民法院第二个五年改革纲要》第一次以正式文件提出“案例指导制度”与“指导性案例”的概念,最高人民法院《关于案例指导工作的规定》予以沿用,由此在效力方面定位为“指导”,并具体细化为“应当参照”。

二是指导性案例发布主体具有唯一性。1962 年《关于人民法院工作若干问题的规定》要求最高人民法院负责选定在全国范围内有典型意义的案例。1989 年 4 月 29 日,时任最高人民法院院长的任建新同志在最高人民法院审判委员会第 401 会议上强调:“尽管我们不是判例法国家,但案例对下级法院做好审判工作是很有指导作用和参照作用的,而发布案例只能由最高人民法院来做。这些任务都是要由最高人民法院审判委员会来决定的。”①目前案例指导制度仍由最高人民法院确定并统一发布对全国法院审判、执行工作具有指导作用的指导性案例。

三是发布程序须经最高人民法院审判委员会讨论决定。1962 年《关于人民法院工作若干问题的规定》要求高级人民法院选用案例时须经审判委员会讨论选定,最高人民法院选定案例则以本院审判委员会决议的形式发布。《公报》案例起初也是经最高人民法院审判委员会讨论后发布,自 1998 年起才修改为经主管院长审查同意后发布。地方法院如四川省高级人民法院则一直坚持审判委员会讨论决定后公布。这种发布程序最终被最高人民法院《关于案例指导工作的规定》所采纳。

---

① 任建新:《政法工作五十年——任建新文选》,人民法院出版社 2005 年版,第 235 页。

第四章　构建中国特色案例指导制度的必要性

如前所述，最高人民法院《关于案例指导工作的规定》（以下简称《规定》）的出台，标志着中国特色案例指导制度的已经发轫成行，未来的主要任务就是通过反复实践与不断总结，推进中国特色案例指导制度的发展与完善，但首要任务应当是进一步凝聚共识。纵观有关案例指导制度的学术文章，课题组尚未发现明确反对建立中国特色案例指导制度的学术观点，学术界与理论界对建立中国特色案例指导制度的功能、可能存在的问题与障碍、发展与完善的方向与技术等给予了充分的理论关注与实践设计。可以说，越来越多的法律人认识到，案例指导制度在我国的法治建设进程中“具有作为法治微观基础和技术性条件的重大意义”①。但是，我们也清醒地意识到，社会中尚存在以成文法传统为由排斥案例指导、将案例指导视为僭越立法权的“法官造法”，或者无视国情而主张“全盘西化”等反对意见和消极态度，建立中国特色案例指导制度远未达至社会广泛共识的层面，尤其是法律共同体以及法院内部的认知分歧，更是折射出中国特色案例指导制度发展与完善过程中的一个值得关注的信号。对此，我们必须予以正视，深入研讨建立中国特色案例指导制度的必要性问题，以凝聚社会广泛共识。

---

① 王亚新：《判例研究中新的视角及方法探求》，载《昆明理工大学学报》（社会科学版）2011年第1期。

一、构建中国特色案例指导制度的现实背景

每一项制度的建立，都是现实背景的催动与需求。这些现实背景是制度缘何建立的“语境”，是制度建立必要性的“支柱”。

（一）构建中国特色案例指导制度是历史传统的接续与发展

传统是文化的载体，也是制度得以存续与发展的生命力。就历史考察而言，立足于宏观史学视角，我们不难发现，自古代中国，至近代中国，再到新中国，判例或案例在立法与司法两个层面一直都发挥着重要的历史作用。换言之，历史上中国一直具有经验主义取向的判例制度，甚至某些特殊时期存在着以判例法为主的实践样态，如宋元时期。从制度生发的文化传统近因来看，案例指导制度与中国共产党政权先前的历史实践一脉相承，其基本逻辑之一可追溯至陕甘宁边区政府时期，自彼时起，最高人民法院就开始通过发布案例来指导、监督下级法院法官的裁判行为。[①] 虽然这种传统在发展的过程中被割裂、削弱，及至今日甚至有部分社会人士对案例指导制度有抵触情绪，但究其原因，更多的是政治因素或认知错误使然而非案例指导制度的自身因素使然。具体而言，主要在于以下方面：一是清末变法，基于“救亡图存”之政治压力及司法擅断之历史，功利胜于理性，视中华法系为敝履而全然抛弃，转而“一叶障目”地借鉴大陆法系的成文法；二是“文化大革命”十年对案例制度及整个法制建设的毁灭性破坏，以及“文化大革命”后先“法制”后“法治”的建设规划，导致案例制度泯灭在轰轰烈烈的法制建设之中，与此同时，法制建设成果反过来又滋生、强化了案例指导制度“无用论”；三是司法实践中的一些行政化手段如个案请示答复等稀释着法官在处理疑难复杂案件时对案例指导制度的期许；四是时至今日的法理学教育仍将成文法、判例作为大陆法系与英美法系的“分水岭”，由此培养而成的法科学生，难免会形成关于案例指导制度的错误的思维定式。因此，在法治建设过程中，在立法与司法并重的时代，构建中国特色案例指导制度，从历史文化延续性的角度而言，可以视为一种传统文化的延续发展，具有厚重的历史

---

① 当然，由于历史的特殊性，陕甘宁边区高等法院的另一个重要背景是制定法极度欠缺，判例的重要作用则是弥补成文法缺乏所带来的制度空白，而当前案例指导制度的出台背景，则是中国特色社会主义法律体系已初步建成，指导性案例的重要作用在于通过具象化的案例对法律进行解释，因此，当时的运作逻辑与现阶段的案例指导制度尚有出入。

经验作支撑。

(二) 构建中国特色案例指导制度是法治潮流的借鉴与融汇

从比较法意义上看,随着两大法系的交流与融合,大陆法系与英美法系之间的个性特征逐渐淡化与交互融汇,表现之一就是判例已经不再是英美法系与大陆法系泾渭分明的“分水岭”,成文法在英美法系国家逐渐盛行,而判例在大陆法系国家逐渐勃兴。秉承成文法传统的欧洲大陆一些国家、日本及我国台湾地区在相当范围内承认判例的实际拘束力。可以说,当代英美法系国家和许多大陆法系国家都存在成熟的判例制度,基于经验主义的判例(法)制度越发受到重视,充分发挥案例的规范性与指导性作用已经成为一种具有普适性的法律自我完善机制,这是人类理性的有限性与社会生活的丰富性、法律的安定性与现实的变动性之间不断碰撞、冲击、调适的必然产物。在这一意义上,中国特色案例指导制度的构建具有全球正当性。

(三) 构建中国特色案例指导制度是立法现状的调适与应对

从历史中国而言,案例指导司法实践的情况总是盛行在无法、少法或者法律如同政策一般抽象模糊的年代。“我国属于成文法传统国家,法律具有体系完整、逻辑严密等优点,但也呈现出一定局限性,具体表现为:一般规则对个别案件之局限;有限规则对无限客体之局限;模糊规则对确定事项之局限;稳定规则对发展事物之局限;刻板规则对丰富内涵之局限。”[①]由于法律规定或过于原则、概括,或落后于社会现实,立法解释又相对滞后,同时,虽然最高司法机构针对具体适用法律过程中的问题发布不少司法解释,但其中多数仍然不具体、不明确,可操作性不强,不利于司法实践的适用。即使在社会主义法律体系形成的背景下,解释也是作为法律从文本过渡到现实的必需的司法方法。虽然法律文本是客观的,但解释是主观的,解释者可能会因文化、经历、认知水平等差异而对客观的法律文本得出不同的解释结论,这无疑是不能容忍的法治之殇。因此,构建案例指导制度,就是要堵法律之“粗”与“疏”。

(四) 构建中国特色案例指导制度是司法现状的回应与纠偏

公正历来被视为人类社会的美德,是人类不断追求的最高理想和目标。虽

---

① 董皞:《司法解释论》,中国政法大学出版社 1999 年版,第 89 页。

然“正义具有一张普洛秀斯的脸，变幻无常，随时可呈不同的形状，并具有不同的面貌”①，但在社会发展过程中，人们对正义仍具有较为一致的认识和理解，对于相同或者类似案件能够得到相同或类似判决结果，则是正义在司法领域的体现。换言之，“同案同判”是法的公平理念的基本要求，法律的适用应具有确定性和统一性。然而，因立法之粗疏，法官在司法过程中拥有较大的自由裁量权，司法实践中，事实相同的案件在不同法院甚至同一个法院的不同法官手里也会出现大相径庭的判决。“同命不同价”“同罪不同罚”等同案不同判现象，严重损害了法律的权威性与司法公正。伴随中国特色社会主义法律体系的初步架构成型，我国法治建设的重点已由立法转向司法，由于制定法具有抽象性、滞后性等特点，需要法官在适用法律时结合案情进行解释，加之法官自由裁量权较大，因此司法过程中“同案不同判”等法律适用不统一的现象时有发生，这些现象违背了司法公正的理念，严重损害司法权威，是当代中国司法实践亟待解决的重要问题。正是在这一背景下，案例指导制度进入了决策者的视野。

二、中国特色案例指导制度的预期功能

整体来看，在当前中国法律适用不统一较为凸显、社会新型矛盾纠纷不断增多的社会语境下，中国特色案例指导制度的构建、发展与完善具有重要现实价值。具体而言，通过细致分析《规定》文本的相关内容，可以发现，中国特色案例指导制度至少具有如下三个重要的预期功能②：

（一）法律规范功能

首先，这一制度可以有效克服成文法运行过程中所存在的局限性，充分发挥司法的能动作用，促进“法官释法”“法院释法”的实现，满足法律没有规定或规定比较原则等特殊情况下司法裁判的需要。这主要是指根据《规定》第 2 条的规定，“法律规定比较原则的”与“新类型”案例，可以选送、推荐和征集为指

① 〔美〕博登海默：《法理学——法律哲学与法律方法》，邓正来译，中国政法大学出版社 2004 年版，第 238 页。

② 法律规范功能、社会管理功能、沟通交流功能主要参照了课题组主持人左卫民教授的研究成果。参见左卫民：《检察机关构建案例指导制度评析》，载《人民检察》2012 年第 2 期。作为中国特色案例指导制度的组成部分，最高人民检察院建构的案例指导制度与最高人民法院的案例指导制度在功能上具有诸多相似之处。

导性案例。

其次,这一制度有利于统一法律适用,规范法官的自由裁量权,促进司法公正,提升执法公信力。滥用自由裁量权,“同案不同判”现象在某些司法机关审判过程中经常发生,由此导致司法公信力极度下降,法的价值大打折扣。案例指导制度的出台背景便是为规范法官自由裁量权,实现司法适用的统一。

(二)社会管理功能

毋庸置疑,中国特色案例指导制度是司法适应新形势、新发展,积极参与社会管理创新,引导社会正确认识和处理矛盾与纠纷的有效手段,是司法充分满足社会需求的有力举措。一方面,通过指导性案例指导法院、法官在审判过程中认真办理案件,规范其司法行为,统一法律适用,通过司法管理可以达致更好的社会管理效果,让当事人、民众满意,从而有利于促进审判机关在参与社会管理创新过程中发挥重要作用;另一方面,指导性案例的公布也具有宣传法制、教育社会民众的作用,通过指导性案例影响作为社会管理对象的民众的行为,从而促进社会秩序价值的有效实现。

(三)沟通交流功能

发布、编纂案例是沟通司法与社会,沟通法律与现实,充分发挥司法社会功能的重要方式。[①] 具体而言,这主要表现为两方面:

首先,可以沟通司法与社会。根据《规定》第5条的规定,人大代表、政协委员、专家学者、律师,以及其他关心人民法院审判、执行工作的社会各界人士对人民法院已经发生法律效力的裁判,认为符合《规定》第2条规定的,可以向作出生效裁判的原审人民法院推荐。社会、民众的需求可借此传递给人民法院,人民法院亦可以编纂、发布指导性案例的方式进行回应,这一双向互动的过程可以有效促进司法与社会之间的沟通、交流,有效推动司法民主价值的实现。

其次,沟通理论与实践。一方面,理论界可以参与指导性案例的推选,更为重要的是,其参与过程中对某些案例的理性探讨、论证与反思有助于理论对实践的指导;另一方面,一定数量指导性案例的公布和理论界的积极参与,有助于促进理论研究者在了解的基础上理解实务,反思“唯理主义”的绝对真理观以及

---

① 蒋安杰、周斌:《最高法要求探索发展案例指导机制》,载《法治日报》2011年5月13日。

对“元理论”的过度迷恋①,从而缩短学院知识与实践的距离。

三、小　　结

越来越多的人认识到,案例指导制度在我国的法治建设进程中具有重要意义,但建立中国特色案例指导制度尚未在社会中形成广泛共识。为此,必须深入研讨建立中国特色案例指导制度的必要性问题。从构建背景来看,其一,构建中国特色案例指导制度是历史传统的接续与发展。历史中国一直具有经验主义取向的判例制度,而案例指导制度与中国共产党政权先前的历史实践一脉相承。其二,构建中国特色案例指导制度是法治潮流的借鉴与融汇。充分发挥案例的规范性与指导性作用已经成为一种具有普适性的法律自我完善机制。不管是从横向还是纵向比较看,案例指导相关制度一直作为法律体系不可或缺的组成部分,也是统一法律适用的必然趋势。其三,构建中国特色案例指导制度是立法现状的调适与应对。立法的粗疏与漏洞,以及解释不可避免的个体性,要求构建案例指导制度以堵法律之“粗”与“疏”。其四,构建中国特色案例指导制度是司法现状的回应与纠偏。“同案不同判”“同罪不同罚”、法官自由裁量权过大等司法现状迫切需要通过案例指导制度的自身优势来进行规范与统一。

在功能预期方面,中国特色案例指导制度具有法律规范功能,既可有效克服成文法运行过程中存在的局限性,又可统一法律适用,规范法官自由裁量权;在社会管理功能上,既可以审判职能促进矛盾纠纷化解,又可标示、教育社会民众;在沟通交流功能上,既可沟通司法与社会,又可沟通理论与实践。

---

①　学术界对于“绝对真理观”及“元理论”的过度迷恋,实际上已经导致理论与实践出现了越走越远的状况,这突出表现在我国刑事诉讼学界的理论研究中。可参见左卫民:《迈向实践:反思当代中国刑事诉讼知识体系》,载《中外法学》2011 年第 2 期。

中篇 | 实证分析

第五章 案例制度的现实图景:基于运行成果的实证研究

为区别于如今的案例指导制度以及指导性案例,同时在历时性方面彰显制度的延续与发展,我们采用的"案例制度",专指案例指导制度正式建立之前[1]全国各级法院积极探索与实践典型案例的指导意义而建立的一系列制度。毫无疑问,作为案例指导制度的前身,立足于案例制度运行成果开展实证研究,对中国特色案例指导制度的发展与完善具有重要的经验价值。

一、《公报》案例的统计分析

最高人民法院历来重视案例工作,将其作为指导下级法院审判活动的重要手段。事实上,如前所述,最高人民法院编选、发布案例的刊物载体较多,但最具权威性与影响力的当属《公报》所刊载的案例。问卷调查显示[2],61.51%的调查对象表示接触过《公报》案例,接触比例高于《人民法院案例选》等其他各类最高人民法院案例刊物和地方法院案例刊物,其中超过70%的法官、法院工作人员及律师表示接触过《公报》案例(见图5-1)。

---

① "案例指导制度"首次出现在2004年最高人民法院颁布的《人民法院第二个五年改革纲要》中,正式建立始于2010年12月最高人民法院印发的《关于案例指导工作的规定》(法发〔2010〕51号),2012年2月正式发布第一批指导性案例。

② 课题组针对法官、人民陪审员、法院其他工作人员、检察公安司法行政人员、律师、社会公众分别设计了6套问卷,通过纸质问卷与内外网电子问卷的方式同时开展问卷调查,全面了解调查对象对案例指导制度的认知等情况。

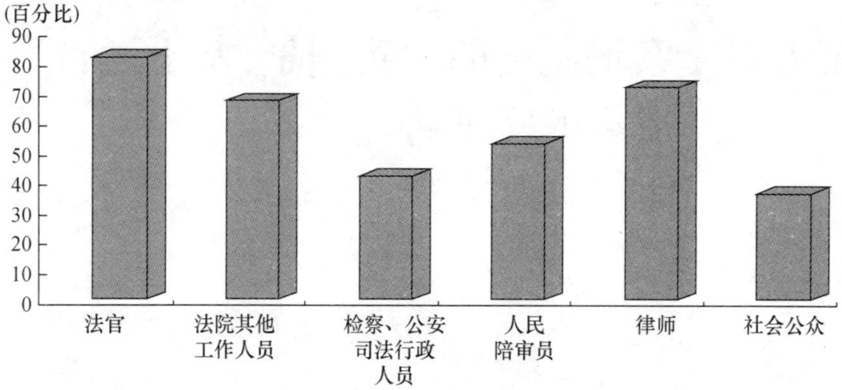

图 5-1 接触《公报》案例情况

而且，在关于哪种刊物发布的案例对办案影响最大的调查中，认为《公报》案例对办案影响最大的占38.19%，居于被调查的各刊之首(见表5-1)。因此，课题组选择《公报》案例作为分析样本。

表 5-1 刊载案例对办案影响最大的案例刊物

刊物 调查对象	《最高人民法院公报》	《人民法院案例选》《中国审判案例要览》	最高人民法院各庭室编辑出版的审判指导、参考和参阅	《人民法院报》刊载的案例	《人民司法》案例版	四川省高级人民法院《案例指导》	其他
法官	41.33%	25.75%	6.73%	10.75%	4.54%	9.73%	1.17%
法院其他工作人员	40.77%	21.88%	6.53%	14.77%	2.27%	13.78%	0
人民陪审员	34.22%	29.50%	3.54%	28.61%	1.77%	2.36%	0
检察、公安、司法行政人员	28.80%	36.75%	5.12%	11.48%	11.31%	6.54%	0
律师	39.34%	25.00%	5.74%	16.60%	4.51%	8.81%	0
小计	38.19%	27.02%	5.98%	14.26%	4.91%	9.18%	0.46%

鉴于样本案例的权威性、影响力以及普适性，以往许多学术论文均选择《公报》案例作为案例指导制度的实证研究对象，但主要是针对类案开展研究[①]，由

① 参见袁秀挺：《我国案例指导制度的实践运作及其评析——以〈最高人民法院公报〉中的知识产权案例为对象》，载《法商研究》2009年第2期；林学飞：《浅析最高人民法院公报刑事案例的裁判摘要》，载《法治研究》2011年第5期等。

此形成的结论难免不周延。为此，课题组依托"中国审判法律应用支持系统"及历年《公报》合订本，对1985年《公报》创刊至2011年年底发布的834件案例（其中"裁判文书选登"栏目发布的案例241件，"案例"栏目发布的案例593件）进行统计分析，力求研究结论客观、全面。

（一）地域分布：集中在东部经济发达地区①

《公报》发布案例主要集中为东部经济发达地区审理的案件。来源于东部十个省、市（沪、苏、京、粤、闽、鲁、津、浙、辽、冀）的《公报》案例占总数的2/3以上。排名前十位的省、市有9个位于东部发达地区，唯一地处中西部的四川省（排名第8位）也是农业经济大省（表5-2）。

表5-2　《公报》案例地域分布情况

地区	上海	江苏	北京	广东	福建	山东	天津	四川	浙江	河南	河北	黑龙江	陕西	湖北	海南	辽宁
数量	104	103	92	78	38	37	36	32	30	24	23	19	19	18	17	17
地区	山西	湖南	云南	甘肃	重庆	安徽	广西	吉林	江西	新疆	贵州	内蒙古	青海	军事	宁夏	西藏
数量	17	16	14	13	13	11	10	9	9	9	7	5	5	4	3	2

（二）年度考察：2000年至2009年是《公报》案例编发高峰期

由于部分案例年代久远，834件案例中能够明确确定发布时间的案例为810件。据统计，20世纪80年代发布案例87件，占全部发布案例的10.7%；20世纪90年代占28.5%，进入2000年后共发布案例492件，占60.8%；2010、2011年发布案例数量急剧下降，其中2011年发布案例数已不足以往最低年份的一半，案例发布数量呈先升后降态势（见图5-2）。

（三）审级与程序：上诉审案例比重较大

分析834件案例生效裁判法院审级，来自最高人民法院、高级人民法院和中级人民法院的案例数量基本持平，来自基层人民法院的案例相对较少，仅约占1/7（见图5-3）。

在审判程序方面，二审生效的案例所占比例最大，为67%，一审生效的案例比例为22%，再审生效的案例比例为7%（见图5-4）。

---

① "裁判文书选登"栏目的案例，依据一审法院识别归属地区。

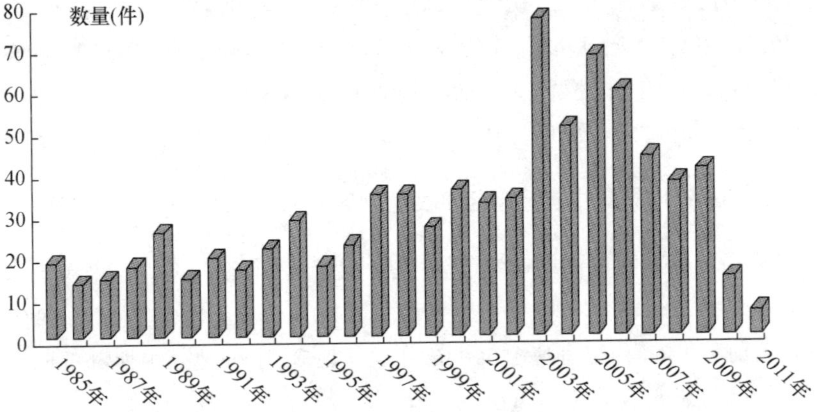

图 5-2　各年度案例采用情况

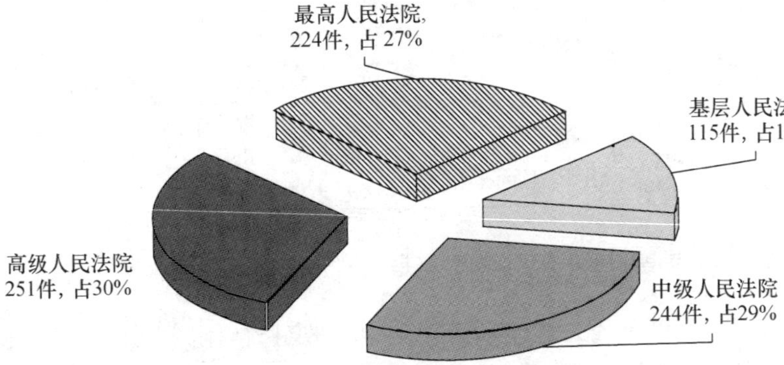

图 5-3　各审级法院案例采用情况分析

（中级人民法院不包括所辖基层人民法院）

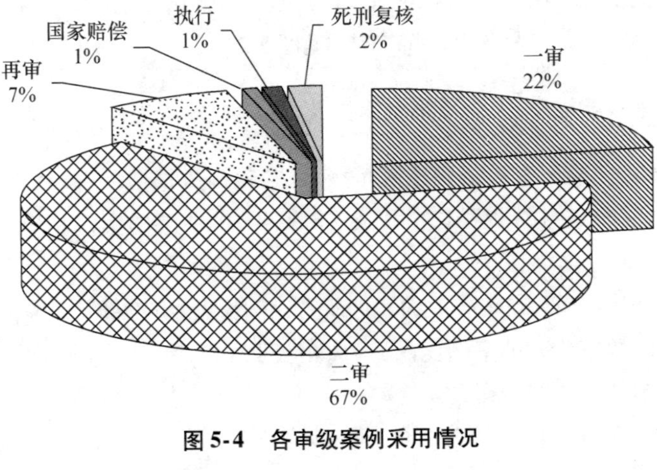

图 5-4　各审级案例采用情况

(四)案例类型:民商事和刑事案例较多

从案例类型看,在 834 件案例中,民商事案例 534 件,刑事案例 204 件,行政案例 75 件,国家赔偿案例 10 件,执行案例 11 件。可见,《公报》案例主要集中在司法实践中多发的民商事和刑事领域,二者合计约占九成,其中尤以民商事案例为主,接近案例总量的 2/3。

从 204 件刑事案例的犯罪类型情况看,主要集中为破坏社会主义市场经济秩序、贪污贿赂、妨害社会管理秩序、侵犯财产、侵犯公民人身权利民主权利等几类犯罪。数量排名前三的破坏社会主义市场经济秩序、贪污贿赂和妨害社会管理秩序犯罪占到刑事案例总量的一半以上,充分反映出经济高速发展和社会转型背景下刑事案件发生的类型趋势(见图 5-5)。

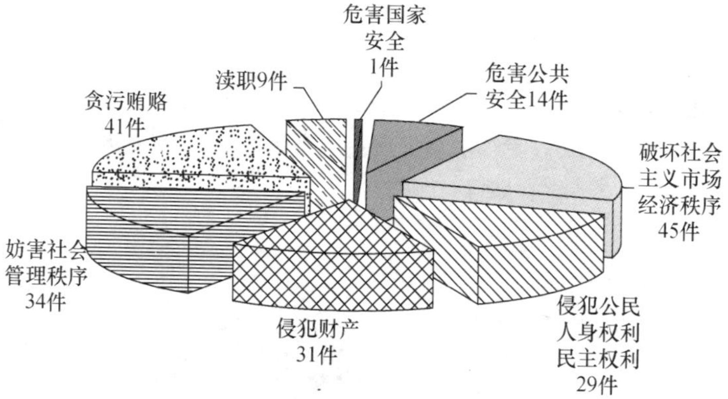

图 5-5　刑事案例类型统计

在 534 件民商事案例中,从具体案由分析,债权纠纷(包括合同、无因管理、不当得利、侵权责任纠纷)所占比例最大,接近案例总量的一半;知识产权、竞争,与公司、证券、保险、票据有关的纠纷等涉及新类型案件的案例所占比例也较大;司法实践中较常见的婚姻家庭、劳动、人事争议纠纷,相关案例较少,仅占民事案例总量的 3%(见图 5-6)。

(五)裁判摘要:以复述法律、司法解释相关规定为主

如前所述,《公报》案例自 2005 年第 9 期才开始编写裁判摘要,因而,在 834 件案例中,仅 371 件案例有裁判摘要,占 44.48%。统计分析显示,裁判摘要涉及部门法原则适用的案例 30 件,仅占 8%,其中涉及《刑法》总则适用的案例 9

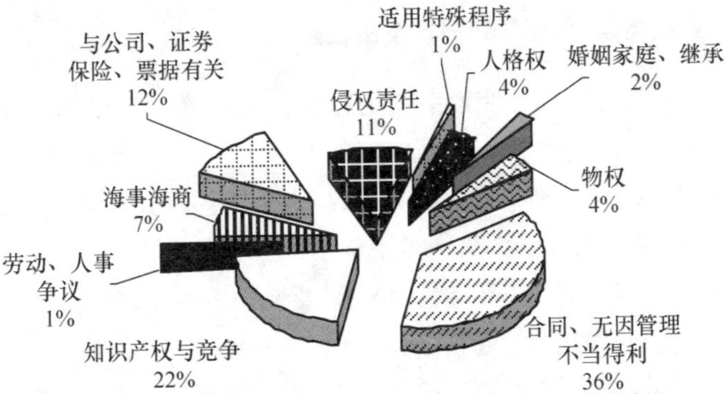

图 5-6 民事案例类型分析

件,涉及《民法》原则适用的案例 21 件;涉及具体规则适用的案例 249 件,占 67%,其中涉及《刑法》分则适用的案例 48 件,涉及具体民法规则适用的案例 201 件;涉及除此之外的“其他”①条款适用的案例 92 件。从性质上看,裁判摘要表现为程序性规范的案例 70 件,表现为实体性规范的案例 301 件,占 81%。在法律适用特色方面,以案释法型案例占绝对优势,比例高达 86%,其次为新类型案件,但仅占 7%(见图 5-7)。

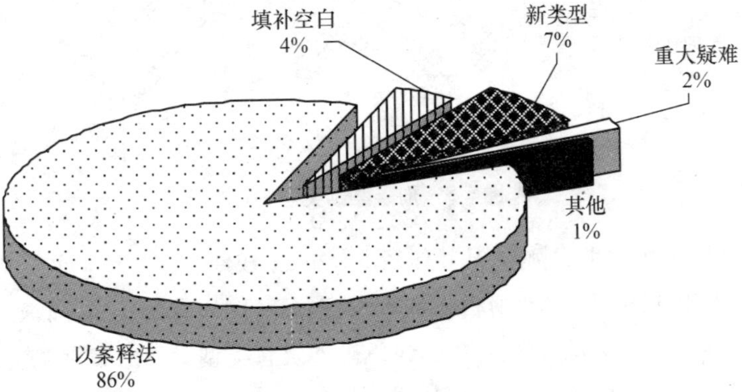

图 5-7 案例裁判摘要分析

(六)案例内容:主要包括案件事实、裁判理由及裁判结果

统计显示,所有案例均陈述了案件事实、裁判理由及裁判结果等裁判文书

① 指除《刑法》总则、《刑法》分则、民法原则、民法规则以外其他条款的适用。

主要内容,84.17%的案例单独叙述了案件的诉讼经过,仅24.58%的案例罗列了案件的主要证据,“裁判文书选登”栏目发布的241件案件还列出了合议庭组成人员名单(见图5-8)。

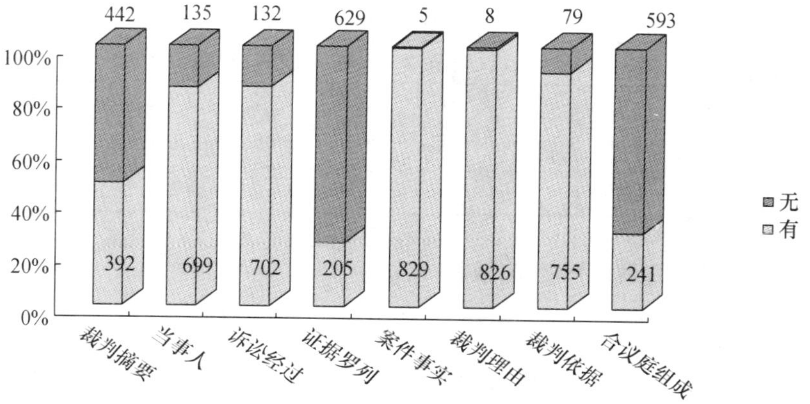

图5-8 案例内容分析

二、四川省高级人民法院发布案例的统计分析

四川地处西部腹地,地域广阔,少数民族地区众多,经济发展极不平衡,是中国区域社会、经济发展的一个缩影。四川省高级人民法院作为全国较早构建案例制度并率先提出建立案例指导制度的法院,所取得的实践成果也是全国法院案例制度运行的一个缩影。加之法律、司法解释的普适性决定了四川法院在实践中遭遇的司法难题、研判法律之精神、探寻司法之正道等同样具有普适性。截至目前,最高人民法院发布的第一批、第二批全国指导性案例均各有1件来自四川法院的审判实践。由此可见,四川省高级人民法院发布的案例具备在全国范围内放大与扩散的效应,不会因地方性而抹杀分析样本的普适性。因此,课题组对四川省高级人民法院2003年至2011年年底共编辑的《案例指导》30期①、编发案例共计107个进行统计分析。

(一)地域分布:省会城市较多

107件案例来自18个中级法院辖区,仅广安、巴中、资阳、阿坝4个法院辖

① 除2005年发布3期、2010年发布2期、2011年发布5期外,其他年度均按季发布4期。

区没有案例发布。各地区案例的数量极不均衡,来自成都地区的案例共48件(不包括成都铁路运输两级法院),所占比例达44.86%,来自成都以外17个地区的案例数均不足10件(见表5-3)。

表5-3 发布案例地域分析

地区	成都	泸州	达州	自贡	南充	宜宾	乐山	绵阳	攀枝花
数量	48	8	7	6	5	5	4	4	4
地区	眉山	内江	德阳	广元	遂宁	成铁	甘孜	凉山	雅安
数量	3	3	2	2	2	1	1	1	1

(二)年度考察:时效性较强

发布案例的生效裁判时间跨度为2003年至2011年,发布时间跨度为2004年至2011年,二者时间跨度大体相当。其中,2011年发布的案例较多(19件),2010年发布的案例较少(6件),发布的案例中,2004年生效的案件相对较多(19件),2008年的生效案件相对较少(5件)①,其他年份大致均衡。考虑案例发布时间晚于生效时间,从生效到发布有一定时间间隔,无论从整体还是各年度分布情况看,案例的发布和生效时间均具有较强的相关性,反映出案例的时效性特点(见图5-9)。

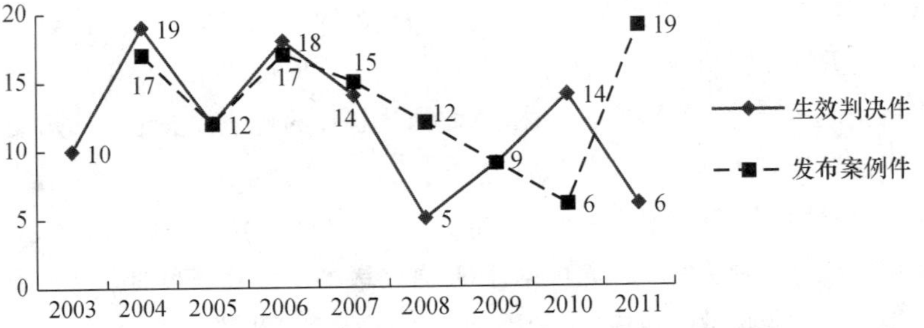

图5-9 发布案例的生效时间及发布年度分析

(三)审级与审判程序:高、中级人民法院和二审生效案件为主

在发布的案例中,以高、中级人民法院的生效裁判居多,分别为51件、35

① 由于案件生效到案例发布的时间间隔,当年下半年生效的典型案件一般在次年案例中发布,本课题报告分析案例的发布时间截止于2011年年底,因此,2011年的生效案件数不具有统计意义。

件，共占80.37%；基层人民法院的生效裁判20件，占18.69%；最高人民法院的生效裁判仅1件。[①] 从审判程序分析，二审生效案件共80件，占案例总数的74.77%；一审生效案件22件，占案例总数的20.56%；另有5件再审及复核案件。二审案件占多数，且所有案件的一审都在中基层法院（见表5-4）。

表5-4 发布案例生效法院审级及审判程序分析

生效裁判法院	审判程序				合计
	一审	二审	再审	复核	
基层人民法院	20	0	0	0	20
中级人民法院	2	32	1	0	35
高级人民法院	0	48	2	1	51
最高人民法院	0	0	0	1	1
小计	22	80	3	2	107

（四）案例类型：民商事、刑事案例为主

在发布的107件案例中，民商事案例46件，刑事案例39件，行政案例20件，国家赔偿案例2件。其中，民商事、刑事案例比例共占79.4%。在民商事案例中，涉及人格权、婚姻家庭、继承纠纷等9类案由。数量较多的依次为债权（合同、无因管理、不当得利）、知识产权、商事（与公司、证券、保险、票据有关）、侵权纠纷4类案由，共占民商事案例总数的78.3%，其中知识产权案件属于新类型案件，商事案件中的该类案件较多（见表5-5）。

表5-5 发布的民商事案例案由分析

案由	合同、无因管理、不当得利	知识产权与竞争	与公司、证券、保险、票据有关	侵权责任	婚姻家庭、继承	劳动、人事争议	物权	人格权	适用特殊程序
案件数	12	10	7	7	3	3	2	1	1
比例	26.1%	21.7%	15.2%	15.2%	6.5%	6.5%	4.3%	2.2%	2.2%

刑事案例中，依次为贪污贿赂、妨害社会管理秩序、破坏社会主义市场经济秩序、侵犯公民人身权利、民主权利、侵犯财产、危害公共安全、渎职7类犯罪。

① 该案为基层人民法院一审并在法定刑以下减轻处罚，被告人未上诉，检察院亦未抗诉，按照法律规定程序逐级报送最高人民法院核准。

贪污贿赂罪案件在刑事受理案件中比例不大①,但因此类案件的新情况、新问题较多,被编选为案例的数量较多,占23.1%(见表5-6)。

表5-6 发布的刑事案例罪名分析

案件罪名	贪污贿赂	妨害社会管理秩序	破坏社会主义市场经济秩序	侵犯公民人身权利、民主权利	侵犯财产	危害公共安全	渎职
数量	9	8	6	6	6	3	1
比例	23.1%	20.5%	15.4%	15.4%	15.4%	7.7%	2.6%

(五)案例取向:注重法律的理解与适用

“裁判规则”是案例中提炼出来的最具有指导价值的内容,是案例的“灵魂”,最能反映案例关注的重点和焦点,为此,我们对“裁判规则”进行类型化分析,以期反映案例选取的重点。需要指出的是,无论是对“裁判规则”还是“案例特点”的分类,都既非唯一,也非绝对的非此即彼。例如将民商事“裁判规则”划分为理解和适用民法原则或者民法规则两类,由于民法原则对民法规则本身具有总括性,理解民法规则往往要以民法原则为指引,很多案例的“裁判规则”正是按照民法原则正确适用民法规则的结果,对其到底落脚于原则抑或规则,并无决然的界限,不同的人可能有不同的认识,得出不同的结论,但是基于长期执法办案和学术研究的经验总结,按照课题组归纳的相对统一尺度,对案例取向进行总体性的量化分析仍然具有一定的价值和意义。

在发布的107件案件中,93件案例的“裁判规则”为实体性规则,占案例总数的86.92%;14件为程序性规则,占13.08%。39件刑事案例的“裁判规则”中,涉及对《刑法》总则的理解与适用的13件,涉及对《刑法》分则的理解与适用的26件;46件民商事案例的“裁判规则”中,涉及对民法原则的理解与适用的5件,涉及对民法规则的理解与适用的41件。可见,发布案例更侧重于解决具体法律规则的理解与适用(见表5-7)。

---

① 2011年,四川全省法院刑事一审收案37216件,其中贪污贿赂罪案件1172件,仅占3.1%。

表 5-7　发布案例的裁判规则分类分析

案例性质	实体	程序	刑法总则	刑法分则	民法原则	民法规则	其他	合计
刑事	37	2	13	26	0	0	0	39
民商事	40	6	0	0	5	41	0	46
行政	15	5	0	0	0	0	20	20
国家赔偿	1	1	0	0	0	0	2	2

此外,从案例的类型分析,四川省高级人民法院通过长期的实践探索,专门下发文件要求全省法院注意选报“填补空白、以案释法、新类型、重大型、请示型及其他”等类型的案例。此种分类方法较为准确地阐释了“指导性”与“典型性”之内涵,能具体反映不同案例的特点,如以案释法型和填补空白型案例注重对法律的理解和适用,新类型和重大疑难型案例除了明确法律适用外,还具有一定的法制宣传作用。从统计情况看,以案释法型案例 45 件,占 42.06%,填补空白型案例 31 件,占 28.97%,二者共 76 件,占 71.03%;新类型案例 25 件,占 23.36%,重大疑难型案例 5 件,占 4.67%,其他案例 1 件,占 0.93%。可见,发布案例重点关注的主要是对法律的理解与适用(见图 5-10)。

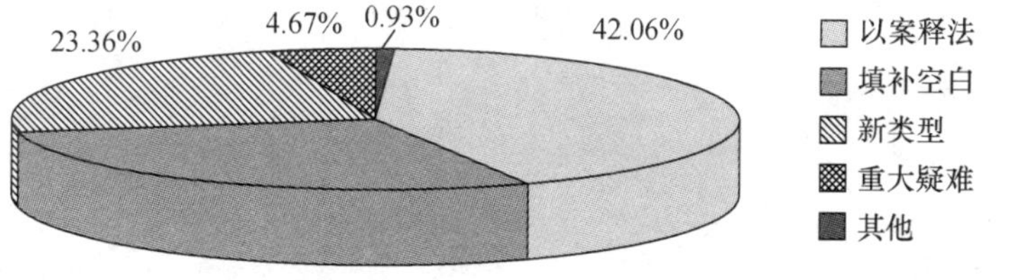

图 5-10　四川省高级人民法院案例指导案例类型分析

三、小　　结

问卷调查显示,61.51% 的调查对象表示接触过《公报》案例,高于《人民法院案例选》等其他各类最高人民法院案例刊物和地方法院案例刊物,其中超过 70% 的法官、法院工作人员及律师表示接触过《公报》案例。认为《公报》案例对办案影响最大的占 39.12%,居于被调查的各类刊物之首。因此,课题组对 1985 年《公报》创刊至 2011 年底发布的 834 件案例进行统计分析。而四川省高级人民法院作为全国较早构建案例制度并率先提出建立案例指导制度的法院,所取得的实践成果在全国法院案例制度运行中极具代表性,其发布的案例具备在全国范围内放大与扩散效应,不会因地方性而抹杀分析样本的普适性。因此,课题组对四川省高级人民法院2003年至2011年底共编辑的《案例指导》30期[①]、编发案例共计107个进行统计分析。

通过对《公报》发布案例与四川省高级人民法院发布案例的统计分析,课题组发现,案例编选呈现出一些趋同性,主要表现为:案例主要来源于经济发达地区;审级集中在高、中级人民法院,上诉审案例居多;民商事和刑事案例较多,案由集中在债权纠纷、破坏社会主义市场经济秩序等;案例主要解决对具体规则,特别是对实体法规范的理解与适用问题等。但是,二者之间也存在细微差别,主要表现为《公报》发布的案例类型以复述法律、司法解释的相关规定为主,而四川省高级人民法院发布的填补法律空白型案例所占比例较高。

---

① 除2005年发布3期、2010年发布2期、2011年发布5期外,其他年度均按季发布4期。

第六章　指导机制的运行样本：基于案例应用试点的实证研究

案例指导制度的构建主要包括“选”“编”“用”三个层面，如前所述，其中“选”与“编”因全国各级法院的普遍实践而积累了丰富经验，但“用”这一层面的实践经验却相对匮乏。正因如此，国内关于案例在我国司法实践中发挥何种作用、在多大程度上发挥作用以及如何发挥作用的研究，更多地依靠从理论到理论的逻辑论证，欠缺相关实证研究的支撑。① 为此，四川省高级人民法院结合最高人民法院印发的《关于案例指导工作的规定》（法发〔2010〕51 号），以承担最高人民法院重大理论课题为契机，在全省法院选取了具有代表意义的 10 个基层法院，集中开展了为期 6 个月的案例指导制度应用试点工作②，同时通过走访、座谈等方式，全面获取案例“指导”机制运行的微观样本。

一、案例应用试点工作的基本情况

从 2011 年 9 月 6 日至 2012 年 3 月 5 日，全省 10 个试点法院均有参照案例进行审理的案件，共计 176 件，涉及案例 62 件。在诉讼形式上，关联案件 92 件（课题组将原告或被告至少一方相同，因同一事实起诉的案件视为关联案件），

---

① 张琪教授曾对此开展过实证研究，但主要是通过座谈方式获取实证材料。参见张琪：《论寻找指导性案例的方法——以审判经验为基础》，载《中外法学》2009 年第 3 期。

② 试点法院分别从全省东、中、西部进行确定，包括成都市锦江区人民法院、青羊区人民法院，盐边县人民法院，绵阳市高新技术产业开发区人民法院，资中县人民法院，南充市高坪区人民法院，华蓥市人民法院，雅安市雨城区人民法院，眉山市东坡区人民法院，西昌市人民法院。

占52.3%(此类案件参照的案例均是本院既往判决)。

(一) 案例应用试点工作的主要做法

相对固定的实践,既可以因经年累月的重复延续而自发生成,也可以因权力的反复强制而规训成型。据此,案例应用的定型与固化,在应然意义上可以择一而为。具体到中国语境及司法实践之中,案例应用的传统受到挑战,而被挑战的传统则在短期内难以修正。与此同时,在科层式组织架构中,权力呈金字塔结构,沿着等级序列自上而下地发挥作用,审级较高的法院依法可以对下级法院进行常规、全面的指导、监督与审查。基于此,课题组着力扩散最高人民法院《关于案例指导工作的规定》内涵的"权力细胞",寄望通过权力递延达致案例应用效果。

1. 制订实施方案,明确参照标准

四川省高级人民法院以文件形式制定印发《关于开展案例指导制度试点工作的通知》,要求将参照案例的裁判摘要(裁判规则)作为相似性比对标准,待决案件是否适用类似案例(含未发现类似案例)及参照情况均应当在案件审理报告、庭审笔录、合议笔录、审委会讨论记录等案卷材料中反映,同时在相关材料中记载参照案例的发布机关、案例编号、裁判规则、生效裁判文书字号及相似性比对过程等。从试点情况看,176件参照案例进行裁判的案件均按照要求在不同的案卷材料中反映了案例参照使用情况,而且各试点法院还积极探索参照案例在裁判文书中的表述方式,有169件案件在裁判文书中引述了类似案例及其裁判规则作为裁判理由。此外,还要求存在相似性但因故未适用的,应层报分管院领导审批或提交审判委员会讨论决定。在试点中,成都市青羊区人民法院有1件案件按规定程序报经试点法院审判委员会讨论决定后,未参照适用案例。①

2. 确定参照案例,建立检索目录

按照刑事、民事、行政分类,收集梳理了1985年以来《公报》案例834件和2003年以来四川省高级人民法院经审判委员会讨论发布《案例指导》的全部案例,剔除部分指导意义不大的非典型案例和因法律更新失效的案例,重点选取137件《公报》案例、101件《案例指导》案例共计238件案例,作为试点适用的参照对象。其中,刑事案例82件、民商事案例109件、行政案例47件(见图6-1)。

① 该案系人身保险合同纠纷案件,类似案例为四川省高级人民法院《案例指导》第71号案例。不参照适用的理由是,四川省高级人民法院另一生效裁判作出了不同判决,且最高人民法院保险法司法解释起草小组编的《〈中华人民共和国保险法〉保险合同章条文理解与适用》中所持观点与第71号案例裁判规则不一致,试点法院经该院审判委员会讨论后决定,不参照适用四川省高级人民法院《案例指导》第71号案例。

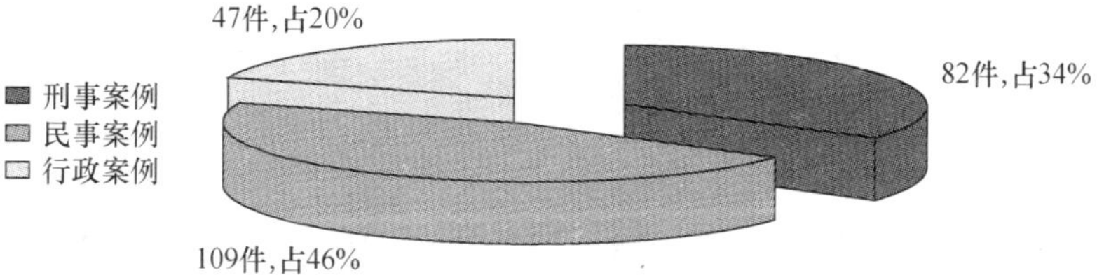

图 6-1 试点案例类型分析

在刑事案例中,危害社会主义市场经济秩序罪和侵犯财产罪案例最多,各18件(见图6-2)。

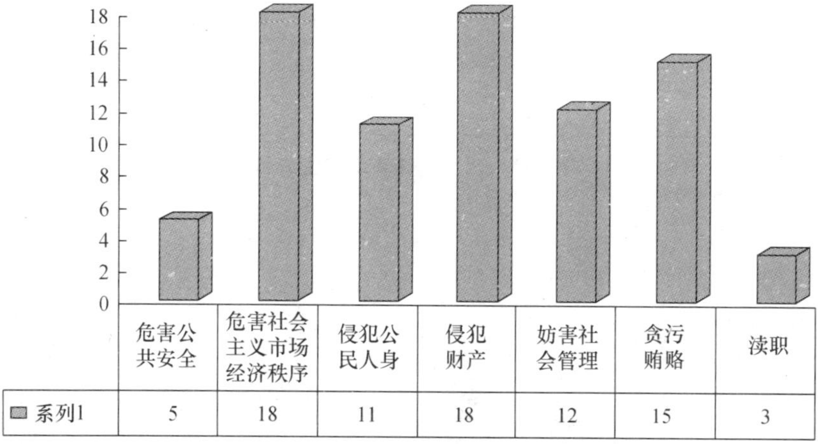

图 6-2 试点刑事案例案由分析

民商事案例中,合同纠纷案例最多(35件),其次为与公司、证券、保险、票据有关的民事纠纷(17件)(见图6-3)。

行政案例中,行政处罚案例较多(5件)(见图6-4)。

通过“链接”方式生成了检索目录,每一案例区分主、副标题,其中《公报》案例的主标题为主要案由,副标题是从裁判摘要中提炼的关键词;四川省高级人民法院《案例指导》案例的主标题为裁判规则的高度提炼,副标题为当事人加案由。同时,以电子文档形式通过局域网下发至各试点法院,并在四川省高级人民法院内网网页提供下载服务,及时转发最高人民法院发布的第一批全国性指导案例。①

① 试点工作结束后,最高人民法院于2012年4月13日发布第二批全国指导性案例,该批案例未纳入试点范围。

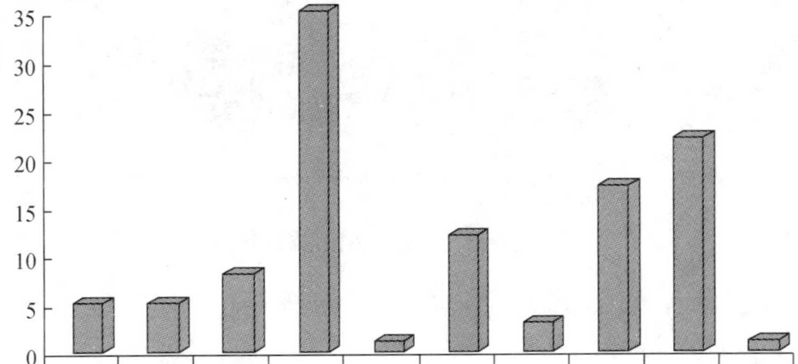

	人格权权纠	婚姻家庭	物权纠纷	合同纠纷	不当得利	知识产权	劳动争议	与公司、证券、保险、票据有关	侵权责任	特殊程序
系列1	5	5	8	35	1	12	3	17	22	1

图 6-3　试点民事案例案由分析

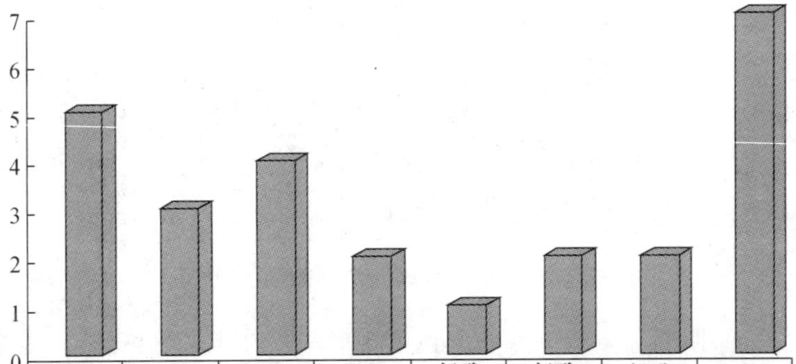

	行政处罚	行政裁决	行政确认	行政许可	行政复议	行政赔偿	行政不作为	其他
系列1	5	3	4	2	1	2	2	7

图 6-4　试点行政案例案由分析

3. 会议现场推进，及时调整方案

四川省高级人民法院先后两次组织召开由 10 个试点基层人民法院院长和相关中级人民法院部门负责人参加的试点工作推进会议，安排部署案例指导试点工作。针对试点工作中反映出的问题，及时印发文件调整试点方案，延长试点期限，简化报送程序、扩大案例参照范围①等，要求试点法院院庭领导在审判

① 当发布的 238 个案例中无案例可供参照时，可参考《人民法院案例选》《中国审判案例要览》、最高人民法院各业务部门编辑发布的案例刊物所刊载的案例以及其他生效案例。

委员会讨论、文书审签等过程中积极检索查阅、应用相关案例,有相似案例而未参照的,应当要求承办人说明理由。各试点法院所属的中级人民法院在二审、再审中应积极督促、支持案例应用试点工作,在发回重审、指令再审时引导试点法院参照适用相似案例。

4. 各地倾力配合,多举措抓好落实

各试点法院及时传达案例应用试点会议精神及试点要求,分别制订具体实施方案,迅速部署落实案例应用试点工作,定期分析、报送案例应用情况。

其一,强化组织保障。各试点法院成立案例指导制度试点工作领导小组,指定专人负责试点工作,确保试点顺利推行。

其二,采取切实措施落实试点工作要求。多数法院制订了试点实施方案,分类印制案例目录,采取开座谈会、现场讲解演示等方式指导案例应用;通过强化院庭长督促管理、建立专项通报制度等措施推动试点工作开展。成都市青羊区人民法院、资中县人民法院及西昌市中级人民法院将案例试点情况纳入案件评查范围;绵阳市高新区人民法院拟定《案例指导制度试点工作告知书》,在送达法律文书的同时向当事人及代理人送达;雅安市雨城区人民法院积极与当地检察机关、公安机关、律师事务所等联系沟通,充分调动当事人、代理人及相关部门人员参与试点的积极性,共同推动案例试点工作。

其三,建立健全激励机制。多数法院将案例试点工作纳入岗位目标考核,对适用案例的承办人予以一定奖励,切实推进试点工作。

(二)案例应用试点工作的具体分析

1. 结案多但应用案例少

试点期间,全省 10 个试点法院共结案 30 500 件,其中判决结案 6 334 件。176 件参照案例审理的案件仅占结案总数的 0.58%,其中参照适用案例进行判决的案件 173 件,占判决结案总数的 2.73%,参照适用案例进行调解、裁定的案件分别为 2 件、1 件(见表 6-1)。

表 6-1 试点法院参照案例案件情况分析

试点法院	参照案件数	判决结案数	结案数	判决案件参照比例
锦江人民法院	135	1 089	4 257	12.4%
雨城人民法院	14	383	3 627	3.66%
盐边人民法院	7(含调解 2 件)	211	978	2.37%
东坡人民法院	5	455	5 255	1.1%

（续表）

试点法院	参照案件数	判决结案数	结案数	判决案件参照比例
青羊人民法院	5	2002	4 401	0.25%
高坪人民法院	3	341	3 403	0.88%
西昌人民法院	2(含裁定1件)	413	1 299	0.24%
资中人民法院	2	466	1 897	0.43%
高新人民法院	2	732	2 373	0.27%
华蓥人民法院	1	242	3 010	0.41%
总数	176(含裁定1件、调解2件)	6 334	30 500	2.73%

在为期半年的试点期，从试点各月的案例应用情况来看，适用案例情况与月度结案数高低相关。2011年11月、12月年底结案高峰期参照案例的案件相对较多，2012年1月、2月春节期间结案低谷期参照适用较少，试点期末（2012年3月）呈回升趋势（见图6-5）。

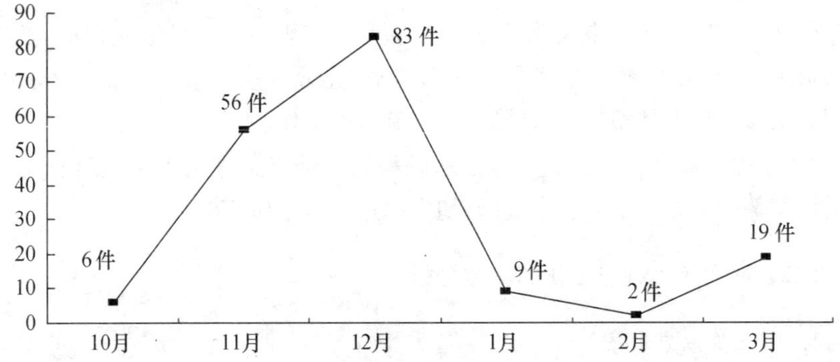

图6-5　案例应用月度趋势分析

2. 案由集中在民商事领域

在案由方面，176件参照案例审理的案件主要集中于民商事案件（169件），所占比例高达96.02%，刑事案件仅6件、行政案件仅1件（见图6-6）。

民商事案件集中于合同类案件（115件）、侵权类案件（39件），此外，劳动争议类案件7件，其他案由民事案件均在3件以内（见图6-7）。

在合同类案件中，物业服务合同纠纷案件居首（64件），其次为商品房销售合同纠纷案件（25件），其余合同类案件均在10件以内（见图6-8）。

在侵权类案件中，知识产权侵权案件最多（17件），其次是道路交通事故人身损害赔偿案件11件，其余侵权类案件均在3件以内（见图6-9）。

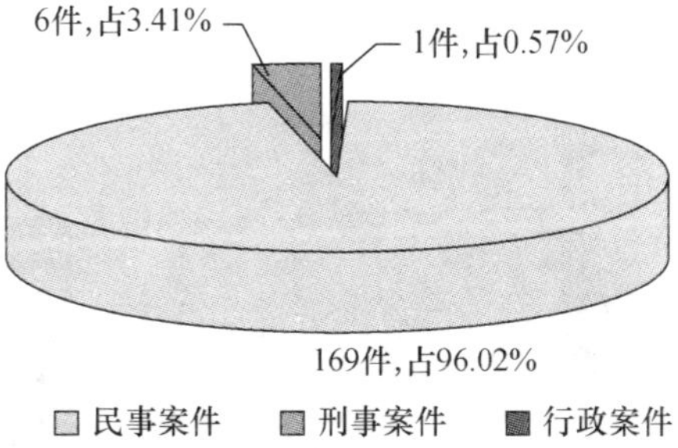

图 6-6　参照案例审理案件类别分析

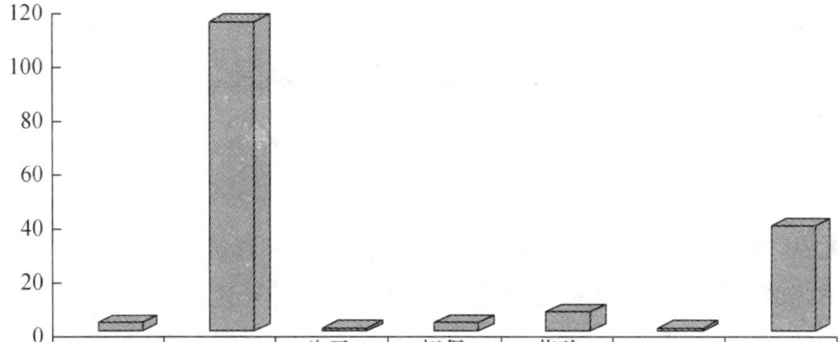

	继承	合同	公司解散	担保追偿	劳动争议	离婚	侵权
系列1	3	115	1	3	7	1	39

图 6-7　参照案例的民事案件案由分析

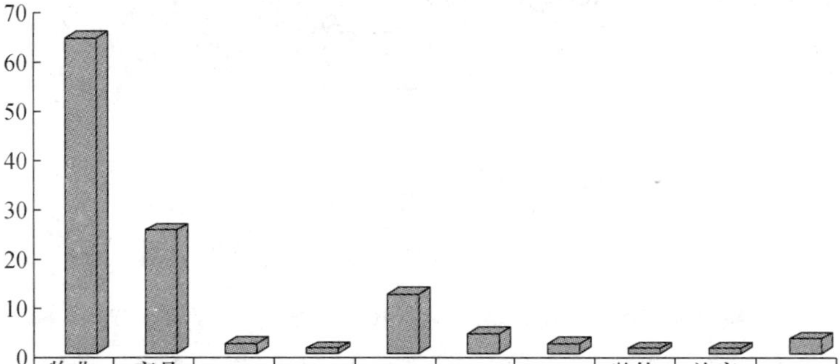

	物业服务	商品房销售	施工	劳务	借款	保证	旅游	装饰装修	旅客运输	保险
系列1	64	25	2	1	12	4	2	1	1	3

图 6-8　合同类案件具体案由分析

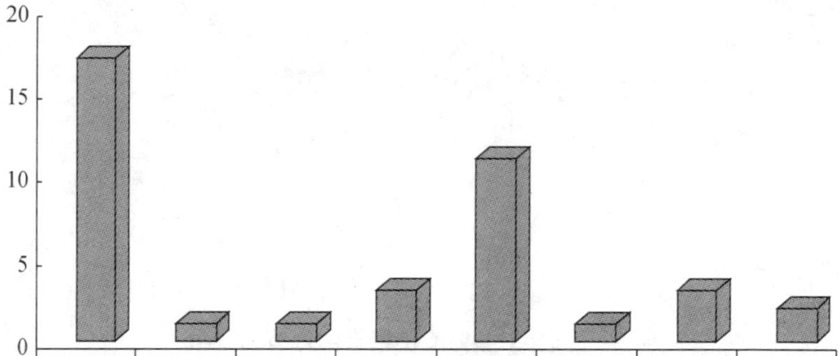

	知识产权	肖像权	人格权	名誉权	道路交通事故	医疗事故	人身损害	财产损害
■ 系列1	17	1	1	3	11	1	3	2

图 6-9　侵权类案件具体案由分析

3. 参照案例主要以该院既往判决与四川省高级人民法院发布案例为主

试点期间,176 件案件共参照案例 62 件,其中,23 件案例来自课题组提供的案例,包含《公报》发布案例 9 件、四川省高级人民法院发布案例 14 件;28 件案例是试点法院类似案件的既往判决;11 件案例为其他法院类似案件的判决,其中,10 件案例来源于网络,1 件案例来源于相关案例刊物(见图 6-10)。

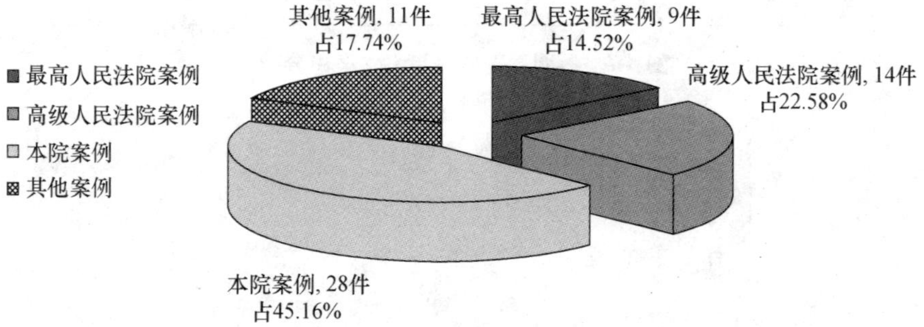

图 6-10　被参照案例载体分析

4. 参照频率高的案例主要解决争议较大的法律适用问题

在参照的案例中,案由集中为借款合同纠纷、道路交通事故损害赔偿纠纷、追索劳动报酬纠纷、知识产权侵权纠纷类案例。课题组提供的试点案例中,《公报》案例参照频率较高的是"郑克宝诉徐伟良、中国人民财产保险股份有限公司长兴支公司道路交通事故人身损害赔偿纠纷案"(见附件三,为《公报》第 97 号案例,涉及的法律问题为"第三者"与"车上人员"的认定,被参照 4 次)、"杨树岭诉中国平安财产保险股份有限公司天津市宝坻支公司保险合同纠纷案"(见附件三,为《公报》第93号案例,涉及的法律问题为“家庭成员”的认定以及保险人对免责条款的说明义务,被参照3次)、“葛宇斐诉沈丘县汽车运输有限公司、中国人民财产保险股份有限公司周口市分公司、中国人民财产保险股份有限公司沈丘支公司道路交通事故损害赔偿纠纷案”(见附件三,为《公报》第98号案例,涉及的法律问题为交通事故认定书的证据效力,被参照3次)。四川省高级人民法院发布案例参照频率较高的是“债权人超过举证期限提交的证据材料,债务人同意质证而担保人不同意质证的,可以组织质证”[见附件三,为四川省高级人民法院《案例指导》第49号案例,中国工商银行成都市盐市口支行诉四川省有色金属材料总公司、四川物资(集团)有限公司借款合同纠纷案,被参照6次]。

二、案例应用试点工作的成效

从总体上看,案例应用试点工作虽然在参照案例进行裁判的案件绝对量与相对量方面不甚理想,但从另一方面看,试点工作对法官的思想认识、司法技能、裁判质量等产生了始料不及的积极影响。

(一)案例意识明显增强

在试点期间,通过反复的思想动员、不断强化培训及试点过程中各职能部门的通报评查,法官的案例意识显著增强。主要表现为:

(1)深化了法官对案例指导制度的思想认识。试点法院法官普遍较为了解我国的案例指导制度,认为有必要建立案例指导制度。问卷调查显示,表示不了解我国案例指导制度及最高人民法院《关于案例指导工作的规定》的试点法院法官分别仅为2.78%及5.56%,远低于非试点法院法官的4.58%及15.86%(见表6-2)。

表6-2 法官对我国案例指导制度及最高人民法院规定的了解情况分析

调查对象 \ 选项		了解		有一定了解		不了解	
		人数	比例	人数	比例	人数	比例
试点法院法官	制度	69	47.92%	71	49.31%	4	2.78%
	规定	63	43.75%	73	50.69%	8	5.56%
非试点法院法官	制度	515	42.11%	652	53.31%	56	4.58%
	规定	445	36.39%	584	47.75%	194	15.86%

认为我国有必要建立案例指导制度的试点法院法官为93.75%,亦高于非试点法院法官86.43%(见表6-3)。

表6-3 法官对我国建立案例指导制度的态度分析

选项 调查对象	有必要		没有		不清楚	
	人数	比例	人数	比例	人数	比例
试点法院法官	135	93.75%	5	3.47%	4	2.78%
非试点法院法官	1 057	86.43%	99	8.09%	67	5.48%

(2)法官编写案例的热情大大提高。问卷调查显示,84.72%的试点法院法官表示愿意推荐案例,较非试点法院法官高8.19%(见表6-4)。

表6-4 法官对是否愿意推荐案例的态度分析

选项 调查对象	愿意		不愿意		不清楚	
	人数	比例	人数	比例	人数	比例
试点法院法官	122	84.72%	7	4.86%	15	10.42%
非试点法院法官	936	76.53%	143	11.69%	144	11.77%

(3)案例应用习惯逐渐养成。通过对试点法院75名法官的回访,93.7%的法官表示自己在办理案件时习惯去查找、判断是否有类似的案例。

(二)案例应用技能得到提高

试点初期,多数法官对案例试点工作存在抵触心理,其中一个重要原因即是因为案例应用技能不足,认为试点工作增加了工作程序,加大了工作量。随着试点工作的推进,试点法院的法官们的案例应用技能日趋熟练,在摸索中初步形成了比较、检索、参照适用案例的工作方法。如成都市青羊区人民法院经过反复摸索,总结出"找出主要问题、检索查找案例、进行相似性比对、反复论证得出结论、参照案例作出裁判"的35字案例应用工作方法。

(三)疑难复杂案件有效化解

在试点工作中,试点法院均是基层人民法院。司法实践中,基层人民法院受理的案件以普遍性、常规性、法律有明确规定的简单案件为主,这从全省法院近年的一审案件简易程序适用率均保持在70%以上可以佐证。除公告案件外,基层人民法院适用普通程序审理的案件主要是较为疑难复杂的案件。但在176

件应用案例审理的案件中，适用简易程序审理的案件仅 44 件，而适用普通程序审理的案件达 132 件，为 75%。由此可见，案例应用在一定程度上使基层人民法院可以从容面对疑难复杂案件，通过参照类似案例妥善解决法律争议。

（四）审判效率有所提升

在 132 件适用普通程序参照案例进行裁判的案件中，仅 3 件报请审判委员会讨论决定，129 件直接由合议庭评议决定（其中 3 件进行判后释疑）。分析相关案件材料，在案件讨论、合议庭评议、研究讨论笔录和审理报告的过程中，承办人明确提出参照案例，参与研究讨论的人员几乎一致同意参照案例进行裁判，仅个别案件存在少数讨论人员保留不同意见的情形，案例的应用在一定程度上缩短了类似案件合议意见形成的时间。通过对 176 件案件的审理时间指数的统计分析，参照案例进行裁判的案件平均审理时间较全省中基层法院案件平均审理时间缩短 21 天，高效结案案件比例较后者高 10%①，进一步印证了案例应用在提高审判效率方面的作用。

（五）服判息诉效果明显

从试点情况看，在 176 件参照案例进行裁判的案件中，有 169 件案件在裁判文书中引述了类似案例及其裁判规则作为裁判理由，增强了裁判的说理性与说服力。仅 13 件案件提起上诉，案件一审服判息诉率达 92.61%，案件裁判效果良好。以盐边县人民法院某一民间借贷纠纷案件为例，被告范某某向原告肖某借款 10 万元，尚余 71 000 元一直未还，原告肖某认为该借款系被告范某某与被告曹某某婚姻关系存续期间的共同债务，要求二被告承担还款的连带责任。在合议庭第一次评议中，合议庭多数意见认为，被告曹某某与被告范某某为夫妻，被告曹某某应当承担还款的连带责任，且已形成结论。该案承办人在查找到类似案例（单洪远、刘春林诉胡秀花、单良、单译贤法定继承纠纷案，见附件三，《公报》第 49 号案例）后，合议庭报分管院长进行了第二次讨论，此次合议庭多数意见同意《公报》第 49 号案例的裁判规则“最高人民法院《关于适用婚姻法若干问题的解释（二）》第 24 条的规定，本意在于加强对债权人的保护，一般

---

① 四川省高级人民法院 2011 年出台《关于全省法院案件流程管理的规定（试行）》，在全省法院建立审判效率等级评定制度，规定法定审限 1/2 以内结案为高效，法定审限 2/3 以内结案为中效，未超过法定审限结案为正常，超审限结案为低效。

只适用于对夫妻外部债务关系的处理。人民法院在处理涉及夫妻内部财产关系的纠纷时,不能简单依据该规定将夫或妻一方的对外债务认定为夫妻共同债务,其他人民法院依据该规定作出的关于夫妻对外债务纠纷的生效裁判,也不能当然地作为处理夫妻内部财产纠纷的判决依据,主张夫或妻一方的对外债务属于夫妻共同债务的当事人仍负有证明该项债务确为夫妻共同债务的举证责任”。后盐边县人民法院参照《公报》第49号案例,以原告未举证证明被告范某某将该笔借款用于家庭生活等支出,且被告曹某某否认该款系夫妻共同债务为由,判决由被告范某某个人偿还借款。判决后,当事人均未提出上诉。

三、小　　结

在目前的科层式权力架构下,课题组通过自上而下的权力不断叠加递延的方式,不仅构建了案例应用的外部强制,而且营造了案例应用的内生机制(如应用技术、正向激励等),在全省10个基层法院的配合下启动了历时半年的案例应用试点工作。课题组共计梳理汇总238件试点案例,其中民商事案例109件,占45.80%,刑事案例82件,占34.45%,行政案例47件占19.75%。从2011年9月6日至2012年3月5日,全省10个试点法院均有参照案例进行审理的案件,共计176件,涉及案例62件。具体而言,案例应用试点呈现以下特点:

一是案例适用率较低。试点法院共计结案30 500件,但参照适用案例进行裁判的案件仅占结案总数的0.58%。

二是参照适用案例的案件主要以民商事案件为主。具体而言,民商事案件169件,刑事案件仅6件,行政案件仅1件。在民商事案件中,合同纠纷案件共计115件占68.05%。这与课题组提供的试点案例的分布情况基本相符。

三是参照案例以试点法院既往判决与四川省高级人民法院发布的案例居多。参照适用的62件案例中,28件案例是试点法院类似案件的既往判决,23件案例来自课题组提供的案例,其中《公报》案例9件、四川省高级人民法院发布案例14件,12件案例来源于其他法院类似案件的判决。参照适用该院既往判决的案件主要是关联案件,共计92件,约占参照案例进行裁判案件数的52.27%。

四是解决法律适用疑难的案例参照频率较高。4件道路交通事故人身损害赔偿纠纷案件参照适用《公报》第97号案例即“郑克宝诉徐伟良、中国人民财产保险股份有限公司长兴支公司道路交通事故人身损害赔偿纠纷案”,3件保险合同纠纷案件参照适用《公报》第 93 号案例即“杨树岭诉中国平安财产保险股份有限公司天津市宝坻支公司保险合同纠纷案”;6 件借款合同纠纷案件参照适用四川省高级人民法院《案例指导》第 49 号案例即“中国工商银行成都市盐市口支行诉四川省有色金属材料总公司、四川物资(集团)有限公司借款合同纠纷案”。

通过案例应用试点工作,试点法院法官的思想认识、司法技能、裁判质量等得到提升,试点法院法官对案例指导制度的知晓程度、建立案例指导制度的必要性认识大大高于其他法院,案例意识明显增强,案例应用技能得到锻炼,疑难案件得到有效化解,审判效率有所提升,服判息诉效果明显,176 件参照案例进行裁判的案件,一审服判息诉率达到 92.61%。

第七章　案例指导的制度愿景:基于问卷调查的实证研究

为弥补案例指导制度启动时间不长及案例适用范围有限带来的认识局限,准确摸底、全面了解各类司法工作人员及社会公众对案例指导制度的认知、定位、效力及案例的应用等情况,课题组先后组织了两次问卷调查。第一次问卷调查针对法官、人民陪审员、法院其他工作人员、检察公安司法行政人员、律师、社会公众分别设计了6套问卷,通过纸质问卷与内外网电子问卷的方式同时开展。截至2011年12月10日,课题组共回收问卷4 521份,其中有效问卷3 994份。① 在有效问卷中,法官问卷1 367份,人民陪审员问卷339份,法院其他工作人员问卷704份,检察、公安、司法行政人员问卷566份,律师问卷488份,社会公众问卷530份。2011年12月20日,最高人民法院经审判委员会讨论决定发布了第一批4件全国指导性案例。课题组专门围绕第一批指导性案例开展了第二次问卷调查(补充问卷调查),以进一步了解社会各界对指导性案例效力、发布程序等的认知及评价。补充问卷调查共回收有效问卷3 990份,其中电子问卷2 327份,纸质问卷1 663份。调查对象中,法律专业人士3 155人,非法律专业人士835人;司法工作人员3 698人,非司法工作人员292人;参加过诉讼活动的3 373人,未参加过诉讼活动的617人。通过对回收的调查问卷进行统计分析,有助于勾绘出相关群体对当前案例指导制度的趋向性认知与愿景。

---

① 课题组以单选题选择多项、问卷所有问题均选择同一选项、对陷阱问题的回答前后矛盾等作为废卷判断标准,查找出527份废卷。

一、对案例指导制度的基本认知

问卷调查显示,通过法院内部工作部署、办案或日常工作,以及学习培训、广泛的宣传报道等①,高达87.05%的调查对象对我国案例指导制度表示“了解”或“有一定了解”(见表7-1)。

表7-1　对我国案例指导制度的了解情况分析

调查对象＼选项	了解		有一定了解		不了解		未回答	
	人数	比例	人数	比例	人数	比例	人数	比例
法官	559	40.89%	742	54.28%	66	4.83%	0	0
人民陪审员	65	19.17%	212	62.54%	62	18.29%	0	0
法院其他工作人员	183	25.99%	455	64.63%	65	9.23%	1	0.14%
检察、公安、司法行政人员	120	21.20%	386	68.20%	60	10.60%	0	0
律师	198	40.57%	244	50%	46	9.43%	0	0
社会公众	45	8.49%	268	50.57%	216	40.75%	1	0.19%
小计	1 170	29.29%	2 307	57.76%	515	12.89%	2	0.05%

77.47%的法官、人民陪审员、法院其他工作人员、律师对最高人民法院《关于案例指导工作的规定》表示“了解”或“有一定了解”(见表7-2)。

表7-2　对最高人民法院《关于案例指导工作规定》了解情况分析

调查对象＼选项	了解		有一定了解		不了解		未回答	
	人数	比例	人数	比例	人数	比例	人数	比例
法官	454	33.21%	699	51.13%	214	15.66%	0	0
人民陪审员	44	12.98%	177	52.21%	117	34.51%	1	0.3%
法院其他工作人员	148	21.02%	357	50.71%	199	28.27%	0	0
律师	170	34.84%	196	40.16%	122	25%	0	0
小计	816	28.16%	1429	49.31%	652	22.5%	1	0.03%

① 问卷调查显示,以法官、法院其他工作人员、其他政法机关人员、律师为代表的法律专业人员最初获悉我国案例指导制度的主要途径是“内部工作部署”(31.03%)和“办案活动或日常工作”(31.19%),而社会公众最初知晓我国案例指导制度的主要途径是“在校学习或在职培训”(37.92%)和“电视、报纸、网络等媒体”(38.37%)。

81.09%的调查对象对国外判例制度也表示“了解”或“有一定了解”(见表7-3)。

表 7-3 对外国相关制度了解情况分析

选项 调查对象	了解		有一定了解		不了解		未回答	
	人数	比例	人数	比例	人数	比例	人数	比例
法官	310	22.68%	929	67.96%	128	9.36%	0	0
人民陪审员	34	10.03%	213	62.83%	92	27.14%	0	0
法院其他工作人员	120	17.05%	454	64.49%	130	18.47%	0	0
检察、公安、司法行政人员	89	15.72%	357	63.07%	119	21.03%	1	0.18%
律师	152	31.15%	280	57.38%	55	11.27%	1	0.2%
社会公众	50	9.43%	251	47.36%	228	43.02%	1	0.19%
小计	755	18.9%	2 484	62.19%	752	18.83%	3	0.08%

可以说,社会群体的高认知度为案例指导制度提供了良好的社会基础。在“关于我国是否有必要建立案例指导制度”的调查中,83.8%的调查对象明确表示应当建立案例指导制度,仅7.44%的人员明确表示没有必要建立案例指导制度,由此可见,建立案例指导制度在一定程度上已经成为社会主流观点(见表7-4)。

表 7-4 对我国是否有必要建立案例指导制度的调查分析

选项 调查对象	有		没有		不清楚		未回答	
	人数	比例	人数	比例	人数	比例	人数	比例
法官	1 184	86.61%	102	7.46%	81	5.93%	0	0
人民陪审员	290	85.55%	25	7.37%	24	7.08%	0	0
法院其他工作人员	595	84.52%	41	5.82%	67	9.52%	1	0.14%
检察、公安、司法行政人员	479	84.63%	35	6.18%	51	9.01%	1	0.18%
律师	417	85.45%	34	6.97%	36	7.38%	1	0.20%
社会公众	382	72.08%	60	11.32%	87	16.42%	1	0.19%
小计	3 347	83.8%	297	7.44%	346	8.66%	4	0.1%

目前,法院、检察院、公安机关、司法行政部门均在编辑发布案例,那么,社会对前述案例的认同度如何呢?在关于“若我国有必要建立案例指导制度,您

认为应当由哪个或哪些机关编辑发布案例”的调查中，87.63%的调查对象选择法院作为案例编辑发布机关。课题组通过走访、座谈等方式了解到，多数人认为法院是法律争议的终局裁断者，其编辑发布的案例更具影响力（见表7-5）。

表7-5　编写发布指导性案例的部门分析（多选）

调查对象＼选项	法院		检察院		公安机关		司法行政机关	
	人数	比例	人数	比例	人数	比例	人数	比例
法官	1 282	93.78%	357	26.12%	183	13.39%	200	14.63%
人民陪审员	288	84.96%	77	22.71%	41	12.09%	80	23.6%
法院其他工作人员	647	91.9%	221	31.39%	118	16.76%	169	24.01%
检察、公安、司法行政人员	464	81.98%	266	47%	135	23.85%	120	21.2%
律师	415	85.04%	150	30.74%	56	11.48%	110	22.54%
社会公众	404	76.23%	129	24.34%	71	13.4%	124	23.4%
小计	3 500	87.63%	1 200	30.05%	604	15.13%	803	20.11%

对此，问卷调查结果也予以印证。在“您认为哪一政法机关的案例影响最大”的调查中，88.16%的调查对象认为法院系统发布的案例影响最大，远远高于其他政法机关发布案例的影响力。而且，相较于本部门发布的案例，高达81.98%的检察、公安、司法行政人员也认同法院案例更具影响力（见表7-6）。

表7-6　对影响最大的政法机关案例的认知情况分析

调查对象＼案例类型	法院案例		检察院案例		公安机关案例		司法行政案例	
	人数	比例	人数	比例	人数	比例	人数	比例
法官	1 275	93.27%	25	1.83%	40	2.92%	27	1.98%
法院其他工作人员	648	92.05%	17	2.41%	26	3.69%	13	1.85%
人民陪审员	309	91.15%	9	2.65%	12	3.55%	9	2.65%
律师	424	86.89%	26	5.32%	14	2.87%	24	4.92%
社会公众	402	75.85%	29	5.47%	32	6.04%	68	12.64%
检察、公安、司法行政人员	464	81.98%	48	8.48%	46	8.13%	8	1.41%
小计	3 521	88.16%	154	3.85%	170	4.26%	150	3.73%

法院案例的影响力主要受益于两个因素：其一，公开性使法院案例的接触人群最广。调查中，88.71%的调查对象接触过法院案例。即便是检察、公安、

司法行政人员,接触法院案例的比例也远远高于接触检察院案例、公安机关案例、司法行政案例的比例(见表7-7)。

表7-7 调查对象接触政法机关发布案例的情况分析(多选)

调查对象 \ 选项	法院案例		检察院案例		公安机关案例		司法行政案例	
	人数	比例	人数	比例	人数	比例	人数	比例
法官	1 313	96.05%	379	27.72%	277	20.26%	202	14.78%
人民陪审员	295	87.02%	15	4.42%	15	4.42%	10	2.95%
法院其他工作人员	668	94.89%	157	22.30%	135	19.18%	106	15.06%
检察、公安、司法行政人员	453	80.04%	258	45.58%	195	34.45%	115	20.32%
律师	448	91.8%	160	32.79%	109	22.34%	113	23.16%
社会公众	366	69.06%	103	19.43%	110	20.75%	76	14.34%
小计	3 543	88.71%	1 072	26.84%	841	21.06%	622	15.58%

其二,法院案例的内在品质。一方面,法院案例具有法律优势。在"与其他政法机关的案例相比,您认为法院案例具有哪些特色"的调查中,"最具法律价值"和"最具权威性"是法院案例的显著特征,比例分别为73.59%、67.4%(见表7-8)。

表7-8 法院案例相比其他政法机关案例的特色分析(多选)

调查对象 \ 选项	最具法律价值	最具权威性	最具影响力	受众面最广	内容最完备	案件类型多样
法官	80.25%	73.88%	71.03%	55.16%	48.13%	63.79%
法院其他工作人员	81.82%	72.3%	68.04%	59.09%	46.88%	68.47%
人民陪审员	72.86%	62.83%	50.44%	48.97%	32.74%	47.79%
检察、公安、司法行政人员	62.9%	59.19%	57.07%	45.58%	36.04%	52.47%
律师	68.85%	62.5%	57.38%	43.85%	36.07%	5.2%
社会公众	61.7%	60.38%	47.55%	41.13%	30.19%	46.42%
小计	73.59%	67.4%	61.99%	50.73%	41.04%	57.69%

另一方面,法院案例具有效用性。问卷调查显示,高达96.85%的调查对象表示已发布案例对工作(或学习)有帮助或有一定帮助(见表7-9)。

表 7-9 已发布案例对工作(或学习)是否有帮助分析

调查对象＼选项	有帮助		有一定帮助		没有帮助	
	人数	比例	人数	比例	人数	比例
法官	741	54.21%	602	44.03%	24	1.76%
人民陪审员	124	36.58%	196	57.82%	19	5.60%
法院其他工作人员	361	51.28%	311	44.18%	32	4.54%
检察、公安、司法行政人员	221	39.04%	332	58.66%	13	2.30%
律师	242	49.59%	241	49.39%	5	1.02%
社会公众	185	34.90%	313	58.87%	33	6.23%
小计	1 874	46.92%	1 995	49.93%	126	3.15%

从对最高人民法院发布第一批全国指导性案例的了解程度看,接触过法律工作的调查对象①普遍较为了解,而未接触过法律工作的调查对象②表示了解的较少(见表 7-10)。

表 7-10 接触问卷之前,是否了解第一批指导性案例分析

选项＼调查对象		法律专业	非法律专业	司法工作人员	非司法工作人员	参加过诉讼活动	未参加过诉讼活动	合计
了解	人数	2 342	348	2 585	105	2 454	236	2 690
	比例	74.23%	41.68%	69.9%	35.96%	72.75%	38.25%	67.42%
不了解	人数	813	487	1 113	187	919	381	1 300
	比例	25.77%	58.32%	30.1%	64.04%	27.25%	61.75%	32.58%

同时,了解程度直接关系到调查对象对指导性案例的总体评价。了解程度高的群体评价明显较高(见表 7-11)。

表 7-11 对第一批指导性案例的总体评价分析

调查对象＼选项	具有指导意义		有一定指导意义		没有指导意义		不清楚	
	人数	比例	人数	比例	人数	比例	人数	比例
法律专业	1 368	43.36%	1 567	49.67%	46	1.46%	174	5.52%
非法律专业	242	28.98%	403	48.26%	50	5.99%	140	16.77%
司法工作人员	1 545	41.78%	1 850	50.03%	58	1.57%	245	6.63%

---

① 包括法律专业、司法工作人员及参加过诉讼活动等群体,下同。
② 包括非法律专业、非司法工作人员及未参加过诉讼活动等群体,下同。

（续表）

调查对象＼选项	具有指导意义		有一定指导意义		没有指导意义		不清楚	
	人数	比例	人数	比例	人数	比例	人数	比例
非司法工作人员	65	22.26%	120	41.10%	38	13.01%	69	23.63%
参加过诉讼活动	1 439	42.66%	1 684	49.93%	50	1.48%	200	5.93%
未参加过诉讼活动	171	27.71%	286	46.35%	46	7.46%	114	18.48%
小计	1 610	40.35%	1 970	49.37%	96	2.41%	314	7.87%

二、对案例指导制度的理论认知

一直以来，关于案例指导制度的理论研究可谓汗牛充栋，学术观点派别林立，各种观点的交流与交锋，在社会中产生了何种“化学反应”？是否带来了思想上的混乱？有关案例指导制度理论认知的问卷调查有助于厘清上述问题。

（一）关于案例指导制度的概念

概念是研究的逻辑起点。调查结果显示，调查对象普遍认为案例指导制度与西方的判例制度不同，其中57.56%的调查对象认为，案例指导制度是指“由有权机关通过一定程序审核发布指导性案例，法官在审判相似案件时应当参照案例进行裁判的制度”，33.98%的调查对象认为，案例指导制度是指“由有权机关通过一定程序编辑、发布指导性案例，供法官学习参考，提高裁判技术的制度”。两者观点的分歧在于案例指导制度在现行法律框架内如何定位，具有何种效力（见表7-12）。

表7-12 对我国案例指导制度概念的认知分析

调查对象＼选项	由有权机关通过一定程序审核发布指导性案例，法官在审判相似案件时应当参照案例进行裁判的制度	由有权机关通过一定程序编辑、发布指导性案例，供法官学习参考，提高裁判技术的制度	与英美法系的判例制度相似，直接赋予某一层级法院先前判决具有法律效力，可作为裁判依据的制度	其他	未回答
法官	60.4%	32.43%	4.25%	0.66%	2.27%
人民陪审员	59.6%	34.2%	4.1%	1.2%	0.9%

（续表）

调查对象＼选项	由有权机关通过一定程序审核发布指导性案例，法官在审判相似案件时应当参照案例进行裁判的制度	由有权机关通过一定程序编辑、发布指导性案例，供法官学习参考，提高裁判技术的制度	与英美法系的判例制度相似，直接赋予某一层级法院先前判决具有法律效力，可作为裁判依据的制度	其他	未回答
法院其他工作人员	53.06%	36.42%	6.12%	4.12%	0.28%
检察、公安、司法行政人员	56.68%	32.98%	5.35%	0.53%	4.46%
律师	55.37%	35.95%	4.55%	1.24%	2.89%
小计	57.56%	33.98%	4.82%	1.47%	2.17%

（二）关于案例指导制度的定位

在目前的法律体系中，法律、司法解释属于正式的法律渊源，其中，司法解释是经宪法授权而由最高人民法院负责制定颁布。① 而指导性案例同样是由最高人民法院编选发布，其与法律、特别是司法解释之间应当是一种什么关系？在“您认为指导性案例与法律、司法解释之间应当是什么关系”的调查中，58.71%的调查对象明确表示指导性案例是对法律、司法解释的细化或补充，仅8.64%、10.09%的调查对象分别希望指导性案例与法律、司法解释具有同等效力（见表7-13）。

表7-13　指导性案例与法律、司法解释的关系分析

调查对象＼选项	对法律、司法解释的细化或补充	与法律具有同等效力	与司法解释具有同等效力	比司法解释效力略低	不清楚
法官	61.89%	7.9%	9.44%	12.80%	7.97%
法院其他工作人员	57.52%	11.8%	9.44%	8.85%	12.39%
人民陪审员	59.66%	7.53%	10.09%	11.08%	11.65%
检察、公安、司法行政人员	54.77%	8.66%	8.83%	13.6%	14.13%
律师	57.58%	10.04%	13.11%	4.92%	14.34%
社会公众	55.28%	8.68%	10.75%	7.55%	17.74%
小计	58.71%	8.64%	10.09%	10.62%	11.94%

① 若无特别说明，本文中的司法解释、指导性案例主要是指最高人民法院发布的司法解释与指导性案例。

因应于此,在关于案例指导制度定位的调查中,43.65%的调查对象认为案例指导制度属于一种法律适用机制。调查结论再次印证,在中国语境中,社会的主流观点是指导性案例既不同于法律,又不同于司法解释(见表7-14)。

表7-14　指导性案例应当如何定位分析

调查对象＼选项	作为正式的法律渊源	属于一种法律适用机制	作为立法补充	属于司法解释	未作答
法官	15.36%	46.67%	25.53%	9.44%	3%
人民陪审员	17.11%	46.31%	27.43%	6.49%	2.65%
法院其他工作人员	14.63%	42.47%	32.53%	9.09%	1.28%
检察、公安、司法行政人员	11.48%	37.46%	35.34%	6.89%	8.83%
律师	15.57%	42.21%	22.75%	12.7%	6.76%
小计	14.78%	43.65%	28.35%	9.12%	4.1%

(三)关于指导性案例的效力

关于指导性案例的效力问题,参与调查的人员中,认为指导性案例应当具有事实上的拘束力的调查对象比例较大,为43.16%,认为应当赋予指导性案例法律上拘束力的比例次之,为24.91%。15.72%的调查对象认为指导性案例仅仅具有优势证据的效力,13.4%的调查对象认为指导性案例没有拘束力。相对于其他调查对象而言,法官、法院其他工作人员主张指导性案例具有事实拘束力的比重较低,分别为40.45%、41.76%,而法院其他工作人员、律师、法官主张具有法律拘束力的比重较高,分别为29.69%、26.84%、26.26%(见表7-15)。

表7-15　指导性案例效力的调查分析

调查对象＼选项	具有法律上的约束力	具有事实上的约束力	用以判断优势证据	没有约束力	未作答
法官	26.26%	40.45%	16.24%	15%	2.05%
人民陪审员	19.17%	47.2%	12.09%	18.29%	3.24%
法院其他工作人员	29.69%	41.76%	17.9%	9.94%	0.71%
检察、公安、司法行政人员	19.79%	49.47%	18.90%	7.77%	4.06%
律师	26.84%	43.65%	13.73%	11.48%	4.30%
社会公众	22.45%	42.26%	12.26%	18.49%	4.53%
小计	24.91%	43.16%	15.72%	13.4%	2.8%

在法官群体中,非法律专业的法官认为指导性案例应当被赋予法律上的拘束力的比例远远高于法律专业的法官(见表7-16)。

表7-16 法官对指导性案例效力的态度分析

所学专业 \ 选项	具有法律上的约束力	具有事实上的约束力	用以判断优势证据	没有约束力	未作答
法律专业	24.68%	41.08%	17.34%	15.63%	1.28%
非法律专业	35.71%	36.73%	9.69%	11.22%	6.63%
小计	26.26%	40.45%	16.24%	15%	2.05%

问卷调查若仅止于此,尚不能全面、准确地了解社会群体对指导性案例的效力期待,因为效力须具象化。为此,课题组还对以下问题进行了调查。

首先,在对于"指导性案例是否可以作为上级法院指令再审、提审、发回重审或改判的理由"的调查中,36.73%的调查对象赞成,46.52%的调查对象反对,其中,持反对意见的法官占被调查法官的55.82%,占反对意见总数的41.07%;而检察、公安、司法行政人员明确表示支持的比例较高(见表7-17)。从座谈走访的情况看,大部分一线法官对此亦持反对态度。部分法官认为,由于各地情况不同,对于具体案件的把握也不尽相同,且指导性案例的发布、适用机制尚不健全,作为上级法院指令再审、提审、发回重审或改判的理由的时机尚不成熟。

表7-17 是否可以作为指令再审、提审、发回重审或改判的理由调查分析

调查对象 \ 选项	可以		不可以		不清楚	
	人数	比例	人数	比例	人数	比例
法官	448	32.77%	763	55.82%	156	11.41%
人民陪审员	107	31.56%	145	42.77%	87	25.66%
法院其他工作人员	250	35.51%	325	46.16%	129	18.32%
检察、公安、司法行政人员	257	52.66%	168	34.43%	63	12.91%
律师	212	37.46%	259	45.76%	95	16.78%
社会公众	193	36.42%	198	37.36%	139	26.23%
小计	1 467	36.73%	1 858	46.52%	669	16.75%

但即使是在持反对意见的法官中,也有57.54%的法官认为指导性案例具有"法律上的约束力"或者"事实上的约束力"。说明对指导性案例的效力,法官群体待较为矛盾的态度。一方面,在司法操作层面,由于相应工作机制的不

完善,对于指导性案例"作为指令再审、提审、发回重审或改判的理由"的可行性尚存疑虑;另一方面,多数赞同指导性案例应当具有法律或者事实上的拘束力,以便更好地实现"同案同判"(见表7-18)。

表7-18 法官对指导性案例应然与实然效力态度的交叉分析

实然效力 应然效力	可以		不可以		不清楚	
	人数	比例	人数	比例	人数	比例
具有法律上的约束力	176	39.29%	145	19%	38	24.36%
具有事实上的约束力	204	45.54%	294	38.53%	55	35.26%
用以判断优势证据	49	10.94%	146	19.13%	27	17.31%
没有约束力	10	2.23%	171	22.41%	24	15.38%
未回答	9	2.01%	7	0.92%	12	7.69%

在针对最高人民法院发布的第一批指导性案例的补充问卷调查中,对于全国指导性案例能否作为上诉或申请再审的理由,赞成、反对或认为"不一定"的调查对象各占三成(见表7-19)。同时,司法工作人员中持赞成的比例比非司法工作人员高12.71%。且根据课题组座谈了解的情况,多数法官赞成赋予最高人民法院发布的全国指导性案例拘束力,认为其能够作为上诉或申请再审的理由。由于参加座谈的法官属于司法工作人员中对案例工作认知较深的群体,可见,对案例指导制度的认知与对全国指导性案例效力的认知呈正比例关系。

表7-19 全国指导性案例能否作为上诉或申请再审的理由分析

选项 调查对象	能		不一定		不能		不清楚	
	人数	比例	人数	比例	人数	比例	人数	比例
司法工作人员	680	31.53%	690	31.99%	689	31.94%	98	4.54%
非司法工作人员	32	18.82%	52	30.59%	43	25.29%	43	25.29%
小计	712	30.6%	742	31.89%	732	31.46%	141	6.06%

此外,对于上级法院能否依据全国指导性案例作出改判、发回重审和再审改判的调查中,赞成、反对或认为"不一定"的调查对象也各占三成(见表7-20)。

表 7-20　上级法院能否依据全国指导性案例改判、发回重审和再审分析

调查对象＼选项	能		不一定		不能		不清楚	
	人数	比例	人数	比例	人数	比例	人数	比例
司法工作人员	672	31.15%	728	33.75%	675	31.29%	82	3.8%
非司法工作人员	32	18.82%	46	27.06%	51	30%	41	24.12%
小计	704	30.25%	774	33.26%	726	31.2%	123	5.29%

值得关注的是，司法工作人员对上述两个问题持赞成态度的分别为31.53%、31.15%，而律师、社会公众等非司法工作人员则更低，均为18.82%。说明包括法官等司法工作人员在内的社会各界对第一批全国指导性案例的效力认识不足，对于运用指导性案例进行诉讼及裁判活动持谨慎态度。

其次，对于“当事人或诉讼代理人引述案例支持诉辩意见是否应予回应”的调查中，法官、人民陪审员、法院其他工作人员选择“回应”的比例较高，为47.22%，选择“不回应但会查阅相关案例”的比例为33.36%，选择“既不能回应也不查阅案例”的比例极低。说明指导性案例对于法官（人民陪审员）具有一定影响，多数会结合实际对自身裁判进行进一步检视（见表7-21）。

表 7-21　法院内部对当事人及其诉讼代理人引述案例的态度分析

调查对象＼选项	回应		不一定回应		不回应，但会查阅相关案例		既不回应，也不查阅案例		未回答	
	人数	比例	人数	比例	人数	比例	人数	比例	人数	比例
法官	591	43.23%	306	22.38%	464	33.94%	6	0.44%	0	0
人民陪审员	167	50%	87	26.05%	77	23.05%	3	0.9%	5	1.48%
法院其他工作人员	380	53.98%	46	6.53%	263	37.36%	15	2.13%	0	0
小计	1 138	47.22%	439	18.22%	804	33.36%	24	0.6%	5	0.21%

即使在选择“不一定回应”的法官中，认为指导性案例没有拘束力的也仅占14.38%，该部分法官仍倾向于以适当方式作出回应，说明当事人或诉讼代理人引述案例支持诉辩意见的行为对法官的裁判行为能够产生较大影响（见表7-22）。

表 7-22　法官对引述案例及指导性案例效力态度的交叉分析

是否回应 / 应然效力	回应		不一定回应		不回应，但会查阅相关案例		既不回应，也不查阅案例	
	人数	比例	人数	比例	人数	比例	人数	比例
具有法律上的约束力	184	31.13%	69	22.55%	105	22.63%	1	16.67%
具有事实上的约束力	224	37.9%	138	45.1%	189	40.73%	2	33.33%
用以判断优势证据	88	14.89%	49	16.01%	84	18.1%	1	16.67%
没有约束力	83	14.04%	44	14.38%	76	16.38%	2	33.33%
未回答	12	2.03%	6	1.96%	10	2.16%	0	0

在对律师及社会公众的调查中，选择“回应”的律师、社会公众所占比例较大，分别为 69.06%、42.08%，选择“不一定回应”的律师、社会公众所占比例分别为 21.31%、28.68%。选择“不回应”的社会公众所占比例为 21.13%，而律师仅 2.87%（见表 7-23）。

表 7-23　社会公众及律师的态度分析

选项 / 调查对象	回应		不一定回应		不回应		不清楚	
	人数	比例	人数	比例	人数	比例	人数	比例
社会公众	223	42.08%	152	28.68%	112	21.13%	43	8.11%
律师	337	69.06%	104	21.31%	14	2.87%	33	6.76%
小计	560	55.01%	256	25.15%	126	12.38%	76	7.47%

再次，对于“当事人以各地法院先前裁判的相似性案例作为抗辩、上诉、申诉、申请再审等理由或质疑判决结果时应当如何处理”的调查中，一半以上的调查对象认为应当以适当方式进行释明或回应，27.17% 的调查对象选择根据案件情况决定是否回应（见表 7-24）。

表 7-24　对当事人以相似案例作为抗辩等理由的处理态度分析

选项 / 调查对象	以适当方式释明或回应	告知对本案无约束力	根据案件情况决定是否回应	不需要释明	未作答
法官	57.72%	11.78%	28.09%	2.41%	0
人民陪审员	49.26%	13.27%	29.50%	2.95%	5.01%
法院其他工作人员	53.13%	11.93%	32.81%	2.13%	0
检察、公安、司法行政人员	55.48%	11.84%	20.67%	2.12%	9.89%
律师	59.43%	10.25%	22.34%	2.05%	5.94%
小计	55.83%	11.75%	27.17%	2.31%	2.94%

从法官群体看,认为指导性案例“没有约束力”的法官中,认为对当事人以相似案例作为抗辩、上诉、申诉、申请再审等理由或质疑判决结果时不需要释明的比例达42.42%,远高于认为“具有法律上的约束力”及“具有事实上的约束力”等法官。可见,对案例效力的认知直接影响一线法官对此类问题的处理方式,从而对整个案例指导工作的开展产生影响(见表7-25)。

表7-25　法官对当事人以相似案例作为抗辩等理由的处理方式及对指导性案例应然效力的交叉分析

处理方式 应然效力	以适当方式释明或回应		告知对本案无约束力		根据案件情况决定是否回应		不需要释明	
	人数	比例	人数	比例	人数	比例	人数	比例
具有法律上的约束力	240	30.42%	55	34.16%	59	15.36%	5	15.15%
具有事实上的约束力	287	36.38%	78	48.45%	179	46.61%	9	27.27%
用以判断优势证据	129	16.35%	20	12.42%	72	18.75%	1	3.03%
没有约束力	130	16.48%	8	4.97%	53	13.8%	14	42.42%
未回答	3	0.38%	0	0	21	5.47%	4	12.12%

年长的法官更为重视对当事人以相似性案例作为抗辩理由的回应,50周岁以上的法官六成以上认为应当释明或回应(见表7-26)。

表7-26　法官按年龄对当事人以相似案例作为抗辩等理由的态度分析

选项 调查对象	以适当方式释明或回应		告知对本案无约束力		根据案件情况决定是否回应		不需要释明	
	人数	比例	人数	比例	人数	比例	人数	比例
35周岁以下	181	50%	52	14.36%	115	31.77%	14	3.87%
35—50周岁	460	57.21%	106	13.18%	220	27.36%	18	2.24%
50周岁以上	129	64.18%	26	12.94%	40	19.9%	6	2.99%

选择以适当方式释明或回应的高级、中级、基层三级法院法官依次呈递增趋势,选择根据案件情况决定是否回应的则依次呈递减趋势(见表7-27)。

表7-27　法官按法院级别对当事人以相似案例作为抗辩等理由的态度分析

选项 调查对象	以适当方式释明或回应		告知对本案无约束力		根据案件情况决定是否回应		不需要释明	
	人数	比例	人数	比例	人数	比例	人数	比例
高级人民法院	26	41.27%	5	7.94%	28	44.44%	4	6.35%
中级人民法院	83	49.7%	25	14.97%	55	32.93%	4	2.4%
基层人民法院	654	57.52%	156	13.72%	294	25.86%	33	2.9%

调查结果显示，虽然各调查群体在应然层面上对指导性案例寄予厚望，但由于受对案例认知程度及固有工作模式的影响，现阶段尚未形成参照案例进行裁判的“风气”，法官与诉讼参与人之间就参照案例进行说理、抗辩、释疑的互动性略显不足，案例指导相关工作机制有待进一步强化。

（四）关于案例指导制度的功能

关于案例指导制度的功能（多选），参加调查的人选择“统一法律适用标准，防止和减少‘同案不同判’”的最多，为83.85%，其次为“指导、监督和制约法官的裁判行为”与“以案说法，进行法制宣传，引导公众按照案例规则来守法”，比例分别为68.13%、66.6%。选择“丰富和发展法学理论”的人相对较少，为45.92%。[①] 说明参加调查的人较为看重案例指导制度的实践价值，认为指导性案例主要应当用以指导司法实践（见表7-28）。

表7-28　法院案例指导制度的功能分析（多选）

选项 / 调查对象	统一法律使用标准，防止和减少“同案不同判”	指导、监督和制约法官的裁判行为	以案说法，进行法制宣传，引导公众按照案例规则来守法	丰富和发展法学理论	其他
法官	89.69%	69.93%	68.18%	51.87%	2.78%
法院其他工作人员	86.79%	69.18%	74.43%	51.7%	3.13%
人民陪审员	76.4%	61.95%	63.13%	40.41%	0.59%
律师	82.58%	72.75%	56.15%	40.57%	1.84%
社会公众	71.51%	57.92%	61.89%	34.15%	3.4%
检察、公安、司法行政人员	83.22%	71.73%	68.55%	43.29%	1.06%
小计	83.85%	68.13%	66.6%	45.92%	2.38%

三、对案例指导制度编选机制的调查

（一）编选条件

对指导性案例的编选条件，课题组从形式条件与实质条件两个方面进行了

① 有的调查对象认为，案例指导制度还应当具备其他功能，选择了其他选项，但未填写具体内容，下同。

调查。形式条件主要是指案件自身应当具备的质量条件，而实质条件主要是指案件应当具备的指导价值。

1. 关于形式条件的调查

在关于形式条件的调查中，78.79%的调查对象选择了“案件事实清楚，证据充分，程序合法”，76.92%的调查对象选择“裁判文书制作规范，说理透彻，适用法律正确”，64.67%的调查对象选择“裁判已经生效，未进入再审”，59.71%的调查对象选择“处理结果社会效果好”。可见，指导性案例一方面应当审判合法、合理、合情，另一方面，则应当形式规范、说理透彻，注重案件处理效果（见表7-29）。

表7-29　对指导性案例应当具备的条件分析（多选）

调查对象＼选项	裁判已经生效，未进入再审	案件事实清楚，证据充分，程序合法	裁判文书制作规范，说理透彻，适用法律正确	处理效果社会效果好	其他
法官	72.57%	80.98%	83.39%	67.30%	4.17%
人民陪审员	58.09%	81.19%	72.94%	60.07%	2.97%
法院其他工作人员	66.05%	81.68%	81.25%	66.19%	5.11%
检察、公安、司法行政人员	64.13%	77.92%	75.62%	56.54%	2.12%
律师	58.4%	76.43%	72.13%	49.39%	2.25%
社会公众	53.02%	70.94%	62.83%	44.15%	3.4%
小计	64.67%	78.79%	76.92%	59.71%	3.61%

此外，从理论与实践层面而言，案件的质量在一定程度上与法院的审级相关。为此，课题组对指导性案例来源法院的层级进行了调查。在“您认为哪一级法院审结的案件可以作为指导性案例”的调查中，37.96%的调查对象认为仅最高人民法院审结的案件可以作为指导性案例，25.26%的调查对象认为高级及最高人民法院审结的案件可作为指导性案例，12.54%的调查对象认为中级、高级及最高人民法院审结的案件可作为指导性案例，22.93%的调查对象认为各级人民法院审结的案件均可作为指导性案例（见表7-30）。

表 7-30 指导性案例来源法院的层级分析

选项 / 调查对象	最高人民法院	高级及最高人民法院	中级、高级及最高人民法院	各级人民法院	未回答
法官	38.47%	25.99%	10.72%	23.57%	1.25%
人民陪审员	43.20%	24.47%	14.50%	16.31%	1.51%
法院其他工作人员	34.00%	21.71%	13.86%	29.86%	0.57%
检察、公安、司法行政人员	41.48%	24.62%	15.72%	17.23%	0.95%
律师	38.72%	22.98%	9.11%	27.12%	2.07%
社会公众	33.75%	31.42%	14.00%	18.67%	2.15%
小计	37.96%	25.26%	12.54%	22.93%	1.3%

最高人民法院审结的案件是否当然成为指导性案例？对此，接近半数的法官、检察、公安、司法人员和律师等法律专职人员认为最高人民法院审结的案件并不当然成为指导性案例，持赞成态度的法官、律师相对较高，超过四成（见表 7-31）。

表 7-31 最高人民法院审结的案件是否当然成为指导性案例分析

选项 / 调查对象	是		不是		不清楚		未回答	
	人数	比例	人数	比例	人数	比例	人数	比例
法官	554	40.53%	701	51.28%	112	8.19%	0	0
检察、公安、司法行政人员	186	32.86%	312	55.12%	68	12.02%	0	0
律师	232	47.54%	212	43.44%	43	8.81%	1	0.21%

在各级法院法官中，高级人民法院法官认为，最高人民法院审结案件不当然成为指导性案例的比例较高，占 60.38%。中级人民法院法官认为最高人民法院审结的案件当然成为指导性案例的比例较高，占 42.24%（见表 7-32）。

表 7-32 不同层级法院法官对最高人民法院审结的案件是否当然成为指导性案例态度分析

选项 / 法院级别	是	不是	不清楚
高级人民法院	35.85%	60.38%	3.77%
中级人民法院	42.24%	54.04%	3.73%
基层人民法院	40.55%	50.36%	9.09%

因此，多数调查对象不赞成此类案件当然成为指导性案例，认为所有案件

均应经严格的推荐遴选发布程序，方可成为指导性案例。

2. 关于实质条件的调查

从实质条件的调查情况看，选择法律、法规规定较为原则的案例、疑难复杂案例、新类型案例、社会影响大的案例的调查对象超过了60%。其中，77.64%的调查对象认为疑难复杂、新类型等具有典型性的案例可以作为指导性案例；66.6%的调查对象认为法律未规定或规定较为原则的案例可以作为指导性案例；61.24%的调查对象认为社会广泛关注或影响较大的案例可以作为指导性案例。上述三类案例都是司法实践中关注度相对较高的案例，也是司法实践中最容易出现法律适用问题的案例，因而参照指导性案例以统一法律适用的现实需要更为迫切（见表7-33）。

表7-33　对哪些案例可以作为指导性案例的调查分析（多选）

选项 调查对象	法律未规定或规定较为原则的案例	疑难复杂、新类型等具有典型性的案例	社会广泛关注或影响较大的案例	常见多发性案例	适用新法律、司法解释进行裁判的案例	其他
法官	77.83%	85.22%	66.93%	53.77%	59.18%	3.29%
法院其他工作人员	72.02%	83.1%	65.77%	51.99%	54.26%	3.55%
人民陪审员	45.97%	65.28%	51.83%	39.12%	28.61%	5.38%
检察、公安、司法行政人员	58.6%	68.84%	55.04%	42.33%	42.02%	4.65%
律师	58.53%	68.62%	53.03%	43.67%	37.06%	1.47%
社会公众	59.43%	76.42%	60.57%	46.79%	38.68%	2.45%
小计	66.6%	77.64%	61.24%	48.45%	47.87%	3.36%

此种认识在补充调查中同样有所反映。超过五成的法律专业人员、司法工作人员、参加过诉讼活动的人员希望看到最高人民法院发布涉及疑难复杂法律问题、填补法律空白的案例。其中，非司法工作人员对社会广泛关注的热点案例的关注度较高（见表7-34）。

表7-34　最希望看到最高人民法院发布哪种类型案例分析

选项 调查对象	填补空白	常见多发	社会关注	新类型	其他
法律专业	56.68%	17.17%	14.95%	10.87%	0
非法律专业	44.76%	17.25%	22.59%	14.78%	0.21%
司法工作人员	56.61%	16.88%	14.84%	11.36%	0

（续表）

选项 / 调查对象	填补空白	常见多发	社会关注	新类型	其他
非司法工作人员	23.53%	21.18%	38.24%	15.88%	0.59%
参加过诉讼活动	58.01%	16.22%	14.29%	11.18%	0
未参加过诉讼活动	33.33%	22.5%	28.89%	14.44%	0.28%
小计	54.19%	17.19%	16.54%	11.69%	0.04%

（二）编选主体与程序

1. 推荐案例的意愿

对法官、法院其他工作人员、人民陪审员、律师的调查显示，75.26%的调查对象表示愿意推荐案例，表明有关群体推荐案例的主观愿望较高（见表7-35）。

表7-35 对是否愿意推荐案例的调查分析

选项 / 调查对象	愿意		不愿意		不清楚		未回答	
	人数	比例	人数	比例	人数	比例	人数	比例
法官	1 040	76.08%	169	12.36%	154	11.27%	4	0.29%
法院其他工作人员	517	73.44%	55	7.81%	131	18.61%	1	0.14%
人民陪审员	231	68.15%	36	10.71%	71	20.83%	1	0.31%
律师	393	80.5%	44	9.13%	51	10.37%	0	0
小计	2 181	75.26%	304	10.49%	407	14.04%	6	0.21%

法官是否愿意推荐案例与其年龄有一定关系，35周岁以下及35—50周岁的法官参照适用案例的意识相对较强，推荐案例的意愿相对较高（见表7-36）。

表7-36 对不同年龄的法官是否愿意推荐案例的调查分析

选项 / 调查对象	愿意	不愿意	不清楚
35周岁及以下	77.03%	10.92%	12.05%
35—50周岁	78.68%	11.6%	9.72%
50周岁及以上	65.83%	18.09%	16.08%

调查结果显示，从事审判工作不同年限的法官愿意推荐案例的比例大致相当，均占七成以上（见表7-37）。

表 7-37　对从事审判工作不同年限的法官是否愿意推荐案例的调查分析

调查对象＼选项	愿意	不愿意	不清楚
从事审判工作 5 年以下	78.4%	10.19%	11.41%
从事审判工作 5—10 年	73.81%	14.76%	11.43%
从事审判工作 10 年以上	76.45%	12.58%	10.97%

各级人民法院的法官愿意推荐案例的比例较为接近,高级人民法院的法官所占比例相对较大(见表 7-38)。

表 7-38　对不同级别法院的法官是否愿意推荐案例的调查分析

调查对象＼选项	愿意	不愿意	不清楚
高级人民法院	79.25%	9.43%	11.32%
中级人民法院	76.87%	15.63%	7.5%
基层人民法院	76.39%	11.72%	11.89%

学历越高的法官愿意推荐案例的意愿相对越高,硕士及以上学历的法官推荐案例的占九成以上(见表 7-39)。

表 7-39　对不同文化程度的法官是否愿意推荐案例的调查分析

调查对象＼选项	愿意	不愿意	不清楚	未回答
大专及以下	69.7%	16.67%	13.63%	0
大学本科	76.48%	12.36%	11.07%	0.09%
硕士及以上	90.79%	1.32%	7.89%	0

2. 关于编写案例的调查

偶尔编写案例的调查对象接近三成,经常编写案例的不足一成,从未编写过案例的超过一半(见表 7-40)。

表 7-40　对是否曾编写过案例的调查分析

调查对象＼选项	经常编写		偶尔编写		从未编写		未回答	
	人数	比例	人数	比例	人数	比例	人数	比例
法官	103	7.53%	599	43.82%	656	47.99%	9	0.66%
法院其他工作人员	49	6.96%	167	23.72%	483	68.61%	5	0.71%
人民陪审员	26	7.6%	46	13.68%	265	78.12%	2	0.6%
律师	48	9.92%	137	28.06%	303	62.02%	0	0
小计	226	7.8%	949	32.75%	1 707	58.9%	16	0.55%

法官是否曾编写过案例与其年龄及从事审判工作的年限有一定关系,50周岁及以上的法官经常编写及从未编写过案例的比例均相对较大(见表7-41)。

表7-41 对不同年龄的法官是否曾编写过案例的调查分析

调查对象＼选项	经常编写	偶尔编写	从未编写	未回答
35周岁及以下	7%	43.42%	49.3%	0.28%
35—50周岁	7.75%	46.25%	45.88%	0.12%
50周岁及以上	8.08%	36.36%	55.56%	0

从事审判工作5年以下的法官从未编写过案例的比例相对较大,从事审判工作5—10年的法官经常编写案例和偶尔编写案例的比例相对较大(见表7-42)。

表7-42 对从事审判工作不同年限的法官是否曾编写过案例的调查分析

调查对象＼选项	经常编写	偶尔编写	从未编写	未回答
从事审判工作5年以下	8.98%	40.56%	50.15%	0.31%
从事审判工作5—10年	9.57%	50.24%	40.19%	0
从事审判工作10年以上	6.43%	44.13%	49.32%	0.12%

基层法院的法官经常编写案例及从未编写案例的比例均相对较大(见表7-43)。

表7-43 对不同级别法院的法官是否曾编写过案例的调查分析

调查对象＼选项	经常编写	偶尔编写	从未编写	未回答
高级人民法院	5.66%	54.72%	39.62%	0
中级人民法院	5.59%	55.9%	38.51%	0
基层人民法院	7.95%	42.05%	49.82%	0.18%

学历越高的法官具有编写案例经历的比例相对越高,硕士及以上学历的法官经常编写及偶尔编写案例的比例相对较高,大专及以下学历的法官从未编写过案例的比例较大(见表7-44)。

表7-44 对不同文化程度的法官是否曾编写过案例的调查分析

调查对象＼选项	经常编写	偶尔编写	从未编写	未回答
大专及以下	8.08%	34.34%	57.07%	0.51%
大学本科	7.41%	44.44%	48.06%	0.09%
硕士及以上	7.89%	63.16%	28.95%	0

可见，多数参与问卷调查的人在实践中不重视案例的编写，法官成为编写案例的主要群体，愿意推荐案例的主观愿望与较少编写案例的实践之间存在矛盾。

从指导性案例的编写主体的调查情况看，因生效案件的承办人具有熟悉案情、裁判过程、裁判理由等优势，50.17%的调查对象认为生效案件的承办人是案例编写的理想主体。但由于在目前案多人少的现实环境下，法官审判任务较为繁重，因而64.23%的调查对象希望建立案例工作的专门机构，由专门人员负责指导性案例的编写工作（见表7-45）。

表7-45 对案例编写主体的调查分析（多选）

调查对象＼选项	生效案件的承办人		案件各审级承办人		专门从事案例工作的人员		专家学者、律师等社会各界人士	
	人数	比例	人数	比例	人数	比例	人数	比例
法官	691	50.55%	537	39.28%	986	72.13%	456	33.36%
法院其他工作人员	402	57.1%	346	49.15%	476	67.61%	230	32.67%
人民陪审员	159	46.94%	104	30.56%	177	52.32%	104	30.56%
检察、公安、司法行政人员	255	45.11%	192	33.95%	312	55.19%	160	28.22%
律师	231	47.34%	202	41.47%	274	56.15%	112	22.94%
小计	1 738	50.17%	1 381	39.87%	2 225	64.23%	1 062	30.66%

3. 关于推荐程序的调查

关于指导性案例在法院内部的推荐程序，超过一半的调查对象认为，指导性案例应由各级法院经审判委员会讨论后逐级向上级法院负责案例工作的部门推荐，表明调查对象期望通过审判委员会确保推荐案例的质量。但也有30.08%的调查对象建议，由各级法院负责案例工作的部门直接向上级法院负责案例工作的部门推荐（见表7-46）。

表7-46 对案例在法院内部的推荐程序的调查分析

调查对象＼选项	各级法院经审委会讨论后逐级向上级法院负责案例工作的部门推荐	各级法院负责案例工作的部门直接向上级法院负责案例工作的部门推荐	各级法院审判业务部门直接向上级法院对口部门推荐	各级法院案件承办人直接向上级法院负责案例工作的部门推荐	未回答
法官	51.13%	32.11%	9%	4.46%	3.3%
法院其他工作人员	51.85%	31.11%	10.8%	4.83%	1.41%
人民陪审员	52.68%	27.98%	13.1%	2.68%	3.56%

（续表）

调查对象 \ 选项	各级法院经审委会讨论后逐级向上级法院负责案例工作的部门推荐	各级法院负责案例工作的部门直接向上级法院负责案例工作的部门推荐	各级法院审判业务部门直接向上级法院对口部门推荐	各级法院案件承办人直接向上级法院负责案例工作的部门推荐	未回答
检察、公安、司法行政人员	54.94%	24.96%	10.05%	4.31%	5.74%
律师	53.4%	30.31%	8.87%	3.92%	3.5%
小计	52.42%	30.08%	9.9%	4.24%	3.36%

（三）编写方式

从编写体例看，支持将裁判要旨、标题、案由、案号、审理法院、审理时间、审级、裁判文书原文、经编辑加工后的基本案情、法院审理情况及裁判结果、相关法律条文、案例评析等作为指导性案例内容的调查对象均超过60%，其中，选择裁判要旨或裁判规则的比例最高，为73.5%（见表7-47）。

表7-47　对指导性案例在编写体例上应当包括哪些内容的调查分析（多选）

调查对象 \ 选项	裁判要旨或裁判规则	标题、案由、案号、审理法院、审理时间、审级	裁判文书原文	经编辑加工后的基本案情、法院审理情况及裁判结果	相关法律条文	案例评析	关键词	其他
法官	81.78%	73.66%	68.32%	65.54%	67.59%	71.54%	36.36%	3%
法院其他工作人员	80.97%	69.89%	66.9%	69.46%	68.32%	69.18%	36.79%	3.55%
人民陪审员	54.03%	55.26%	50.37%	52.81%	39.85%	47.68%	23.72%	5.13%
检察、公安、司法行政人员	64.96%	62.64%	51.16%	60%	49.3%	49.92%	31.01%	0.47%
律师	62.94%	64.77%	50.09%	52.84%	46.42%	47.89%	25.14%	0.18%
小计	73.5%	68.04%	60.91%	62.41%	59.06%	61.89%	32.77%	2.51%

最高人民法院发布的第一批指导性案例的编写体例包括裁判要旨、标题、关键词、案由、案号、审理法院、审理时间、审级、经编辑加工后的基本案情、法院审理情况及裁判结果、相关法律条文等，基本符合社会对指导性案例编写体例的期望。但前述编写体例是否方便检索？补充调查显示，仅有不到四成调查对

象认为第一批全国指导性案例的编写体例方便检索,其中非司法工作人员不足两成。可见,关键词、相关法条等检索条件仍不能满足司法实践中检索需要(见表7-48)。

表7-48 对第一批全国指导性案例的编写体例是否方便检索的调查分析

调查对象 \ 选项	方便		不够方便		不方便		不清楚	
	人数	比例	人数	比例	人数	比例	人数	比例
法律专业	1 341	42.50%	1 274	40.38%	182	5.77%	358	11.35%
非法律专业	218	26.11%	329	39.4%	93	11.14%	195	23.35%
司法工作人员	1 502	40.62%	1 512	40.89%	228	6.17%	456	12.33%
非司法工作人员	57	19.52%	91	31.16%	46	15.75%	98	33.56%
参加过诉讼活动	1 392	41.27%	1 411	41.83%	197	5.84%	373	11.06%
未参加过诉讼活动	166	26.9%	192	31.12%	77	12.48%	182	29.5%
小计	1 558	39.05%	1 603	40.18%	275	6.89%	554	13.88%

从案例事实、理由部分的编写看,近六成(57.53%)的调查对象认为,可以在不改变主要事实的前提下,对案件事实及裁判理由进行适当加工,增强说理性。近四成(37.36%)的调查对象表示,应当引用生效裁判文书原文,不应当修改。仅3.44%的调查对象赞同对案件事实及裁判理由进行全面修改。说明在案例事实、理由部分的编写上,既要杜绝机械地全面照搬、引用裁判文书原文,又要避免肆意地全面修改,坚持一种有限修改原则,即在忠实于案件主要事实基础上对案件事实及裁判理由进行适当加工(见表7-49)。

表7-49 对案例的事实、理由部分应如何编写的调查分析

调查对象 \ 选项	应当引用生效裁判文书原文,不应当修改	可以在不改变主要事实的前提下,对案件事实及裁判理由进行适当加工,增强说理性	可以对案件事实及裁判理由进行全面修改	未回答
法官	38.26%	57.79%	2.34%	1.61%
法院其他工作人员	39.77%	56.96%	2.7%	0.57%
人民陪审员	35.54%	58.73%	3.61%	2.12%
检察、公安、司法行政人员	34.11%	59.43%	3.77%	2.69%
律师	36.33%	54.49%	7.1%	2.08%
小计	37.36%	57.53%	3.44%	1.67%

（四）发布主体与程序

关于发布主体，调查对象几乎一致认为最高人民法院是指导性案例理所当然的发布主体，其中60.55%的调查对象认为指导性案例只能由最高人民法院发布。但对于高级人民法院是否可以作为发布主体则存在认识分歧，28.15%的调查对象认为高级人民法院可以发布，主张中基层人民法院作为发布主体的调查对象不足一成（见表7-50）。

表7-50　对发布指导性案例的法院级别的调查分析

调查对象＼选项	最高人民法院	高级及最高人民法院	中级、高级及最高人民法院	各级人民法院	未回答
法官	61.23%	28.78%	5.80%	3.82%	0.37%
人民陪审员	54.85%	31.52%	8.48%	3.94%	1.21%
法院其他工作人员	59.83%	28.63%	7.41%	3.56%	0.57%
检察、公安、司法行政人员	60.89%	28.75%	6.96%	2.68%	0.71%
律师	64.46%	23.35%	8.06%	3.93%	0.21%
社会公众	59.13%	27.38%	6.08%	7.03%	0.38%
小计	60.55%	28.15%	6.77%	4.04%	0.5%

关于指导性案例的发布程序，78.14%的调查对象认为指导性案例应当报经审判委员会讨论后发布，其中，66.48%的调查对象认为在报审判委员会前应当由专门负责案例工作的部门进行审核（见表7-51）。

表7-51　对指导性案例发布程序的调查分析

调查对象＼选项	由专门负责案例工作的部门审核报审委会讨论后发布	由相关业务部门审核报审委会讨论后发布	由专门负责案例工作的部门直接审核发布	由相关业务部门直接审核发布	由专门成立的专家委员会讨论发布	未回答
法官	70.01%	10.1%	7.32%	1.76%	7.97%	2.84%
法院其他人员	67.05%	11.51%	7.95%	1.7%	10.51%	1.28%
人民陪审员	54.76%	16.67%	14.58%	3.57%	8.04%	2.38%
检察、公安、司法行政人员	66.13%	11.59%	9.09%	2.85%	8.2%	2.14%
律师	64.32%	12.66%	10.17%	2.28%	8.3%	2.27%
小计	66.48%	11.66%	8.86%	2.17%	8.55%	2.28%

在针对第一批指导性案例的补充调查中,超过七成接触过法律工作的调查对象认为,最高人民法院成立专门编选机构并经审判委员会讨论后发布的指导性案例发布程序符合发布工作质量及效率的要求,未接触过法律工作的调查对象持否定态度的超过一成(见表7-52)。

表7-52 对相对严格的发布程序是否符合发布工作质量和效率要求的调查分析

选项 \ 调查对象	符合		不完全符合		不符合		不清楚	
	人数	比例	人数	比例	人数	比例	人数	比例
法律专业	2421	76.74%	502	15.91%	62	1.96%	170	5.39%
非法律专业	389	46.59%	206	24.67%	84	10.06%	156	18.68%
司法工作人员	2732	73.88%	639	17.28%	89	2.41%	238	6.44%
非司法工作人员	79	27.05%	69	23.63%	57	19.52%	87	29.79%
参加过诉讼活动	2540	75.30%	569	16.88%	81	2.39%	183	5.43%
未参加过诉讼活动	271	43.92%	139	22.50%	65	10.56%	142	23.01%
小计	2810	70.43%	708	17.75%	146	3.65%	326	8.17%

认为指导性案例每季度发布一次较为合适的调查对象较多,占四成(见表7-53)。

表7-53 对最高人民法院指导性案例的发布周期以多长时间发布一次为宜的调查分析

选项 \ 调查对象	每个月	每个季度	每半年	每年	不清楚
法律专业	26.85%	40.44%	18.23%	11.63%	2.85%
非法律专业	19.28%	34.25%	20.96%	11.86%	13.65%
司法工作人员	26.23%	40.02%	18.42%	11.74%	3.60%
非司法工作人员	13.01%	28.08%	23.63%	11.30%	23.97%
参加过诉讼活动	26.89%	40.47%	17.94%	11.68%	3.02%
未参加过诉讼活动	16.37%	31.93%	23.34%	11.67%	16.69%
小计	25.26%	39.15%	18.77%	11.68%	5.14%

三成以上的调查对象认为,最高人民法院每年需要发布20件以上的指导性案例才能满足参照适用的司法需要,仅有不足两成的调查对象认为,发布10件以上的指导性案例能够满足参照适用的司法需要(见表7-54)。

表 7-54　对每年发布多少件全国指导性案例才能满足司法需要的调查分析

调查对象＼选项	10 件以上	20 件以上	50 件以上	100 件以上	不清楚
法律专业	21.01%	30.74%	25.83%	16.2%	6.21%
非法律专业	15.45%	30.66%	27.66%	13.53%	12.69%
司法工作人员	20.36%	30.88%	26.1%	15.98%	6.68%
非司法工作人员	13.70%	28.77%	27.74%	11.3%	18.49%
参加过诉讼活动	21.05%	31.78%	25.73%	15.86%	5.57%
未参加过诉讼活动	13.29%	24.96%	28.85%	14.42%	18.48%
小计	19.85%	30.73%	26.22%	15.64%	7.57%

可见，最高人民法院发布的指导性案例，既要经专门机构编选并经审判委员会讨论以保证其权威性，又要建立定期发布机制，确保指导性案例发布数量以满足法院及诉讼参与人参照适用的需要。

关于发布方式，基于习惯及发布成本的考虑，大部分（48.6%）调查对象建议指导性案例在有权编辑发布案例机关的现有报刊及网站上发布，34.98%的调查对象建议由有权编辑发布案例机关新创设专刊刊物发布，认为需要专门创设指导性案例的发布网站的较少（12.37%）（见表 7-55）。

表 7-55　对指导性案例发布方式的调查分析

调查对象＼选项	在有权编辑发布案例机关的现有报刊及网站上发布	由有权编辑发布案例机关新创设专刊刊物发布	在专门创设网站发布	不清楚
法官	48.61%	35.84%	12.85%	2.7%
法院其他工作人员	42.65%	39.63%	13.83%	3.89%
人民陪审员	48.94%	34.35%	12.16%	4.56%
律师	54.49%	33.82%	8.77%	2.92%
社会公众	53.29%	22.48%	15.31%	8.91%
检察、公安、司法行政人员	45.85%	40.25%	9.93%	3.97%
小计	48.6%	34.98%	12.37%	4.06%

（五）清理与汇编

随着社会的发展，经过日积月累，指导性案例将不断增多，类似案例的检索将越发困难，而且部分指导性案例所承载的法律精神、原则与规则会不可避免地出现一定的滞后性与不适应性，为此，有权机关应当根据法律、司法解释甚至社会习惯、道德、共同经验等情势的改变与调整进而清理、汇编指导性案例。① 问卷调查显示，八成以上（82.4%）的调查对象认为有必要建立定期清理、汇编指导性案例的机制（见表7-56）。

表7-56　对是否有必要建立定期梳理、编纂、废止指导性案例机制的调查分析

调查对象＼选项	有		没有		不清楚		未回答	
	人数	比例	人数	比例	人数	比例	人数	比例
法官	1 188	86.91%	94	6.88%	77	5.63%	8	0.58%
法院其他工作人员	591	83.95%	46	6.53%	59	8.38%	8	1.14%
人民陪审员	266	78.34%	32	9.5%	41	12.16%	0	0
检察、公安、司法行政人员	461	81.43%	35	6.25%	66	11.61%	4	0.71%
社会公众	383	72.26%	62	11.7%	81	15.28%	4	0.76%
小计	2 889	82.4%	269	7.67%	324	9.24%	24	0.69%

71.07%的调查对象认为，应当由发布机构负责清理与汇编工作（见表7-57）。

表7-57　对梳理、编纂、废止指导性案例部门的调查分析

调查对象＼选项	发布机构		法学研究机构		不清楚		未回答	
	人数	比例	人数	比例	人数	比例	人数	比例
法官	1 070	78.27%	214	15.66%	80	5.85%	3	0.22%
人民陪审员	213	62.83%	86	25.37%	40	11.80%	0	0
法院其他工作人员	463	65.77%	178	25.28%	62	8.81%	1	0.14%
检察、公安、司法行政人员	367	64.84%	143	25.27%	55	9.72%	1	0.17%
律师	349	71.52%	95	19.47%	42	8.61%	2	0.40%
小计	2 462	71.07%	716	20.67%	279	8.05%	7	0.2%

在指导性案例的清理方面，除因与新法律、司法解释的冲突而自动失效外，指导性案例还可能因其他特殊原因而被宣告废止。在对这些特殊原因的调查中，78.69%的调查对象认为，指导性案例被宣告废止的主要情形是裁判要旨和

① 指导性案例的清理，是指有权机关在其职权范围内以一定方式对一定范围的指导性案例进行审查，确定它们存废的专门活动。指导性案例的汇编，是指在清理的基础上，按一定顺序将指导性案例加以系统编排，汇编成册，目的在于将指导性案例集中化、系统化。

理由不适应社会发展，其中法官、法院其他工作人员及检察、公安、司法行政人员等司法人员所占比例均超过80%。72.43%的调查对象认为指导性案例被撤销或改判也是宣告废止原因之一，其中律师、人民陪审员在各自的群体中认同此原因的比例较高（见表7-58）。

表7-58　对指导性案例宣告废止情形的调查分析（多选）

调查对象＼选项	指导性案例被撤销或改判		裁判要旨和理由不适应社会发展		指导性案例之间出现冲突		其他	
	人数	比例	人数	比例	人数	比例	人数	比例
法官	1 064	77.83%	1 113	81.42%	902	65.98%	65	4.75%
人民陪审员	236	69.62%	232	68.44%	198	58.41%	8	2.36%
法院其他工作人员	509	72.3%	580	82.39%	450	63.92%	37	5.26%
检察、公安、司法行政人员	402	71.02%	467	82.51%	344	60.78%	18	3.18%
律师	355	72.75%	341	69.88%	249	51.02%	10	2.05%
社会公众	327	61.70%	410	77.36%	259	48.87%	28	5.28%
小计	2 893	72.43%	3 143	78.69%	2 402	60.14%	166	4.16%

对于宣告废止的程序，绝大多数（79.42%）调查对象认为，指导性案例宣告废止程序和发布程序一样需经过审判委员会讨论决定（见表7-59）。

表7-59　关于指导性案例宣告废止程序的调查

调查对象＼选项	负责案例工作的部门审查后提交审委会讨论决定		负责案例工作的部门审查后自行决定		不清楚		未回答	
	人数	比例	人数	比例	人数	比例	人数	比例
法官	1 143	83.61%	146	10.68%	59	4.32%	19	1.39%
法院其他工作人员	554	78.69%	86	12.22%	53	7.53%	11	1.56%
人民陪审员	244	71.99%	55	16.27%	38	11.14%	2	0.6%
检察、公安、司法行政人员	434	76.71%	88	15.52%	35	6.14%	9	1.63%
律师	376	76.97%	70	14.29%	33	6.82%	9	1.92%
小计	2 751	79.42%	445	12.85%	218	6.29%	50	1.44%

四、对案例"指导"机制的调查

(一) 参照情况

基于前述关于案例影响力及效用性的调查,在司法实践中,法官、人民陪审员、律师、社会公众或强或弱地受到《公报》案例或四川省高级人民法院发布案例等的影响。通过对法官、人民陪审员、律师的调查得知,74.75%的调查对象表示在办案过程中曾经参照适用《公报》或四川省高级人民法院《案例指导》发布的案例,说明相关案例在实践中对审判工作具有较强的参照价值。其中,法官参照案例的积极性明显高于人民陪审员、律师(见表7-60)。

表7-60　对法官、人民陪审员、律师参照适用相关案例的调查分析

选项 调查对象	曾经参照		未参照	
	人数	比例	人数	比例
法官	1 064	77.83%	303	22.17%
人民陪审员	215	63.42%	124	36.58%
律师	361	73.98%	127	26.02%
小计	1 640	74.75%	554	25.25%

就法官群体而言,参照适用案例进行裁判的积极性与年龄阶段有关,越是经验丰富的法官越注重案例的作用,而年轻法官中正规院校毕业的比例较高,更注重规则的推理。说明我国的法学教育偏重于"三段论"式的法律逻辑,案例教育较为薄弱(见表7-61)。

表7-61　对不同年龄阶段的法官参照适用案例情况的调查分析

选项 调查对象	曾经参照	未参照
35周岁及以下	71.83%	28.17%
35—50周岁	78.91%	21.09%
50周岁以上	80.71%	19.29%

三级法院法官参照适用最多的是《公报》等发布的案例,其次为四川省高级人民法院《案例指导》案例,部分中基层法院法官参照其他案例较多(见表7-62)。

表 7-62　对参照适用哪个机关发布案例较多的调查分析

调查对象＼选项	最高人民法院		四川省高级人民法院		其他	
高级人民法院法官	46	86.79%	7	13.21%	0	0
中级人民法院法官	116	72.5%	32	20%	12	7.5%
基层人民法院法官	684	61.4%	351	31.51%	79	7.09%
小计	846	63.75%	390	29.39%	91	6.86%

从对社会公众的调查情况看，若作为当事人参加诉讼，85.47% 的调查对象表示会查阅法院案例来支持自己的诉辩意见，其中 40.94% 表示肯定会，44.53% 表示可能会，仅 10% 及 4.53% 的调查对象表示不清楚或者不会查阅。

（二）激励因素

在司法实践中，哪些因素激励着有关人员去参照适用案例？在针对法官、人民陪审员及法院其他工作人员关于何种情形下会参照适用案例的调查中，八成（83.86%）调查对象将法律或司法解释未规定，或仅有原则规定，或规定有多重理解作为参照适用案例的主要情形，六成（63.36%）调查对象认为，合议庭、审判委员会研究案件争议较大时会参照适用案例。三成左右的调查对象认为，当事人对裁判不服及当事人或诉讼代理人引述相关案例支持诉辩意见时会参照适用案例（见表 7-63）。

表 7-63　对参照适用案例情形的调查分析（多选）

调查对象＼选项	法律规定不明确		合议庭、审委会争议较大		当事人对裁判不服		诉讼参与人引述案例	
	人数	比例	人数	比例	人数	比例	人数	比例
法官	1 187	86.83%	874	63.94%	362	26.48%	477	34.89%
人民陪审员	217	64.01%	200	59%	136	40.12%	122	35.99%
法院其他工作人员	617	87.64%	453	64.35%	180	26.48%	247	35.09%
小计	2 021	83.86%	1 527	63.36%	678	28.13%	846	35.1%

深入调查显示，法官、人民陪审员参照适用案例的动因主要在于，增强裁判的说理性与正当性，比例分别为 79.37%、59%；追求良好的社会效果，比例分别为 56.11%、49.26%；避免承办案件被上级法院改判或发回重审，比例分别为 43.82%、32.74%（见表 7-64）。

表 7-64　法官、人民陪审员参照适用《公报》或四川省高级人民法院《案例指导》案例动因调查分析(多选)

调查对象＼选项	避免被改判或发回重审	增强裁判的说理性与正当性	追求良好的社会效果	因上级法院要求应当参照	其他原因
法官	43.82%	79.37%	56.11%	14.85%	3.8%
人民陪审员	32.74%	59%	49.26%	10.91%	0.88%

在对律师群体的调查中,七成(70.9%)律师认为代理案件所涉法律问题,法律或司法解释未规定,或仅有原则规定,或规定有多种理解时会参照适用案例,41.6%的律师表示代理案件时需要引述相关案例支持诉辩意见的情形下会参照适用案例,45.49%的律师表示会在代理案件时首先查找相似案例。

此外,参照适用案例的动因还与调查对象所需要处理的案件存在一定的关联性。对法律工作人员①的调查显示,超过七成的调查对象认为,在遇到法律或司法解释对争议焦点没有规定,或仅有原则规定,或规定有多种理解的案件(75.84%)、争议焦点或待决事项与所掌握的已发布案例具有相似性的案件(74.74%)时会参照适用案例,超过六成(64.29%)的调查对象表示,在处理新类型或疑难案件时会参照适用案例。对于社会影响大及依照现有法律得出的裁判结果不合情理等案件,选择参照适用案例的调查对象比例相对较低。可见,法律规范仍然是裁判的主要依据,案例主要用于弥补法律及司法解释的不足,统一裁判尺度,不得突破现行法律或司法解释的规定,不具有"造法"功能(见表 7-65)。

表 7-65　对参照适用案例类型的调查分析(多选)

调查对象＼选项	争议焦点相似	法律规定不明	新类型或疑难案件	社会影响大的案件	依照现有法律裁判结果不合情理
法官	77.83%	80.98%	68.76%	50.48%	42.43%
人民陪审员	71.98%	69.32%	55.75%	53.39%	25.07%
法院其他工作人员	77.84%	78.55%	65.63%	55.26%	49.15%
检察、公安、司法行政人员	69.61%	68.2%	62.19%	41.87%	29.68%
律师	69.47%	70.9%	58.2%	35.25%	29.92%
小计	74.74%	75.84%	64.29%	48.18%	38.25%

① 包括法官、人民陪审员、法院其他工作人员、检察公安司法行政人员、律师。

（三）参照方式

在司法实践中，司法人员总会以显性或隐性化的方式参照适用类似案例。在关于应当如何参照适用案例的调查中，67.35%的司法工作人员表示会在合议庭研究案件时引述案例作为合议意见的佐证，59.76%的司法工作人员表示会在形成合议意见或裁判观点的过程中受案例影响，55.98%的司法工作人员表示会在向审判委员会汇报时引述案例，而认为应当在制作裁判文书、判后释疑、调解、庭审辩论等当事人能够知晓的场所或方式中引述案例的所占比例不足50%，公开参照适用案例的阻力较大。但在律师群体中，七成律师认为应当在当事人或诉讼代理人引述案例支持诉辩意见时作出回应并说明理由，与其他群体形成一定反差（见表7-66）。

表7-66　对参照适用案例方式的调查分析（多选）

选项 调查对象	影响合议意见或裁判观点	合议庭研究时引述	向审委会汇报时引述	在裁判文书、审理报告中引述	判后释明时引述	组织调解时引述	回应当事人或诉讼代理人
法官	61.3%	71.4%	61.96%	40.01%	41.11%	48.79%	34.67%
人民陪审员	53.39%	64.90%	52.21%	43.07%	25.37%	36.58%	26.25%
法院其他工作人员	62.36%	69.89%	62.78%	47.44%	44.74%	50.57%	39.06%
检察、公安、司法行政人员	59.89%	67.49%	51.24%	42.40%	33.04%	39.05%	31.45%
律师	55.94%	53.89%	37.5%	37.7%	31.56%	27.46%	71.72%
小计	59.76%	67.35%	55.98%	41.89%	37.64%	43.36%	39.43%

在补充调查中，调查对象也普遍认为，各级法院应当在阐述裁判理由、制作审理报告、合议庭或审判委员会讨论及法律释疑时参照适用最高人民法院发布的全国指导性案例，其中六成调查对象认为应当在合议庭或审判委员会讨论时引用最高人民法院指导性案例。但认为可以作为裁判依据的较少（见表7-67）。

表7-67　对应当如何参照适用指导性案例的调查分析（可多选）

选项 调查对象	阐述裁判理由时适用	在审理报告中引用	合议庭或审委会讨论时适用	作为裁判依据	法律释疑	不清楚
人数	1 633	1 635	2 038	897	1 587	183
比例	48.17%	48.23%	60.12%	26.46%	46.81%	5.4%

公开参照适用案例的阻力在关于“是否能在裁判文书中引用案例”的调查中得到印证。调查显示,赞同在裁判文书中引用参照适用案例的调查对象不足两成(19.4%),除律师与法院其他工作人员相对较为积极外,其他被调查群体均未超过两成。反对在裁判文书中引用案例的调查对象为27.19%,其中法官群体达40.89%,而46.12%的调查对象认为应当视个案情况决定是否在裁判文书中引用,18.3%的社会公众则选择了“不清楚”。这表明法官对在裁判文书中引用案例心存顾虑,希望自主决定是否引用,其他社会群体也趋向于由法官视个案情况自主决定是否在裁判文书中引用案例(见表7-68)。

表7-68 对是否在裁判文书中引用案例的调查分析

选项 调查对象	引用		视个案情况决定		不引用		不清楚	
	人数	比例	人数	比例	人数	比例	人数	比例
法官	234	17.12%	524	38.33%	559	40.89%	50	3.66%
人民陪审员	61	17.99%	164	48.38%	84	24.78%	30	8.85%
法院其他工作人员	169	24.01%	368	52.27%	139	19.74%	28	3.98%
检察、公安、司法行政人员	88	15.55%	298	52.65%	127	22.44%	53	9.36%
律师	119	24.39%	233	47.75%	103	21.11%	33	6.76%
社会公众	104	19.62%	255	48.11%	74	13.96%	97	18.3%
小计	775	19.4%	1 842	46.12%	1 086	27.19%	291	7.29%

法院级别越高的法官对在裁判文书中引用参照案例越慎重(见表7-69)。

表7-69 按法院级别对法官是否在裁判文书中引用案例的调查分析

选项 调查对象	引用		视个案情况决定		不引用		不清楚	
	人数	比例	人数	比例	人数	比例	人数	比例
高级人民法院	4	6.35%	7	11.11%	38	60.32%	14	22.22%
中级人民法院	14	8.38%	51	30.54%	94	56.29%	8	4.79%
基层人民法院	209	18.38%	457	40.19%	423	37.20%	48	4.22%

在认为参照适用案例时应当在裁判文书中引用或视情况决定是否引用的调查对象中,超过一半的调查对象认为在“裁判说理部分”引用案例较为合适,支持在“裁判依据部分”及“事实证据部分”引用较为合适的均未超过两成,认为在“法律条文附录部分”引用较为合适的不足一成。其中,法官认为在“裁判

说理部分”引用较为合适的占近七成(68.98%)(见表7-70)。

表7-70 对在裁判文书中引用案例的方式的调查分析

调查对象＼选项	事实证据部分	裁判说理部分	裁判依据部分	法律条文附录部分	未作答
法官	10.97%	68.98%	12.22%	7.83%	0
人民陪审员	21.24%	39.23%	15.34%	5.9%	18.29%
法院其他工作人员	13.64%	51.7%	21.73%	12.93%	0
检察、公安、司法行政人员	18.55%	41.34%	16.61%	6.71%	16.78%
律师	18.44%	39.34%	19.06%	7.79%	15.37%
小计	14.81%	53.87%	16.14%	8.49%	6.7%

(四)参照内容

指导性案例应用于司法实践的重要标准在于其内容是否契合实践的需求。当前,不同案例发布机构发布的案例体例及侧重点各不相同。从对“指导性案例中具有指导性或参照价值的内容”调查情况看,70.64% 的调查对象认为,“从案例中提炼的具有普适性的裁判要旨或裁判规则”具有参照价值,认为“裁判理由”“法律思维”及“裁判方法”具有参照价值的也分别达到 64.43%、57.51% 及 50.35%,但认为“裁判结果”具有参照价值的仅为 43.53%。可见,指导性案例对司法实践的参照价值在于案例所树立的裁判规则或方法,而非其结果(见表7-71)。

表7-71 对指导性案例中具有参照价值内容的调查分析(多选)

调查对象＼选项	从案例中提炼的具有普适性的裁判要旨或裁判规则	裁判理由	裁判结果	裁判方法	法律思维	其他
法官	77.1%	73.08%	45.06%	57.57%	66.72%	3.22%
法院其他工作人员	77.84%	68.04%	44.74%	55.54%	66.62%	3.41%
人民陪审员	56.48%	47.68%	36.43%	35.21%	38.14%	6.36%
检察、公安、司法行政人员	59.38%	55.5%	40.62%	44.19%	48.99%	1.4%
律师	65.14%	57.06%	45.87%	40.37%	42.02%	1.83%
小计	70.64%	64.43%	43.53%	50.35%	57.51%	3.09%

调查对象一致认为“案例案号”及“裁判结果”参照适用价值较小,不宜在

裁判文书中引用,但对于法官应当引用"裁判要旨或裁判规则"及"裁判理由及依据"哪一部分进行裁判说理,则存在不同认识,法官、法院其他工作人员及检察、公安、司法行政人员等一线司法人员认为应当引用"裁判理由及依据"的人数较多,而被调查的人民陪审员及律师则认为引用"裁判要旨或裁判规则"更为合适(见表7-72)。

表7-72　对案例各部分参照引用的调查分析

调查对象 \ 选项	裁判要旨		案例案号		裁判理由及依据		裁判结果	
	人数	比例	人数	比例	人数	比例	人数	比例
法官	587	42.94%	82	6%	655	47.92%	43	3.15%
人民陪审员	175	51.62%	28	8.26%	128	37.76%	8	2.36%
法院其他工作人员	291	41.34%	49	6.96%	324	46.02%	40	5.68%
检察、公安、司法行政人员	252	44.52%	46	8.13%	255	45.05%	13	2.3%
律师	223	45.7%	52	10.66%	188	38.52%	25	5.12%
小计	1 528	44.11%	257	7.42%	1 550	44.75%	129	3.72%

在补充调查中,六成以上的调查对象认为,第一批指导性案例的裁判要点及裁判理由具有指导价值(见表7-73)。

表7-73　对指导性案例的哪些部分具有指导价值的调查分析(可多选)

调查对象 \ 选项	关键词	裁判要点	相关法条	基本案情	裁判结果	裁判理由
人数	964	2 247	1 429	1 131	1 585	2 209
比例	28.44%	66.28%	42.15%	33.36%	46.76%	65.16%

(五)参照技术

参照技术是指如何识别待决案件与案例之间的高度相似性。这是连接案件与相似案例的桥梁,是参照适用类似案例的重要前提。对此,76.56%的调查对象认为有必要制定专门的案例相似性比对规则,其中律师群体的需求最为强烈,达到81.56%。可见,制定相似性比对规则已形成广泛共识(见表7-74)。

表 7-74 对建立专门相似性比对规则必要性的调查分析

选项 / 调查对象	有必要		没有		不清楚	
	人数	比例	人数	比例	人数	比例
法官	1 060	77.54%	186	13.61%	121	8.85%
人民陪审员	234	69.03%	62	18.29%	43	12.68%
法院其他工作人员	545	77.41%	88	12.50%	71	10.09%
检察、公安、司法行政人员	415	73.32%	69	12.19%	82	14.49%
律师	398	81.56%	60	12.3%	30	6.15%
小计	2 652	76.56%	465	13.42%	347	10.02%

应当如何判断待判案件与已发布案例的相似性呢？从调查情况看，七成（70.84%）调查对象主张以案件与案例“争议焦点”相似作为判断标准，六成以上赞同以“裁判规则”“基本事实”相似作为判断标准，赞同以“法律适用”作为判断标准的也超过半数，但认为以案由相同或以经验、良知、感觉等主观因素作为判断标准的较少（见表 7-75）。

表 7-75 对相似性判断标准的调查分析（多选）

选项 / 调查对象	争议焦点相似	裁判要旨或裁判规则相似	基本事实相似	法律适用相似	案由相同	主观判断
法官	73.52%	69.42%	69.13%	59.84%	38.19%	18.43%
人民陪审员	68.73%	56.64%	67.85%	54.28%	25.07%	13.86%
法院其他工作人员	73.44%	71.16%	68.47%	63.78%	43.61%	22.73%
检察、公安、司法行政人员	65.72%	65.19%	61.84%	55.48%	30.21%	17.31%
律师	67.01%	62.7%	63.73%	48.57%	25%	12.91%
小计	70.84%	66.89%	66.92%	57.79%	34.84%	17.9%

五、小　　结

问卷调查是实证研究的重要方法，是掌握了解调查对象案例指导制度愿景的有效手段。通过问卷调查，八成左右的调查对象了解或基本了解国内外的案例指导制度以及最高人民法院《关于案例指导工作的规定》。在此高认知度的基础上,83.8%的调查对象认为有必要建立案例指导制度,可以说,建立案例指导制度已经成为社会的主流观点。尤为重要的是,社会各界对法院的案例指导制度广泛关注,86.82%的调查对象认为法院是理想的案例编辑发布机关,其所发布的案例影响最大。一方面,法院案例的覆盖面最广,88.71%的调查对象表示接触过法院案例,另一方面,法院案例最具法律性与效用性,70%左右的调查对象认为法院案例最具法律价值和权威性,96.23%的调查对象认同法院案例对其工作(或学习)具有一定帮助,认为最高人民法院发布的第一批指导性案例具有较强的指导意义。

或许上述调查结果只是调查对象关于案例指导制度表象的认知,那么,对案例指导制度理论的调查便体现着调查对象理性的思考。在问卷调查所呈现的理论框架中,57.56%的调查对象认为,案例指导制度是指由有权机关通过一定程序审核发布指导性案例,法官在审判相似案件时应当参照案例进行裁判的制度。在定位方面,43.65%的调查对象认为,案例指导制度应当定位为一种法律适用机制,因而58.71%的人员认为,指导性案例是对法律、司法解释的细化或补充。在效力方面,相对多数(43.16%)的人员认为,指导性案例应当具有事实上的约束力,但具体到司法实践中,46.52%的调查对象特别是法官群体反对将指导性案例作为上级法院指令再审、提审、发回重审或改判的理由,只有在当事人或诉讼代理人引述案例支持诉辩意见或者作为上诉、申诉、申请再审等理由时,五成左右的调查对象才选择以适当方式回应或释明。在功能方面,普遍认为案例指导制度的首要功能在于统一法律适用标准,防止和减少"同案不同判",其次在于指导、监督和制约法官的裁判行为与法制宣传。

理论毕竟稍显宏观,因而微观调查必不可少。指导性案例的编选是案例指导制度的前提与基础,在编选条件方面,绝大多数的调查对象认为,指导性案例在形式上应当具备事实清楚、证据充分、程序合法,裁判文书制作规范、说理透彻、适用法律正确,裁判已经生效的条件,至于生效案件的审级则无关紧要,即使是最高人民法院审结的案件,五成以上的司法工作人员认为并非当然成为指导性案例,所有案件均应经过严格的推荐遴选程序方可成为指导性案例。在实质条件上,六成以上的调查对象认为,指导性案例应当具有指导意义,即能够解决法律、法规规定较为原则、法律适用疑难复杂、填补法律空白等问题。在编选主体与程序方面,调查对象推荐意愿较高,75.26%的人员表示愿意推荐案例,但实践中却不足一成的人员曾经编写推荐过案例。64.23%的调查对象希望建立案例工作专门机构负责编写工作。为保证推荐案例的质量,五成以上的调查对象认为,推荐案例应当经本院审判委员会讨论后逐级向上级法院负责案例工作的部门推荐。在编写方式上,六成以上的调查对象基本认同目前的编写体例,但同时,四成以上的调查对象认为编写体例存在检索不便的问题,57.53%的调查对象主张对案例事实、理由部分进行有限修改,即在忠实于案件主要事实基础上对案件事实及裁判理由适当加工。在发布主体与程序方面,大多数调查对象赞同指导性案例由最高人民法院成立专门机构并经审判委员会讨论后发布。在发布周期上,39.15%的人员建议每季度发布,25.26%的人员建议按月发布。在发布数量上,建议每年至少发布20件以上的比例为72.58%。在发布方式上,建议在现有报刊及网站上发布的比例为48.97%,认为需要专门创设指导性案例的发布网站的相对较少(12.14%)。在清理与汇编方面,82.4%的被调查者认为有必要建立定期清理、汇编制度,且宜由发布机构具体负责。宣告废止的理由包括裁判要旨和理由不适应社会发展(78.69%)、指导性案例被撤销或改判(72.43%)、指导性案例之间出现冲突(60.14%)等,废止程序也应当经审判委员会讨论决定。

参照应用是案例指导制度的关键与依归。从总体情况看,74.75%的调查对象曾在办案过程中参照适用案例,其中主要是《公报》案例,85.47%的社会公众也愿意查阅法院案例以支持诉辩意见。在参照的激励因素方面,调查显示,疑难复杂案件构成了法官、人民陪审员、律师等司法工作人员参照适用案例的主要动因,动因主要在于增强裁判或诉辩意见的说理性与正当性。在参照方式上,60%左右的法官及人民陪审员表示会在形成合议意见或裁判观点的过程中、合议庭研究案件时、向审判委员会汇报时作为裁判理由引述案例,但赞成在裁判文书、判后释疑、调解、庭审辩论等当事人能够知晓的场所或方式中引述案例的比例不足50%,特别是在裁判文书中是否引用案例的问题,持肯定意见的比例不足20%,主张视个案具体情况由法官自主决定是否引用的比例较高。在参照内容上,六成以上的调查对象认为第一批指导性案例的裁判要旨及裁判理由具有指导价值,88.86%调查对象认为应当引用裁判要旨或裁判理由,其中,被调查的人民陪审员及律师认为引用“裁判要旨或裁判规则”更为合适的分别占51.62%及45.7%。在参照技术方面,76.56%的调查对象认为有必要制定专门的案例相似性比对规则,其中律师群体的需求最为强烈,达81.56%。而对于比对标准问题,主张以案件与案例“争议焦点”相似作为判断标准的比例为70.84%,赞同以“裁判规则”“基本事实”相似作为判断标准的比例逾六成,赞同以“法律适用”相似作为判断标准的也超过了半数。

第八章　案例指导的制度反思：基于实证研究的问题分析

自1985年《最高人民法院公报》发布第一起案例①迄今，历时数十载，其间虽有理论之关注与实践之探索，但总体而言，案例指导制度仍然行走在不断发展与完善的道路上，甚至尚未完成从理论到实践的艰难一跃。调查显示，七成以上的调查对象认为案例指导制度不完善或不够完善（见表8-1）。

表8-1　关于我国案例指导制度是否完善的调查

调查对象＼选项	不完善	不够完善	非常完善	不清楚	未回答
法官	10.08%	58.06%	28.40%	3.02%	0.44%
人民陪审员	8.73%	55.12%	22.59%	12.95%	0.61%
法院其他工作人员	9%	62.29%	20.43%	8.14%	0.14%
检察、公安、司法行政人员	7.01%	49.46%	37.77%	5.04%	0.72%
律师	13.18%	56.49%	24.90%	5.02%	0.41%
社会公众	23.03%	53.36%	2.11%	21.31%	0.19%
小计	11.44%	56.51%	23.94%	7.71%	0.4%

2010年年底，最高人民法院出台《关于案例指导工作的规定》（以下简称《规定》），历时一年多的时间，截至目前，已发布两批共计8个指导性案例。这标志着案例指导制度迎来了希望的曙光。但或许是从制度开创的弹性设置考

① 樊明、刘希龙故意杀人、强奸案。最高人民法院发表意见认为，此案例“可供各级人民法院借鉴”。参见《最高人民法院公报》1985年第1期，第22—23页。

量,《规定》寥寥10条并不能完全解决案例指导制度发展与完善过程中的诸多问题,六成以上的调查对象认为《规定》“不够完善”或“不完善”(见表8-2)。

表8-2 对最高人民法院《关于案例指导工作规定》是否完善的认识

调查对象＼选项	完善	不够完善	不完善	不清楚	未回答
法官	16.49%	63.19%	15.67%	4.65%	0
人民陪审员	15.22%	60.51%	7.61%	16.66%	0
法院其他工作人员	19.55%	52.58%	5.61%	22.26%	0
律师	24.16%	56.94%	7.42%	11.48%	0.24%
小计	18.32%	59.29%	7.45%	14.9%	0.04%

由此,结合实证研究对案例指导制度进行全面、系统的反思与检讨,显得尤为必要。

一、指导性案例生成机制存在的主要问题

(一)指导性案例的编选条件尚须充实

根据《规定》第2条,指导性案例除具备裁判已生效的条件外,尚需符合以下条件之一:社会广泛关注;法律规定比较原则;具有典型性;疑难复杂或者新类型;其他具有指导作用的案例。问卷调查显示,六成以上的调查对象将法律法规规定较为原则的案例、疑难复杂或新类型案例、社会影响大的案例作为编选指导性案例的实质条件,在对第一批全国指导性案例的补充调查中,五成以上的法律专业人员、司法工作人员、参加过诉讼的人员希望看到最高人民法院发布填补法律空白的案例,而不足15%的人员希望发布社会关注的案例,不足12%的人员希望发布新类型的案例。而从对前期编发案例的实证分析来看,高达86%的《公报》案例是以案释法型案例,即以复述法律、司法解释相关规定为主,甚至最高人民法院发布的第一批指导性案例也被认为适用范围有点小,甚至有些“多余”,“指导性”不足。① 由此可见,编发案例的实践与理想中的案例编选条件之间存在错位,“社会广泛关注”“新类型”等编选条件在认知上尚存

① 参见黄秀丽、孙毛宁:《中国式“判例”头炮有点闷》,载《南方周末》2012年1月12日。在座谈中,基层法院的一些法官也认为,第一批指导性案例“指导性不强,都是认识比较统一的东西”。

在分歧。如“社会广泛关注”条件,一个普通的故意杀人案件,可能因犯罪嫌疑人或被害人的特殊身份,或者杀害手段极端残忍等原因而引起社会关注,但在法律适用方面可能根本不具有示范性与代表性。如果将此类案例编选为指导性案例,那么宣传意义大于法律意义。“典型性”则内涵过于宽泛,既是指导性案例的共性特征,又是指导性案例的个性条件①,这就在逻辑上存在混乱,使案例编选条件不具有可辨别性。显然,《规定》第 2 条应是指导性案例的必要但不充分条件,尚需其他条件予以充实。

(二)指导性案例的推荐模式尚须完善

1. 内部推荐程序尚须细化

根据《规定》,法院内部推荐模式以各级法院为推荐主体,程序上除最高人民法院各业务部门直接报送外,其他法院须经该院审判委员会讨论决定后逐级报送最高人民法院案例指导工作办公室。此种模式承继了以往地方法院(如四川省高级人民法院)的案例推荐实践,增加审判委员会讨论决定程序以保证推荐案例的质量。调查显示,52.42% 的调查对象赞同指导性案例应当由各级法院经审判委员会讨论后,逐级向上级法院负责案例工作的部门推荐,但也有 44.28% 的调查对象不赞同此种内部推荐模式,其中大部分建议由各级法院负责案例工作的部门直接向上级法院负责案例工作的部门推荐。课题组经座谈了解,持此种观点的法官担心,各级法院审判委员会讨论待决案件的压力已较大,如果推荐案例也提交审判委员会讨论,将使审判委员会高负荷运行,而且影响推荐报送案例的效率。以基层人民法院推荐案例为例,从基层人民法院到中级人民法院再到高级人民法院,同一案例要经过三级法院审判委员会讨论决定,在一定程度上造成审判资源的重复浪费。可见,内部推荐程序必须兼顾推荐案例的质量与效率,进一步明确“逐级”推荐、向审判委员会推荐案例的汇报内容及审判委员会的讨论重点等程序内容。

2. 社会推荐模式欠缺操作性

社会推荐模式是指人大代表、政协委员、专家学者、律师等社会各界人士认为人民法院生效裁判符合指导性案例编选标准,可以向作出生效裁判的原审人

---

① 如最高人民法院研究室主任胡云腾撰文,一方面认为典型性是指导性的应有之义,另一方面又认为典型性是指导性的表现情形之一。参见胡云腾:《如何做好案例指导的选编与适用工作》,载《中国审判》2011 年第 9 期。

民法院推荐。此种模式是《规定》的亮点之一，彻底打破了案例指导制度由法院“独挑大梁”的封闭性与排异性，将社会力量引入指导性案例的生成机制之中，增强了社会参与性，有助于提高指导性案例的认同度与公信力。因是创新，又欠缺相应的实践操作①，社会推荐模式难免挂一漏万。调查显示，高达80.5%的律师表示愿意推荐案例，但62.02%的律师表示从未编写过推荐案例。这说明实践中某些因素制约着社会人士推荐案例的积极性。为此，课题组对一些代表委员、专家学者、律师进行了走访座谈。在走访座谈中，上述人员对社会推荐模式的制定初衷表示认同与赞赏，但质疑其可行性与操作性，认为以下因素制约着社会推荐模式的实践：

一是裁判文书尚未完全公开。座谈反映，实践中，法院的裁判文书尚未完全公开，即使公开也是有选择性地公开，而公开的大部分裁判文书所承载的案件又不具备指导性案例的编选条件。这就导致社会人士有推荐案例之心却无接触案例之便，社会推荐就成为无根之木、无源之水。

二是社会推荐的条文规定过于粗陋。与会人员普遍表示，《规定》关于社会推荐的条文过于粗陋，存在一系列操作问题，如社会推荐是口头推荐还是书面推荐？若采书面推荐，是必须提交由裁判摘要、案件事实、审理经过、法律适用、推荐理由等构成的翔实的推荐书，还是仅提交简述推荐理由的推荐书，其他内容由原审法院作进一步补充完善？社会各界人士“可以”向作出生效裁判的原审法院推荐，这是否意味着社会推荐的途径并非单一？是否可以向原审法院的上级法院或者直接向最高人民法院推荐？这些问题也影响着社会推荐的积极性。

三是推荐后相关法院的处理程序语焉不详。走访座谈中，相关人员担心自己推荐的案例“石沉大海”，根本无从知晓案例是否被采用，也无从为自己的推荐理由进行辩护。原审法院是按照《规定》第4条法院内部推荐程序决定报送还是直接报送？原审法院对社会推荐是否进行审查？是形式审查还是实质审查？原审法院对社会推荐的案例是应当报送还是可以报送？总之，社会推荐模式的构建目的在于拓宽指导性案例的发现渠道，提高指导性案例的公信力。②上述问题看似细微琐碎，实则关系社会推荐模式的生命力与践行力问题。

---

① 从四川省高级人民法院的案例工作实践看，迄今尚未有人大代表、政协委员、专家学者、律师等社会各界人士向法院推荐案例的情况。

② 参见胡云腾、罗东川、王艳彬、刘少阳：《〈关于案例指导工作的规定〉的理解与适用》，载《人民司法》2011年第3期。

3. 推荐报送案例的激励机制不健全

对法官、法院其他工作人员、人民陪审员、律师的调查显示,75.26%的调查对象表示愿意推荐案例,但58.9%的调查对象表示从未编写过推荐案例,两个数据之间存在落差,原因之一就在于推荐激励机制不健全。虽然最高人民法院权威人士认为推荐指导性案例是各级法院的一项重要职责①,但已有实证研究从典型案例的发布数量少、质量不高的角度隐约指出,法院(法官)履职尽责的动力尚且不容乐观②,更遑论对社会人士推荐案例的激励?

(三)指导性案例的发布机制尚不健全

1. 编写体例不便检索

在关于第一批指导性案例的编写体例是否方便检索的问卷调查中,57.5%的法律专业人员、59.35%的司法工作人员、58.72%的参加过诉讼的人员持消极或否定态度,73.92%的非法律专业人员、80.59%的非司法工作人员、73.06%的未参加过诉讼的人员持消极或否定态度。可见,多数调查对象认为目前的编写体例存在检索不方便或不够方便的问题。

2. 发布周期较长、数量较少

《规定》出台后历时近一年,最高人民法院方于2011年12月发布第一批指导性案例,2012年4月发布了第二批指导性案例③,发布周期较长。从前两批发布的指导性案例来看,最高人民法院两次共发布8个指导性案例,有人直言"数量有点少,不解渴",理想的状态是"每三个月出台一次,每次七八个案例"。④ 补充调查显示,39.15%的调查对象希望指导性案例按季发布,25.26%的调查对象甚至认为按月发布为宜(见表8-3)。

---

① 参见胡云腾、罗东川、王艳彬、刘少阳:《〈关于案例指导工作的规定〉的理解与适用》,载《人民司法》2011年第3期。

② 北京市高级人民法院课题组在《关于完善案例指导制度的调研报告》中,虽然未将激励机制不足作为问题写入"案例指导工作中存在的问题"部分,但在"进一步完善案例指导制度的建议"部分,建议"建立完善的激励机制,调动广大法官的主观能动性,广开案例信息渠道,确保案例质量"。参见北京市高级人民法院课题组:《关于完善案例指导制度的调研报告》,载《人民司法》2007年第19期。

③ 截至2013年12月,最高人民法院已发布五批共计22个指导性案例。

④ 北京理工大学法学院教授徐昕接受《南方周末》采访的发言。参见黄秀丽、孙毛宁:《中国式"判例"头炮有点闷》,载《南方周末》2012年1月12日。

表 8-3 对最高人民法院指导性案例发布周期的调查分析

调查对象＼选项	每个月	每个季度	每半年	每年	不清楚
法律专业	26.85%	40.44%	18.23%	11.63%	2.85%
非法律专业	19.28%	34.25%	20.96%	11.86%	13.65%
司法工作人员	26.23%	40.02%	18.42%	11.74%	3.60%
非司法工作人员	13.01%	28.08%	23.63%	11.30%	23.97%
参加过诉讼活动	26.89%	40.47%	17.94%	11.68%	3.02%
未参加过诉讼活动	16.37%	31.93%	23.34%	11.67%	16.69%
小计	25.26%	39.15%	18.77%	11.68%	5.14%

关于发布数量，30.73%的调查对象希望每年发布20件以上的指导性案例，26.22%的调查对象希望每年发布50件以上的指导性案例。其中，30.88%的司法工作人员希望每年发布20件以上（见表8-4）。

表 8-4 对每年发布多少件全国指导性案例才能满足参照适用的调查分析

调查对象＼选项	10件以上	20件以上	50件以上	100件以上	不清楚
法律专业	21.01%	30.74%	25.83%	16.20%	6.21%
非法律专业	15.45%	30.66%	27.66%	13.53%	12.69%
司法工作人员	20.36%	30.88%	26.10%	15.98%	6.68%
非司法工作人员	13.70%	28.77%	27.74%	11.30%	18.49%
参加过诉讼活动	21.05%	31.78%	25.73%	15.86%	5.57%
未参加过诉讼活动	13.29%	24.96%	28.85%	14.42%	18.48%
小计	19.85%	30.73%	26.22%	15.64%	7.57%

3. *发布方式须改进*

虽然48.56%的调查对象建议在有权编辑发布案例机关的现有报刊及网站上发布，但是目前案例的发布平台多样化，除《公报》外，尚有最高人民法院各业务庭编辑发布的审判指导或审判参考，《人民司法·案例》《人民法院案例选》《中国审判案例要览》《人民法院报》等刊物，以及人民法院网、专门的知识产权裁判文书平台等网络平台。多样化的平台及多样化的案例，虽然有助于扩大知晓面，但增加了法官在司法实践中检索案例的难度。而且，从《公报》案例获知途径的调查情况看，五成以上的法官和法院其他工作人员主要是通过传统的订阅《公报》来获取案例，八成左右的律师、人民陪审员通过互联网、媒体或订阅

《公报》获悉(见图8-1)。以前述方式获取的案例知识呈现出零星化、颗粒化、碎片化特征，不利于对案例进行系统化、体系化的参照适用。

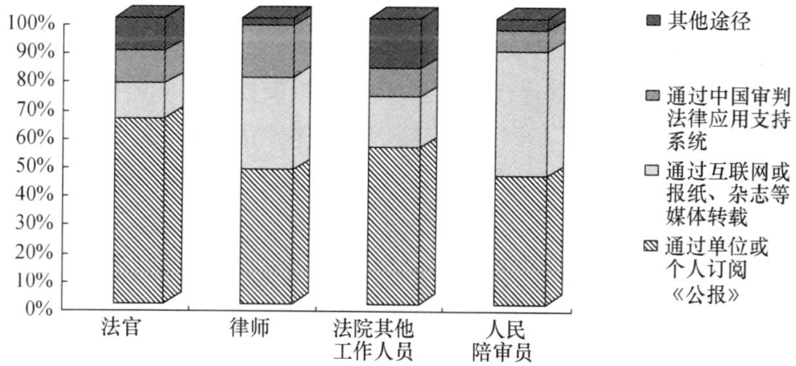

图8-1　获取公报案例途径

(四)指导性案例的清理汇编机制尚未形成

以《公报》案例为例，自1985年至2011年年底，《公报》共计刊载了834件案例，但迄今为止，前述案例仍旧分散在每期《公报》之中。虽然“中国审判法律应用支持系统”之“最高人民法院公报案例库”将《公报》案例收集汇总后提供信息化检索，但随着社会的发展、法制的进步，某些案例已经因法律、司法解释更新而失效，对此，“最高人民法院公报案例库”却没有同“中国法律法规规章司法解释全库”一样，对案例的“时效性”作相应的标注。如“齐玉苓诉陈晓琪等以侵犯姓名权的手段侵犯宪法保护的公民受教育的基本权利纠纷案”，最高人民法院《关于废止2007年底以前发布的有关司法解释(第七批)的决定》(法释〔2008〕15号)已将该案赖以裁决的最高人民法院《关于以侵犯姓名权的手段侵犯宪法保护的公民受教育的基本权利是否应承担民事责任的批复》(法释〔2001〕25号)①予以废止。而且，尚有463件、比例为55.52%的《公报》案例无“裁判摘要”。从座谈情况看，参会人员普遍认为上述问题实实在在地阻遏了在办案过程中参照适用案例。如前所述，这种零星化、颗粒化、碎片化的案例体系必须予以改善。

---

①　该批复的主要内容为：经研究，我们认为，根据本案事实，陈晓琪等以侵犯姓名权的手段，侵犯了齐玉苓依据宪法规定所享有的受教育的基本权利，并造成了具体的损害后果，应承担相应的民事责任。

二、案例“指导”机制存在的主要问题

如同法律的生命力在于实践，指导性案例的生命力在于指导司法实践，否则案例“指导”制度将形同虚设。事实上，以往案例指导制度“只关注发布，但忽略适用”①，案例“指导”机制一直存在适用不佳、功能不彰、效果不明等问题。为此，结合案例应用试点以及问卷调查，课题组对案例“指导”机制存在的主要问题进行了如下分析：

（一）指导性案例的供给尚须改善

1．供给的数量不足

从1985年至2011年底，《公报》发布案例834件，平均每年发布案例不足31件，这与审判工作面临的实际问题和需要相比，数量明显偏少。从案例类型来看，民商事、刑事案例所占比例接近90%，而行政案例仅75件，执行案例仅11件，这与当前行政审判和执行工作面临的难点热点相比，相关的案例也明显偏少。从课题组开展的案例应用试点工作的前期情况看，试点法院审结的案件中参照适用案例的比例趋近于零，经座谈了解②，普遍反映可以参照适用的案例非常有限，如成都市锦江区人民法院以刑事案件为例，反映该院前期试点判决的案件以盗窃案件为主，44.89%的刑事案件都是盗窃案件，而《公报》案例中以“盗窃”为标题的案例12件，其中具有时效性、指导性的盗窃案例仅4件，占刑事案例的1.96%，1件涉及虚拟财产，1件涉及盗窃手段，2件涉及盗窃罪与其他罪的界定，该法院在试点期间未发现与待决案件类似的案例。有鉴于此，课题组才及时调整了试点方案，重点之一便是扩大了参照适用案例的范围，将最高人民法院各业务庭编辑发布的审判指导或审判参考、《人民司法·案例》《人民法院案例选》《中国审判案例要览》《人民法院报》等刊物以及人民法院网、专门的知识产权裁判文书平台等网络平台发布的案例，以及相关的基层法院先前经过审判委员会讨论判决的个案（先例）等均纳入可以参照适用的案例范围。

---

① 参见成都市中级人民法院研究室何良彬主任在四川省高级人民法院课题调研座谈会上的发言。在此表示感谢。

② 试点工作自2011年9月开展以来，截至同年10月21日，从试点法院报送的案例参照情况统计表来看，案例应用情况不甚理想，为此，课题组专门召开了由试点法院相关人员参加的案例指导制度试点工作推进会议，调整了试点方案。

但即使作了此番调整,半年的试点工作结束后,案例参照适用率仍然微乎其微。究其原因,案例供给不足无疑是重要原因。

2. 供给的针对性不强

在司法实践中,基层法院受理的案件以普遍性、常规性的案件为主,其中涉及婚姻家庭、邻里纠纷、民间借贷、劳动争议的案件所占比重较大。这种法院层级越低受案越常规的现象具有普遍性。从部分试点法院反馈的情况看,发布的案例中涉及基层法院常见多发案件的案例偏少,如劳动争议案件,成都市青羊区人民法院近年来每年审理的劳动争议案件均在250件以上,且逐年上升。由于劳动法律法规体系庞杂、政策性强,实践中具体案情千变万化,执法尺度极不统一,劳动争议案件的改发率一直居高不下(近年劳动争议案在该院改发案件中占40%左右),严重影响了审判质效,但《公报》案例中涉及劳动(人事)争议的案例仅4件,且并未涉及实践中法律适用存在分歧、亟需解决的问题。当然,也有法官认为,指导性案例应当侧重于填补法律空白的补漏型案例,表示"实践中最大问题是感觉案例指导和法官的需要有差距。找出问题才能比照,而有问题的找不到(指导性案例)"。譬如恋爱期间给予的财产即婚约财产的性质,恋爱关系结束后该财产是赠与、借贷,还是不当得利,这类案件在实践中争议较大,至今没有统一的裁判标准。[①] 这就对指导性案例的编选提出了更高的要求,即兼顾案例的常见常发性与指导性。

(二)指导性案例的拘束力尚须明晰

《公报》案例的效力一直没有明确规定,尽管试点工作要求对类似案例积极参照适用,但由于缺乏法律政策依据,此种要求也就略显乏力。而《规定》要求各级法院在审理类似案件时应当参照指导性案例,但不参照指导性案例的程序负担、法律后果等并不明确,由此,"应当参照"的拘束力值得进一步研究。问卷调查结果也印证了上述观点。近七成(69.2%)的调查对象认为,"案例没有法律约束力,既不能作为裁判依据,也不易说服当事人",是影响参照适用案例的因素,其中法官及法院其他工作人员的比例超过七成,成为影响参照适用案例的主要因素(见表8-5)。

---

① 2012年4月27日,课题组在四川宜宾组织召开了"中国特色案例指导制度的发展与完善"课题座谈会,邀请了部分中级人民法院、试点法院的法官参会。

表 8-5 对案例缺乏法律拘束力的评价

调查对象＼选项	法官	人民陪审员	法院其他工作人员	检察、公安、司法行政人员	律师	合计
人数	970	218	528	372	309	2 397
比例	70.96%	64.31%	75%	65.72%	63.32%	69.42%

七成以上(74.01%)的调查对象表示“法律效力不明确”是参照适用案例的具体困难之一。政法部门及律师等专门从事法律职业的工作者受该问题困扰的程度明显大于人民陪审员、社会公众等非专业法律人士(见表 8-6)。

表 8-6 遇到法律效力不明确困难的比例

调查对象＼选项	法官	人民陪审员	法院其他工作人员	检察、公安、司法行政人员	律师	合计
人数	1 047	237	549	430	346	2 609
比例	76.59%	69.91%	77.98%	75.97%	70.9%	65.47%

(三)说理性与说服力尚须增强

指导性案例的效力还来源于自身所具有的充分的说理性与强大的说服力。从某种意义上而言,案例的说理性与说服力与审级之间存在正比例关系,但是从调查情况看,仅 40.49% 的法官、32.91% 的检察公安司法人员、47.58% 的律师认为最高人民法院裁判的案件应当然成为指导性案例,仅 23.70% 的调查对象认为“作出案例所涉生效判决的法院级别较低”会影响案例参照性,这说明生效裁判法院的级别并不是关注的重点,只要案例具有参照适用的价值,法官及相关诉讼参与人并不排斥低级别法院作出的裁判成为指导性案例(见表 8-7)。

表 8-7 认为作出案例所涉生效裁判法院级别较低影响案例参照适用的情况

调查对象＼选项	法官	人民陪审员	法院其他工作人员	检察、公安、司法行政人员	律师	合计
人数	331	40	215	127	108	821
比例	24.21%	11.80%	30.54%	22.44%	22.13%	23.70%

而案例的这种参照适用价值,主要体现在案例的说理性与说服力方面。问卷调查显示,42.29% 的调查对象认为“案例本身不具有说理性与说服力”将会影响类似案例在办案过程中的参照适用(见表 8-8)。

表 8-8　认为案例本身不具有说理性与说服力的情况

选项 调查对象	法官	人民 陪审员	法院其他 工作人员	检察、公安、 司法行政人员	律师	合计
人数	566	159	318	234	188	1 465
比例	41.4%	46.9%	45.17%	41.34%	38.52%	42.29%

我们不妨举一个因说理性与说服力而影响案例应用的实例。如《公报》案例"高淳县民政局诉王昌胜、吕芳、天安保险江苏分公司交通事故人身损害赔偿纠纷案",其裁判摘要为"因交通事故引发的人身损害赔偿案件中,死亡受害人为城市生活无着的流浪乞讨人员,经公安部门刊发启事,未发现其近亲属,政府民政部门提起民事诉讼,要求赔偿义务人承担赔偿责任的,因民政部门不是法律规定的赔偿权利人,与案件不存在民事权利义务关系,且其法定职责不包括代表或代替城市生活无着的流浪乞讨人员提起民事诉讼,故民政部门不是案件的适格诉讼主体,其起诉应依法驳回"①。但后续案件却未参照适用该案例(见表 8-9),主要原因就是"公益诉讼"因符合公序良俗而逐渐被社会广泛接受,而此案例对此却不予认可。这无疑是案例欠缺说理性与说服力的真实写照。

表 8-9　相关案件情况②

报道时间	受理法院	受害人	原告	处理结果	
				一审	二审
2007-07-05	江苏兴化法院	无名氏	民政局	赔偿 4.9 万元	未上诉
2007-09-20	江西进贤法院	无名氏	县民政局	赔偿 6 万元	
2007-02-01	江苏张家港法院	无名氏	市民政局	赔偿 32 万元(调解)	
2008-08-06	天津南开法院	无名氏	区民政局	赔偿 29 万元	
2008-08-13	江苏溧水检察院	无名氏	主持调解	赔偿 12 万元	
2008-10-12	福建建瓯法院	无名氏	市民政局	赔偿 22 万元	
2009-02-02	江苏铜山法院	无名氏	县民政局	赔偿 14.5 万元	
2009-04-28	浙江庆元法院	无名氏	县民政局	裁定驳回起诉	
2009-04-28	浙江庆元法院	无名氏	县民政局	赔偿 11 万元(调解)	
2009-08-21	安徽宁国法院	无名氏	县民政局	赔偿 5 万元(调解)	

① 《最高人民法院公报》2007 年第 6 期。

② 参见李友根:《指导性案例为何没有约束力——以无名氏因交通肇事致死案件中的原告资格为研究对象》,载《法制与社会发展》2010 年第 4 期。

（四）裁判思维习惯尚须转换

据调查统计，近五成(47.37%)的调查对象认为“我国不是判例法国家，没有必要适用，且不便适用”。可见，当代中国成文法色彩浓厚，缺乏西方国家悠久而持续的案例传统(见表8-10)。

表8-10　我国是否判例法国家对参照适用案例的影响

调查对象＼选项	法官	人民陪审员	法院其他工作人员	检察、公安、司法行政人员	律师	合计
人数	663	146	370	217	245	1 641
比例	48.5%	43.07%	52.56%	38.34%	50.2%	47.37%

这种传统的缺失，深深地熔铸在法官裁判思维习惯之中。作为一种司法知识，案例应用具有独特的法学教育与培训模式。在我国，法学教育更多侧重于传授理论、诠释法律、逻辑精密，事实上，这是“倾向于一般的，而不是职业的训练”①，虽然这种方式能够在一定程度上契合法条主义和理论主义的司法传统，然而也导致了一些应当引起注意的问题，如疏远司法实践，忽视实践理性等。我们的法官习惯于从法条和三段论中寻求结论，即法官们往往习惯立足于现有法律法规的明确规定，通过分析、演绎、推理等过程形成裁判结论，而对案例应用稍显陌生。绝大多数审判人员及诉讼参与人将疑难复杂案件作为参照适用案例动因的调查结果表明，审判人员及诉讼参与人尚未将参照案例作为首选，而是作为法律规定不明确等的“备选项目”，尚未形成主动查找参照案例的习惯。32.74%的调查对象认为，“实践中没有参照使用案例的习惯，周围同事也不参照使用案例”是影响参照适用案例的因素之一(见表8-11)。

表8-11　认为没有参照案例习惯的情况

调查对象＼选项	法官	人民陪审员	法院其他工作人员	检察、公安、司法行政人员	律师	合计
人数	425	94	286	155	174	1 134
比例	31.09%	27.73%	40.63%	27.39%	35.66%	32.74%

① 〔美〕格伦顿、戈登、卡罗兹：《比较法律传统》，米健、贺卫方、高鸿钧译，中国政法大学出版社1993年版，第46页。

（五）案例相似性识别技术尚须明确

理论界与实务界对于案例的相似性识别技术认识不一，众说纷纭，具有代表性的观点主要有：一是构成要件类似说，认为构成要件是指与法律对特定问题的评价有关的重要观点，指导性案例与待决案件在这些重要观点方面相同，则可认定两案具有类似性①；二是案件事实类似说，这种观点又可细分为必要事实类似说②与基本事实类似说③，前者认为必要事实是指对于形成判决结论有必要的基础事实，后者认为基本事实是指关系到案件性质、责任构成以及责任程度的事实；三是基本案情与争议焦点类似说，认为类似案件不仅指案情类似，更重要的是指争议焦点即法律问题类似，只有基本案情类似，同时当事人诉讼争议的法律问题也类似的，才可以参照④；四是综合说，如法律关系、基本案情和案由相同说⑤，王利明教授主张的案件基本事实、法律关系、案件的争议点、案件所争议的法律问题相似说⑥等。上述观点均具有一定的合理性，但致命的弱点均在于相似性识别的复杂性。如此多的相似性比对，增加了法官的工作负担，令其望而生畏，不参照案例反而成为一种经济理性的选择。

（六）案例检索的便捷性有待加强

从案例应用试点情况看，试点法院办案法官普遍反映《公报》案例存在检索障碍，如部分案例的案由与最新的案由规定不一致，标题以"当事人＋案由"的形式表述检索不便、难以进行相似性比对等。问卷调查显示，五成以上的调查对象认为"案例未提炼裁判要旨或裁判规则，不易查找获得相似案例"（见表8-12）。经座谈深入了解，办案法官认为，在试点期间，课题组提供了《公报》案例与四川省高级人民法院发布的案例，其中《公报》案例与四川省高级人民法院发布的案例在标题方面编写方式不同，四川省高级人民法院发布的案例分主

---

① 参见陈林林：《裁判的进路与方法》，中国政法大学出版社2006年版，第130页；张骐：《论寻找指导性案例的方法》，载《中外法学》2009年第3期；张东波：《建立案例指导制度的实证报告》，载沈德咏主编：《中国特色案件指导制度研究》，人民法院出版社2009年版，第124页。

② 参见杨力：《中国案例指导运作研究》，载《法律科学》2008年第6期。

③ 参见刘作翔、徐景和：《案例指导制度中的案例适用问题》，载《湘潭大学学报》（哲学社会科学版）2008年第2期。

④ 参见胡云腾：《如何做好案例指导的选编与适用工作》，载《中国审判》2011年第9期。

⑤ 《重庆市高级人民法院参考性案例工作规定（讨论稿）》，重庆市高级人民法院渝高法〔2011〕79号文件。

⑥ 参见王利明：《我国案例指导制度若干问题研究》，载《法学》2012年第1期。

标题与副标题，其中，主标题是对裁判要旨或裁判规则的高度提炼，比较容易查找及进行相似性比对。

表 8-12 调查对象对案例不易查找问题的评价

选项 调查对象	法官	人民陪审员	法院其他工作人员	检察、公安、司法行政人员	律师	合计
人数	774	187	413	320	245	1 939
比例	56.62%	55.16%	58.66%	56.54%	50.2%	55.98%

问卷调查显示，六成以上（63.35%）的调查对象在参照案例过程中曾遇到案例不易查找的问题。其中从事司法工作的人员遭遇案例查找不易情况的比例远远高于社会公众，法官、人民陪审员的比例较高，分别为 68.32%、68.14%（见表 8-13）。

表 8-13 调查对象参照案例时遇到案例不易查找困难的情况

选项 调查对象	法官	人民陪审员	法院其他工作人员	检察、公安、司法行政人员	律师	社会公众	合计
人数	934	231	468	354	307	236	2 530
比例	68.32%	68.14%	66.48%	62.54%	62.91%	44.53%	63.35%

（七）案例应用的隐性化

调查显示，77.83% 的法官、73.98% 的律师表示在办案过程中曾经参照适用最高人民法院《公报》或四川省高级人民法院《案例指导》发布的案例，59.76% 的司法工作人员表示在形成合议意见或裁判观点的过程中受案例影响。这说明，在司法实践中，法官、律师在办理案件的过程中，特别是遇到疑难案件时，难免会产生寻求案例参照的动因，裁判或诉辩理由、裁判结果深受类似案例的影响。但是，这种影响却没有实践化、客观化、外在化。作为“参照”表达之载体的裁判文书、审理报告、合议笔录等，隐去了案例比对、区分的思维进程，骤添社会对裁判思维过程神秘化、武断化之揣测与不满。

究其原因，一方面在于案例引用方式不明确，不便引用。对此，四成以上的调查对象表示认同，其中法官、法院其他工作人员的认同比例较高，分别为 55.01%、59.52%（见表 8-14）。

表 8-14　认为案例引用方式不明确的情况

调查对象＼选项	法官	人民陪审员	法院其他工作人员	检察、公安、司法行政人员	律师	合计
人数	752	138	419	264	181	1 754
比例	55.01%	40.71%	59.52%	46.64%	37.09%	51.82%

另一方面在于法官、律师的抵触。关于在裁判文书中引用参照案例作为裁判理由的调查，40.89%的法官、21.11%的律师明确表示反对，38.33%的法官、47.75%的律师认为应当视个案情况决定是否引述。在法官群体中，工作年限10年及以上的法官反对裁判文书引述案例的所占比例较高，达到44.92%，5年及以下的法官比例次之，为37.24%。表示视个案情况决定是否引述案例的法官，在各工作年限阶段分布较为均衡，所占比例均在40%左右（见表8-15）。

表 8-15　法官按工作年限对是否在裁判文书中引用参照案例的态度

工作年限＼选项	引用		视个案情况决定		不引用		不清楚	
	人数	比例	人数	比例	人数	比例	人数	比例
5 年及以下	59	17.72%	128	38.44%	124	37.24%	22	6.61%
5—10 年	47	21.66%	87	40.09%	64	29.49%	19	8.76%
10 年及以上	120	14.69%	300	36.72%	367	44.92%	30	3.67%

三、案例指导制度的社会认同存在的主要问题

虽然全国层面已有规范性文件颁行及公开发行的《公报》等案例刊物，地方层面亦有轰轰烈烈的探索与实践，但是，案例指导制度的社会认同情况却不容乐观。

（一）案例指导制度的社会认知有待进一步提升

社会认知是案例指导制度发展与完善的重要基石。《规定》所意欲构建的是一个全社会广泛参与、各阶层协力推进的开放型案例指导制度，如规定社会推荐、案例“应当参照”等。问卷调查显示，14.15%的调查对象[①]表示不了解案

① 包括法官、人民陪审员、法院其他工作人员、检察公安司法行政人员、律师、高校老师、社会公众。

例指导制度,22.47%的调查对象[1]表示不了解《规定》。

1. 不了解案例指导制度及《规定》的法律专业人士仍占一定比例

法律专业人士既包括曾就读法律专业的人员,又包括法律职业共同体。调查显示,7.22%的法律专业人员不了解案例指导制度,而就法律职业共同体而言,4.84%的法官、10.64%的检察公安司法行政人员、9.45%的律师不了解案例指导制度,不了解《规定》的法官、律师比例较大,分别为15.67%、24.9%。此外,不了解案例指导制度、《规定》的法院其他工作人员仍占一定比例,分别为9.4%、28.24%(见表8-16)。

表8-16 不同专业调查对象对我国案例指导制度的了解情况

选项 / 调查对象	了解		有一定了解		不了解		未回答	
	人数	比例	人数	比例	人数	比例	人数	比例
法律专业	929	34.98%	1 535	57.80%	192	7.22%	0	0
非法律专业	202	15.06%	758	56.68%	373	27.9%	5	0.36%

2. 从法院层级而言,基层人民法院法官不了解的比例较大

基层人民法院法官承担了绝大部分案件的审理任务,是案例指导制度的主要参照适用主体,但是,法院层级越低,不了解该制度的法官比例越高。调查显示,基层法院有5.19%的法官表示不了解案例指导制度,这无疑会影响案例指导制度的功能发挥(见表8-17)。

表8-17 法官对我国案例指导制度的了解情况(按法院级别统计)

选项 / 调查对象	了解		有一定了解		不了解		未回答	
	人数	比例	人数	比例	人数	比例	人数	比例
高级人民法院	26	39.62%	39	60.38%	0	0	0	0
中级人民法院	59	37.27%	92	58.39%	7	4.35%	0	0
基层人民法院	479	41.81%	606	52.99%	59	5.19%	0	0

3. 社会公众的认知不甚理想

此处的社会公众属于广义(相对于司法工作专业人员而言),包括问卷调查对象中的人民陪审员、社会公众(狭义)。从调查结果看,18.4%的人民陪审员、40.95%的社会公众表示不了解案例指导制度,34.72%的人民陪审员不了解《规定》。从专业角度而言,28.05%的非法律专业人员不了解案例指导制度。

---

① 包括法官、人民陪审员、法院其他工作人员、律师。

(二)建立案例指导制度的社会共识尚须进一步凝聚

虽然较高比例的调查对象认为我国有必要建立案例指导制度,建立案例指导制度已经成为社会的主流观点,但主流观点毕竟有别于社会共识。作为司法改革的重要内容,案例指导制度的生命力奠基于在社会中所形成的广泛共识。调查显示,对于建立案例指导制度的必要性问题,社会中尚存部分反对意见和消极态度。7.44%的调查对象明确表示没有必要建立案例指导制度,9.21%的调查对象以不清楚或不回答的消极态度避免明确表态。

1. 法律职业共同体尚未达成共识

法官、检察公安司法行政人员、律师认为没有必要建立案例指导制度的比例分别为7.29%、5.03%、7.84%,持消极态度(表示不清楚或不回答)的比例分别为5.98%、5.03%、5.41%。从专业上看,2 301 名法律专业的调查对象中,12.91%的调查对象持消极态度。虽然比例相对较小,但事实上,法律职业共同体的共识欠缺,较其他群体而言,将会对案例指导制度的社会共识的形成产生极大的负面影响(见表8-18)。

表8-18　您认为我国是否有必要建立案例指导制度(按法律专业统计)

专业	态度 / 群体	积极态度		消极态度				合计
		有必要		没有必要		不清楚		
		人数	比例	人数	比例	人数	比例	
法律专业	法官	1 000	86.73%	84	7.29%	69	5.98%	1 153
	法院内部工作人员	379	86.14%	26	5.91%	35	7.95%	440
	检察公安司法等人员	304	89.94%	17	5.03%	17	5.03%	338
	律师	321	86.76%	29	7.84%	20	5.41%	370
小计		2004	87.09%	156	6.78%	141	6.13%	2 301

2. 法院内部存在认知分歧

案例指导制度是法院内部的一项重要工作制度,经过多年的探索与实践,法院内部理应更容易达成共识,但实际情况却并非如此。从法院层级上看,基层人民法院持消极态度的法官人数(200 人)所占比例最大,为85%(见表8-19)。法院其他工作人员认为没有必要建立案例指导制度的比例为5.83%,持消极态度(表示不清楚或不回答)的比例为9.67%。

表 8-19 您认为我国是否有必要建立案例指导制度(按法院级别统计)

		您认为我国是否有必要建立案例指导制度			合计
		有	没有	不清楚	
法院级别	高级人民法院	45	4	4	53
	中级人民法院	140	13	9	162
	基层人民法院	982	84	86	1 152
小计		1 167	101	99	1 367

3. 民意基础尚须夯实

在民主社会中,民意对于制度的建立与推行具有重要意义。相对于其他调查对象而言,持反对意见与消极态度的社会公众所占比例相对较高。调查显示,7.46%的人民陪审员、11.41%的社会公众认为没有必要建立案例指导制度,7.16%的人民陪审员、16.35%的社会公众持消极态度。由此可见,建立中国特色案例指导制度的民意基础尚不牢固。

(三)案例指导制度的理论认知有待进一步澄清

1. 对案例指导制度的概念存在理解问题

在对法官、人民陪审员、法院其他工作人员、检察公安司法行政人员、律师的调查中,33.98%的调查对象认为案例指导制度是提供法官学习案例、提高裁判技术的制度,4.82%的调查对象将案例指导制度等同于英美法系的判例法制度,1.47%的调查对象尚有其他不同的理解,2.17%的调查对象根本未曾思考案例指导制度的概念(不清楚)。

2. 对案例指导制度的定位存在偏颇认识

在指导性案例与法律、司法解释的关系方面,接受调查的各类调查对象中,8.64%的调查对象将指导性案例等同于法律,10.09%的调查对象将指导性案例等同于司法解释,11.94%的调查对象表示不清楚。因应于此,在对法官、人民陪审员、法院其他工作人员、律师的调查中,14.78%的调查对象将指导性案例作为正式的法律渊源,28.35%的调查对象将指导性案例视为立法补充,9.12%的调查对象认为指导性案例是另一种形式的司法解释,4.1%的调查对象表示不清楚。

3. 对案例指导制度的效力存在错误期待

接受调查的各类调查对象中,24.91%的调查对象希望指导性案例具有法律上的拘束力,15.72%的调查对象仅将指导性案例作为一种优势证据,13.4%

的调查对象认为没有拘束力，2.8%的调查对象表示不清楚。

四、小　　结

调查显示，认为案例指导制度不完善或不够完善的比例超过八成，认为《规定》不完善或不够完善的比例超过了六成。据此，结合实证研究对案例指导制度进行全面、系统的反思与检讨的重要意义不言而喻。

一是指导性案例的生成机制有待完善。其一，编选条件尚须充实。编发案例的实践与理想中的案例编选条件之间存在错位，"社会广泛关注""新类型"等编选条件在认知上尚存在分歧，不足15%的人员希望发布社会关注的案例，不足12%的人员希望发布新类型的案例。其二，推荐程序尚须完善。44.28%的调查对象不赞同《规定》所设计的内部推荐模式，其中大部分建议由各级法院负责案例工作的部门直接向上级法院负责案例工作的部门推荐。而社会推荐模式又欠缺操作性，如裁判文书尚未完全公开，社会推荐存在可行性与可能性障碍，且社会推荐的条文规定过于粗陋，推荐后相关法院的处理程序语焉不详。此外，推荐报送案例的激励机制不健全，也影响着内部推荐与社会推荐，这可以从75.26%的调查对象表示愿意推荐案例，但58.9%的调查对象却从未编写推荐案例的巨大落差中可窥见一斑。其三，发布机制不健全。调查显示，绝大部分调查对象认为目前的编写体例存在检索不方便或不够方便的问题，此外还包括发布周期较长，每次发布的数量较少，发布方式与平台过于多样化。其四，清理汇编机制尚未形成。以《公报》案例为例，834件案例至今散见于各期《公报》，既未对案例时效性进行清理，又未汇编成集。

二是案例"指导"机制有待健全。其一，指导性案例的供给尚存在数量不足与针对性不强的问题。其二，指导性案例的拘束力尚须明晰，虽然《规定》要求各级法院在审理类似案件时应当参照指导性案例，但不参照指导性案例的程序负担、法律后果等并不明确，近七成(69.2%)的调查对象认为"案例没有法律约束力，既不能作为裁判依据，也不易说服当事人"是影响参照适用案例的因素，逾七成(74.01%)的调查对象表示"法律效力不明确"是参照适用案例的具体困难之一。其三，说理性与说服力尚须增强。42.29%的调查对象认为"案例本身不具有说理性与说服力"将会影响类似案件在办案过程中的参照适用。其四，裁判思维习惯尚须转换。近五成(47.37%)的调查对象认为"我国不是判例法国家，没有必要适用，且不便适用"，32.74%的调查对象表示"实践中没有参照使用案例的习惯，周围同事也不参照使用案例”。其五，案例参照技术尚须明确。主要原因在于参照技术众说纷纭。其六，案例检索的便捷性有待加强。五成以上的调查对象认为“案例未提炼裁判要旨或裁判规则，不易查找相似案例”，逾六成（63.35%）的调查对象在参照案例过程中曾遇到案例不易查找问题。其七，案例应用呈现隐性化倾向，逾四成的调查对象认为案例引用方式不明确，不便引用，其中法官、法院其他工作人员的比例较高，分别为55.01%、59.52%；40.89%的法官、21.11%的律师明确表示反对在裁判文书中引用参照案例作为裁判理由，38.33%的法官、47.75%的律师认为应当视个案情况决定是否引述。

三是案例指导制度的社会认同情况有待提升。主要表现在以下方面：首先，社会认知有待提升。不了解案例指导制度的比例为12.89%，不了解《规定》的比例为22.5%，特别是尚有一定比例的法律专业人员认知较差，基层法院法官以及社会公众不了解的比例较高。其次，社会共识尚须凝聚。对建立案例指导制度的必要性问题，7.44%的调查对象明确表示没有必要建立案例指导制度，8.76%的调查对象以不清楚或不回答的消极态度避免明确表态。其中，法律职业共同体尚未达成共识，如7.49%的法官认为没有必要建立案例指导制度，5.95%的法官持消极态度；法院内部其他工作人员认为没有必要建立案例指导制度的比例为5.83%，持消极态度的比例为9.67%；社会公众持反对意见与消极态度的比例相对较高，民意基础尚须夯实。最后，理论认知有待澄清。如概念理解存在问题，认为案例指导制度是提供法官学习案例、提高裁判技术的制度的比例为34.43%；定位认识偏颇，10%左右的调查对象将指导性案例等同于法律或司法解释，由此将指导性案例作为正式的法律渊源，或者视为立法补充、司法解释；效力期待错位，24.91%的调查对象希望指导性案例具有法律上的拘束力，15.72%的调查对象仅将指导性案例作为一种优势证据，13.4%的调查对象认为没有拘束力。

下篇 | 改革建言

第九章 中国特色案例指导制度的整体轮廓

文化既是一个民族的标识,又是一个民族的生存之本、发展之基。法治作为文化的子系统之一,在兼具人类社会共同文化的基础上,必然会独具个体社会的“地方性知识”。案例指导制度作为法治系统的子项目之一,理应凝炼着中国文化的内涵。因此,中国特色案例指导制度不同于英美法系的判例法、大陆法系的判例制度以及以往中国的判例(法)制度,在本质上是以中国式成文法体系为基础的一种法律适用机制,属于“法官释法”而非“法官造法”,因对法律、司法解释的正确理解、细化或补充而具有事实拘束力,因案例来源广泛且仅限最高人民法院确定发布而兼具司法行政特性。

一、定位:一种法律适用机制

案例指导制度的定位是中国特色案例指导制度发展与完善过程中无法回避和逾越的前提性、基础性问题。指导性案例的性质、效力、参照方式等问题皆取决于此。

(一) 案例指导制度的理论梳理

对于案例指导制度的发展方向,学术界与实务界著述颇丰,归纳起来,其中影响较大的主要有以下三种学说:

1. 判例发展说

随着大陆法系与英美法系之间的交流与融合,判例也逐渐在以制定法为主要法律渊源的大陆法系占据一席之地。在此背景之下,有学者主张借鉴判例制度的有益经验,赋予案例以判例性质,形成对各级法院法官的实质性约束,构建中国的判例制度。① 基于判例制度难以一蹴而就的思虑,有学者提倡构建有限判例制度,与司法解释一起作为制定法的补充。② 也有学者主张循序渐进式变革,认为案例指导制度是走向有中国特色的"判例制度"的一个过渡性质的制度,其目的是为逐步过渡到有中国特色的判例制度奠定基础,案例在司法实践中通过不断被实践部门援引而从实然逐步过渡到应然效力。③ 或认为案例指导制度还是一种权宜之计,这一制度发展到最后应该建立判例制度。④ 总之,此说希望未来中国的案例指导制度最终走向实质意义上的判例制度,取得正式的法律渊源地位。

2. 司法解释说

直接赋予案例以法律拘束力,在中国宪政框架下尚存在难以逾越的政治障碍与制度约束。⑤ 有学者立足于现状,瞄准了司法解释这一特色制度,主张将案例指导作为司法解释的一种形式,从而曲线实现案例的法律拘束力。⑥ 甚至有学者指

① 参见王继福、王秀玲:《中国宜建立适合自己国情的判例指导制度》,载《燕山大学学报》(哲学社会科学版)2005 年第 1 期;武树臣主编:《判例法研究》,人民法院出版社,2004 年版,书中收录的论文大多数主张发展判例制度;张骐:《建立中国先例制度的意义与路径:兼答"判例法"质疑〉,载《法制与社会发展》2004 年第 6 期;顾敏康:《引入判例法,促进司法改革》,载《法学家》2004 年第 4 期;许江、罗勇:《论法的不确定性与判例法之引进》,载《江苏行政学院学报》2004 年第 3 期;曹三明:《中国判例法的传统与建立中国特色的判例制度》,载《法律适用》2002 年第 12 期;刘颖:《论构建中国行政判例法的必要性》,载《黑龙江省政法管理干部学院学报》2011 年第 2 期;武树臣:《激活判例机制 提升司法权威》,载《河北法学》2011 年第 3 期;王学聪:《论刑事判例制度的本土化》,载《公民与法》2011 年第 8 期。主张案例指导制度的发展方向应该是弥散性的判例法,参见武建敏:《司法公信力的判例法立场》,载《河北法学》2011 年第 3 期。

② 参见张榕:《通过有限判例制度实现正义——兼评我国案例指导制度的局限性》,载《厦门大学学报(哲学社会科学版)》2009 年第 5 期;吴美来、眭欧丽:《我国"有限判例制度"的构建》,载《法律适用》2004 年第 5 期。

③ 参见周佑勇:《作为过渡措施的案例指导制度——以"行政〔2005〕004 号案例"为观察对象》,载《法学评论》2006 年第 3 期。

④ 参见陈金钊:《案例指导制度下的法律解释及其意义》,载《苏州大学学报》2011 年第 4 期。

⑤ 参见李仕春:《案例指导制度的另一条思路——司法能动主义在中国的有限适用》,载《法学》2009 年第 6 期;刘万洪:《构建中国案例指导制度的障碍及克服的理论分析》,载《甘肃政法学院学报》2008 年第 3 期;高岩:《我国不宜采用判例法制度》,载《中国法学》1991 年第 3 期。

⑥ 参见董皞主编:《中国判例解释构建之路》,中国政法大学出版社 2009 年版;郎贵梅:《中国案例指导制度的若干基本理论问题研究》,载《上海交通大学学报》(哲学社会科学版)2009 年第 2 期,第 24—31 页;周伟:《通过案例解释法律:最高人民法院案例指导制度的发展》,载《当代法学》2009 年第 3 期;朱建敏:《构建案例指导制度的几个具体问题——基于效力定位的视角》,载《法治研究》2008 年第 7 期;有人主张案例式司法解释,参见赵静波:《司法解释理论变迁与行政判例》,载《社会科学战线》2011 年第 11 期;汪振江、戴瑛:《案例指导制度的效力定位》,载《科学·经济·社会》2011 年第 4 期;雷安军、王留彦:《判例制度与经济发展的关系研究(上)——德国判例制度及其对构建我国案例指导制度的启示》,载《前沿》2011 年第 2 期。

出:“无论如何,指导性案例若欲有别于以往的‘参照’意义,将之归入司法解释的一种形式,是赋予其‘规范约束力’的唯一通道。”①在现行宪政制度下,唯一可以赋予指导性案例以法律效力的路径依赖只能是“司法解释”机制。②

3. 法律适用说

此说基于对中国宪政框架的考量,以合法性为基本原则,谨慎处理案例与制定法之间的关系,认为“案例”与“指导”的措词表述已刻意表明,案例指导制度既不是英美法意义上的判例法制度,又不同于大陆法系的判例,不具有法律拘束力,而是一种法律适用活动或机制,指导性案例本身就是适用法律比较成功的范例。主张未来案例指导制度的发展应当着眼于形塑指导性案例的事实约束力,审判人员在审理类似案件时应当参照,并可直接援引指导性案例作为裁判理由,允许当事人以裁判背离指导性案例为由提起上诉、抗诉或申请再审,上级法院也可以改判、发回重审、指令再审等。③

(二)法律适用说的证成

对法官、人民陪审员、法院其他工作人员、检察公安司法行政人员、律师的问卷调查显示,43.65%的调查对象认为案例指导制度属于一种法律适用机制。课题组经过实证调研及深入分析,认为此种观点符合中国特色案例指导制度的发展方向及定位特征,主要理由如下:

1. 指导性案例是对法律、司法解释的细化或补充

从研究进路上看,上述三种学说大致分为规范法学与现实主义法学进路。判例发展说与司法解释说可归属规范法学的研究进路,侧重规划指导性案例的法源地位、规范效力等,谋求案例指导制度在法律规范体系内占据“一席之地”,从而达致“名正言顺”。其中,判例发展说稍显激进,即使冠以“中国特色”,仍难洗“拿来主义”之嫌疑,且此说在现行宪政框架内因立法权、司法权分属人大系统与司法系统掌握而欠缺合法性,牵一发却动全身,不仅成本高昂,而且因僭

① 杨力:《中国案例指导运作研究》,载《法律科学》2008年第6期。

② 参见王晨光:《制度构建与技术创新——我国案例指导制度面临的挑战》,载《国家检察官学院学报》2012年第1期。

③ 参见2005年北京高级人民法院课题组、中国社会科学院法学研究所法理室主任刘作翔和《人民法院报》课题组分别承担的最高人民法院重点调研课题“关于案例指导制度的调研”所形成的调研报告;张娟:《论案例指导制度》,载《东北大学学报》(社会科学版)第2011年第2期;孙谦:《建立刑事司法案例指导制度的探讨》,载《中国法学》2010年第5期;刘作翔:《我国为什么要实行案例指导制度》,载《法律适用》2006年第8期。

越立法权而必将遭遇重重阻力。司法解释说看到判例发展说合法性“硬伤”,转而在现行体制框架内寻找案例指导制度的“合法身份”,毕竟司法解释和指导性案例存有诸多共同点。如两者都服务于同一目的,即都是为统一法律适用;两者适用范围相似,都适用于法律规定弹性大、存在法律漏洞或适用难点等情形;两者都是由最高人民法院在实际审判工作基础上制定。但是,司法解释与案例指导制度具有本质上的差异①:首先,两者表现形式不同。司法解释一般表现为成文法式的条款规范,具有抽象性。指导性案例则将细化或引申的法律规则结合于具体的案情中。其次,两者法律依据和拘束力不同。司法解释依法是有权解释,具有法律拘束力,而对指导性案例而言,能否赋予其法律拘束力,一直是一个颇具争议的话题。最后,司法解释的形式不包括指导性案例,其制定程序与指导性案例的认定程序并不相同。因此,将指导性案例作为司法解释的一种形式,难免有些生搬硬套、张冠李戴。问卷调查显示,58.71%的调查对象明确表示指导性案例是对法律、司法解释的细化或补充。可以说,指导性案例不同于法律、司法解释,不具有法律渊源的性质。由此可见,法律适用说根植于现实主义法学进路,重“实”轻“名”,将指导性案例的效力留待实践去证明,既尊重立法权之权威,又恪守司法权之本分,因而更具合法性与可行性。

2. 法律适用说符合决策层的意愿

2005年,最高人民法院印发《人民法院第二个五年改革纲要》,在“改革和完善审判指导制度与法律统一适用机制”部分,提出“建立和完善案例指导制度,重视指导性案例在统一法律适用标准、指导下级法院审判工作、丰富和发展法学理论等方面的作用”。2009年2月,中央政法委出台《关于深入学习实践科学发展观解决政法工作突出问题的意见》,强调司法公正是政法工作的生命线,要求:“要建立和完善法律统一适用机制,进一步规范自由裁量权。中央政法机关要加快构建具有地域性、层级性、程序性的符合中国国情的案例指导制度,充分发挥指导性案例在规范自由裁量权、协调法制统一性和地区差别性中的作用,减少裁量过程中的随意性。特别是要规范重点岗位和重点环节的执法活动,把执法规范化建设贯彻于执法活动的全过程和每一个执法岗位。”2010年12月,最高人民法院印发《关于案例指导工作的规定》(法发〔2010〕51号),

① 主要体现在:一是司法解释的形式不包括指导性案例;二是司法解释的制定程序与指导性案例的认定程序并不相同;三是司法解释与指导性案例所受到的监督情况不同。参见赵娟:《案例指导制度的合法性评析——以〈最高人民法院关于案例指导工作的规定〉为对象》,载《江苏社会科学》2011第6期。

指出《规定》的出台背景是“为总结审判经验,统一法律适用,提高审判质量,维护司法公正”。由此可见,决策层一以贯之地将案例指导制度定位为一种法律适用机制,目的在于规范法律适用,加强业务指导。

3. 法律适用说契合了经验主义哲学

经验主义是判例的哲学基础,它否认人类理性获得绝对真理的能力,反唯理主义而推崇一种经验累积性的知识发展进路。从比较法视角分析,虽然英美法系与大陆法系之间的界限逐渐模糊,均承认前案判决对后案判决具有或强或弱的约束力,但这种约束力均不是来源于权威机构的效力预设,不是人为理性建构的产物或法律的正式安排,而是来源于逻辑、伦理、智识、利益和诉讼制度运作的综合效应。[①]“多数判例法的形成,是通过判决的积累,使一项原则的适用逐渐从一个案件扩展到与之相似的其他案件。”[②]英美法系的判例效力源自一种习惯、一种非权力结构的安排[③],是经年累月沿袭下来的司法传统,而大陆法系的判例效力被学者称为事实拘束力,从名称上就可得知其效力源自司法实践的定型化。“经验”乃多次实践而获得的知识与技术,一次实践催生的知识不是经验。判例发展说与司法解释说力图将指导性案例定位为法源,是一种人为理性刻意建构的先验主义做派,与经验主义特质背道而驰。此种文本意义上的约束力如若不能在司法实践中得到贯彻落实,将会对最高人民法院的权威、司法公信产生持续的损害。正如意大利著名法学家哥尔拉所言:“如果在某一情况下先例仅仅具有说服力,但是先例得到严格遵从;在另外一种情况下,先例具有约束力,但是却经常基于各种理由以各种方式被背离,这两种情况之间的差别在现实的历史经验中就没有什么重要的意义。先例的权威并不是一个处于法官的实际活动之外的外在物,而是体现在法官——或者说广义的司法人员——的实际活动中。”[④]而法律适用说将“指导性”作为案例指导制度的基本定位,不具有先验约束力。[⑤]指导性案例是否得到有效遵循,则留待未来反复的

---

① 参见冯文生:《审判案例指导中的“参照”问题研究》,载《清华法学》2011 年第 3 期。

② 〔英〕尼尔·麦考密克:《法律推理与法律理论》,姜峰译,法律出版社 2005 年版,第 188—189 页。

③ 参见胡兴东:《中西判例法形成语境比较》,载《东方法学》2010 年第 6 期。

④ G. Gorla, G iurisp rudenza, voce in Encicloped ia del diritto, Vol. 19, Milano, 1970, p. 496. 转引自薛军:《意大利的判例制度》,载《华东政法大学学报》2009 年第 1 期。

⑤ 虽然《关于案例指导工作的规定》要求各级法院审理类似案件时“应当参照”,但未规定不参照的法律后果,这就留待司法实践中法官去自主决定。笔者认为,这是最高人民法院有意为之,并非思虑不周。

司法实践予以验证。因此,法律适用说吸收借鉴了两大法系判例生成机理的真谛,更符合经验主义哲学的内在要求。

4. 法律适用说顺应司法现状

英美法系与大陆法系判例制度的共通之处在于,上级法院特别是最高法院判决的案件具有先例的潜质。申言之,判例是诉讼机制内的产物。但是,在我国现行审级制度及两审终审制度下,最高人民法院受理的案件微乎其微。[①] 加之司法实践中主要是以罪轻罪重或诉讼标的大小作为级别管辖的判断标准,最高人民法院受理的微量案件普遍不是具有法律适用意义的疑难复杂案件。因而指导性案例的来源就不能仅限于最高人民法院的判决案件。在《规定》中,各级法院均可以推荐案例,经过最高人民法院审判委员会的讨论决定后作为指导性案例发布。由此可见,我国的案例指导制度是在诉讼机制外运作。此种运作模式生产的指导性案例将有大部分来自下级法院的判决,如果贸然赋予其法律约束力,就会产生下级法院判决约束上级法院、某一司法管辖区域影响其他司法管辖区域的问题,导致上级法院很难对其今后的类似案件的判决有效地行使上诉审与再审权,对现有审级和管辖区域的范围带来剧烈冲击。[②] 因此,法律适用说不啻为一种基于现实的明智之举。

5. 法律适用说符合司法规律

我国《宪法》第126条规定,人民法院依照法律规定独立行使审判权,上下级法院之间是监督与被监督关系。司法实践中,下级法院都遵从上级法院的判决,否则面临判决被发回重审、改判的风险。这种遵从奠基于审级制度的约束与上级法院的权威,归根结底是诉讼机制内的必然结果。如前所述,因两审终审制度,高级人民法院特别是最高人民法院通过法律所规定的诉讼程序直接监督下级法院审判工作的概率很小,案例指导制度是诉讼机制外的运作产物,"从案例到指导性案例经历了一个行政性的筛选和确认程序"[③],或多或少渗透着行政化因素。这也是称为"案例"指导而非"判例"指导的一个重要原因,也是判例发展说正当性阙如的缘由。由于欠缺审级制度的制约,案例指导制度可以

---

① 2008年最高人民法院审结案件7725件,地方各级法院审结案件9 839 358件;2009年最高人民法院审结案件11 749件,地方各级法院审结案件1 054万余件。数据来源于《最高人民法院工作报告(2008年)》。

② 参见王晨光:《制度构建与技术创新——我国案例指导制度面临的挑战》,载《国家检察官学院学报》2012年第1期。

③ 郎贵梅:《中国案例指导制度的若干基本理论问题研究》,载《上海交通大学学报》(哲学社会科学版)2009年第2期。

依凭的基础只有“建立在审级制度基础上的上诉法院的精神权威”①,以及更为重要的是下级法院对此权威的尊重。与此同时,“同案不同判”应当区别对待,不能绝对化,即使普通法系中的判例,也不是一成不变的规则,而是随着社会的发展在不断变化、与时俱进的活的规范体系。案例指导制度并非要强行地统一所有相同案件的判决内容,而是为了统一判决所依赖的判决理由的形成方式、分析方法和法律思维模式。② 由此,判例发展说与司法解释说追求的法源地位,将对司法独立造成一定程度的冲击,以效力的固化抹杀案例的灵活性与社会妥适性,消解司法在法律文本与社会发展之间的润滑功能。法律适用说有助于克服上述弊端,是尊重司法规律的体现。

二、效力:具有事实拘束力

如前所述,案例指导制度的定位已然决定了指导性案例的效力,因而对案例指导制度定位的证成同时也就完成对指导性案例效力的证成。此种效力如同43.16%的调查对象所期冀的那样,具有事实上的约束力,而《规定》第7条将指导性案例的效力具体阐释为“各级人民法院在审判类似案件时应当参照”。问题是“应当参照”应当如何理解?最高人民法院的规范意图是什么?是否意味着指导性案例如同社会所期望的一样具有事实拘束力?前述问题值得深入研讨分析。

(一)“应当参照”的规范意义

应当说,“应当参照”在我国现行法律体系中是一种惯常的法律用语,经常出现在法律、行政法规、部门规章、司法解释及司法规范性文件之中。例如,在法律层面,《物权法》有3个条款涉及“应当参照”,即第195条第3款、第219条第3款及第236条第2款分别规定,抵押财产、质押财产、留置财产折价或者变卖的,应当参照市场价格。《食品安全法》第24条第2款规定:“省、自治区、直辖市人民政府卫生行政部门组织制定食品安全地方标准,应当参照执行本法有关食品安全国家标准制定的规定,并报国务院卫生行政部门备案。”在行政法规

① 罗东川:《案例指导工作面面观》,载《法制资讯》2011年第5期。

② 参见王晨光:《制度构建与技术创新——我国案例指导制度面临的挑战》,载《国家检察官学院学报》2012年第1期。

层面,2011 年 6 月 26 日通过的《戒毒条例》第 42 条第 2 款规定:“戒毒康复场所组织戒毒人员参加生产劳动,应当参照国家劳动用工制度的规定支付劳动报酬。”司法解释层面,最高人民法院《关于审理物业服务纠纷案件具体应用法律若干问题的解释》(法释〔2009〕8 号)第 12 条规定:“因物业的承租人、借用人或者其他物业使用人实施违反物业服务合同,以及法律、法规或者管理规约的行为引起的物业服务纠纷,人民法院应当参照本解释关于业主的规定处理。”此外,尚有部分规范性文件使用了“应当参照”,如最高人民法院《关于开展涉及集成电路布图设计案件审判工作的通知》(法发〔2001〕24 号)第 3 条规定,对于申请人民法院采取诉前责令停止侵犯布图设计专有权行为措施的,应当参照最高人民法院《关于对诉前停止侵犯专利权行为适用法律问题的若干规定》执行。

从语义上看,“参照”乃参考、比照之意。从我国现行法律体系中有关“参照”的条文上看,“参照”条款具有补充性与辅助性。如 2006 年 8 月 27 日通过的《企业破产法》适用对象是企业法人,企业法人以外的组织如个人合伙、个体工商户等因溢出该法适用对象,实践中面临这些组织如何进行破产清算的问题。对此,该法第 135 条补充规定:“其他法律规定企业法人以外的组织的清算,属于破产清算的,参照适用本法规定的程序。”“参照”是否具有强制拘束力呢?以《物权法》“抵押财产折价或者变卖的,应当参照市场价格”条款为例,抵押财产折价或变卖金额是否必须是市场价格呢?答案是否定的,抵押人与抵押权人可以自由合意折价或变卖金额。只有当双方发生争议时,法院才会以市场价格为标准判断合意是否显失公平等。由此可见,从规范效力强度上而言,“参照”条款不是强制性规范,而是任意性规范,具有指引性、倡导性与示范性。

同理,指导性案例的“应当参照”也不具有强制效力。最高人民法院研究室负责人就案例指导制度答记者问时解读道:“指导性案例的指导方式是示范性、规范性和引导性的。”[①]有观点认为,案例指导制度不是通过人为命令建立,但由于长期以来我国法官在审判工作中缺乏与在先类似案件保持一致的传统或自觉意识,因此需要有意识地发展和建设案例指导制度,借助外力推动我国法官养成使用案例的意识。[②] 显然,“应当参照”就是一种发展和建设意识,既凝聚着最高人民法院对指导性案例的效力期待,又内敛着最高人民法院对判例制

---

① 《用好用活指导性案例 努力实现司法公正——最高人民法院研究室负责人就案例指导制度答记者问》,载《司法业务文选》2012 年第 2 期。

② 参见郎贵梅:《中国案例指导制度的若干基本理论问题研究》,载《上海交通大学学报(哲学社会科学版)》2009 年第 2 期。

度经验主义哲学基础的实质借鉴。事实上,"应当参照"是最高人民法院为解决案例指导即个案指导性质、效力、技术难题而采取的一种技术处理,暗示了指导性案例具有一种区别于法律规范和司法裁决的独特效力类型、司法技术、运用目的。其效力来源于逻辑、伦理、智识、利益和诉讼制度运作的综合效应,而不是法律的正式安排。① 可见,"应当参照"的根基在于"理"而非"力"。② 指导性案例"应当参照"条款属于任意性规范,不具有强制约束力。

(二)"应当参照"具有事实拘束力

但是,我们也应当看到,"应当参照"不是以往案例指导实践乏力的默认与延续,而是力图纠偏的合理选择,具有进步意义。如同"抵押财产折价或者变卖金额应当参照市场价格"限定了法官自由裁量边界一样,指导性案例"应当参照"让法官进入一张无形的效力之网,它被学界称为"事实拘束力"。从理论上而言,这种"事实拘束力"主要体现在以下方面:

1. "应当参照"对法官苛以一种注意义务与说理义务

法官在审理类似案件时,基于对上级法院可能对判决予以改判、发回重审的忌惮,须去发现、关注指导性案例,当其打算背离指导性案例时,不能以"意会"代替"言传",必须以充足、令人信服的理由来阐述、论证背离的正当性。

2. "应当参照"为审级监督提供了正当理由

从国外判例(法)制度的实践来看,判例的效力主要是审级监督权力的自然延伸。在此,中国特色案例指导制度与之具有相似性,事实拘束力也是得益于审级监督权力的支撑。虽然指导性案例的生成机制是一种司法外的遴选机制,但是,基于最高人民法院在中国法院体系中的至高地位与权威,以及遴选程序经过最高人民法院最高审判组织的讨论决定,指导性案例至少获得了不同于其他案例的形式权威性。在科层式的权力架构下,这种权威将为审级监督提供足够的正当性。

3. "应当参照"赋予了诉讼代理人,特别是当事人及其他社会公众正确理解法律适用的权威性话语

案例的通俗性、直观性与具体性,具有动摇法律职业体对精深法律"话语垄

---

① 参见冯文生:《审判案例指导中的"参照"问题研究》,载《清华法学》2011 年第 3 期。

② 参见刘树德:《案例指导制度中"应当参照"的诠释及展开》(下),载《中国法律》2011 年第 4 期。

断”的奇特功效,疏通“精英司法”与“民主司法”之间的沟壑。因此,通过指导性案例,当事人及其他社会公众获得了质疑判决公正性的知识与技术,从而形成一种对司法的强而有力的外部监督,提示法官不得不正视指导性案例对待决案件的示范性、规范性和引导性。

三、特征:“中国特色”案例指导制度

在比较法视野中,英美法系的判例法制度与大陆法系的判例制度均是中国特色案例指导制度学习与借鉴的蓝本,但是,因历史传统、宪政制度、司法实践等社会文化背景的差异,注定中国特色案例指导制度不同于英美法系的判例法与大陆法系的判例制度。

(一)中国特色案例指导制度不同于英美法系的判例法

1. 制度基础:成文法传统

在英美法系,虽然成文法陆续出现,但是判例法在整个法律体系中仍然占据无与伦比的重要地位。判例一般是指法院可以援引并作为审理同类案件法律依据的裁判,在“遵循先例”原则之下,判例法成为一种法律渊源,具有法律拘束力。虽然中国特色案例指导制度在某种程度上体现了“遵循先例”的一些形式表象,即此后遇到类似指导性案例情况的案件,应当参照,但是,自清末变法以来,中国深受大陆法系的影响,在一系列持久的法典化运动中,逐渐成为一个以成文法为传统的国家。具体而言,在权力架构上,立法权与司法权完全分立,坚持立法至上理念,因而法官只能适用法律而不能创造法律,因而法院主导建立的案例指导制度是一种法律适用机制,这就不同于英美法系判例法所具有的“法官法”特色;在法源地位上,成文法具有至高无上的地位,案例指导制度因欠缺哈特意义上的“承认规则”①的赋权而不具有法律渊源的地位,但如前所述,案例指导制度因审级权威与晋升制度而在司法实践中具有事实拘束力;在裁判依据方面,因继承成文法传统,指导性案例不能作为裁判依据,只能作为裁判理由,这就迥异于英美法系可以援引判例作为裁判依据。

2. 编撰技术:注重归纳、提炼裁判要点

在成文法传统下,司法的过程可以描述为“从一般到具体”的演绎推理过

---

① “承认规则”是“法律制度的基础”,它“提供了用以评价这一制度其他规则的效力的准则”。参见〔英〕哈特:《法律的概念》,张文显等译,中国大百科全书出版社1996年版,第102、107页。

程，而非英美法系判例法制度下“从个案到个案”的包含类比推理、归纳推理和演绎推理的司法过程。也许是司法习惯的延续与回应，大陆法系在判例汇编时有一种特有的倾向，即将案件事实截短甚至加以删削，这种做法对普通法法律家来说是不可思议的。[①] 同时，注重对“判决要旨”的归纳提炼，常常将其作为独立的精练的规则对待，并且在法律实务中像制定法规则那样加以使用。[②] 因而，提炼的规则成为“另一种精确的法律文本”。而在英美法系国家，判例的官方甚至部分非官方的汇编，并不对案件事实进行归纳，而是上诉法院判决“原貌”刊载。普通法国家也有类似大陆法系的“判例要旨”，但它们只是作为对下面所载判决大概内容的初步提示以供法官参考，而绝不是作为对判决内容本身的详细探讨。[③] 毫无疑问，不管是《公报》案例的编撰体例，还是如今最高人民法院已发布的指导性案例，都承袭了大陆法系判例制度的编撰技术，强调“精心提炼‘裁判要点’”“简明扼要地叙述‘基本案情’”[④]。而且，“裁判要点”的规则属性可以从最高人民法院有关部门负责人对“裁判要点”提炼技术的表述中窥见一斑。[⑤] 因而，中国特色案例指导制度在编纂技术上与英美法系的判例法有所区别。

3. 确定主体：最高人民法院具有职权上的专属性

在英美法系，判例分为有拘束力的判例与有说服力的判例，其中，前者是指在同一法院系统，较高层级的法院判决对所有下级法院、本院的先例对该院的未来案件具有约束力。后者指处在相同层级法院之间的判决对彼此未来案件仅具有说服力。由此可见，英美法系判例的确定与发布主体具有多元性，每一

---

① 参见〔德〕K. 茨威格特、H. 克茨：《比较法总论》，潘汉典、米健、高鸿钧等译，法律出版社2003年版，第384页。

② 实际上，意大利最高法院的大多数判决，只以“判决要旨”的形式发布。参见〔德〕K. 茨威格特、H. 克茨：《比较法总论》，潘汉典、米健、高鸿钧等译，法律出版社2003年版，第385页。

③ 参见〔德〕K. 茨威格特、H. 克茨：《比较法总论》，潘汉典、米健、高鸿钧等译，法律出版社2003年版，第385页。

④ 胡云腾：《如何做好案例指导的选编与适用工作》，载《中国审判》2011年第9期。

⑤ 最高人民法院研究室主任胡云腾曾提到，一个在DNA证据鉴定和破案经过这两个证据上存在瑕疵的报请最高人民法院核准死刑的案件，经死刑复核程序的瑕疵补正，核准了被告人死刑，该案的裁判要点由“在死刑复核程序中，DNA鉴定出现笔误和破案经过前后表述不一致的，要依法核实”修改为“人民法院审判被告人可能判处死刑的案件，对于DNA鉴定和破案经过这样关键性的证据材料，即使有微小的瑕疵，也必须核实排除”。这样修改，一是把案例的指导范围扩大到死刑案件的一审、二审和复核程序；二是强调了死刑案件对证据的高标准严要求，对任何疑点都不放过，从而体现了对死刑案件的审慎，指导作用更加明显了。参见胡云腾：《如何做好案例指导的选编与适用工作》，载《中国审判》2011年第9期。

层级法院均是不同效力形态的判例的确定与发布主体。而在中国特色案例指导制度下,指导性案例的确定发布职权具有专属性,主体具有唯一性。最高人民法院《关于案例指导工作的规定》第1条明确规定:“对全国法院审判、执行工作具有指导作用的指导性案例,由最高人民法院确定并统一发布。”对此,最高人民法院相关部门负责人解释道:“最高人民法院是确定发布指导性案例的唯一主体。”①

(二)中国特色案例指导制度不同于大陆法系的判例制度

1. 制度背景:中国式的成文法体系

众所周知,大陆法系的典型国家如德国、法国、瑞士等,法典化程度较高,立法技术相对成熟发达,强调立法理性,注重条文的精细化、体系的逻辑化、概念的抽象化、用语的精确化等。如1794年腓特烈大帝颁布的《普鲁士民法典》包含了大约16000个条文。② 茨威格特与克茨曾对一些国家的民法典特征作出过概括,认为《奥地利普通民法典》清晰、理性的通情达理,《瑞士民法典》的通俗性和鲜明性,《法国民法典》激荡着公民权利平等与自由理想的简洁有力的文体,《德国民法典》在用语、技术、结构和概念构成方面不失为德国学说汇纂学派及其深邃、精确而抽象的学识的产儿。③ 而在当下中国,虽然社会主义法律体系已经形成,但法典化程度尚赶不上其他大陆法系国家,立法呈现一种“宜粗不宜细”趋向,法律规定或过于原则、概括,或落后于社会现实,司法解释也过于抽象;由此导致司法实践中法官的自由裁量权较大,“同案同判”的朴素正义诉求更强烈;与此同时,职业法律人的素质、裁判技巧、法律适用水平等还有待提升,与社会对正义的诉求尚存在一定差距。

2. 生成机制:诉讼机制外的案例遴选

无论是在英美法系还是在大陆法系,判例均主要是上级法院司法过程、诉讼机制内的自然产物。在英美法系,如前所述,具有拘束力的判例是上级法院或者本院的在先判决,在遵循先例原则与区分技术的协同适用机制过程中,判例在司法实践中自由竞争,经由法官的区分背离或反复遵循而实现优胜劣汰。

---

① 胡云腾、罗东川、王艳彬、刘少阳:《〈关于案例指导工作的规定〉的理解与适用》,载《人民司法》2011年第3期。

② 参见〔美〕梅利曼:《大陆法系》,顾培东、禄正平译,法律出版社2004年版,第29—30页。

③ 参见〔德〕K. 茨威格特、H. 克茨:《比较法总论》,潘汉典、米健、高鸿钧等译,法律出版社2003年版,第219页。

在大陆法系，判例也主要是上级法院特别是最高法院的判决，其所具有的事实拘束力主要体现为法官对判例持续贯彻的实践以及理论学说对具体判例的支持。“只有那些通过了学界判例评论反复的‘锤炼’，得到某种程度的公认，并且判例中所表达的思想，在最高法院的实践中得到持续贯彻的‘稳固的判例’，才对下级法院具有一种强大的，事实上的影响力。”①但是，在中国特色的案例指导制度下，从案例到指导性案例经历了最高人民法院案例指导工作办公室的审查、筛选、深度编辑以及审判委员会的讨论决定的过程，这个过程渗透着司法管理职能与行政化控制，因而在全国范围内具有“应当参照”效力的指导性案例不一定是最高人民法院作出的判决，因而中国特色案例指导制度体现为一种诉讼机制外的案例遴选模式，“承载了司法管理职能和以行政化方式运行”②。

3. 案例来源：具有跨审级性

如前所述，英美法系与大陆法系的判例主要来源于上级法院特别是最高法院自身的判决，因而在效力机制中依赖司法过程，即通过审级制度来保证判例的权威。而在中国特色案例指导制度中，各级法院的判决符合指导性案例的编选条件，都有机会上升为指导性案例，因而指导性案例的来源相对广泛，可能是下级法院的判决。一旦下级法院的判决经过指导性案例的确定发布程序成为指导性案例，上级法院在审判类似案件时应当参照。因此，中国特色案例指导制度在案例来源方面具有跨审级性，但是，在效力本质上，有拘束力的不是指导性案例本身，“而是在其中被正确理解或具体化的规范”③。

（三）中国特色案例指导制度不同于以往中国判例（法）制度

“以往中国”主要指传统中国判例制度及民国政府判例制度。中国特色案例指导制度与它们之间的区别表现在以下方面：

1. 运作重心：解“疏”与堵“漏”

案例指导制度立旨于“总结审判经验，统一法律适用，提高审判质量，维护司法公正”。统一法律适用即社会通俗称之解决“同案不同判”问题，这是首要的直接原因，其后的深层原因则是成文法的“疏”与“漏”，正如最高人民法院有关负责人所言，指导性案例具有明确、具体和弥补法律条文原则、模糊乃至疏漏

---

① 转引自薛军：《意大利的判例制度》，载《华东政法大学学报》2009 年第 1 期。

② 秦宗文：《案例指导制度的特色、难题与前景》，载《法制与社会发展》2012 年第 1 期。

③ 〔德〕卡尔·拉伦茨：《法学方法论》，陈爱娥译，商务印书馆 2005 年版，第 301 页。

方面的作用。[①] 而古代中国、近代中国甚至新中国建立初期的判例制度的产生背景则主要是成文法的“漏”。在传统中国,成文法“疏”的问题一般可以通过“比附论罪”的方式来解决,即所谓“诸断罪而无正条,其应出罪,则举重以明轻;其应入罪,则举轻以明重”[②]。只有在“比附论罪”都无法解决的成文法“漏”的情形下,才通过判例形式来发展或暂时性地确立一项法律规则。到了近代中国,由于社会转型,既有法律被废除,新法又未出台,在此特殊情形下,司法机构通过判例来确立规则并指导司法实践,更是为了解决因成文法“漏”造成的制度空白问题。同时在法律规则的创设之外,还有规则效力的强化,试称之为“习”。当法典所提供的规则契合社会生活条件时,判例通过对规则的反复适用,复现规则,强化法典的效力。[③]

2. 权力递延向度:自上而下

在权力递延的向度上,案例指导制度启用的是自上而下的逻辑,首先是在指导性案例的生成上,主要依赖于最高人民法院的司法外权力,采取不以司法等级权威为基础的案例选拔方式[④];其次是在指导性案例的效力机制上,运用其指导、监督下级法院审判工作的权力,通过发布规定的方式,要求各级法院审判类似案例时应当参照。传统中国的判例运行机制适用的则是自下而上的方式,如古代中国的判例(法)制度中,首先由裁判者选用合理的、相类似的成案来裁判,其后再逐级上报至中央机关,最后由皇帝(最高权力者)拍案定夺。民国时期的判例在生成上与指导性案例相一致,都由最高司法机构选取确定,但其效力机制则是一种自下而上的权力递延方式,由法官自由裁量地援引大理院(最高法院)的判例,而不受其强制性要求。

四、小　　结

在中国特色案例指导制度的整体架构中,案例指导制度应当定位为一种法

---

① 最高人民法院研究室主任胡云腾指出:“人民法院的指导性案例,从其性质上看是解释法律的一种形式,更准确地说,是解释宪法性法律以外的国家法律的一种形式,如有关刑法、刑事诉讼法、物权法方面的指导性案例,实际上起到了解释、明确、细化相关法律的作用。在此需要明确的是,指导性案例所具有的明确、具体和弥补法律条文原则、模糊乃至疏漏方面的作用,不是造法而是释法的作用。”参见《“两高”研究室主任详谈“中国特色案例指导制度”的构建》,载《法制日报》2011年1月5日。

② 《唐律疏议·名例》。

③ 参见汪世荣:《判例在中国传统法中的功能》,载《法学研究》2006年第1期。

④ 参见宋晓:《判例生成与中国案例指导制度》,载《法学研究》2011年第4期。

律适用机制，究其原因，在于指导性案例本身就是适用法律比较成功的范例，是对法律、司法解释的细化或补充，将其母体案例指导制度定位为一种法律适用机制，符合决策层的意愿，契合了经验主义哲学，符合司法现状与司法规律。因应于此，案例指导制度在司法实践中将产生一种事实拘束力，具体而言，即法官背离指导性案例时被苛以一种注意义务与说理义务，为审级监督提供了正当理由，赋予了诉讼代理人，特别是当事人及其他社会公众正确理解法律适用的权威性话语。

由此延伸思考，课题组认为，中国特色案例指导制度不同于英美法系的判例法与大陆法系的判例制度，也不同于传统中国判例制度及民国政府判例制度。案例指导制度的"中国特色"主要体现在以下方面：一是以成文法传统为制度基础。案例指导制度定位为法律适用机制，因此指导性案例是"法官适法"而非"法官造法"，其不具有法律渊源的地位，不能作为裁判依据，只能作为裁判理由援引。二是以中国式成文法体系为制度背景。相较于其他大陆法系国家而言，中国式成文法体系的法典化程度较低，立法呈现一种"宜粗不宜细"趋向，法律规定或过于原则、概括，或落后于社会现实，司法解释也过于抽象，法官的自由裁量权较大。三是以归纳提炼为编写技术。中国特色案例指导制度注重归纳案情，精心提炼裁判要点，这就不同于英美法系判例的编撰注重判决的"原貌"展现。四是以最高人民法院为确定主体。英美法系判例的确定与发布主体具有多元性，每一层级法院均是不同效力形态的判例的确定与发布主体，而在中国特色案例指导制度下，指导性案例的确定发布职权专属于最高人民法院。五是以诉讼机制外的遴选为案例生成机制。无论在大陆法系还是在英美法系，判例均主要是上级法院司法过程、诉讼机制内的自然产物，而中国特色的案例指导制度渗透着司法管理职能与行政化控制，体现为一种诉讼机制外的案例遴选模式。六是以跨审级性为案例来源特征。英美法系与大陆法系的判例主要来源于上级法院特别是最高法院自身的判决，而中国特色案例指导制度下的指导性案例来源于各级法院的生效判决，下级法院的判决也有可能成为指导性案例，体现出跨审级的特征。七是以解"疏"与堵"漏"作为制度运作重心。指导性案例具有明确、具体和弥补法律条文原则、模糊乃至疏漏方面的作用。八是以自上而下为权力递延向度。在生成机制上，主要依赖于最高人民法院的司法外权力，采取不以司法等级权威为基础的案例选拔方式。在效力机制上，要求各级法院审判类似案例时应当参照。

第十章　中国特色案例指导制度的具体设计

中国特色案例指导制度的发展与完善,不仅要从宏观层面构筑整体框架,而且要在微观层面构思具体设计。如前所述,中国特色案例指导制度是一种法律适用机制,“生产”的指导性案例具有事实拘束力。这种应然意义上的“事实拘束力”是否能够转变为实然意义上的、名副其实的“事实拘束力”,关键在于解决案例指导制度的应用“软肋”与发展“瓶颈”。但改革不是推翻、否定一切的激进革命,笔者认为,在构思发展和完善案例指导制度的过程中,应当坚持以下原则:一是合法性原则。司法本身具有一定的保守性。全面的司法改革属于“顶层设计”,只能从国家立法层面寻求突破。“信法为真”的法院是国家法律的忠实执行者与维护者,其权力须在现行的宪政框架内运行。因而法院的角色定位决定了案例指导制度的发展与完善必须以合法性为基本原则。二是经济性原则。改革必然涉及成本,牵一发而动全身的改革是一种忽视改革成本而不具有经济性的改革。以最小成本博取最大收益是成功改革的一项重要指标。案例指导制度的改革须注重经济性,否则背负巨额成本的改革难以持续、深入。三是操作性原则。改革的难点不在于制度设计,而在于制度实效。这就要求制度设计更多地以实用主义为引领,充分预判改革举措在未来实践中的操作性与实效性。因此,案例指导制度的改革应当力戒“看起来很美”。

从经济学角度而言,我们可以恰当而形象地将案例指导制度视为指导性案例的生产机制,它通过提供一种能够统一法律适用、规范法官自由裁量权、促进司法公正等普适价值的“公共善品”,力图形构一个以指导性案例为产品的市场。为表述方便,不妨简称为案例市场。在案例市场上,法官具有双重身份,既是指导性案例“原料”的生产者与推荐者，又是指导性案例的潜在消费者。同时，这也是一个充满竞争的市场，法律、司法解释对法官而言属于强制性消费品，指导性案例作为法律、司法解释的衍生品与附属品，却不具有如此之优越地位，其应当如何在法律、司法解释主导的司法过程中占据一席之地呢？如何让法官由潜在消费者转变为实际消费者呢？这即是中国特色案例指导制度发展与完善过程中值得认真思考的问题。

一、以“市场”为导向的生成机制

案例指导制度的构建主要包括“选”“编”“用”三个层面，其中，“选”与“编”是前提与基础，而“用”是目的，是制度的功能载体。因此，案例指导制度必须以“用”为依归回应“选”与“编”。具体而言，就是立足于现实中的司法需求，建立以“市场”为导向的指导性案例生成机制。

（一）进一步明确指导性案例的编选标准

为避免“条件”一词的反复使用，避免与《规定》第2条混淆，我们不妨将指导性案例的充实性条件称之为“标准”。从词义上看，“标准”乃是衡量事物的依据或准则。结合实证研究所反映出来的编选条件尚须充实及说理性与说服力尚须增强的问题，笔者认为，符合《规定》第2条编选条件的案例，仅代表其具备成为指导性案例的潜质，尚须接受“标准”的衡量。由此，编选标准既是一种指引，又是一种限制。

1. 公正性

如前所述，问卷调查与案例应用试点都反映出，案例本身不具有说理性与说服力，对案例应用将产生至关重要的负面影响。而说理性与说服力恰恰是案例公正性的重要体现。之所以如此强调公正性，主要原因在于：一方面，案例指导制度的功能是统一法律适用，那么，作为制度载体的指导性案例，必然是法律正确适用的典范，是法律公正的化身，具有“内在的法律品格”。另一方面，公正性也是指导性案例在实践中具有事实拘束力的必然要求。法官是否参照指导性案例进行裁判，“主要取决于判决本身的公正（包括实体上的公正和程序上的公正），取决于法官释明的裁判理由的充分性和合理性”①。再者，从编写方式

① 龚稼立：《关于先例判决和判例指导的思考》，载《河南社会科学》2004年第2期。

上而言,57.53%的调查对象主张对案例事实、理由的编写采取一种有限修改原则,73.5%的调查对象期望案例的编写体例中包含裁判要旨或裁判规则。如果备选案例存在说理不充分、不透彻、不恰当等问题,那么,案例编写机关如何能够进行有限修改,如何能够提炼出具有指导价值的裁判要点? 值得注意的是,在理论研究中,有学者认为不公正的生效裁判也可以成为指导性案例。[①] 理由之一便是1962年12月最高人民法院响应毛泽东"不仅要制定法律,还要编案例"的号召,颁布了《关于人民法院若干问题的规定》,其中选择案例的条件之一就是"判决正确的案件,个别有教育意义的错案也可以选用"。对此,笔者认为,当案例指导制度的功能从以宣传为主过渡到以规范为主时,公正性的编选标准已经将错案排除在指导性案例之外。此外,公正性还要求案例工作机构在编选案例过程中要谨慎,预先进行备选案例的风险评估,了解备选案例的服判息诉、申诉信访情况,避免经审判委员会讨论决定后的案例最后因申诉被改判、指令再审等。

因此,基于公正性标准,指导性案例就不能仅满足于已发生法律效力的形式条件,而且应当具备事实清楚、法律适用正确、程序合法、说理充分、裁判效果良好的品质。对于"裁判效果良好",笔者认为,可以结合检察院是否抗诉,当事人是否申诉、申请再审,是否已经进入再审程序,社会影响是否负面,学术争议或分歧是否较大等因素进行判断。因此,对于人民检察院提出抗诉,当事人提出申诉、申请再审,社会影响负面,学术争议或分歧较大[②]以及已经进入再审程序的案件,原则上不应当选报、确定为指导性案例。

2. 法律性

顾名思义,指导性案例应当具有"指导性"。这种指导性主要体现为法律意义上的指导性,同时,为避免同义反复,我们采用"法律性"代替"指导性"。在案例应用试点中,75%的参照案例进行审理的案件均是普通程序以及问卷调查中86.83%的法官、87.64%的法院其他工作人员将"法律或司法解释未规定,或仅有原则规定,或规定有多重理解"作为参照适用案例的最主要情形,63.94%

---

① 参见董皞主编:《中国判例解释构建之路》,中国政法大学出版社2009年版,第128页;钟心廉:《案例研究若干问题思考》,载武树臣主编:《判例制度研究》(下),人民法院出版社2004年版,第960—961页。

② 如"高淳县民政局诉王昌胜、吕芳、天安保险江苏分公司交通事故人身损害赔偿纠纷案",因交通事故引发的人身损害赔偿案件中,死亡受害人为城市生活无着的流浪乞讨人员,且无近亲属的情况下,民政局是否可以作为适格的原告提起诉讼,实务界与理论界均存在很大的争议与分歧。

的法官、64.35%的法院其他工作人员认为"合议庭、审委会研究案件争议较大"时会参照适用案例。这样的实践认知与关于案例编选实质条件的认知不谋而合。77.64%的调查对象认为疑难复杂、新类型等具有典型性的案例可以作为指导性案例,66.6%的调查对象认为法律未规定或规定较为原则的案例可以作为指导性案例,超过五成的法律专业人员、司法工作人员、参加过诉讼的人员希望看到最高人民法院发布填补法律空白的案例。上述数据足以说明,疑难复杂案件既是法官、人民陪审员应用案例的主要激励,又是法官、人民陪审员对案例编选的一种市场需求。因此,笔者认为,法律性应当成为案例编选标准之一。对此,德国著名法学家拉伦茨有过精彩的阐述,认为判例中所宣示的标准始具"拘束力","尚须以'适切的'规范解释或补充为基础,或以范例性的方式具体化法律原则乃可"①。因而,指导性案例在法律适用方面不是简单地重述法律、司法解释的明确规定,而是具有准确阐释法律精神、填补法律漏洞、模糊或原则的规定清晰化、兜底性条款具体化等法律适用价值。如果指导性案例仅仅满足于复述法律、司法解释,那么当法律与指导性案例作为选项时,法官将毫不犹豫地选择适用法律,指导性案例的参照价值无从体现,参照也无法践行。只有如此,我们才能准确理解缘何首次问卷调查中61.24%的调查对象希望社会广泛关注或影响较大的案例可以作为指导性案例,而补充调查中只有不足15%的人员希望发布社会关注的案例。这两组数字之间存在巨大落差的原因之一便是对社会关注案例存在法律性的期许。

基于法律性标准,笔者认为,《规定》第2条有关指导性案例应当符合的部分条件应当进一步细化。"社会广泛关注的"案例,不是指公众一时的热议或者媒体的即兴炒作,而是指具有重大影响或者与保障人民群众合法权益密切相关的案例,如孙伟铭案。"疑难复杂或者新类型的"案例,是指在裁判方法、法律思维、司法理念等方面具有示范意义,有助于防止、纠正执法偏差的案例,其中"新类型的"案例还包括适用新颁布的法律、法规和司法解释作出裁判的案例,如四川省高级人民法院《案例指导》2012年第1期发布的"成都高新技术产业开发区人民检察院诉张某、唐某盗窃案"②。有争议的是,"填补法律漏洞的"案例作

---

① 〔德〕卡尔·拉伦茨:《法学方法论》,陈爱娥译,商务印书馆2005年版,第302—303页。

② 该案涉及对《中华人民共和国刑法修正案(八)》第6条关于犯罪时不满18周岁的人不构成累犯的理解与适用,即"犯罪时"具体是指犯前罪时还是犯后罪时。本案中,被告人唐某犯前罪时不满18周岁,而犯后罪时已满18周岁。对此,该案例认为"犯罪时"既包括犯前罪也包括犯后罪。如果行为人犯前罪时不满18周岁而犯后罪时已满18周岁的,同样不构成累犯。

为指导性案例是否意味着司法权对立法权的僭越。也许是基于此种忧虑，为避免非议，最高人民法院《规定》第 2 条并未将“填补法律漏洞”作为指导性案例编选条件之一。但笔者认为，法律必然“有漏洞”，“不得拒绝裁判”①的法官有解释法律的义务，如法律有漏洞，亦有填补漏洞的义务。因此，“填补法律漏洞的”案例在司法实践中更具指导意义。只要此种漏洞填补“仍在立法者原本的计划、目的范围内”，性质上就是“法律内的法的续造”，本质上仍然属于法律解释范畴。② 因而，“填补法律漏洞的”案例作为指导性案例，不是司法权对立法权的“越俎代庖”，应当成为指导性案例的编选条件之一，意指现行法律尚未明确规定，在立法原意、法律的意义和目的范围内作出裁判、填补法律漏洞的案例。

3. 时效性

指导性案例的确定发布，先后要经历初步编写、审判委员会讨论、逐级报送、最高人民法院案例指导办公室审查、最高人民法院审判委员会讨论决定、编辑发布等程序，因此，指导性案例生效与确定发布之间必然存在时间差。基于对指导性案例对社会生活的适应性、灵活性等优点以及司法实践需求的考虑，二者之间的时间差应当控制在适度范围内。统计分析显示，无论最高人民法院还是地方各级法院发布的案例，都是最近生效的，体现了较强的时效性。因此，为提高案例编选效率以及指导性案例的有效性，指导性案例的编选还应当体现时效性，原则上编选近五年以内生效的案件。

4. 普适性

“统一”法律适用是指导性案例的功能诉求，言下之意，指导性案例在适用方面必须具有普适性，否则，“统一”功能难以实现。在案例应用试点中，试点法院普遍反映涉及基层法院常见多发案件的案例较少，在座谈中，中基层法院法官也普遍指出，全国 80% 的案件在中基层法院进行审理，希望发布的案例能够考虑基层法院和一线法官的需求。申言之，案例指导制度存在指导性案例供给针对性不强的问题。这就要求指导性案例不是少见、偶见的特殊个案，不是具

---

① “不得拒绝裁判”是现代法治国家对法官科以的一种义务，要求任何法官不得以现行法律规定不明确或者没有规定为由拒绝受理和裁判案件。这在许多国家法律上都有体现，比如，《法国民法典》第 4 条规定：“审判员借口没有法律或法律不明确不完备而拒绝受理者，得依拒绝审判罪追诉之。”参见《拿破仑法典（法国民法典）》，李浩培、吴传颐、孙鸣岗译，商务印书馆 1979 年版，第 1 页。

② 参见〔德〕卡尔·拉伦茨：《法学方法论》，陈爱娥译，商务印书馆 2005 年版，第 246 页。

有浓厚地方特色与区域限制的特殊个案，而是“案件常见多发，对类似案件具有普遍指导价值，指导司法实践的面宽”，“这是适用范围方面的条件，是确保指导性案例具有使用价值和实际作用的需要”①。

（二）进一步完善指导性案例的推荐报送模式

推荐报送模式主要解决指导性案例的初始来源及备选案例的持续充足供给问题。最高人民法院作为确定发布指导性案例的唯一有权机关，受制于两审终审制度、民商事案件受案标的额以及指导性案例编选标准等原由，自办案件不足以满足指导性案例的编选需要。因此，《规定》构建了两种推荐模式，即法院内部推荐模式②与社会推荐模式③，举全国各级人民法院与社会之力确保备选案例的数量与质量。

1. 建立健全案例推荐报送激励机制

虽然最高人民法院权威人士认为推荐指导性案例是各级法院的一项重要职责④，但已有实证研究从典型案例的发布数量少、质量不高的角度隐约指出，法院（法官）履职尽责的动力不容乐观。⑤ 由此观之，法院内部推荐尚且激励不足，社会推荐的激励问题自不待言。因此，指导性案例的推荐模式欲行之有效，必须首先解决激励机制问题。问卷调查显示，绝大多数人认为应当建立案例激励机制（见表10-1）。

---

① 胡云腾：《如何做好案例指导的选编与适用工作》，载《中国审判》2009年第9期。

② 《关于案例指导工作的规定》第4条规定：“最高人民法院各审判业务单位对本院和地方各级人民法院已经发生法律效力的裁判，认为符合本规定第二条规定的，可以向案例指导工作办公室推荐。各高级人民法院、解放军军事法院对本院和本辖区内人民法院已经发生法律效力的裁判，认为符合本规定第二条规定的，经本院审判委员会讨论决定，可以向最高人民法院案例指导工作办公室推荐。中级人民法院、基层人民法院对本院已经发生法律效力的裁判，认为符合本规定第二条规定的，经本院审判委员会讨论决定，层报高级人民法院，建议向最高人民法院案例指导工作办公室推荐。”

③ 《关于案例指导工作的规定》第5条规定：“人大代表、政协委员、专家学者、律师，以及其他关心人民法院审判、执行工作的社会各界人士对人民法院已经发生法律效力的裁判，认为符合本规定第二条规定的，可以向作出生效裁判的原审人民法院推荐。”

④ 参见胡云腾、罗东川、王艳彬、刘少阳：《〈关于案例指导工作的规定〉的理解与适用》，载《人民司法》2011年第3期。

⑤ 北京市高级人民法院课题组在《关于完善案例指导制度的调研报告》中，虽然未将激励机制不足作为问题写入“案例指导工作中存在的问题”部分，但在“进一步完善案例指导制度的建议”部分建议“建立完善的激励机制，调动广大法官的主观能动性，广开案例信息渠道，确保案例质量”。参见北京市高级人民法院课题组：《关于完善案例指导制度的调研报告》，载《人民司法》2007年第19期。

表 10-1 关于奖励方式的调查

调查对象 \ 选项	物质奖励	作为学术成果	纳入年终考核	精神奖励	其他
法官	77.54%	60.79%	53.47%	50.26%	3.15%
人民陪审员	78.17%	53.39%	47.20%	54.87%	4.42%
法院其他工作人员	77.41%	68.32%	60.51%	52.56%	5.68%
检察、公安、司法行政人员	64.66%	60.07%	50.71%	51.06%	3.53%
律师	70.08%	56.76%	34.43%	45.29%	2.87%
小计	74.42%	60.91%	51.15%	50.61%	3.81%

(1) 建立健全奖励机制。调查显示,认为应当给予指导性案例的推荐报送人物质奖励的比例最大,为 74.42%。四川省高级人民法院建立了稿酬制度,对被采用案例的编写人给予一定稿酬,部分法院在高级人民法院给予稿酬的同时也配发一定数额奖金,从而在实际效果上激励了案例推荐报送积极性,全省每年的案例推荐报送量较多。各级法院可考虑制定相关奖励政策,以激励法官推荐报送指导性案例。在精神奖励方面,因人是社会性动物,在追求物质基础的同时,也向往精神充裕,所以 50.61% 的调查对象赞同给予指导性案例的推荐报送人精神层面的奖励。对此,建议最高人民法院向指导性案例的编写推荐人颁发证书,各级法院也可以结合实际对指导性案例的编写推荐人给予学习培训、立功受奖等机会和荣誉。这些精神奖励均是法官赢取职业荣耀与职业认同的最佳体现。

(2) 建立健全定期通报考评制度。在以往的案例实践中,最高人民法院只注重编发案例,但疏于考评。① 调查显示,51.15% 的调查对象认为应当将案例推荐采用情况纳入年终考核,60.91% 的调查对象认为推荐报送的案例被确定为指导性案例,应当作为学术成果纳入年终考核。为此,建议各级法院建立定期通报制度,由最高人民法院定期通报各高级人民法院候选案例的报送和采用情况,上级法院定期通报下级法院候选案例的报送和采用情况。同时,将通报的案例报送和采用情况纳入上级法院对下级法院的年终评比、各级法院对审判业务部门的岗位目标考核,其中案例采用情况以学术成果的形式作为年终评比或考核的加分项。如四川省高级人民法院将案例推荐采用情况作为考核全省

① 参见成都市中级人民法院研究室何良彬主任于 2012 年 4 月 27 日在课题组于宜宾召开的座谈会上的发言。

法院审判管理工作的10项指标之一，按季通报，分“良好”“一般”“较差”三等分别计10分、6分、3分[①]，客观上起到了督促与激励作用，案例推荐报送数量与质量得到极大提升。此外，还可以将案例报送和采用情况纳入各级法院对审判人员的绩效评估，如四川省高级人民法院正在研究将案例采用情况作为法官办案绩效考评体系二级指标“绩”的构成指标之一，提高本院承办法官的案例意识，激励其在日常办案中去发现、培养典型案例。

2. 细化法院内部推荐

调查显示，44.28%的调查对象不赞同各级法院报送的案例应当经审判委员会讨论决定的程序设计，其中大部分建议由各级法院负责案例工作的部门直接向上级法院负责案例工作的部门推荐。主要原因就在于对审判委员会的程序负担与推荐报送案例的效率的担忧。[②] 对此，基于长期的案例实践以及对推荐报送案例质量的考虑，笔者认为不宜取消“经审判委员会讨论决定”的程序设计，但是应当兼顾审判委员会的工作压力与推荐报送案例的效率问题。因此，可以考虑在审判委员会讨论前与讨论中寻求缓解压力与提高效率之道。

（1）各级法院案例工作机构应当对推荐报送的案例进行全面审查。首先是对推荐候选指导性案例进行形式审查。推荐候选指导性案例除提交案件所有审级裁判文书（原件或者复印件）外，还应当同时提交纸质及电子文本形式的推荐材料。推荐材料应当包括案例标题、裁判要点、推荐理由、基本案情、裁判理由及结果、相关法条、推荐单位或者推荐人、联系方式等内容。推荐材料不符合要求的可以直接修改，也可以要求推荐单位或者推荐人修改完善。其次是对推荐候选指导性案例进行实质审查。案例工作机构应当根据裁判文书和推荐材料，主要围绕案件是否符合指导性案例条件开展，对被推荐案例的事实、法律适用、审判程序、裁判效果以及指导意义等进行重点审查。必要时应当查阅卷宗、询问原审法院及审判人员。

（2）各级法院案例工作机构应当精心制作案例审查意见书。案例审查意

---

① “良好”“一般”“较差”的等级评定，主要根据21个中级人民法院报送案例数量（包括四川省高级人民法院《案例指导》、最高人民法院《人民法院案例选》及《中国审判案例要览》）以及被四川省高级人民法院《案例指导》采用数量进行综合评定。

② 检察院的指导性案例推荐报送就未规定检委会讨论决定的程序。参见最高人民检察院《关于案例指导工作的规定》第6条的规定：“最高人民检察院各业务部门对人民检察院办理的案件，认为符合指导性案例条件的，可以向最高人民检察院案例指导工作委员会选送。省级人民检察院对本院办结的以及下级人民检察院选送的案件进行审查，认为可以作为指导性案例的，经审查后向最高人民检察院案例指导工作委员会选送。”

见是提交审判委员会讨论的重要材料，其质量决定着审判委员会的讨论效率。笔者认为，案例审查意见应当包括拟提交审判委员会讨论的案例标题、裁判要点、推荐理由、基本案情、裁判理由、相关法条等内容，其中，裁判要点、基本案情、裁判理由等内容应当从终审裁判中归纳提炼，特别是裁判要点的提炼，应当着重体现案例在裁判规则、裁判方法、法律思维、司法理念等方面的指导价值。

（3）审判委员会主要围绕法律适用与指导价值进行讨论。审判委员会的讨论效率还取决于编审人员对案例的汇报质量以及审判委员会的讨论重点。笔者认为，案例工作机构的编审人员在汇报时，应当主要围绕裁判要点、推荐理由汇报案例的指导性，同时简要陈述基本案情、裁判理由与结果。以四川省高级人民法院审判委员会讨论通过的“成都高新技术产业开发区人民检察院诉张某、唐某盗窃案”为例，本案的裁判要点为“根据《中华人民共和国刑法修正案（八）》第六条的规定，行为人犯罪时不满十八周岁，不构成累犯。‘犯罪时’既包括犯前罪也包括犯后罪。如果行为人犯前罪时不满十八周岁而犯后罪时已满十八周岁的，同样不构成累犯”。在汇报过程中，编审人简要陈述了犯盗窃罪的基本案情，着重汇报了被告人唐某曾因犯抢劫罪被判处有期徒刑 6 个月，刑满释放后 5 年内再犯盗窃罪，其前罪犯罪时未满 18 周岁，犯盗窃罪时已满 21 周岁的重要事实，实务界或学术界对“不满十八周岁的人犯罪”不构成累犯的争议与分歧，以及推荐理由、提炼的裁判要点。而审判委员会则侧重对法律适用是否正确、是否具有指导意义进行讨论，实质上类似于西方国家终审法院对案件的“法律审”。在该案中，四川省高级人民法院审判委员会对“不满十八周岁的人犯罪不构成累犯”中“犯罪”是否包括犯前罪，将“犯罪”理解包括犯前罪是否符合立法原意或法律意义和目的等问题进行了讨论。在讨论过程中，编审人还要负责回答审判委员会委员的提问。

此外，需要澄清的是，地方各级法院经审判委员会讨论决定的候选案例报送时采取“层报”（即逐级报送）方式，但不要求逐级经审判委员会讨论决定，仅高级人民法院才对本辖区内已生效裁判须报经本院审判委员会讨论决定，中级人民法院审判委员会无须对基层人民法院报送的案例进行讨论决定。① 简言

---

① 最高人民法院《关于案例指导工作的规定》第 4 条第 2 款规定：“各高级人民法院、解放军军事法院对本院和本辖区内人民法院已经发生法律效力的裁判，认为符合本规定第二条规定的，经本院审判委员会讨论决定，可以向最高人民法院案例指导工作办公室推荐。”第 3 款规定：“中级人民法院、基层人民法院对本院已经发生法律效力的裁判，认为符合本规定第二条规定的，经本院审判委员会讨论决定，层报高级人民法院，建议向最高人民法院案例指导工作办公室推荐。”

之，从案例到指导性案例，先后主要经过基层人民法院、高级人民法院、最高人民法院审判委员会讨论决定。

3. 社会推荐：最大限度地方便实践

从座谈反映的情况来看，社会推荐存在的前提条件即裁判文书公开制度不成熟、条文规定过于粗陋、后续处理程序不明等问题。为此，社会推荐模式应当着重从以下方面进行改善：

（1）是大力推进裁判文书的公开。这是激励与实现社会推荐的前提条件。社会推荐必须建立在社会各界人士对法院工作特别是法院裁判案件知晓的基础上，否则，社会推荐的案件来源便不能得到保证，甚至可能导致社会推荐逐渐蜕变为一种权力。因此，法院应当贯彻落实裁判文书公开制度，建立裁判文书公开的网络平台，方便社会各界人士查阅、寻找典型案例。

（2）适当放宽社会推荐的材料要求。指导性案例不同于一般意义上的案例，其指导性与权威性要求采取书面推荐。但是，社会推荐的书面材料要求不能完全参照执行法院的内部推荐，譬如人大代表、政协委员、专家学者、律师以及其他社会各界人士提供候选指导性案例裁判文书确有困难的，可以不提交裁判文书，但应当提供作出生效裁判的原审法院、案由、案号、当事人基本情况等案例线索。

（3）建立审查推荐结果反馈制度。作出生效裁判的原审法院收到社会推荐材料后，应当按照法院内部推荐程序逐级审查报送。为避免社会各界人士推荐的案例给人以“石沉大海”的负面印象，建议建立审查推荐结果反馈制度，由各级法院案例工作机构及时将审查情况以及审判委员会讨论决定的情况以电话、邮件等适当形式反馈给推荐单位或者推荐人。

（三）建立指导性案例的主动发现机制

如前所述，指导性案例在供给方面尚存在供给数量不足的问题。而且对最高人民法院的案例编选者而言，现实中也存在“案好找、例难寻”的问题，反过来也影响着指导性案例的供给。为此，案例编选机构应当改变以往静候本院或下级法院推荐案例上门的做法，注重主动收集案例信息，积极挖掘案例线索，及时跟踪典型案例审判进展。

1. 建立现场走访等主动选取机制

案例编选机构应当建立健全走访基层、深入一线的案例选取机制，定期同下级法院或本院审判业务部门承办法官和调研骨干举办座谈会，由下级法院或者审判业务部门提供审判实务中的疑难复杂新奇案件，然后就案件的典型性和指导价值进行充分研讨，最后初步选定合适案件作为指导性案例的候选对象列入审判委员会讨论议题。对此，最高人民法院案例工作机构已经有所意识，并开始注重采用到各地召开案例座谈会等形式，主动采集案例，下一步工作的关键是健全完善并形成长效机制。

2. 建立案例线索主动发现制度

在座谈中，有法官认为应当将候选对象从已结案件扩展到未结案件，及时发现审判实践中的"种子案件"，尽早培养。具体而言，当承办法官办理有指导价值的案件时，案例编选机构就要有意识地按照指导性案例的标准进行预先评估，如果有可能作为指导性案例，就要引导承办法官按照指导性案例的要求进行审理和制作裁判文书。

3. 建立请示案件主动跟踪制度

请示案件往往涉及重大疑难或者新的法律问题。各级法院要从向高级人民法院、中级人民法院请示的案例中发现和培育指导性案例。最高人民法院已经建立了该项制度，对各高级人民法院报送的请示案件，由案例指导工作机构确定专人，通过案件管理系统收集有关请示案件立案和在本院流转的情况，并让承办人填写《请示案件跟踪表》，反馈给案例指导工作机构。对此，地方法院可以参照最高人民法院建立向中级人民法院、高级人民法院请示案件的跟踪制度。①

（四）进一步增加指导性案例的供给

调查结果显示，主张按季度发布指导性案例的比例较高，达到39%，建议每年发布数量20件以上的比例较高，达到72.59%。案例发布数量与案例推荐报送的数量、质量之间具有直接的利害关系，且指导性案例必须坚持质量至上，因此，在发布周期上，最高人民法院可考虑至少每季度发布一批指导性案例，但在发布数量上应当根据案例遴选的实际情况决定，不宜具体量化。调查目的主要是指出案例供给与司法需求之间的失调，未来可以通过健全完善推荐机制、发现机制等不断适当提高发布数量，满足司法需求。

此外，对于以往那些符合指导性案例编选条件和标准的案例，建议最高人民法院按照指导性案例的发布程序提请审判委员会讨论后集中发布，从而有效改善供需结构。在以往的案例指导制度实践中，最高人民法院以各种形式的刊

① 参见胡云腾：《如何做好案例指导的选编与适用工作》，载《中国审判》2009年第9期。

物收集发布了无数案例。前述案例是一笔宝贵的财富，特别是《公报》发布案例。因此，为增加案例供给，解决指导性案例供给数量不足的问题，当务之急是对以往案例特别是《公报》发布的案例，按照指导性案例的要求进行清理。在案例应用试点过程中，四川省高级人民法院收集梳理了1985年以来《公报》发布的834个案例，剔除部分指导意义不大的非典型案例和因法律更新失效的案例，重点选出137个《公报》案例（见附件三）。

二、以"控制"为手段的效力机制

对于指导性案例的效力，《关于案例指导工作的规定》第7条要求各级法院在审判类似案件时"应当参照"指导性案例。问卷调查显示，近七成（69.2%）的调查对象将"案例没有约束力"作为影响参照适用案例的因素，七成以上（74.01%）的调查对象表示"效力不明确"，这是参照适用案例的具体困难之一。对此，如前所述，笔者认为"应当参照"具有事实拘束力，但这种拘束力如何"事实化"，则需要一系列诉讼内或行政化的机制予以保障。

（一）"应当参照"的程序控制

"应当参照"的程序，主要解决指导性案例应当由谁提出、主张、引用等问题。具体而言，在司法过程中，指导性案例是由当事人或律师提出或主张，还是要求法官主动发现、引用。

在英美法系，因奉行当事人主义的抗辩式诉讼模式，判例主要是由当事人或其律师提出或主张或援引，法官居中裁判，只有在形成判决的过程中因支持或反驳诉辩方的判例时才需要主动去发现并引用判例。正如茨威格特与克茨所言："英美法官通过一些个别先例开始他的判决过程，这些先例是当事人的律师在他面前作为最切题而引证的先例，在这些先例中，法官确认某些'规则'，即特定具体的事实问题的解决办法。法官也考察这些'规则'，如何被其他'先例'限制、扩大和改进，然后，不断地认真思考相关的实际问题，逐渐地从这些规则当中抽出高层次的'原则'和'准则'，他运用这些原则和准则对面前的案件推导出试验性的解决办法。"①而大陆法系奉行职权主义诉讼模式，法官在诉讼

① 〔德〕K. 茨威格特、H. 克茨：《比较法总论》，潘汉典、米健、高鸿钧、贺卫方译，法律出版社2003年版，第383页。

过程中承担着主动发现事实与法律的职责，因而在判例适用方面，“作为案件辩护人或代理人而准备出庭的律师，总是把活动重点放在对大量判例的研究上，并在辩论中加以引证。法官判决案件也常常参照判例”①。德国最高法院甚至认为，一位律师如果无视法院在其正式的判例汇编中所发表的一个判例，那么，他本人便应当对此产生的后果对其当事人负责。②

由此可见，当事人及其律师等辩护人、代理人应当是引证指导性案例的主要力量。“应当参照”的程序设计应当着眼于此，配套相应的激励因素，如规定“当事人、辩护人、诉讼代理人在诉讼活动中引述指导性案例支持诉辩意见，人民法院决定不参照的，应当以适当方式回应，并在阅卷笔录、审理报告、庭审笔录、合议笔录等中记载相关情况及理由”。问题是，法官是否要求主动发现、引用案例呢？笔者认为，对此不宜作硬性规定，主要原因在于，成文法传统中，法官只要忠实于法律，在司法过程中正确适用法律裁判案件，未出现错案，即使未注意类似的指导性案例，就是对其职责的正确履行，也无损于当事人权益。但是，立足长远考虑，笔者认为，一方面，应当鼓励法官主动发现、引用指导性案例，如借鉴意大利的做法，即各级法院在处理一个明确表达出来的问题的时候，即使只引用了指导性案例，就视为已经履行了说明理由的义务。③ 另一方面，应当明确法官原则上不主动发现、引用案例的例外情形，即法官在某一类似的待决案件中拟背离指导性案例时，应当报请分管院领导提交本院审判委员会讨论决定，在判决中引用指导性案例并阐述背离或反驳理由。主要理由在于，一方面，这是法律论证的要求，“谁想偏离某个判例，则承受论证负担”④。另一方面，案例指导制度本来就是力图统一法律适用、解决“同案不同判”的司法现状，而向全社会公布指导性案例，本质上具有引入社会力量监督、约束法官自由裁量权的寓意。如果法官在处理类似案件时，决定背离指导性案例，在相关的判决中又不针对指导性案例阐述背离或反驳理由，那么社会中会依然弥散一种“同案不同判”的司法不信任感，案例指导制度的功能与价值也就落空。

（二）“应当参照”的内容控制

“应当参照”的内容，亦称拘束力载体，即指导性案例的哪些部分具有拘束

① 〔美〕约翰·亨利·梅利曼：《大陆法系》，顾培东、禄正平译，法律出版社 2004 年版，第 47 页。
② 参见刘风景：《判例的法理》，法律出版社 2009 年版，第 114 页。
③ 参见薛军：《意大利的判例制度》，载《华东政法大学学报》2009 年第 1 期。
④ 转引自冯文生：《审判案例指导中的“参照”问题研究》，载《清华法学》2011 年第 3 期。

力。理论界一般认为，拘束力的载体分为三种情况：其一，受指导性案例结果的拘束；其二，受指导性案例中归纳的规则约束；其三，受指导性案例形成的决定性理由支配。从逻辑上讲，除本案当事人外，案例结果对其他案件无普遍拘束力，这应当不存在争议。学界目前的分歧主要集中于后两种情形，“案例指导规则偏重于严格的事实认定和法律适用，而决定性判决理由的蕴涵则较为宽泛，包括法理要义阐释、裁判论证方法、公共政策选择和语境情势权衡等司法能动的功能，甚至也包括对事实认定和法律适用予以说理的过程展示”①。

在比较法意义上，如前所述，在英美法系，判例中具有拘束力的部分是决定性理由即“判决理由”，而大陆法系偏重于提炼的规则即“判决要旨”。那么，指导性案例的拘束力载体应当作何种选择呢？笔者认为，指导性案例的拘束力载体应当包括“裁判要点”与“决定性理由”两部分。主要原因如下：其一，正如有学者所指出的，“一般情况下，指导性案例中具有指导性、一般性的部分，是判决中所确立的法律观点或对有关问题的法律解决方案以及对该观点或该方案的法律论证”②。其二，从指导性案例中提炼规则作为“裁判要点”，符合司法实践中“从一般到具体”的“三段论”式裁判思维习惯。其三，从以往《公报》案例的“裁判要点”提炼实践来看，“裁判要点”存在缺乏针对性、说理性不强、归纳不周延等缺陷。③ 而且，“裁判要点”有意省略掉案件事实及法律推理过程，同时由于案件概况的相对冗长与“裁判要点”的精炼，极易造成法官产生“判例规则仿佛可以离开案件而独立存在”④的错觉，过度关注“裁判要点”而忽视裁判生成的具体事实情景及推理过程，从而存在滑向机械法条主义的实践风险。因此，“决定性理由”对于弥补完善“裁判要点”的缺陷，防范机械法条主义的实践风险具有重要意义。其四，如果将拘束力载体仅限于“裁判要点”，那么指导性案例的适用就不可避免地浸染上制定法、抽象司法解释所具有的规则不周延、不明晰、滞后社会发展等缺陷，其本身所具有的社会适应性、灵活性、实质公正性等优点便无从体现。因此，大陆法系国家也开始关注从“事实”入手寻求背离判例的正当理由，以避免在判例适用方面的过度僵化。

---

① 杨力：《中国案例指导运作研究》，载《法律科学》2008 年第 6 期。

② 张琪：《试论指导性案例的“指导性”》，载《法制与社会发展》2007 年第 6 期。

③ 对裁判要点存在的问题或缺陷的详细分析，可参见林学飞：《浅析最高人民法院公报刑事案例的裁判摘要》，载《法治研究》2011 年第 5 期；邓志伟、陈健：《指导性案例裁判要旨的价值及其实现——以最高人民法院公报案例为研究对象》，载《法律适用》2009 年第 6 期；宋晓：《裁判摘要的性质追问》，载《法学》2010 年第 2 期。

④ 〔德〕卡尔·拉伦茨：《法学方法论》，陈爱娥译，商务印书馆 2005 年版，第 233 页。

(三)"应当参照"的方式控制

"应当参照"的方式,主要解决司法实践中"如何用""怎么用"指导性案例的问题。纵观两大法系,判例的定位与效力不同,参照适用的方式便有所差异。如英美法系作为裁判依据引证,而大陆法系主要用做裁判理由,但共同之处在于,均在诉讼机制内以一种显性化的方式运用判例。从问卷调查和案例应用试点反映的情况来看,在我国的司法实践中,案例的隐性化应用是一个较为普遍的现象,如74.75%的调查对象表示,在办案过程中曾经参照适用《公报》或四川省高级人民法院《案例指导》发布的案例,但如此高比例的参照适用情况却不能从有形的载体中得到反映。座谈中也有法官反映试点期间有很多承办法官基于驱简避繁的动机"暗用"案例的现象。

因此,笔者认为,在案例指导制度未来的发展与完善过程中,应当力主推行以显性化为原则,以隐性化为例外的案例运用方式,且只能作为裁判理由引用,不能作为裁判依据引用。调查结果显示,承办法官普遍认同在审理报告、合议笔录等文书的说理部分引述指导性案例,争议较大的是,承办法官是否在裁判文书中引述案例。赞同在裁判文书中引用参照适用的案例的比例仅为19.4%,而40.89%的法官、21.11%的律师明确表示反对,38.33%的法官、47.75%的律师认为应当视个案情况决定是否引述。如前所述,我们倡导法官对当事人提出上诉、申诉、申请再审时引述的指导性案例决定不予采纳的,应当以适当方式回应,并在阅卷笔录、审理报告、庭审笔录、合议笔录等中记载相关情况及理由。因此,笔者认为,各级法院参照指导性案例审判案件时,参照适用的方式包括:在庭审中释明;在合议庭研究案件时引用;在审理报告中引用;向审判委员会汇报案件时引用;在裁判文书事实认定及说理部分引用;在判后释疑中引用;以其他合理方式引用。在引用方式上,可以采用指导性案例编号加标题的方式引述裁判要点。

(四)"应当参照"的效果控制

如前所述,在中国式成文法体系下,有拘束力的不是指导性案例本身,而是其中对某法律问题所提的答复以及被正确理解或具体化的法律规范。因此,指导性案例可以成为审级监督与司法管理的内容之一。

1. 以审级监督确保指导性案例发挥作用

不管是英美法系还是大陆法系,判例的效力主要依靠审级制度的维系。正如美国著名比较法学家梅利曼所言，两大法系法官之所以参照判例办案，主要原因在于："第一，法官深受先前法院判例的权威的影响；第二，法官不愿独立思考问题；第三，不愿冒自己所作判决被上诉审撤销的风险。"①其中判例权威与上诉审均是审级制度的具体体现。在现行的宪政框架下，我国的审级制度也完全可以发挥如此功效，上级法院可以对下级法院的审判活动进行个案监督，如改判、发回重审、决定再审等，由此保证指导性案例对各级法院的审判工作产生实质影响。但是，问卷调查显示，46.52%的调查对象反对指导性案例作为上级法院指令再审、提审、发回重审或改判的理由，补充问卷调查同样显示，三成的调查对象反对指导性案例作为上诉或申请再审的理由。有学者也持反对意见，主要原因就是指导性案例不是法定的上诉、申请再审的理由。对此，笔者认为，此种观点是机械法条主义的典型代表。指导性案例是准确阐释法律精神、正确适用法律的范例。如果当事人或其代理人以未参照指导性案例为由提起上诉、申请再审，实质上就是以法律适用错误为由提起上诉、申请再审，上级法院应当对法律适用进行审查。因此，指导性案例可以作为当事人上诉、申诉、申请再审的理由。而且，笔者认为，在审级监督过程中，上级法院对指导性案例的参照适用起着更为重要的作用。具体而言，上级法院应当最为熟悉指导性案例，最善于适用指导性案例，"应当参照"的要求更高，否则，上级法院无法通过审级监督保证指导性案例发挥作用。因此，最高人民法院对地方各级法院已发生法律效力的判决或裁定，上级法院对下级法院已发生法律效力的判决或裁定，如果发现没有参照指导性案例或者参照指导性案例不当，从而导致裁判确有错误的，有权提审或者指令下级法院再审。

2. 建立指导性案例背离报告制度

前面已论述背离指导性案例的诉讼内程序控制。笔者认为，对于指导性案例的背离，还应当从司法管理的角度，借鉴德国对待判例的方式，建立指导性案例背离报告制度，即背离指导性案例作出裁判的法院，应当制作"背离报告书"，详细阐述指导性案例与待决案件的区别、解释背离的具体原因或理由及依据，并应当逐级报送最高人民法院备案。而且应当明确，如果背离指导性案例造成裁判确有错误的，作出背离裁判的法官应当面临司法管理方面的惩罚。

---

① 〔美〕约翰·亨利·梅利曼：《大陆法系》，顾培东、禄正平译，法律出版社 2004 年版，第 47 页。

三、以“技术”为支撑的适用机制

古人曰“授人以鱼不如授人以渔”。如同进入市场的产品须配套使用说明一般，案例指导制度要实现从应然层面过渡到实然层面、从理论场域发展到实践场域的华丽蜕变，尚需要推动与促进指导性案例适用的“技术”体系，即相似性识别技术与区别技术，以及技术的培训与教育。

（一）相似性识别技术

欲力戒“同案不同判”，首要条件就是解决何种情形下应当判断为“同案”。这就是指导性案例正确参照适用过程的相似性识别技术。在判例法制度下，法官在适用先例时，“他所做的第一件事就是将他眼前的案件同一些先例加以比较……先例所涵盖的领域是如此之广，以致它们确定了法官工作开始的出发点。几乎毫无例外，法官的第一步就是考察和比较先例。如果先例清楚明了并且契合案件，那么法官就无需做更多的事了。遵循先例至少是我们普通法系每天工作的规则……他们对自身职责的理解就是，将自己手上的案件的色彩与摊在他们桌上的许多样品案件的色彩加以对比。色彩最接近的样品案件提供了可以适用的规则”。[①] 但从哲学意义上而言，一个人不可能两次踏入同一条河流，世界上也不存在完全相同的两片叶子或两件事。同理，在司法实践中，绝对意义上的“同案”是一个虚构的神话，因而，“同案”只具有相对意义。

问卷调查显示，76.56%的调查对象认为有必要制定专门的案例相似性比对规则，其中律师群体对此的诉求最为强烈，达到81.56%。而目前关于相似性识别技术的理论众说纷纭，莫衷一是，影响了法官在司法实践中参照适用案例。从理论上而言，指导性案例与待决案件之间在案件基本事实、法律关系、争议焦点、法律问题等方面类似点越多，则相似性程度越高，受指导性案例约束的强度越大。但是，从论证负担上看，类似点越多，则论证负担越重。在当前背景之下，我国法官“从个案到个案”的裁判推理技术尚不发达，如果苛以较重的论证负担，则在司法实践中将不可避免地会产生一种规避的冲动，从而不利于推进指导性案例在司法过程中的参照适用。

从案例编写实践上而言，学界普遍主张的以争议焦点作为类似性判断标准

① 〔美〕本杰明·卡多佐：《司法过程的性质》，苏力译，商务印书馆，1998年版，第7—9页。

的观点不具有可靠性，因为一个案例可能存在多个争议焦点，但是，其中仅仅一个争议焦点具有法律指导意义，最高人民法院在提炼裁判要点时也是仅针对该争议焦点。如郑雪峰、陈国青诉江苏省人民医院医疗服务合同纠纷一案中，涉及的法律争点包括：第一，《中华人民共和国消费者权益保护法》能否适用本案；第二，未经患者同意而擅自改变医疗方案的行为，是否构成违约；第三，因违约而产生的损害赔偿是否包括精神损害赔偿等。但《公报》发布这一案例时仅针对第二个争点提炼了裁判摘要，即"公共医疗卫生机构履行医疗服务合同时，在非紧急情况下，未经同意擅自改变合同双方约定的医疗方案，属于合同法第一百零七条规定的履行合同义务不符合约定的行为"①。

如前所述，指导性案例具有拘束力的载体主要是"裁判要点"与"决定性理由"。因此，笔者认为，应当结合指导性案例的编写实际及拘束力载体，倡导一种简便易行的相似性识别技术，即以"裁判要点"为判断相似性的基准。而"裁判要点"具有规则属性，包括严格的事实认定与法律适用。因此，相似性识别技术主要包括以下内容：一是待决案件的事实与"裁判要点"所包括的必要事实具有相似性；二是待决案件所要解决的法律问题与"裁判要点"涉及的法律问题具有相似性。由此，此种相似性识别技术就与我国法官长久以来形成的司法习惯、裁判思维、法律推理等建立起对话与沟通的可能。

（二）区别技术

众所周知，区别技术是英美法系中判例适用的至关重要的技术。那么，问题是，中国特色案例指导制度是否有必要建立区别技术？在英美法系中，案例的运用在逻辑上"并不是从一些普适的和效力不变的前定真理中演绎推导出结论。它的方法是归纳的，它从具体中得出它的一般"②，其"核心是在新案件中运用先例，并且在法条主义分析中属于'类推'的范围"，而"'类推'是一个不起作用的术语，更糟的是，它误导人，因为它听起来像是在找相似处，实际上它是在找不同点"③。可以说，在认识论意义上，相似性识别技术与区别技术是一体两面的关系。对此，卢埃林阐释道："先例原则……有两张面孔，它是伊阿诺斯（Janus）两面神的脸。它不是一项原则也不是一类原则，而是两项原则，这两项

---

① 《最高人民法院公报》2004 年第 8 期。

② 〔美〕本杰明·卡多佐：《司法过程的性质》，苏力译，商务印书馆 2003 年版，第 10 页。

③ 〔美〕理查德·波斯纳：《法官如何思考》，苏力译，北京大学出版社 2009 年版，第 162、168 页。

原则虽然相互矛盾，却同时适用于同一先例。其中一项原则是剔除造成麻烦的先例，另一项原则则是利用有益的先例。这两项原则同时并存。”①前者即区别技术，后者即相似性识别技术。在大陆法系，是否也存在区别技术呢？拉伦茨曾说：“对‘必要事实’进行判断的目的有二：一是确定先决案件中所需的实质因素后决案件中都具备；二是后决案件与先决案件的不同之处无法排除对先决案件的适用。”此种论断一方面指出大陆法系也有区别技术，即不同之处是否足以排除对先决案件的适用，另一方面也论证了相似性识别技术与区别技术的一体两面性。

因此，区别技术不是英美法系的专利，而是案例适用过程中的通用技术。中国特色案例指导制度当然也不例外。一方面，“裁判要点”中归纳提炼的“必要事实”可能存在前述的缺乏针对性、说理性不强、归纳不周延等问题，需要“决定性理由”予以检验、弥补。另一方面，相似性判断“属于发现的逻辑，而不属于正当化的逻辑”，其意义有限。关键在于案例与待决案件是否可以区分，这个区别是否可以令这一政策——它曾让案例生动活泼——不适用于待决案件。② 这就决定了“决定性理由”在区别技术中占有重要地位。笔者认为，在中国特色案例指导制度中，区别技术包括两个步骤：一是将“决定性理由”中的必要事实与“裁判要点”中的必要事实进行比对，找出二者之间的差异事实，并评估这种差异是否足以影响“裁判要点”中所作出的法律适用，从而决定“裁判要点”中的必要事实是否周延、充分；二是如果“裁判要点”中的必要事实尚须“决定性理由”中的必要事实予以充实，那么下一步就是将“决定性理由”中的必要事实与待决案件的事实进行比对，找出并评估二者之间的差异。如果这种差异对法律适用无关紧要，则可以参照适用指导性案例，反之则予以区别并不予参照适用。问题是，如何对差异事实进行正确“评估”呢？这就要求进行情势权衡、排除适用等。情势权衡主要是基于政策、经济状况、社会关系、利益分配、价值观念等情势发生变更，参照指导性案例进行裁判会得出不公判决。而排除适用主要是法官认为指导性案例的规则存在缺陷，如与现行法律原则、法律规则发生冲突，或者判决理由存在模糊或不明之处，或者指导性案例之间存在冲突等。可见，区分的正当性建立在“政策”或“社会命题”③基础上，所以区分技术具有浓厚的

---

① 转引自董皞主编：《中国判例解释构建之路》，中国政法大学出版社 2009 年版，第 168 页。

② 参见〔美〕理查德・波斯纳：《法官如何思考》，苏力译，北京大学出版社 2009 年版，第 169 页。

③ “社会命题”主要包括道德规范、政策和经验命题等，艾森伯格认为，两起案件的任何不同必须由某些相关的背景性命题来证明其正当性。参见〔美〕迈尔文・艾隆・艾森伯格：《普通法的本质》，张曙光、张小平、张含光等译，法律出版社 2004 年版，第 20、88 页。

实用主义色彩，更多地融入了价值判断。可以说，区分技术的适用，需要法官具有较高的法律素质、丰富的社会经验、良好的利益平衡技艺等。

为方便理解，我们不妨以案例应用试点中未参照适用《公报》案例的一件案件为例。试点期间，成都市青羊区人民法院有一件人身保险合同纠纷案件未参照适用类似案例。该案的争议焦点为被保险人从肇事方处获得赔偿后，保险人是否还应当承担保险责任？类似案例为《公报》案例“冯跃顺诉光大永明人寿保险有限公司保险合同纠纷案”，其裁判摘要为“根据《中华人民共和国保险法》第九十二条第二款的规定，意外伤害保险属于人身保险，不适用财产保险中的‘损失补偿原则’。被保险人或者受益人从实施致害行为的第三者处获得侵权赔偿后，仍然可以向保险人主张保险理赔，保险人不得以被保险人或者受益人已经获得侵权赔偿为由拒绝履行保险理赔责任”。从裁判要点看，必要事实主要包括意外伤害保险、被保险人或者受益人从实施致害行为的第三者处获得侵权赔偿、被保险人向保险人主张保险理赔。而在具体案情、裁判理由等“决定性理由”中，尚存在一个裁判要点未概括的事实，即保险条款中没有明确说明医疗费用不重复赔付的“特殊约定”。而在青羊区人民法院办理的案件中，不仅包括意外伤害保险、被保险人或者受益人从实施致害行为的第三者处获得侵权赔偿、被保险人向保险人主张保险理赔，而且存在另一个事实，即保险条款明确规定“无论一次或多次投保本保险，本公司医疗保险赔偿金额与被保险人从社会医疗保障计划、其他商业医疗保障计划以及依照法律法规从事故责任方或其雇主获得的补偿或赔偿金额的合计总额，以不超过被保险人实际支出的符合保险单签发地社会医疗保险部门规定的基本医疗保险范围内可报销的医疗费用金额为限”，且保险人履行了说明义务，投保人也在“投保人及被保险人声明”一栏下方签字确认“本人已仔细阅知、理解保险条款尤其是责任免除、特别约定等规定，并同意遵守”。这个事实差异是否足以影响《中华人民共和国保险法》第92条第2款的适用及“保险人不得以被保险人或者受益人已经获得侵权赔偿为由拒绝履行保险理赔责任”的结论呢？在该案中，承办法官参照最高人民法院保险法司法解释起草小组编的《〈中华人民共和国保险法〉保险合同章条文理解与适用》的观点，认为《中华人民共和国保险法》第92条第2款的规定（2009年修订后为第46条）未明确规定被保险人自第三人处获赔后仍有权请求保险金，且意外伤害医疗费用保险属于报销型短期保险，与财产保险同样具有补偿性，其取得的补偿仅限于其实际遭受的医疗费用损失，从而报经审判委员会讨论决定后未参照适用《公报》案例。

（三）培训教育技术

结合调查结论，在案例指导机制中存在案例应用传统缺失、案例应用裁判思维习惯欠缺等问题。这些问题的解决以及相似性识别技术与区别技术的运用自如，均需要经过系统的教育与培训。因此，我们应当改革当前的法学教育与培训模式。

判例法"主要是一种司法和法学思想的模式，一种解决法律问题的方法"①，其传统的延续肇始于一种学徒制度，与其配套的是注重司法知识与实践理性的职业化、经验化、务实化的法学教育与培训模式。实践证明，这套法学教育与培训模式在维系"遵循先例"原则方面发挥了重要作用。欲推进案例应用，当从中借鉴有益因子，改革当前法学教育与培训模式。笔者认为，在某种意义上，法律乃经世致用之术，旨在凝聚社会共识与寻求最佳平衡以解决矛盾与冲突。因而司法就不仅仅是一种技巧，更是一门艺术；不仅仅是规范加事实的水到渠成，更是客观标准与个人良知的百转千回。为此，欲适应司法的复杂性与务实性，就应当改革法学教育与培训模式，形构一种以学与术并重为基本定位、以诉讼程序问题与证据认定问题为培训内容、以法律诊所、法庭辩论等一系列实践性法学教育课程为基本形式、以激发怀疑和批判精神为目标的教育与培训模式。申言之，经由此种教育与培训模式"生产"的法官应当是"实用主义的法条主义"者，秉持"具体标准不能脱离它们在具体案件中实用主义而存在"的理念，其技术特性主要体现在作出细致辨析的技巧上。②

四、以"便捷"为目标的检索机制

调查显示，逾六成（63.35%）的调查对象在参照案例过程中曾遇到案例不易查找的问题，案例检索的便捷性已经成为制约案例应用的重要因素。而检索机制与案例的编写体例、清理汇编、信息化技术等密切相关，因此，可以考虑从以下方面予以改进。

---

① 〔美〕罗斯科·庞德：《普通法的精神》，唐前宏、高雪原、廖湘文译，法律出版社 2010 年版，第 1 页。

② 参见〔美〕米尔伊安·R. 达玛什卡：《司法和国家权力的多种面孔——比较视野中的法律程序》，郑戈译，中国政法大学出版社 2004 年版，第 33 页。

（一）改进指导性案例的标题

编写体例对准确、快速定位与检索指导性案例具有不言而喻的重要作用。根据最高人民法院研究室《关于编写报送指导性案例体例的意见》（法研〔2012〕2 号），指导性案例的编写体例主要包括标题、主题词、裁判要点、相关法条、基本案情、裁判结果和裁判理由六个部分，其中标题由案件当事人名称和案由构成，一般采用某某诉某某加案由的形式，刑事案例则由被告人姓名和案由组成。相较于以往相对权威的《公报》案例而言，发布的第一批案例的编写体例主要有以下变化：案例编号、关键词、相关法条。客观地说，指导性案例的编纂体例比较科学，如“案例编号”方便法官在参照案例处理待决案件时引述，“关键词”有助于法官查找类似案例，“相关法条”则表明指导性案例不是“造法”而是“适法”。但是，调查显示，绝大部分调查对象认为目前的编写体例存在检索不方便或不够方便的问题，五成以上的调查对象认为“案例未提炼裁判要旨或裁判规则，不易查找获得相似案例”，座谈对此解释为四川省高级人民法院发布案例的标题是对裁判要旨或裁判规则的提炼，比较容易查找。而目前指导性案例的“标题”就是以“当事人加案由”的形式表述，此种表述方式虽然简洁明了，但最大的弊端在于无助于法官在准确寻找、定位与待决案件类似的指导性案例。在指导性案例较少的情况下，此种弊端尚不明显，但随着指导性案例的日益增多，“当事人加案由”的标题模式将增加检索难度。因此，笔者建议，以对裁判摘要的进一步提炼形成的短句作为主标题，以当事人与案由作为副标题。如四川省高级人民法院发布并被最高人民法院作为第二批指导性案例的“黄泽富、何伯琼、何熠诉成都市金堂县工商行政管理局工商行政处罚案”的标题部分可以表述如下：

【主标题】没收较大数额财产的行政处罚应当适用听证程序

【副标题】——黄泽富、何伯琼、何熠诉成都市金堂县工商行政管理局工商行政处罚案

【裁判要点】行政机关作出没收较大数额涉案财产的行政处罚决定时，未告知当事人有要求举行听证的权利或者未依法举行听证的，人民法院应当依法认定该行政处罚违反法定程序。

德国的判例汇编也采用此种“标题”模式。例如，裁判要旨为“在一个摸彩共同体中，填写和提交彩票的那个成员，就填写和提交彩票而言，通常不承担法

律行为上的义务”的判例,其标题概括为“摸彩共同体成员之间的法律关系”①。

(二)定期清理汇编案例

从前期案例实践来看,案例的发布呈零散性、随机性等特征,不利于检索查找。普通法系国家判例法之所以得到有效遵循,一个重要的外部条件,就是有大量的判例汇编,方便了法律人、社会公众及律师等的检索查询。随着指导性案例的数量激增,指导性案例的清理汇编对于法律人、社会公众及律师等从浩如烟海的案例中准确、快速检索到类似案例具有重要意义。当前,案例的定期清理汇编机制尚未形成。调查显示,82.4%的调查对象认为有必要建立定期清理、汇编指导性案例的机制。基于问卷调查结果,笔者认为,在清理主体方面,应当由最高人民法院案例指导工作办公室负责清理与汇编工作,主要原因在于案例指导工作办公室的专业性与专职性,其有足够的编选经验、能力、精力去从事清理汇编工作。在清理标准方面,除因与新法律、司法解释冲突而自动失效外,主要是确定指导性案例宣告废止的情形,主要包括裁判要点和理由不适应社会发展、指导性案例被撤销或者改判、指导性案例之间出现冲突、其他应当废止的情形。在清理程序方面,基于对指导性案例的权威性以及发布程序的尊重,指导性案例宣告废止程序应当和发布程序一样须经过审判委员会讨论决定。对于清理后的编纂工作,笔者认为,最高人民法院案例指导工作办公室每年度对指导性案例进行编纂,根据发布时间、案例类型、关键词、裁判要点等分别进行索引,公开出版年度指导性案例合辑。

(三)建设指导性案例库与案例检索辅助系统

汇编成果虽然可以体现为书籍、刊物等纸质载体,但从检索方便而言,充分利用现代信息技术,建设指导性案例库更具有可操作性。因此,建议最高人民法院清理现有的案例发布平台,推进指导性案例库建设,搭建全国统一、便利的案例检索技术平台。“相关法条”是指导性案例编纂体例的组成部分之一。据此,可以考虑依托信息化技术,改进法律法规数据库建设,在具体法条后标注相关的指导性案例,数据库使用者可点击查阅指导性案例的具体内容。

---

① 邵建东编著:《德国民法总则编典型判例17则评析》,南京大学出版社2005年版,第20页。

五、小　　结

中国特色案例指导制度的构建主要包括“选”“编”“用”三个层面，其中，“选”与“编”是前提与基础，而“用”是目的，是制度的功能载体。因此，中国特色案例指导制度的发展与完善必须以“用”为依归回应“选”与“编”，必须坚持合法性、经济性与操作性原则。

在生成机制方面，坚持以“市场”为导向，一是将公正性、法律性、时效性、普适性作为案例编选标准。二是完善案例的推荐报送机制。由最高人民法院向指导性案例的推荐人颁发证书，定期通报各高级人民法院候选案例的报送和采用情况，各级法院可参照制定相关的激励机制。细化内部推荐，由各级法院案例工作机构对推荐报送案例的推荐材料及案件的事实、法律适用、审判程序、裁判效果以及指导意义等进行全面审查，精心制作包括拟提交审判委员会讨论的案例标题、裁判要点、推荐理由、基本案情、裁判理由、相关法条等内容的审查意见书，而审判委员会主要围绕法律适用与指导价值进行讨论。推进社会推荐模式。大力推进裁判文书的公开，方便社会各界人士查阅、寻找典型案例。放宽推荐材料要求，提供候选指导性案例裁判文书确有困难的，可以不提交裁判文书，但应当提供作出生效裁判的原审法院、案由、案号、当事人基本情况等案例线索。建立审查推荐结果反馈制度，由各级法院案例工作机构及时将审查情况以及审判委员会讨论决定的情况以电话、邮件等适当形式反馈推荐单位或者推荐人。三是建立指导性案例的主动发现机制。注重主动收集案例信息，积极挖掘案例线索，及时跟踪典型案例审判进展。四是增加指导性案例的供给。最高人民法院审判委员会讨论通过的指导性案例原则上每季度统一在《公报》、最高人民法院网站、《人民法院报》上公布。最高人民法院案例指导工作办公室按照指导性案例的要求，对《公报》等发布的对全国法院审判工作具有指导意义的案例经审判委员会讨论决定后作为指导性案例重新公布。

在效力机制方面，以“控制”为手段保障指导性案例得到“应当参照”。一是程序控制，解决指导性案例应当由谁提出、主张、引用等问题。激励当事人、辩护人、诉讼代理人在诉讼活动中引述指导性案例支持诉辩意见，法院决定不参照的，应当以适当方式回应，并在阅卷笔录、审理报告、庭审笔录、合议笔录等案件书面材料中记载相关情况及理由。原则上不宜硬性要求法官主动发现、引用案例，但当法官在某一类似的待决案件中拟背离指导性案例时，应当报请分管院领导提交本院审判委员会的讨论决定，在判决中引用指导性案例并阐述背离或反驳理由。二是内容控制，又称拘束力载体，即指导性案例的哪些部分具有拘束力。对此，笔者认为，指导性案例的拘束力载体应当包括“裁判要点”与“裁判理由”（即“决定性理由”）两部分。三是方式控制，主要解决司法实践中“如何用”“怎么用”指导性案例的问题。笔者认为，应当推行以显性化为原则、以隐性化为例外的案例运用方式，且只能作为裁判理由引用，不能作为裁判依据引用。各级法院参照指导性案例审判案件时，参照适用的方式包括：在庭审中释明；在合议庭研究案件时引用；在审理报告中引用；向审判委员会汇报案件时引用；在裁判文书事实认定及说理部分引用；在判后释疑中引用；以其他合理方式引用。在引用方式上，可以采用指导性案例编号加标题的方式引述裁判要点。四是效果控制，将指导性案例作为审级监督与司法管理的内容之一。在审级监督上，指导性案例可以作为当事人上诉、申诉、申请再审的理由，最高人民法院对地方各级人民法院、上级人民法院对下级人民法院已经发生法律效力的判决、裁定，发现参照或者不参照指导性案例不适当导致裁判确有错误的，有权提审或者指令下级人民法院再审。

在适用机制方面，以“技术”为支撑作为推进案例指导制度要实现从应然层面过渡到实然层面、从理论场域发展到实践场域。一是相似性识别技术。以“裁判要点”为判断相似性的基准，主要包括以下内容：(1) 待决案件的事实与“裁判要点”所包括的必要事实具有相似性；(2) 待决案件所要解决的法律问题与“裁判要点”涉及的法律问题具有相似性。二是区别技术。区别技术不是英美法系的专利，而是案例适用过程中的通用技术。在中国特色案例指导制度中，区别技术包括两个步骤：(1) 将“决定性理由”中的必要事实与“裁判要点”中的必要事实进行比对，找出二者之间的差异事实，并评估这种差异是否足以影响“裁判要点”中所作出的法律适用，从而决定“裁判要点”中的必要事实是否周延、充分；(2) 如果“裁判要点”中的必要事实尚须“决定性理由”中的必要事实予以充实，那么下一步就是将“决定性理由”中的必要事实与待决案件的事实进行比对，找出并评估二者之间的差异。如果这种差异对法律适用无关紧要，则可以参照适用指导性案例，反之则予以区别并不予参照适用。其中，需要利用情势权衡、排除适用等对差异事实进行正确“评估”。三是培训教育技术。形构一种以学与术并重为基本定位，以诉讼程序问题与证据认定问题为培训内容，以法律诊所、法庭辩论等一系列实践性法学教育课程为基本形式，以激发怀疑和批判精神为目标的教育与培训模式。

在检索机制方面，坚持以“便捷”为目标。检索机制与案例的编写体例、清理汇编、信息化技术等密切相关，因此，一是改进指导性案例的标题。以对裁判摘要的进一步提炼形成的短句作为主标题，以当事人与案由作为副标题。二是定期清理汇编案例，废止情形包括指导性案例与新法律、司法解释冲突，裁判要点和理由不适应社会发展，指导性案例被撤销或者改判，指导性案例之间出现冲突，其他应当废止的情形。清理后，由最高人民法院案例指导工作办公室每年度对指导性案例进行编纂，根据发布时间、案例类型、关键词、裁判要点等分别进行索引，公开出版年度指导性案例合辑。三是建设指导性案例库与案例检索辅助系统。清理现有的案例发布平台，推进指导性案例库建设，搭建全国统一、便利的案例检索技术平台；改进法律数据库建设，在具体法条后标注相关的指导性案例。

第十一章 《〈关于案例指导工作的规定〉的实施细则(建议稿)》

课题组在深入开展理论研究及实证调研的基础上,通过系统梳理最高人民法院相关文件资料,比较分析域内外案例(判例)制度及相关理论著述,组织开展案例指导制度应用试点工作,结合现行法律、司法解释及相关文件的规定,深入研究、反复论证,为最高人民法院代拟了《〈关于案例指导工作的规定〉的实施细则(建议稿)》(以下简称《实施细则》),力求为编选、审查、发布、应用、编纂和废止指导性案例提供具体的操作规范。《实施细则》共25条,分别对指导性案例的概念、编选条件、体例格式、推荐程序、发布编纂、法律效力、应用方式等进行了较为详细的规定,并对高级人民法院发布参考案例作了规定。为便于理解,现对《实施细则》的起草背景、相关依据等进行逐条说明。

为规范案例指导工作,确保案例的编选、报送质量,加强指导性案例的应用,根据最高人民法院《关于案例指导工作的规定》,结合案例工作实际,制定本实施细则。

说明:引言是关于《实施细则》制定目的、依据的规定。2010年11月26日最高人民法院出台《关于案例指导工作的规定》(以下简称《规定》),首次正式确定指导性案例的定位,明确指导性案例的发布主体、工作机构,原则性规定了案例的选择范围、工作程序、法律效力、最高人民法院此前发布案例的处理等问题,但对案例指导工作的具体运作缺乏具有操作性的规定,对指导性案例实际运用缺乏有效的制度保障。从司法实践来看,作为制定法国家,我国各地法院对指导性案例认识普遍不足,开展案例指导工作时间先后不一、水平参差不齐,应用指导性案例的技术和经验都缺乏储备。《规定》出台后,四川省高级人民法院一方面继续学习全国先进法院经验,在既有案例工作基础上大力推进案例指导工作;另一方面,从2011年9月起,选择省内10个基层法院开展了为期半年的案例制度应用试点,探索《规定》新要求下案例工作的方法和思路。《实施细则》就是在对全国法院案例指导工作深入调研和四川法院案例应用试点的基础上,为实施《规定》制定的细化规定,旨在为案例指导工作提供具体的操作性规范。

第一条【概念】 指导性案例是由最高人民法院经过审判委员会讨论发布,对全国法院审判工作具有指导作用,人民法院在审判类似案件时应当参照进行裁判的案例。

说明:本条是指导性案例的概念。为统一裁判尺度、提高审判质量,一直以来,最高人民法院和部分地方法院探索以案例形式进行审判指导,但是各地法院对案例的称谓有所不同(如"案例""指导案例""典型案例""参阅案例"等),对案例的功能定位也不尽相同。由于各级法院(包括部分中基层法院)案例编选标准不同、发布程序不一,发布的案例难免裁判尺度把握不同甚至出现相互冲突,影响了案例作用的正常发挥。本条根据《规定》第1条,对指导性案例的范畴进行规范定义,将指导性案例限定为最高人民法院经过审判委员会讨论发布的案例。本条从三方面界定了指导性案例的概念:第一,指导性案例的有权发布主体仅限于最高人民法院,其他任何法院发布的案例都不能称为指导性案例,从而也不具有指导性案例的效力;第二,指导性案例在发布程序上必须经过最高人民法院审判委员会讨论决定;第三,指导性案例的功能是指导全国法院审判工作(此处审判工作为广义,包括执行工作,下同),全国法院审判工作都要接受指导性案例的规范和限制;第四,指导性案例具有强制参照适用的效力,人民法院在审判类似案件时应当参照进行裁判,各级人民法院审判类似案件时应当参照而不参照指导性案例的将产生相应后果。

第二条【工作机构】 最高人民法院案例指导工作办公室负责指导性案例遴选、审查、提交讨论、编写、发布和编纂等日常工作,并对地方各级人民法院案例工作进行监督指导。

各级人民法院应当明确专门的案例工作机构,负责案例日常工作,确定案例工作人员,建立案例工作的通联网络。

上级法院应当加强对下级法院案例工作的监督指导。

说明:本条是关于各级法院案例工作机构的规定。案例工作机构是人民法院内部具体开展和实施案例指导工作的部门，是案例工作的组织保障。《规定》明确最高人民法院设立案例指导工作办公室为案例工作机构，但没有规定各级人民法院的案例工作机构。中基层法院受理人民法院80%以上的案件，法律理解和适用的问题多，对审判指导要求迫切，具有发掘指导性案例的条件和动力，是指导性案例的主要来源，完善案例工作机构和通联网络对案例指导工作十分必要。《实施细则》除进一步明确最高人民法院案例指导工作办公室工作职责外，还进一步要求地方各级人民法院都要明确专门的案例工作机构，确定案例工作人员，建立案例工作的通联网络，便于对口开展工作以及上下级法院联络指导。地方各级人民法院应结合实际情况，有条件的可以成立专门机构，其余法院不一定成立新机构，但应当明确专门机构负责案例工作，并配备相应工作人员。中级以上人民法院案例工作机构主要有两方面的职能：一是负责案例筛选、审查、提交讨论、编写、发布和编纂等日常工作；二是对下级法院案例工作的监督指导。

第三条【推荐案例条件】 推荐报送的候选指导性案例应当从各级人民法院已经作出生效裁判的案件中选报，原则上应当是近五年生效的案件。对于人民检察院提出抗诉、当事人提出申诉、申请再审以及已经进入再审程序的案件，原则上不应当选报为候选指导性案例。

选报为候选指导性案例的案件应当事实清楚、法律适用正确、程序合法、说理充分、裁判效果良好。

说明：本条是关于候选指导性案例的推荐条件的规定。本条第1款是推荐为候选指导性案例的程序要件。为了确保法律效力稳定，维护指导性案例的权威性，避免案例指导工作对正在审理中的案件造成不当影响，推荐报送的候选指导性案例应当是已经作出生效裁判的案件。指导性案例的生效判决可以来自各级人民法院，从课题组对最高人民法院《公报》历年发布的案例的情况分析看，来自最高人民法院、高级人民法院和中级人民法院的案例数量基本持平，来自基层人民法院的案例相对较少。此外，由于我国经济社会处于快速发展阶段，各种法律法规制定和修订比较频繁，审判热点随着社会热点快速转换，指导性案例的价值随着法律体系的完善不断发生变化，新的审判难题对审判指导提出新的要求。从调研情况看，无论是最高人民法院还是地方各级人民法院，发布的案例都是最近生效的，体现了较强的时效性。因此，《实施细则》为提高案例编选效率、加强对编选工作的引导，要求原则上编选近五年以内生效的案件。

根据我国有关法律的规定，裁判发生法律效力后，人民检察院可按照审判监督程序提出抗诉；当事人对裁判结果不服，可以申诉，民事案件当事人还可以在裁判生效后两年内申请再审。本条第 1 款作出了引导性规定："对于人民检察院提出抗诉、当事人提出申诉、申请再审以及已经进入再审程序的案件，原则上不应当选报为候选指导性案例"，主要原因有三：第一，进入或者可能进入再审程序的案件，可能在再审程序中被撤销或改判，原审生效裁判的法律效力不稳定；第二，人民检察院对裁判不认同提出抗诉、当事人不服生效裁判提出申诉、申请再审，说明案件裁判没有充分化解社会矛盾，社会效果不佳，此类案件作为指导性案例容易形成不好的司法导向；第三，当事人尚未服判息诉的案件作为指导型案例公布，容易扩大事态、激化当事人情绪，不利于矛盾纠纷彻底化解。当然，也有少数抗诉、申诉、申请再审案件，经过再审、复查得出最终法律结论，矛盾纠纷彻底化解，再审、复查阶段中法律适用、裁判方法等对于处理抗诉、申诉案件具有指导价值，它们可以并且应当推荐为指导性案例。

本条第 2 款是指导性案例的实质要件。推荐为候选指导性案例的意义超越一般个案，可能对全国法院审判工作发挥指导作用，即使是一般性瑕疵，都会在公开发布和广泛适用中被放大，进而影响指导性案例的权威性。因此，推荐指导性案例应该按照优秀案件的标准，没有明显的瑕疵，否则即使在法律适用、裁判方法上有重大指导价值，也不得遴选为指导性案例。具体而言，候选指导性案例应当基本案件事实清楚，证据经过严格质证、认证，确实充分，证据之间相互印证，形成证据锁链，足以证明案件事实；法律内涵理解正确，引用法条准确，合理运用自由裁量权，裁判尺度适当；严格遵守诉讼程序，充分保障当事人诉讼权利，当事人积极参与，审判活动公开；裁判逻辑清晰，解释和适用法律准确，论证充分，具有较强的说服力；裁判结果得到当事人、媒体以及社会公众的理解和尊重，彻底解决矛盾纠纷，裁判效果好。

第四条【推荐案例类型】　符合本实施细则第三条的规定，并具备以下条件之一的案件可以推荐为指导性案例：

（一）社会广泛关注，具有重大影响或者与保障人民群众合法权益密切相关的；

（二）法律规定比较原则，通过以案释法、具有指导意义的；

（三）现行法律尚无规定，正确运用法理作出裁判、填补法律空白的；

（四）常见多发且在法律适用上具有典型性的；

（五）疑难复杂或者新类型且在裁判方法、法律思维、司法理念上有示范意义的；

（六）适用新颁布的法律、法规和司法解释作出裁判的；

（七）其他具有指导意义的案例。

说明:本条是关于案例推荐类型的规定。推荐指导性案例的作用在于指导全国法院审判工作,推荐指导性案例的前提是案例必须具有指导性。案例具有指导性,一般应当符合两个方面的条件:

一是针对性条件。司法实践中这样那样的问题,存在对审判指导的客观"市场需求",推荐的指导性案例应当针对"市场需求",解决司法实践问题。一般在法律规定比较原则、新的法律法规、司法解释、新类型案件、疑难复杂法律问题等情况下,由于诉讼参与人相关法律的储备不充分或者案件本身需要较高的司法和诉讼技能,这种"市场需求"比较强烈。

二是稀缺性条件。尽管司法实践中存在"市场需求",但如果法律法规、司法解释有明确规定,指导性案例也没有用武之地;只有在有效的制度或者信息供给不足的情况下,指导性案例才能充分发挥作用。《规定》第2条规定,"(一)社会广泛关注的;(二)法律规定比较原则的;(三)具有典型性的;(四)疑难复杂或者新类型的;(五)其他具有指导作用的案例",五种类型的案件可编选为指导性案例。课题调研中将指导性案例分为以案释法、填补空白、新类型、重大疑难、其他等类型,课题组认为这种分类方法经过长期实践检验,比较准确地阐释了"指导性"与"典型性"之内涵,能具体反映不同案例的特点。《实施细则》根据最高人民法院《规定》,结合课题调研成果,进一步明确指导性案例的推荐条件。其中,"法律规定比较原则的"包括正确解释法律内涵和正确运用法律原则填补法律空白两种类型的案例,"具有典型性的"案例,一般指常见多发型案例,"疑难复杂或者新类型的"主要侧重在裁判方法、法律思维、司法理念上对审判工作具有指导性的案例。

第五条【法院内部推荐程序】 最高人民法院各审判业务部门对本院和地方各级人民法院已经发生法律效力的裁判,认为符合指导性案例条件的,可以向案例指导工作办公室推荐。

地方各级人民法院审判业务部门对本院和本辖区内法院已经发生法律效力的案件,认为符合指导性案例条件的,可以向本院案例工作机构推荐。

各级人民法院审判人员对本院和本辖区内法院已经发生法律效力的案件,认为符合指导性案例条件的,可以通过所在审判业务部门向本院案例工作机构推荐。

说明:本条是关于法院内部推荐程序的规定。《规定》构建了两种推荐模式,即法院内部推荐模式与社会推荐模式,举全国法院与社会之力确保备选案例的数量与质量。最高人民法院各审判业务部门、各级人民法院以及相关社会公众可以推荐指导性案例。最高人民法院各审判业务部门直接向最高人民法院案例指导工作办公室推荐,地方各级人民法院经本院审判委员会讨论决定逐级推荐。本条细化了法院内部推荐程序:第一,推荐主体是法院内部审判业务部门或者审判人员。法院审判业务部门既方便接触案件,又了解审判工作的需要,推荐指导性案例既是它们的权利,也是义不容辞的责任。审判人员也具备很好的推荐案例条件,为了便于组织管理,提高推荐效率,审判人员可以通过所在审判业务部门推荐。推荐主体应强化案例意识,注意发掘和培养案例,在日常工作中从案例角度对接触的案件进行认真分析,认为符合指导性案例条件的及时推荐。第二,推荐对象为本院及辖区内法院的生效案件,主要是便于调取案件材料进行审查,同时避免各地法院重复推荐。第三,接受推荐的机构为本院案例工作机构,案例推荐采用逐级推报方式,本院案例工作机构负责最初的收集、审查、报送等日常工作。

第六条【推荐材料的提交】 推荐候选指导性案例除提交案件所有审级裁判文书(原件或者复印件)外,还应当提交推荐材料。

推荐材料应当同时提供纸质材料及电子文本。各级人民法院应当及时向社会公布案例推荐专用电子邮箱。以单位名义推荐的应当在纸质推荐材料上加盖单位印章。

说明:本条是关于案例推荐材料提交的规定。为督促推荐人按照指导性案例条件认真筛选案件,充分反映案例的相关情况,提高案例的编审效率,推荐人应收集和提交案件所有审级的裁判文书原件或复印件,并编写书面推荐材料。推荐材料是案例审查的主要依据,没有推荐材料的案例,各级人民法院案例工作机构可以拒收或者要求推荐单位、推荐人补充。各级人民法院应及时向社会公布案例推荐专用电子邮箱,方便推荐人提交电子文本的推荐材料,同时有利于获取案例线索,扩大案例来源。同时,为确保推荐案例的真实性,规定以单位名义推荐的,应当在纸质推荐材料上加盖单位印章。

第七条【推荐材料的编写】 推荐材料应当包括案例标题、裁判要点、推荐理由、基本案情、裁判理由及结果、相关法条、推荐单位或者推荐人、联

系方式等内容,并符合以下制作要求:

(一)标题,包括主标题和副标题,其中,主标题为对裁判要点的高度提炼,副标题为案件当事人和主要案由;

(二)裁判要点,主要概括案例指引的裁判规则、裁判方法、法律思维、司法理念等。一个案例可以归纳出一个裁判要点,也可以归纳出多个裁判要点;

(三)推荐理由,主要说明案例的指导意义;

(四)基本案情,主要围绕裁判要点简明扼要叙述案情;

(五)裁判理由及结果,可以在原裁判说理的基础上进行充实深化,同时叙明所有审级裁判结果;

(六)相关法条,包括与裁判要点有关的法律、法规、司法解释条文;

(七)推荐单位或者推荐人、联系方式。

裁判要点、基本案情、裁判理由等内容应当从终审裁判中提炼。

说明:本条是关于案例推荐材料编写的规定。指导性案例逐级推荐、报送的过程,是对案例逐步提炼、完善的过程,除推荐理由、推荐单位或推荐人、联系方式外,推荐材料的编写体例及要求都是与案例发布时的编写要求相一致的。关于案例标题,目前以“当事人加案由”的形式表述,虽然简洁明了,但不利于法官准确寻找、定位与待决案件类似的指导性案例。问卷调查显示,半数以上的调查对象认为,“案例未提炼裁判要旨或裁判规则,不易查找获得相似案例”,参与课题座谈的法官普遍感觉四川省高级人民法院发布案例的标题为裁判要旨或裁判规则的提炼,比较容易查找。因此,《实施细则》参考四川省高级人民法院案例工作实践经验,对案例标题采用“主标题和副标题”模式,以对裁判摘要进一步提炼形成的短句作为主标题,以当事人与案由作为副标题。裁判要点、基本案情、推荐理由都来自裁判文书,可以对裁判文书中的相关内容进行归纳、提炼、充实、深化,但不能脱离案件本身。推荐理由结合案件裁判情况,分析案例的指导意义,必要时对判前判后、相关案件裁判、学术界主要争论等情况进行补充说明。相关法条中罗列与裁判要点密切相关的法律法规、司法解释条文。注明推荐单位或推荐人、联系方式,主要是便于各级人民法院案例工作机构审查案例时联系推荐单位或者推荐人。

第八条【案例审查】 各级人民法院案例工作机构应当及时对推荐的候选案例进行审查。审查主要围绕案件是否符合指导性案例条件开展,对被推荐案例的事实、法律适用、审判程序、裁判效果以及指导意义等进行重点审查。

审查主要根据裁判文书和推荐材料。推荐材料不符合要求的可以直接修改,也可以要求推荐单位或者推荐人修改完善,必要时应当查阅卷宗、询问原审法院及审判人员。

说明:本条是关于案例工作机构对候选指导性案例进行审查的规定。为统一把握案例遴选标准,提高工作效率,案例工作机构应对推荐案例进行逐级审查。审查对象包括本院推荐和下级法院报送的案例,审查重点在于推荐案例是否符合指导性案例的条件,事实认定、法律适用、审判程序有无明显瑕疵,裁判效果特别是案件判后情况是否理想,裁判要点是否符合有关法律、司法解释的精神和规定,是否具有指导性,裁判要点与案件是否具有密切的相关性等。

审查主要依据案件历次裁判文书和推荐材料,以书面形式进行,但审查范围不限于文书和推荐材料。对于裁判文书和推荐材料不能完全反映的情况,案例工作机构应通过查阅案件卷宗、询问原审法院和审判人员等方式认真进行调查核实。案例工作机构认为候选案例符合指导性案例条件,但推荐材料不符合要求,裁判要点不成立、归纳不准确或者不能反映案例指导意义的,可以直接改写推荐材料,重新提炼裁判要点,编写推荐理由,也可以要求推荐单位或者推荐人修改完善。

第九条【审查意见】　各级人民法院案例工作机构对推荐案例进行审查后,应当及时提出审查意见,并将审查情况以适当形式反馈推荐单位或者推荐人。

案例审查意见应当包括拟提交审判委员会讨论的案例标题、裁判要点、推荐理由、基本案情、裁判理由、相关法条等内容。

说明:本条是关于案例工作机构对候选指导性案例审查意见的规定。《规定》第6条规定“案例指导工作办公室对于被推荐的案例,应当及时提出审查意见”。案例工作机构审查候选案例后,应当及时提出审查意见,认为不符合指导性案例条件的,不能作为推荐案例继续报送;认为符合指导性案例条件的,要为提交审判委员会讨论做好准备。建立推荐案例反馈制度,及时将案例审查情况反馈推荐单位或者推荐人,以促进推荐积极性。在提交审判委员会讨论时,采用案例审查意见代替推荐材料作为提交审判委员会讨论的材料,审查意见应当包括案例标题、裁判要点、推荐理由、基本案情、裁判理由、相关法条等推荐材料的主要内容。当候选案例符合指导性案例条件,但推荐材料不符合要求时,推荐材料需要改写,这时审查意见的内容应当包括改写的案例标题、裁判要点、推荐理由、基本案情、裁判理由、相关法条等内容。

第十条【审判委员会讨论】 各级人民法院案例工作机构审查通过的案例,应当报请分管院领导提交本院审判委员会讨论。

案例提交审判委员会讨论的,应当提交案件所有审级的裁判文书、审查意见及其他相关材料。案例由编审人员汇报,主要围绕裁判要点、推荐理由汇报案例的指导性,同时简要陈述基本案情、裁判理由与结果,回答审判委员会委员的提问。

说明:本条是关于案例提交审判委员会讨论的具体操作的规定。根据《规定》要求,候选案例通过案例工作机构审查后,必须提交审判委员会讨论决定是否发布或者继续上报。最高人民法院《关于改革和完善人民法院审判委员会制度的实施意见》(法发〔2010〕3 号)第 7 条规定,"案件或者议题是否提交审判委员会讨论,由院长或者主管副院长决定"。按照各级人民法院的实际情况,案例指导作为一项具体工作任务,报请分管院领导提交本院审判委员会讨论较为合适。

案例提交审判委员会讨论,案例工作机构应当事先提交案件历次裁判文书、审查意见以及其他用以认定案件符合指导性案例条件的材料。四川省高级人民法院在案例指导工作实践中,一直采用案例编审人员列席审判委员会会议汇报的方式,取得了较好的效果,被多地法院借鉴。《实施细则》采纳了这种方式。审判委员会讨论案例更注重案件的普适性和指导意义,与一般案件的侧重点不同,因此案例编审人员汇报的重点也有所不同。编审人员应主要围绕裁判要点、推荐理由汇报案例的指导性,同时简要陈述基本案情、裁判理由与结果,有针对性地回答审判委员会委员的提问,避免游离主题。

第十一条【报送】 各高级人民法院、解放军军事法院审判委员会讨论通过的候选案例,可以向最高人民法院案例指导工作办公室推荐。

中、基层人民法院审判委员会讨论通过的候选案例,应当逐级向高级人民法院案例工作机构推荐。

说明:本条是关于候选指导性案例报送的规定。根据《规定》第 4 条的要求,高级人民法院、解放军军事法院审判委员会讨论决定的案例,可以直接向最高人民法院案例指导工作办公室推荐;中、基层人民法院推荐的候选案例层报高级人民法院,建议向最高人民法院案例指导工作办公室推荐。地方各级人民法院本院推荐或者下级法院报送的案例,经案例工作机构审查,审判委员会讨论决定,可以向上一级法院案例工作机构报送;审判委员会讨论认为案件不宜作为指导性案例的,不再向上一级法院报送。通过各级人民法院审判委员会对案例层层把关,确保案例质量,强化地方各级人民法院的责任,分散最高人民法院的工作压力,提高案例工作效率。

第十二条【发布】 最高人民法院审判委员会讨论通过的指导性案例应当及时发布,原则上每季度统一在《最高人民法院公报》、最高人民法院网站、《人民法院报》上公布。

发布的指导性案例应当包括案例编号、标题、关键词、裁判要点、基本案情、裁判结果、裁判理由、相关法条等内容。

说明:本条是关于发布指导性案例的规定。审判委员会是人民法院最高审判组织,总结审判经验、指导审判工作是其重要职能之一,推荐案例通过最高人民法院审判委员会讨论决定后,个案裁判意见上升为最高人民法院对类似案件的法律意见,正式成为指导性案例。指导性案例通过《最高人民法院公报》、最高人民法院网站、《人民法院报》等官方权威媒体公告发布,有利于各级人民法院、法律职业群体和社会公众及时了解和掌握最新案例,扩大指导性案例的影响,推动案例应用。指导性案例产生后应当及时发布,为了保证案例供给,原则上应当每季度发布。课题调查结果显示,案例供给与司法需求之间存在失调,四成左右的调查对象主张按季度发布指导性案例,半数调查对象建议每期发布案例数量 10 件以上。笔者认为,指导性案例应当坚持质量至上,因此,《实施细则》规定,原则上每季度发布一次指导性案例,但在发布数量上由于受案例遴选的实际情况限制,不宜进行具体量化要求。

从最高人民法院 2011 年 12 月 20 日、2012 年 4 月 13 日发布的第一、二批指导性案例看,指导性案例编写体例包括案例编号、标题、关键词、裁判要点、相关法条、基本案情、裁判结果、裁判理由等部分。为广泛了解社会各界对最高人民法院发布指导性案例的看法,课题组针对最高人民法院发布的第一批指导性案例及时组织了补充问卷调查,调查对象普遍认为这种编写体例比较科学,但在案例标题上存在检索不方便或者不够方便的问题,有必要进行适当改进。案例发布体例中的案例编号取决于案例发布的时间顺序,其他部分的编写(包括对于标题的改进)参见《实施细则》第 7 条规定的说明部分。

第十三条【社会公众推荐程序】 人大代表、政协委员、专家学者、律师以及其他社会各界人士，对人民法院已经发生法律效力的裁判，认为符合指导性案例条件的，可以向作出生效裁判的原审人民法院推荐。推荐程序应当符合本实施细则第六条、第七条的要求。

前述社会各界人士提供候选指导性案例裁判文书确有困难的，可以不提交裁判文书，但应当提供案由、案号、当事人基本情况等案例线索。

原审人民法院案例工作机构应当按照本实施细则第八、九、十条的规定逐级审查报送。

说明：本条是关于社会公众推荐指导性案例程序的规定。人大代表、政协委员、专家学者、律师等社会公众，通过监督法院工作、开展法律研究、参加诉讼活动接触案件，对法院工作有一定的了解和认识，有条件推荐指导性案例。社会公众从参与司法活动的不同角度推荐案例，可以扩大指导性案例制度的社会基础，拓宽案例遴选视野，防止闭门造车，弥补法院自身推荐的不足。为便于收集案例材料和审查，社会公众推荐的案例由作出生效裁判的原审人民法院受理和处理。推荐程序应当符合《实施细则》第6条、第7条关于法院内部推荐程序的规定要求。

鉴于全国各级人民法院裁判文书公开水平不同，公开平台和管理体系尚未完全建立，社会各界收集裁判文书确有困难的，可以不提供文书，但还是应当提供案由、案号、当事人基本情况等关键案例线索，以便法院收集案例相关材料。

社会公众推荐案例与法院内部推荐案例享受同样的权利、适用同样的审查和报送程序，作出生效裁判的原审人民法院收到推荐案例后，应当按照《实施细则》第8、9、10条的规定，由案例工作机构及时审查，以适当方式向推荐人回复审查情况和处理进度，符合条件的应按要求逐级报送。

第十四条【相似性案件识别与区分】 各级人民法院审判法律争议焦点与指导性案例裁判要点所解决的法律争议焦点相类似的案件时，应当仔细甄别案件必要事实。案件必要事实与指导性案例裁判要点赖以依存的事实基础相一致的，应当参照适用指导性案例。

说明：本条是关于相似性案件识别与区分规则的规定。《规定》第7条规定："最高人民法院发布的指导性案例，各级人民法院审判类似案例时应当参照。"赋予指导性案例对类似案件裁判的强制影响力和约束力。但目前关于相似性识别技术的理论众说纷纭，莫衷一是，影响了法官在司法实践中参照适用案例。课题调查显示，关于相似性识别标准问题（多选）存在较大分歧，七成调查对象主张以案件与案例“争议焦点”相似作为判断标准，六成调查对象赞同以“裁判规则”“基本事实”相似作为判断标准，赞同以“法律适用”作为判断标准的调查对象比例为五成以上，赞同以案由相同作为判断标准的调查对象比例为三成。笔者认为，相似性案件的判断标准是法律争议焦点和案件必要事实一致，应当倡导一种简便易行的相似性识别技术，即主要将待决案件的法律争议焦点与裁判要点所解决的法律争议焦点进行比对，当比对案件之间的法律争议具有类似性，则需要对待决案件必要事实与指导性案例裁判要点赖以依存的事实基础进行比对。如果比对发现二者仍然具有一致性，则应当判断为相似性案件。

第十五条【应用】　各级人民法院参照指导性案例审判案件的，可以采用以下方式参照适用：

（一）在庭审中释明；

（二）在合议庭研究案件时引用；

（三）在审理报告中引用；

（四）向审判委员会汇报案件时引用；

（五）在裁判文书事实认定及说理部分引用；

（六）在判后释疑中引用；

（七）以其他合理方式引用。

指导性案例的引用可以采用案例编号加标题的方式引述裁判要点，但不得作为裁判依据引用。

各级人民法院审理法律争议焦点与指导性案例相类似的案件，决定不参照相关指导性案例的，应当报请分管院领导提交本院审判委员会讨论决定。中、基层人民法院还应当逐级层报高级人民法院备案。

说明：本条是关于指导性案例参照应用方式的规定。在待决案件与指导性案例类似时，应当参照指导性案例进行审判。指导性案例的应用应当贯穿诉讼活动的全过程，并且延伸到诉前和判后，对于提供裁判依据，正确适用法律，加强裁判的说服力，彻底化解矛盾纠纷都具有重要意义。审判类似案件参照指导性案例的情况，应当在庭审笔录、审理报告、合议笔录、审判委员会会议记录、判后释疑笔录等书面材料中如实反映和记录。指导性案例的具体引用可以采用案例编号加标题的方式，引述裁判要点。具体在裁判文书中，指导性案例主要可在说理部分引用，同时也可在认定事实、质证认证等部分引用，但不能作为裁判依据直接引用。

根据《规定》,指导性案例对类似案例具有“应当参照”的法律效力,因此司法实践中对类似案件应当严格按要求参照适用。对于法律争议焦点与指导性案例相类似,但案件必要事实与指导性案例裁判要点赖以依存的事实基础不一致的案件,各级人民法院决定不参照相关指导性案例审理的,应当报请分管院领导提交本院审判委员会讨论决定,中、基层人民法院还应当层报高级人民法院备案,以确保指导性案例的权威。

第十六条【不参照的处理】 公诉人、当事人、辩护人、诉讼代理人及其他诉讼参与人在诉讼活动中引述指导性案例,人民法院决定不参照的,应当在裁判文书中以适当方式回应,并在阅卷笔录、审理报告、庭审笔录、合议笔录等书面材料中记载相关情况及理由。

说明:本条是关于不参照指导性案例审理案件的规定。指导性案例的内容较单纯法律条文更为丰富,参照适用的司法技术也更为复杂。司法实践中,公诉人、当事人、辩护人、诉讼代理人及其他诉讼参与人采用类推的思维方法,引述类似生效判决支持自己诉辩意见的情况较为常见。如果前述人员主动引述最高人民法院指导性案例,应当认为是主要诉辩意见,人民法院应当按照《实施细则》第14条相似性案件识别与区分规则进行判断,决定不采纳诉辩意见的,应当充分行使释明权,采用当庭释明、文书说理、判后释疑等适当方式予以回应。在阅卷笔录、审理报告、庭审笔录、合议笔录等案件书面材料中,还应详细说明当事人引述案例情况及不予参照的理由。

第十七条【上诉、申诉、申请再审理由及回应】 指导性案例可以作为当事人上诉、申诉、申请再审的理由。

当事人引述指导性案例提出上诉、申诉、申请再审,人民法院决定不予采纳的,应当在裁判文书中以适当方式回应,并在阅卷笔录、审理报告、庭审笔录、合议笔录等书面材料中记载相关情况及理由。

说明:本条是关于引述指导性案例上诉、申诉、申请再审及回应的规定。指导性案例可以作为当事人上诉、申诉、申请再审的理由是其法律效力的自然引申。当事人引述指导性案例作为提出上诉、申诉、申请再审的理由,是当事人的主要上诉、申诉、申请再审意见。人民法院在审理案件过程中,应当进行认真审查,决定不予采纳的,应当在裁判文书中以适当方式回应,并在阅卷笔录、庭审笔录、合议笔录或者审理报告等案件书面材料中详细说明情况及理由。

第十八条【审判监督】 指导性案例可以作为上级人民法院提审、指令再审、发回重审或者改判的理由。

最高人民法院对地方各级人民法院已经发生法律效力的判决、裁定,上级人民法院对下级人民法院已经发生法律效力的判决、裁定,发现参照或者不参照指导性案例不适当导致裁判确有错误的,有权提审或者指令下级人民法院再审。

说明:本条是关于审判监督程序中应用指导性案例的规定。由于指导性案例在类似案件审理中具有"应当参照"的效力,人民法院参照或者不参照指导性案例不适当导致裁判确有错误的,当然可以引起审判监督程序。最高人民法院对地方各级人民法院、上级人民法院对下级人民法院进行审判监督时,应当注意指导性案例的参照适用情况,确保指导性案例正确有效实施。对于参照或者不参照指导性案例不适当造成错误裁判的,应当按照"有错必纠"的原则,启动审判监督程序予以纠正。此外,对二审案件,二审法院发现原审法院参照或者不参照指导性案例不适当导致裁判确有错误的,可以参照前述规定依法发回重审或改判。

需要指出的是,尽管《实施细则》要求"显性应用",但对司法实践中一些"隐形应用"指导性案例的案件,案件材料中对参照指导性案例情况没有记载,裁判体现了指导性案例的精神,而且裁判结果没有错误的,从既判力和司法效率角度考虑,一般不应当启动审判监督程序或者对案件发回重审、改判。

第十九条【编纂】 最高人民法院案例指导工作办公室每年度对指导性案例进行编纂,根据发布时间、案例类型、关键词、裁判要点等分别进行索引,公开出版年度指导性案例合辑。

最高人民法院在官方网站搭建面向社会公众的指导性案例电子数据库,提供全国统一、便利的案例检索技术平台,完善法律法规数据库,自动提示与相关案件及法条关联的指导性案例。

说明:本条是关于指导性案例编纂的规定。指导性案例的发布呈零散性、随机性等特征,不利于检索查找。定期编纂对案例学习、应用具有重要意义。每年度编纂并按照发布时间、案例类型、关键词、裁判要点等进行多重索引,能够形成完整的案例资料,有利于各级人民法院组织对案例进行系统学习,对指导性案例形成整体认知,方便在审判工作中检索和应用。同时,由最高人民法院在官方网站搭建面向全国的指导性案例数据库,有利于提供全国统一、便利的案例检索技术平台,方便查找应用。在此基础上,结合法律法规数据库的优化完善,逐步实现自动提示功能,采用技术手段对与指导性案例相似的案件进行自动识别区分,并及时予以提示,有利于推动指导性案例的有效应用。

> **第二十条【废止】** 指导性案例出现以下情形之一的,最高人民法院案例指导工作办公室应当及时报请分管院领导提交本院审判委员会讨论决定废止:
>
> (一)与新法律、司法解释相冲突的;
>
> (二)裁判要点和理由不适应社会发展的;
>
> (三)指导性案例被撤销或者改判的;
>
> (四)指导性案例之间出现冲突的;
>
> (五)其他应当废止的情形。
>
> 地方各级人民法院发现指导性案例出现应当废止情形的,应当按照推荐指导性案例的程序,逐级层报最高人民法院案例指导工作办公室。

说明:本条是关于指导性案例废止的规定。由于法律法规、司法解释制定或修订、社会发展、案件法律效力发生变化等原因,一些指导性案例可能丧失法律效力或者失去指导意义。为维护指导性案例的权威,避免法律适用上的混乱,这类案例应当及时予以废止。废止指导性案例涉及案例的法律效力问题,仍应由最高人民法院审判委员会讨论决定。地方各级人民法院发现需要废止的案例,应当按照指导性案例的推荐程序,逐级上报最高人民法院案例指导工作办公室。

> **第二十一条【案例的发掘与培育】** 最高人民法院案例指导工作办公室、地方各级人民法院案例工作机构应当主动收集案例信息,积极挖掘案例线索,及时跟踪典型案例审判进展,主动发现和培育指导性案例。

说明:本条是关于案例的发掘与培养机制的规定。指导性案例存在供给数量不足的问题,对于最高人民法院的案例编选者而言,实践中存在"案好找、例难寻"的问题,反过来也影响着指导性案例的供给。为此,案例工作机构应当改变以往坐等本院或下级法院推荐案例的做法,注重主动去发现、挖掘、培育指导性案例。案例工作机构可以建立专门选取机制,将书面筛选机制和现场走访发现机制相结合,与下级法院、一线法官座谈研讨和选择案例;可以有意识地按照指导性案例标准对待决案件进行预先评估,如果有可能作为指导性案例,就要引导承办法官按照指导性案例的要求进行审理和制作裁判文书;可以对涉及重大疑难问题或者新法律问题的请示案件及新闻媒体报道的典型案件等进行主动跟踪,从中发现和培养指导性案例。

第二十二条【激励机制】　推荐案例被采用的,最高人民法院向推荐单位或者推荐人颁发证书,各级人民法院可以结合实际给予适当物质和精神奖励。

最高人民法院定期通报各高级人民法院候选案例的报送和采用情况,上级人民法院定期通报下级人民法院候选案例的报送和采用情况。案例报送和采用情况纳入各级人民法院对审判业务部门的岗位目标进行考核。

说明:本条是关于指导性案例推荐和报送激励机制的规定。虽然推荐指导性案例是各级法院的工作职责,但从问卷调查情况看,推荐案例的法官较少,法院(法官)履职尽责推荐案例的动力不足,绝大多数人认为应当建立案例激励机制。因此,指导性案例的推荐模式欲行之有效,必须解决激励机制问题。对于指导性案例的推荐单位或推荐人可以采取以精神激励为主,与适当物质激励相结合,辅之以必要的管理手段的做法。具体而言,最高人民法院可以采用颁发证书的形式对推荐人予以适当精神激励,各级法院也可以予以适当激励。在管理措施上,上级法院对下级法院案例工作应加强通报力度,积极履行监督指导职责,同时,各级法院应将案例工作纳入岗位目标进行考核,以调动案例工作的积极性。

第二十三条【既往案例清理】　最高人民法院案例指导工作办公室按照《关于案例指导工作的规定》的要求,对《最高人民法院公报》等已发布的对全国法院审判工作具有指导意义的案例进行清理、编纂后,作为指导性案例重新公布。

说明:本条是关于对最高人民法院已发布案例清理的规定。最高人民法院一直重视案例指导工作,历年来以《最高人民法院公报》《人民法院案例选》等形式发布了大量对全国法院审判工作具有指导意义的案例,最高人民法院各审判业务部门也分别发布了一些典型案例。前述案例在司法实践中对全国各级人民法院的审判工作具有一定的影响。《规定》出台后,这些案例都不能称为指导性案例,因前述案例特别是《公报》案例是人民法院长期积累的宝贵财富,对其进行全面清理、编纂,选择其中具有典型意义及指导价值的案例,统一提交最高人民法院审判委员会讨论后,确定为指导性案例并予以发布,符合《规定》要求,能保持案例指导工作的延续性,增加指导性案例的供给,更好地满足审判工作的需要。为此,课题组针对已发布的《公报》案例进行了全面梳理,从中精选了137件具有指导意义的案例(参见附件三),逐一提炼案例标题、关键词及裁判要点,作为案例指导制度应用试点工作的参考案例下发各试点法院,同时为最高人民法院下一步梳理《公报》案例提供参考。

第二十四条【参考案例】 各高级人民法院经过本院审判委员会讨论决定,可以发布对辖区法院审判工作具有参考意义的案例并报最高人民法院备案,但不得使用"指导性案例"或者"指导案例"等称谓,并不得与最高人民法院指导性案例相冲突。

高级人民法院编选、发布参考性案例的,应当参照本实施细则执行。

说明:本条是关于参考案例的规定。《规定》出台后,仅最高人民法院有权发布指导性案例。关于地方法院能否发布案例、哪一级地方法院能够发布案例,司法实践中存在争议。笔者认为,高级人民法院可以发布供本辖区法院参考的案例,理由如下:第一,发布案例与高级人民法院职能相适应。按照级别管辖规定,我国高级人民法院仅审理极少数民事、行政一审案件及部分二审案件,审判指导是其主要职能之一,发布案例是履行审判指导职能的重要方式。第二,高级人民法院发布案例符合我国实际。我国幅员辽阔,地区差异大,一些案件的裁判标准有必要在各地区分类指导,如盗窃罪案件的量刑金额标准,最高人民法院就授权各高级人民法院在法定额度内分别制定。第三,有利于发掘和培养指导性案例。高级人民法院发布案例有利于丰富指导性案例的案源,也能够在司法实践中充分检验案例的效果。由于只有最高人民法院对法律适用问题的解释才是有权解释,因此高级人民法院发布的案例不具有"应当参照"的效力。在具体实践中,高级人民法院编选、发布参考性案例,可以参照指导性案例编选、报送程序并报最高人民法院备案。同时,为与最高人民法院发布的案例相区分,高级人民法院发布的案例不能使用"指导性案例"或者"指导案例"等称谓,并不得与最高人民法院指导性案例相冲突。

第二十五条【生效时间】 本实施细则自公布之日起施行。

说明:本条是生效时间条款。《实施意见》是在案例指导制度实证调研成果的基础上,为最高人民法院代拟的操作规范建议稿,待条件成熟时,可通过提交最高人民法院审判委员会讨论等形式,以规范性文件形式下发,自公布之日起施行。

结　语

在汉语世界里,“中国特色”已经成为一个高频率使用的“热词”,具有很强的修辞意义,被广泛用于任何“事”与“物”。正是这种笼而统之、概而括之的泛化运用,使得“中国特色”这个原本博大精深的语词逐渐“空心化”“干瘪化”,甚至“符号化”了。现实中,有人字正腔圆、掷地有声地宣称某“事”或某“物”具有中国特色,可当别人问及“中国特色”具体为何物时,他便“顾左右而言他”。因此,课题组在成功申报“中国特色案例指导制度的发展与完善”重大理论课题后,最大的忧思便是如何让“中国特色”案例指导制度彻底摆脱“空心化”“干瘪化”“符号化”现象,变抽象为具体、变空洞为饱满。

为此,课题组多次召开联席会、座谈会,在思想的交流、观点的碰撞中去寻找思路、体悟灵感。曾几何时,面对百花齐放的理论学说、汗牛充栋的调查问卷、浩如烟海的原始数据,我们一度迷失在两大法系的理论漩涡与中华法系的历史长河之中。全赖课题主持人“醍醐灌顶”般的点拨、指引和激励,使课题组全体成员在“山重水复”之际获得“峰回路转”般的豁然开朗,最终抽丝剥茧般理清了思路与头绪,即在“借鉴与传承”的基础上实现“发展与超越”,并逐步流畅地呈现中国特色案例指导制度以及对“中国特色”的坚守与完善。

课题组认为,在全球化背景下,中国特色案例指导制度的发展与完善难以“独善其身”。“中国特色”不是无视他国法治经验的狂妄之辞,毕竟当代英美法系国家和许多大陆法系国家都存在成熟的判例制度,也不是藐视历史传统文化的决裂之举,毕竟中国历史一直具有经验主义取向的判例制度甚至以判例法为主的实践样态。因此,课题组对英美法系的判例法制度与大陆法系的判例制度进行了比较研究,对中国历史中的判例传统进行了历史考察,从而在“横向与纵向的比较”中为中国特色案例指导制度的必要性铺平了论证路径,也为“中国特色”意义的释放奠定了坚实基础。而“实证分析”部分则是中国特色案例指导制度的真实写照,以“描述与评价”的笔调去勾勒其客观运作情况、存在的问题等。“改革建言”部分更是“中国特色”案例指导制度的集中展现与深度延展,不仅构建了中国特色案例指导制度的整体轮廓,而且沿着“中国特色”的道路去设计案例指导制度的“血”与“肉”。因此,虽然课题报告仅在“整体轮廓”部分集中展现“中国特色”案例指导制度,但实际上,通篇都在围绕“中国特色”而谋篇布局,中国特色案例指导制度在其间逐渐具象化、丰满化。理论与实证研究证明,“中国特色”是一方沃土,只有深植其中,案例指导制度才能富有生机与活力。那些致力于“去中国化”,冀图将案例指导制度演变为判例法制度的努力,注定将是一场“黄粱美梦”,或者“南橘北枳”的折腾。

申报课题之时,尚见柳絮纷飞;课题完成之时,已是石榴花开。一年多的课题研究终告段落,但我们依然心存“近乡情更怯”之忐忑。课题组虽然以严谨的理性、求真的理念与务实的态度去探究中国特色案例指导制度的发展与完善之道,但难免挂一漏万、顾此失彼。中国特色案例指导制度是否丰满?总结的经验和问题是否准确?分析得出的结论是否全面?提出的对策建议是否可行?这一切尚须留待实践去检验。“为学尤掘井,深钻方见水。”课题组深知,中国特色案例指导制度尚处在起步阶段,“路漫漫其修远兮”,发展与完善的道路“荆棘密布”,尚有障碍需要克服,尚有问题需要破解。我们仅仅是浩浩荡荡的“掘井”队伍中的一员。我们深信,中国特色案例指导制度的发展与完善,将证明“中国特色”不是大而化之、只可意会不可言传的“托辞”。我们坚信,中国特色案例指导制度不仅仅是一种法律适用机制,更寄托着法律人终身追求的一种文化品味、一种精神境界、一种法治理想。每一个指导性案例都融汇着法律人智慧的光芒,每一次案例的运用都辉映着公众对正义的期盼,每一项法律的更新都凝结着案例指导制度的积淀。在阔步前行的中国特色社会主义法治进程中,中国特色案例指导制度必将得到深入演绎,迸发出耀眼夺目的光辉。

附录一 课题调研方案

课题调研方案

一、研究目的

充分发挥案例的规范性与指导性作用,已成为一种具有普适性的法律自我完善机制,这是人类理性的有限性与社会生活的丰富性、法律的安定性与现实的变动性之间不断碰撞、冲击、调适的必然产物。在中国特色社会主义法律体系初步形成的背景下,积极探索中国特色案例指导制度的构建路径,不仅有助于弥补法律滞后性所带来的法律适用疑难问题及法律漏洞,丰富和发展司法实践,而且有助于为健全和完善社会主义法律体系提供"鲜活"的素材。为此,课题组将系统梳理近年来开展案例工作的有益经验,结合最高人民法院《关于案例指导工作的规定》,通过问卷调查、座谈访问、专家论证、《最高人民法院公报》(以下简称《公报》)刊载案例(包括刊载的裁判文书)及四川省高级人民法院已发布案例的统计分析等实证调研方式,从理论和实践两个层面分别论证案例指导的定位、效力以及指导性案例是作为事实问题还是作为法律问题适用等理论问题,研究指导性案例的推荐、筛选、论证、异议、失效等程序性问题,力争以宏大的视野,着力构建一种以法院为主导、社会广泛参与的开放性案例指导制度,为中国特色案例指导制度的健全与完善提供有益的对策建议。

二、课题组成员

课题主持人：陈明国，四川省高级人民法院副院长（现四川省委政法委员会常务副书记）、法学博士

左卫民，四川大学研究生院常务副院长、博士生导师

课题组成员：由四川省高级人民法院审判管理办公室（以下简称审管办）、四川大学法学院相关人员共同组成

三、研究重点

目前，我国学术界和实务界对案例的规范性与指导性作用的研究方兴未艾，主流观点虽赞成或主张构建具有中国特色的案例指导制度，但学术界对西方国家"实然意义"上及构建中国特色的案例指导制度"应然意义"上的案例筛选、发布、废止等程序性事项语焉不详或者涉猎不深，实务界则对案例指导的定位、效力等讳莫如深，在研究方法上更多的是以一种内部视角来审视与构建案例指导制度，使案例指导制度成为法院"独挑大梁"的一种封闭性工作制度。这就导致指导性案例的社会参与性、认同度先天不足。鉴于此，课题的研究重点将着眼于以下方面：

（一）理论研究部分

1. 案例指导相关制度的域外比较研究。从比较法的视野，分别梳理英美法系判例法制度与大陆法系案例制度的基本情况、证成理论、发布主体、遴选程序、效力等级、失效程序等，特别是对大陆法系为何要实行案例制度进行详细考察，从而评述各自的价值与经验。

2. 国内案例指导制度的理论研究。全面梳理国内学术界和实务界对案例指导制度的态度、价值、定位、效力等研究成果，厘清案例指导制度的历史脉络。

（二）实证分析部分

1. 问卷调查。通过设计对省内外专家学者、法官（人民陪审员）、检察官、公安干警、律师、社会公众的调查问卷，全面了解社会各类群体对案例指导的认知、定位、效力及指导性案例运用情况等。

2. 案例分析。选取《公报》及四川省高级人民法院自 2003 年建立案例指导制度以来发布的 100 余件案例进行实证研究，分析指导性案例的实际运作情况，包括实际效果和存在的问题。

3. 专家论证及座谈走访。采取召开专家论证会、赴各地走访座谈的方式，

研讨构建和完善案例指导制度的基本原则、基本方案、制作技术、案例适用的识别等。

（三）今后需重点解决的问题

归纳总结当前案例指导实践中的运作模式及存在的问题，重点对案例指导制度的定位、指导性案例的效力、案例指导制度的运作程序、案例指导制度效果的评价反馈机制等提出修改、完善的合理化建议和意见，同时结合最高人民法院《关于案例指导工作的规定》，起草《关于案例指导工作的规定》实施细则建议稿。

四、研究方法及步骤

课题主要采取理论分析与实证调研相结合、定量分析与定性分析相结合的方法。具体方法和步骤如下：

1. 方案制订及论证。课题方案由四川省高级人民法院审管办起草初稿，在征求四川大学意见与建议后进行修改完善，于 2011 年 7 月 20 日组织课题组召开“开题论证会”，邀请著名学者梁慧星老师、全省三级法院相关人员及课题组全体成员共同召开课题论证会，讨论修改并形成最终调研方案（实施人：四川省高级人民法院；时间：2011 年 7 月底前）。

2. 资料收集梳理及形成研究综述。一是四川省高级人民法院收集梳理国内有关案例指导的法律政策等规范性文件，了解其他省市法院的工作程序等，并形成以法律政策文件解读、国内案例指导制度模式等内容为主的综述性资料。二是四川省高级人民法院收集中央政法委及中央政法各部门、省级政法各部门关于建立案例指导制度的规范性文件及发布的典型案例，梳理案例筛选程序、发布主体、发布程序、制作体例等。三是四川大学收集国内、国外关于案例指导或判例制度的文献资料，对需要翻译的资料进行翻译，撰写以有关案例指导的历史溯源、价值、国外经验借鉴、存在的问题、完善建议等为内容的研究综述。

上述资料收集齐后，复印（或发电子邮件）至课题组各成员（实施人：四川省高级人民法院、四川大学；时间：2011 年 8 月底前）。

3. 问卷调查。围绕案例指导制度的认知、定位、效力、作用与价值、编选程序、制作体例、案例运用、运用案例进行裁判的思维方式等情况，分别对广大司法人员、法学专家、律师以及其他社会公众进行问卷调查，全面了解法官（人民陪审员）、其他司法人员、律师、法学专家及社会公众对案例指导的认知情况及案例在司法实践中的运用情况,深入分析主观与客观之间的差距、理想与现实之间的反差。问卷分为法官卷,人民陪审员卷,法院其他工作人员卷,检察、公安、司法行政人员卷,律师卷,社会公众卷。问卷制定后,先由课题组内部讨论,再在征求部分中基层法院、专家学者、律师意见的基础上进行修改完善并印发收集(问卷主要由四川省高级人民法院负责制定,四川大学参与修改、完善、论证及分析。2011 年 12 月前完成问卷的制作、下发、反馈与分析等工作)。

4. 案例收集。全面收集《公报》刊载的案例(包括裁判文书)及四川法院建立案例指导制度以来已发布的典型案例并分析(实施人:四川省高级人民法院;时间:2011 年 8 月底)。

5. 召开座谈会。召开法官(人民陪审员)、检察官、公安干警、律师、专家学者参加的座谈会,了解上述人员对典型案例的看法、态度以及各自对典型案例的应用情况,听取他们对典型案例的筛选、发布等程序性问题以及效力、发布体例的意见与建议(实施人:课题组;时间:2011 年 8—12 月)。

6. 召开专家论证会。听取相关法学专家、教授对开展课题研究的建议和意见,对课题提纲、研究重点、课题初稿等进行充分论证(实施人:四川大学;时间:2011 年 12 月前)。

7. 省内实地调研。到四川省案例工作开展较好(近几年报送案例与被采用案例较多)的成都、达州等法院进行调研,通过召开法官(人民陪审员)、已发布案例的编写人或推荐人、其他司法人员和律师在内的座谈会,了解案例工作制度,听取进一步完善全省、全国法院案例工作的意见与建议(实施人:课题组;时间:2011 年 8—12 月)。

8. 数据分析。一是对《公报》刊载案例(包括裁判文书)及四川省高级人民法院发布的典型案例进行统计分析;二是对收集的问卷进行统计分析(实施人:课题组;时间:2011 年 12 月前)。

9. 学习考察。为获取更多的实证资料,同时考察比较四川法院和其他省市法院案例工作的异同,更好地借鉴其他省市法院的经验,课题组在适当时候拟选择江苏、天津等省市学习考察(实施人:课题组;时间:2012 年 6 月前)。

10. 撰写课题报告。一是课题中期报告。最高人民法院于 2012 年 4 月进行中期检查,听取课题承担单位课题进展情况汇报。课题组提前准备课题中期报告及相关汇报材料,并有阶段性成果在国家核心期刊发表,反映四川省课题进展情况及调研的初步成果(实施人:课题组;时间:2012 年 3 月前)。二是写作提纲。在广泛开展调研的基础上,拟定较为详细的写作提纲并交由课题组成员讨论(实施人:课题组;时间:2011 年 11 月前)。三是课题报告。重点包括理论研究、实证调研、对策建议等部分(实施人:课题组;时间:2012 年5 月前)。四是调研报告附件。将课题相关资料(调查问卷、问卷统计表、座谈会记录、案例分析座谈会等)进行梳理,作为调研报告附件(实施人:四川省高级人民法院;时间:2012 年 5 月前)。

11. 课题成果的转化。一是课题的阶段性成果,及时组织在国家级核心期刊发表(实施人:课题组;时间:适时)。二是针对调研中发现的问题、总结的经验,起草《关于案例指导工作的规定》实施细则建议稿(实施人:课题组;时间:2012 年4 月前)。

五、其他事项

1. 建立课题要报制度。及时将研究过程中的重大活动,形成的重大成果,以及阶段性成果在国家级核心期刊发表情况等编发信息及时报送最高人民法院理论研究工作领导小组办公室(实施人:课题组;时间:适时)。

2. 课题报告的印制、寄送。联系印刷厂、校对、向最高人民法院寄送报告(实施人:四川省高级人民法院;时间:2012 年 5 月前)。

3. 课题经费管理。按照专款专用、收支两条线、凭票报销等原则及四川省高级人民法院经费保管的相关规定,课题经费由最高人民法院直接划拨在四川省高级人民法院账上,由四川省高级人民法院行装处代为保管。开展调研所需的必要开支,由课题组提交课题主持人审批后在课题专项经费中统一支出。

本调研方案中涉及的调研活动阶段性时间,可根据实际情况及时予以调整。

附录二 《最高人民法院公报》、四川省高级人民法院案例及统计表

《最高人民法院公报》发布案例精选(137 件)

刑　事

【危害公共安全罪】

1. 淮安市人民检察院诉康兆永、王刚危险物品肇事案

——关键词:从事剧毒化学品运输工作的专业人员的义务

裁判摘要:一、有危险货物运输从业资格的人员,明知使用具有安全隐患的机动车超载运输剧毒化学品,有可能引发危害公共安全的事故,却轻信能够避免,以致这种事故发生并造成严重后果的,构成《中华人民共和国刑法》第一百三十六条规定的危险物品肇事罪。

二、从事剧毒化学品运输工作的专业人员,在发生交通事故致使剧毒化学品泄漏后,有义务利用随车配备的应急处理器材和防护用品抢救对方车辆上的受伤人员,有义务在现场附近设置警戒区域,有义务及时报警并在报警时主动说明危险物品的特征、可能发生的危害,以及需要采取何种救助工具与救助方式才能防止、减轻以至消除危害,有义务在现场等待抢险人员的到来,利用自己对剧毒危险化学品的专业知识以及对运输车辆构造的了解,协助抢险人员处置突发事故。从事剧毒化学品运输工作的专业人员不履行这些义务,应当对由此造成的特别严重后果承担责任。

2. 江苏省泰州市人民检察院诉王桂平以危险方法危害公共安全、销售伪劣产品、虚报注册资本案

——关键词:销售假冒的药用辅料　用于生产药品

裁判摘要:行为人明知会发生危害他人身体健康的后果,但基于非法牟利

的目的，放任这种结果的发生，向药品生产企业销售假冒的药用辅料用于生产药品，致使药品投入市场后发生致人重伤、死亡的严重后果，其行为构成以危险方法危害公共安全罪。

【危害社会主义市场经济秩序罪】

3. 上海市奉贤区人民检察院诉陈恩等人损害商品声誉案

——关键词：故意歪曲、夸大事实　在公共场所砸毁他人商品

裁判摘要：被告人为诋毁他人商品的声誉，故意歪曲、夸大事实，在公共场所砸毁他人商品，对他人的生产经营活动造成重大损失的，根据《中华人民共和国刑法》第二百二十一条的规定，其行为构成损害商品声誉罪。

4. 广州市海珠区人民检察院诉汪照洗钱案

——关键词：明知他人从事毒品犯罪　积极协助以购买股份的方式投资企业经营

裁判摘要：根据《中华人民共和国刑法》第一百九十一条的规定，被告人为获得不法利益，明知他人从事毒品犯罪活动，且掌握的大量资金可能是毒品犯罪所得，仍积极协助其以购买股份的方式投资企业经营，掩饰、隐藏资金的性质及来源，其行为构成了洗钱罪。

5. 上海市人民检察院第二分院诉周德隆等人侵犯商业秘密案

——关键词：违反保密约定　侵犯商业秘密罪共犯

裁判摘要：一、违反与原单位的保密约定，伙同他人利用原单位专利技术以外不为公众知悉的工艺技术信息，生产与原单位相同的产品，并给原单位造成重大经济损失的，应根据《中华人民共和国刑法》第二百一十九条第一款第（三）项和第二款的规定，按侵犯商业秘密罪论处。

二、明知他人违反与原单位的保密约定，仍伙同其利用掌握原单位专利技术以外不为公众知悉的工艺技术信息，生产与其原单位相同的产品，并给其原单位造成重大经济损失的，应根据《中华人民共和国刑法》第二百一十九条第一款第（三）项和第二款的规定，按侵犯商业秘密罪论处。

6. 上海市人民检察院第二分院诉顾然地等人非法经营案

——关键词：低价购进侵权音像复制品后高价售出　销售侵权复制品罪

裁判摘要：根据《中华人民共和国刑法》第二百一十八条的规定，被告人以营利为目的，在未取得《音像制品经营许可证》的情况下，低价购进明知是侵权的音像复制品后高价向境外售出，违法所得数额巨大，构成了销售侵权复制

品罪。

7. 滨海县人民检察院诉刘必仲合同诈骗案

——关键词：擅自打印并获取彩票　挪用资金罪

裁判摘要：福利彩票是国家为筹集社会福利事业发展资金，特许中国福利彩票发行中心垄断发行的有价凭证。受彩票发行机构委托，在彩票投注站代销福利彩票的非国家工作人员，如果以不交纳彩票投注金的方式擅自打印并获取彩票。是侵犯彩票发行机构管理的社会公益性财产的行为。根据《中华人民共和国刑法》第二百七十二条第一款规定，对这种行为应当按挪用资金罪定罪处罚。

8. 西安市人民检察院诉裴国良侵犯商业秘密案

——关键词：附带民事诉讼被告人的范围　权利人遭受物质损失的认定

裁判摘要：一、根据最高人民法院《关于执行〈中华人民共和国刑事诉讼法〉若干问题的解释》第八十六条第（五）项的规定，行为人窃取他人技术秘密供自己所在的公司使用，从而给技术秘密权利人造成特别严重后果的，在追究行为人侵犯商业秘密罪的刑事责任时，可以根据附带民事诉讼原告人的请求，将行为人所在公司列为附带民事诉讼被告人一并追究侵权的民事赔偿责任。

二、根据最高人民法院《关于刑事附带民事诉讼范围问题的规定》第二条的规定，权利人因技术秘密被窃取而遭受的物质损失，包括已经遭受的实际损失和必然遭受的市场份额被削减、竞争力减弱等损失。侵权人利用窃取的技术秘密履行与他人签订的技术合同，从而谋取巨额利润的，应当将侵权人在侵权期间因侵权所获得的利润额确定为给技术秘密权利人的赔偿额。只能认定侵权人签订的合同总金额，无法确定侵权人在侵权期间因侵权所获得的利润的，可以按照该行业平均利润标准计算侵权人所获得的利润。

9. 江苏省南京市人民检察院诉许官成、许冠卿、马茹梅集资诈骗案

——关键词：非法占有目的认定

裁判摘要：行为人以非法占有为目的，采取虚构集资用途，以虚假的证明文件和高回报率为诱饵，未经有权机关批准，向社会公众非法募集资金，骗取集资款的行为，构成《中华人民共和国刑法》第一百九十二条规定的集资诈骗罪。在认定行为人是否具有非法占有目的时，应当坚持主客观相统一的认定标准，既要避免单纯根据损失结果客观归罪，也不能仅凭被告人自己的供述，应当根据案件具体情况全面分析行为人无法偿还集资款的原因，若行为人没有进行实体经营或实体经营的比例极小，根本无法通过正常经营偿还前期非法募集的本金

及约定利息，将募集的款项隐匿、挥霍的，应当认定行为人具有非法占有的目的。

10. 浙江省宁波市人民检察院诉宁波利百代投资咨询有限公司、陈宗纬、王文泽、郑淳中非法经营案

——关键词：为非法经营证券业务而设立公司　向不特定公众代理销售非上市公司股票

裁判摘要：行为人为非法经营证券业务而设立公司，超越工商行政管理部门核准登记的公司经营范围，未经法定机关批准，向不特定的社会公众代理销售非上市股份有限公司的股权（股票），其行为属未经批准非法经营证券业务、扰乱国家证券市场的非法经营行为，情节严重的，应当以非法经营罪定罪处罚。

11. 陕西省渭南市人民检察院诉渭南市尤湖塔园有限责任公司、惠庆祥、陈创、冯振达非法吸收公众存款，惠庆祥挪用资金案

——关键词：变相吸收公众存款

裁判摘要：未经中国人民银行批准，不以吸收公众存款的名义，向社会不特定对象吸收资金，但承诺履行的义务与吸收公众存款性质相同，即承诺在一定期限内返本付息的，属于《中华人民共和国刑法》第一百七十六条规定的“变相吸收公众存款”。只要行为人实施了非法吸收公众存款的行为，无论采取何种非法吸收公众存款的手段、方式，均不影响非法吸收公众存款罪的成立。

12. 江苏省苏州市虎丘区人民检察院诉成都共软网络科技有限公司、孙显忠、张天平、洪磊、梁焯勇侵犯著作权案

——关键词：以营利为目的　复制发行

裁判摘要：一、根据《中华人民共和国刑法》第二百一十七条的规定，行为人以营利为目的，未经著作权人许可复制发行其文字作品、音乐、电影、电视、录像作品、计算机软件及其他作品，违法所得数额较大或者有其他严重情节的，构成侵犯著作权罪。判断行为人的行为是否构成侵犯著作权罪，应当从行为人是否以营利为目的、复制行为是否未经著作权人许可、是否实施了发行行为等方面加以分析。

二、行为人未经著作权人许可复制其计算机软件，通过修改相应程序捆绑其他软件后在互联网上发布供他人下载，并因此获取广告费等收益的，属于《中华人民共和国刑法》第二百一十七条规定的“以营利为目的”的“复制发行”行为。

13. 上海市浦东新区人民检察院诉上海安基生物科技股份有限公司、郑戈擅自发行股票案

——关键词：非上市股份有限公司　向不特定社会公众转让公司股权

裁判摘要：非上市股份有限公司为筹集经营资金，在未经证券监管部门批准的情况下，委托中介机构向不特定社会公众转让公司股东的股权，其行为属于未经批准擅自发行股票的行为，数额巨大、后果严重或者有其他严重情节的，应当以擅自发行股票罪定罪处罚。

14. 江苏省南通市人民检察院诉申东兰生产、销售假药，赵玉侠等销售假药案

——关键词：生产、销售假药主观故意的认定

裁判摘要：《中华人民共和国刑法》第一百四十一条规定了生产、销售假药罪。行为人主观上有无生产、销售假药的故意，是认定生产、销售假药罪成立与否的主观要件，在审理时，被告人供述是重要但不是唯一的依据。对于行为人主观故意的判断，可以根据涉案药品交易的销售渠道是否正规、销售价格是否合理、药品包装是否完整、药品本身是否存在明显瑕疵，结合行为人的职业、文化程度等因素，进行全面分析。

【侵犯公民人身权利、民主权利罪】

15. 郑州市中原区人民检察院诉高知先、乔永杰过失致人死亡案

——关键词：明知车辆有安全隐患仍然使用　教育设施重大安全事故罪

裁判摘要：幼儿教育单位的负责人明知本单位接送幼儿的专用车辆有安全隐患，不符合行车要求，而不采取必要的检修措施，仍让他人使用该车接送幼儿，以致在车辆发生故障后，驾驶人员违规操作引起车辆失火，使被接送的幼儿多人伤亡，该负责人的行为构成《中华人民共和国刑法》第一百三十八条规定的教育设施重大安全事故罪。

16. 北京市海淀区人民检察院诉吴金艳故意伤害案

——关键词：正当防卫

裁判摘要：根据《中华人民共和国刑法》第二十条第三款和《中华人民共和国民法通则》第一百二十八条的规定，公民对深夜非法闯入住地，暴力伤害其本人和他人者采取防卫行为，造成不法侵害人死亡的，不承担刑事责任和民事赔偿责任。

17. 上海市黄浦区人民检察院诉陈祥国绑架案

——关键词：绑架罪　非法拘禁罪　抢劫罪

裁判摘要：一、勒索财物型的绑架罪，是指行为人绑架他人作为人质，以人

质的安危来要挟被绑架人以外的第三人,向该第三人勒索财物的行为。行为人虽然控制了被害人的人身自由,但其目的不是以被害人为人质来要挟被害人以外的第三人并向第三人勒索财物,而是对被害人实施暴力、胁迫以直接劫取财物,其行为不构成绑架罪。

二、索债型的非法拘禁罪,是指行为人以索取债务(包括合法债务与非法债务)为目的,以拘留、禁闭或者其他方法故意非法剥夺他人人身自由的行为。如果不能证实行为人与被害人之间存在债权债务关系,则不构成索债型的非法拘禁罪。

三、行为人以暴力、胁迫的方法要求被害人交出自己的财产,由于被害人的财产不在身边,行为人不得不同意被害人通知其他人送来财产,也不得不与被害人一起等待财产的到来。这种行为不是以被害人为人质向被害人以外的第三人勒索财物,而是符合"使用暴力、胁迫方法当场强行劫取财物"的抢劫罪特征,应当按照《中华人民共和国刑法》第二百六十三条的规定定罪处罚。

18. 福州市人民检察院诉彭崧故意杀人案

——关键词:吸毒后神志异常　刑事责任能力

裁判摘要:行为人因吸毒后产生神志异常而实施危害社会的行为,构成犯罪的,依法应当承担刑事责任。

19. 天津市人民检察院第一分院诉李彬、袁南京、胡海珍、东辉、燕玉峰、刘钰、刘少荣、刘超绑架案

——关键词:错误认识犯罪性质　非共同犯罪

裁判摘要:根据《中华人民共和国刑法》第二十五条的规定,共同犯罪是指二人以上共同故意犯罪,各共同犯罪人必须具有共同犯罪的故意。所谓共同犯罪的故意,是指各共同犯罪人通过意思联络,知道自己是和他人配合共同实施犯罪,认识到共同犯罪行为的性质以及该行为所导致的危害社会的结果,并且希望或者放任这种结果的发生。如果行为人并不了解他人真正的犯罪意图,不清楚他人所实施的犯罪行为的性质,而是被他人蒙骗或者出于自己的错误认识,在错误理解犯罪性质的情况下参与他人实施的犯罪,则不能认定该行为人与他人实施了共同犯罪,而应当依据该行为人的犯罪实际情况,按照主客观一致的原则正确定罪处罚。

【侵犯财产罪】

20. 上海市嘉定区人民检察院诉魏培明等人抢劫案

——关键词:商店　入户抢劫的认定

裁判摘要:根据《中华人民共和国刑法》第二百六十三条和最高人民法院《关于审理抢劫案件具体应用法律若干问题的解释》第一条第一款的规定,被告人以假借购物为由,进入他人经营和生活区域缺乏明显隔离的商店抢劫财物的行为,虽构成抢劫罪,但不构成入户抢劫的情节。

21. 晋中市人民检察院诉刘国平挪用资金案

——关键词:无法查明企业性质　将企业资金转移到个人账户进行股票交易

裁判摘要:在无法查明企业经济性质的情况下,对企业负责人将企业资金转移到个人账户进行股票交易的行为,不应按《中华人民共和国刑法》第二百七十二条第一款的规定认定为挪用资金罪。

22. 南京市玄武区人民检察院诉余刚等四人盗窃案

——关键词:利用编写、传播病毒程序　窃取或控制他人网上银行账户

裁判摘要:根据《中华人民共和国刑法》第二百六十四条的规定,被告人利用编写、传播病毒程序在网上截取他人的银行账号、密码,窃取或实际控制他人网上银行账户内存款的行为,构成盗窃罪。

23. 内蒙古自治区乌海市人民检察院诉白雪云等抢劫案

——关键词:强制禁闭　暴力方法

裁判摘要:根据《中华人民共和国刑法》第二百六十三条的规定,抢劫罪是指以非法占有为目的,以暴力、胁迫或者其他方法,强行劫取公私财物的行为。这里所称的"暴力",是指犯罪人对被害人的身体实施打击或者强制,如杀伤、殴打、捆绑或禁闭等。

行为人出于非法占有的目的,以欺骗的方法将被害人诱至其承租的住房内,而后将被害人反锁在其事先改造过的房间内,致使被害人不能反抗,从而劫取被害人随身携带的财物的,属于以对被害人的身体实施强制禁闭的暴力方法,强行劫取公私财物的行为,应按照《中华人民共和国刑法》第二百六十三条的规定定罪处罚。

24. 西安市人民检察院诉韦国权盗窃案

——关键词:机动车所有人或占有人对车辆的控制　盗窃车辆

裁判摘要:机动车为具有特殊属性的物,所有权人必须以所有权凭证来主张自己的所有权。机动车交易只有在办理过户登记手续后,才发生所有权的转

移。同时,机动车牌号登记制度也进一步增强了所有人或占有人对车辆的控制力。因此,即使机动车所有人或者占有人在离开车辆时忘记关闭车窗、车灯,将车钥匙忘记在车上,也不能认定其完全丧失对车辆的控制,并由此推定该机动车属于遗忘物。在此情形下,行为人出于非法占有的目的,以秘密窃取的方式取得该机动车辆的,应当以盗窃罪定罪处罚。

25. 天津市红桥区人民检察院诉李焕强故意毁坏财物案

——关键词:不具有非法占有目的 偷开机动车辆 刑事附带民事赔偿责任的主体

裁判摘要:一、根据最高人民法院《关于审理盗窃案件具体应用法律若干问题的解释》第十二条第(四)项的规定,行为人不具有非法占有公私财产的目的,而是出于其他目的偷开机动车辆造成车辆损坏的,应当按照《中华人民共和国刑法》第二百七十五条的规定,以故意毁坏财物罪定罪处罚。

二、行为人从停车场将他人的机动车偷开后造成车辆损坏,构成故意毁坏财物罪的,虽然开办停车场的单位与车主之间存在车辆保管合同关系,但该单位不属于依法负有刑事附带民事赔偿责任的主体,其与车主之间发生的合同纠纷同因犯罪行为引起的刑事附带民事赔偿责任系不同的法律关系。车主以该单位为刑事附带民事诉讼被告,并主张该单位对犯罪人应负的刑事附带民事赔偿责任承担连带责任的,依法不予支持。

三、根据最高人民法院《关于刑事附带民事诉讼范围问题的规定》第一条、第二条的规定,因人身权利受到犯罪侵犯而遭受物质损失或者财物被犯罪分子毁坏而遭受物质损失的,可以提起刑事附带民事诉讼。被害人因犯罪行为遭受的物质损失,是指被害人因犯罪行为已经遭受的实际损失和必然遭受的损失。据此,刑事附带民事赔偿的范围应当限定为被害人因犯罪行为遭受的直接经济损失。

26. 重庆市渝中区人民检察院诉朱波伟、雷秀平抢劫案

——关键词:出租车驾驶员 强行索取高额服务费 强迫交易罪

裁判摘要:出租车驾驶员在正常营运过程中,为牟取非法利益,采用暴力、威胁手段,强行向乘客索取与合理价格相差悬殊的高额出租车服务费,情节严重的,其行为构成《中华人民共和国刑法》第二百二十六条规定的强迫交易罪,不应以抢劫罪定罪处罚。

27. 上海市黄浦区人民检察院诉孟动、何立康网络盗窃案

——关键词:电子文件 虚拟行为 虚拟财产数额的认定 盗窃罪既未遂的认定

裁判摘要:一、依照法定程序收集的电子文件如果与案件关联,并在与其

他证据印证后能够客观地反映案件真实情况,依法可成为刑事诉讼中的证据。

二、行为人通过网络实施的虚拟行为如果对现实生活中刑法所保护的客体造成危害构成犯罪的,应当受刑罚惩罚。

三、秘密窃取网络环境中的虚拟财产构成盗窃罪的,应当按该虚拟财产在现实生活中对应的实际财产遭受损失的数额确定盗窃数额。虚拟财产在现实生活中对应的财产数额,可以通过该虚拟财产在现实生活中的实际交易价格来确定。

四、盗窃罪的犯罪对象是种类繁多的公私财物,盗窃公私财物的种类不同,认定盗窃既遂、未遂的方法就不同。审判实践中,不存在唯一的具体案件盗窃未遂认定标准,应当根据《中华人民共和国刑法》第二十三条规定的"着手实行犯罪""犯罪未得逞""犯罪未得逞是由于犯罪分子意志以外的原因"等三个条件,结合盗窃财物种类等具体情况,认定盗窃犯罪行为是否未遂。行为人在网络中盗窃他人的虚拟财产,只要盗窃行为已实现了非法占有该虚拟财产在现实生活中所对应的被害人财产,理当认定犯罪既遂。至于行为人是否对赃物作出最终处理,以及被害人事后是否追回该虚拟财产,均与行为人已完成的犯罪形态无关。

28. 四川省泸县人民检察院诉黄艺、袁小军等诈骗案

——关键词:设置圈套的方法诱使他人参加赌博

裁判摘要:行为人出于非法占有他人财产的目的,采取虚构事实、隐瞒真相、设置圈套的方法诱使他人参加赌博,并以欺诈手段控制赌局的输赢结果,从而骗取他人财物,数额较大的,构成诈骗罪,应当依照《中华人民共和国刑法》第二百六十六条的规定定罪处罚。

29. 广东省肇庆市人民检察院诉梁克财等抢劫案

——关键词:主观怀疑赌局中被设计骗局　为追回赌资非法劫持　当场交出财物的认定

裁判摘要:最高人民法院《关于对为索取法律不予保护的债务非法拘禁他人行为如何定罪问题的解释》规定,行为人为索取高利贷、赌债等法律不予保护的债务,非法扣押、拘禁他人的,依照《中华人民共和国刑法》第二百三十八条的规定定罪处罚。据此,在上述规定情形下构成非法拘禁罪的前提条件,是实际存在高利贷、赌债等法律不予保护的债务。行为人仅是主观上怀疑受害人在赌局中对其设计骗局,为追回赌资而非法劫持受害人,逼迫受害人交出财物的,不属于上述司法解释规定的情形。

根据《中华人民共和国刑法》第二百六十三条的规定,抢劫罪是指以非法占有为目的,对财物的所有人、保管人当场使用暴力、胁迫或其他方法,强行将公

私财物抢走的行为。行为人当场使用暴力控制受害人,迫使受害人通过网上银行转账的形式将钱款转入行为人指定的账户,其行为属于迫使受害人当场交出财物,符合抢劫罪的犯罪构成,应依照《中华人民共和国刑法》第二百六十三条的规定定罪处罚。

30. 河南省郑州市金水区人民检察院诉杨志成盗窃案

——关键词:利用职务便利的认定 职务侵占罪与盗窃罪的区别

裁判摘要:根据《中华人民共和国刑法》第二百七十一条关于职务侵占罪的规定,所谓"利用职务上的便利",是指行为人在实施犯罪时,利用自身的职权,或者利用自身因执行职务而获取的主管、管理、经手本单位财物的便利条件。这里的"主管",是指行为人在一定范围内拥有调配、处置本单位财产的权力;所谓"管理",是指行为人对本单位财物直接负有保管、处理、使用的职责,亦即对本单位财产具有一定的处分权;所谓"经手",是指行为人虽然不负有主管或者管理本单位财物的职责,但因工作需要而在特定的时间、空间内实际控制本单位财物。因此,构成职务侵占罪,就必然要求行为人在非法占有本单位财产时,以其本人职务范围内的权限、职责为基础,利用其对本单位财产具有一定的主管、管理或者经手的职责,在实际支配、控制、处置本单位财物时实施非法占有行为。如果行为人仅仅是在自身工作中易于接触他人主管、管理、经手的本单位财物,或者熟悉作案环境,而利用上述工作中形成的便利条件秘密窃取本单位的财产,则不属于"利用职务上的便利",应依照《中华人民共和国刑法》第二百六十四条的规定,以盗窃罪定罪处罚。

31. 海南省临高县人民检察院诉谢家海等敲诈勒索案

——关键词:绑架罪与敲诈勒索罪的区别

裁判摘要:根据《中华人民共和国刑法》第二百七十四条的规定,敲诈勒索罪是指以非法占有为目的,对被害人使用威胁或要挟的方法,强行索要公私财物的行为。本罪在客观方面表现为行为人采用威胁、要挟等方法,向公私财物的所有者、保管者强索公私财物的行为。所谓威胁、要挟等方法,是指对公私财物的所有者、保管者进行精神上的强制,造成心理上的恐惧,不敢抗拒,从而迫使其交出财物的方法。

根据《中华人民共和国刑法》第二百三十九条的规定,绑架罪是指以勒索财物为目的,或者以他人作为人质,使用暴力、胁迫、麻醉或者其他方法劫持他人的行为。本罪在客观方面表现为以暴力、胁迫、麻醉或其他方法劫持他人的行为。

行为人以被害人预谋犯罪为由,对被害人加以控制,并以报警将被害人送交公安机关处理为要挟,向被害人及其亲属强索财物。在实施上述犯罪过程中,行为人虽然在一定程度上限制了被害人的人身自由,并且为控制被害人而采取了轻微暴力,但并未使用暴力、胁迫、麻醉或者其他方法劫持被害人,亦未将被害人藏匿,其行为不构成绑架罪,应当以敲诈勒索罪定罪处罚。

【妨害社会管理秩序罪】

32. 上海市静安区人民检察院诉张美华伪造居民身份证案

——关键词:伪造自己身份证　日常生活使用　不构成犯罪

裁判摘要:被告人在未能补办遗失居民身份证的情况下,雇佣他人以本人的真实身份资料伪造居民身份证,供自己在日常生活中使用的行为,虽然违反身份证管理的法律规定,但情节显著轻微,危害不大,根据《中华人民共和国刑法》第十三条的规定,应认定不构成犯罪。

33. 海南省洋浦经济开发区初级检察院诉谢杰威、梁雁玲走私制毒物品案

——关键词:制毒物品的认定　明知是制毒物品而走私

裁判摘要:一、判断某种物品是否为制毒物品,应当依据国家相关法律、行政法规的规定。国家相关法律、行政法规未规定为制毒物品的,即使该物品可以用于制造毒品,亦不能将其认定为制毒物品。

二、根据《中华人民共和国刑法》第三百五十条的规定,构成走私制毒物品罪必须要求行为人具有明知是制毒物品而走私的犯罪故意。如果行为人确实不知道所走私的物品是制毒物品,且其走私目的系用于正当生产经营,则即使该物品可以用于制毒,亦不能认定行为人具有走私制毒物品的犯罪故意。

34. 天津市人民检察院第一分院诉刘大力、曹振庆、赵殿永等盗掘古文化遗址、倒卖文物、转移赃物案

——关键词:明知　牟取非法利益　促成非法文物交易

裁判摘要:行为人明知文物系他人盗掘所得,为从中牟取非法利益而帮助他人积极联系买主,居中促成非法文物交易的,其行为不构成销赃罪,应以倒卖文物罪定罪处罚。

35. 江苏省无锡市滨湖区人民检察院诉马志松等破坏计算机信息系统案

——关键词:破坏计算机信息系统罪的认定

裁判摘要:根据《中华人民共和国刑法》第二百八十六条的规定,违反国家规定,对计算机信息系统功能进行删除、修改、增加、干扰或者对计算机信息系统中存储、处理或者传输的数据和应用程序进行删除、修改、增加的操作或者故

意制作、传播计算机病毒等破坏性程序，造成计算机信息系统不能正常运行，后果严重的，构成破坏计算机信息系统罪。

行为人违反国家规定，采用干扰的技术手段攻击劫持互联网运营商的公共域名服务器，在域名服务器中添加指令，在大量个人计算机信息系统中植入木马病毒，造成计算机信息系统不能正常运行，后果严重的，应以破坏计算机信息系统罪定罪处罚。

【贪污贿赂罪】

36. 河南省新郑市人民检察院诉歹进学挪用公款案

——关键词：集体决定　将公款划拨至集体企业使用　未谋利　企业性质认定

裁判摘要：一、国有企业工作人员因单位经营的需要，根据集体决定的意见，将公款划拨至名为个体实为集体的其他企业使用，没有从中谋取私人利益的，其行为不构成挪用公款罪。

二、工商行政管理机关核发的营业执照标明的企业性质，与企业的实际情况不一致时，应当根据企业的成立过程、资金来源、利润分配、管理经营方式等情况，如实认定企业性质。

37. 北京市第二检察分院诉程绍志受贿案

——关键词：收受银行卡　未实际支取卡中存款　收受钱款行为实施终了

裁判摘要：国家工作人员，利用职务上的便利，为他人谋取利益，收受他人的银行卡并改动密码，至案发时虽未实际支取卡中存款，但主观上明显具有非法占有的故意，应视为收受钱款的行为已经实施终了，构成了受贿罪。

38. 上海市人民检察院第二分院诉王一兵贪污案

——关键词：国有企业工作人员　委派联营企业从事公务　将公共财产转移至个人控股企业

裁判摘要：在企业改制过程中，国有企业工作人员利用受委派在国有、集体联营企业中从事公务的职务便利，将国有、集体联营企业的公共财产转移至自己及亲属控股的个人股份制企业并非法占有，应认定构成贪污罪。

39. 成都市人民检察院诉刘爱东贪污、受贿案

——关键词：明知他人有具体请托事项　收受财物　尚未谋取实际利益

裁判摘要：根据《中华人民共和国刑法》第三百八十五条第一款的规定，国家工作人员明知他人有具体请托事项，仍利用职务之便收受其财物的，虽尚未为他人谋取实际利益，其行为亦构成受贿罪。

40. 成都市人民检察院诉尚荣多等人贪污案

——关键词:国有事业单位工作人员　侵吞违法收取的不合理费用

裁判摘要:国有事业单位工作人员利用职务便利,截留并侵吞本单位违法收取的不合理费用,应根据《中华人民共和国刑法》第三百八十二条的规定,以贪污罪论处。

41. 无锡市北塘区人民检察院诉束兆龙贪污案

——关键词:国有事业改制　将国有资产转移到自己占有投资份额的公司　贪污罪数额的认定

裁判摘要:根据《中华人民共和国刑法》第三百八十二条第一款的规定,被告人在国有事业单位改制中,利用职务便利隐瞒国有资产,并将其转移到改制后自己占有投资份额的公司中,构成了贪污罪,但贪污数额应按照被告人在改制后的公司中所占投资份额的比例认定。

【渎职罪】

42. 河南省沁阳市人民检察院诉于萍故意泄露国家秘密案

——关键词:辩护人　合法程序获得的案件证据材料　当事人亲属查阅

裁判摘要:律师在担任刑事被告人的辩护人期间,将通过合法程序获得的案件证据材料让当事人的亲属查阅,不构成故意泄露国家秘密罪。

43. 上海市静安区人民检察院诉黄春海帮助犯罪分子逃避处罚、销售假冒注册商标的商品案

——关键词:渎职罪构成　帮助犯罪分子逃避处罚罪构成

裁判摘要:一、根据全国人大常委会《关于〈中华人民共和国刑法〉第九章渎职罪主体适用问题的解释》的规定,在依照法律、法规规定行使国家行政管理职权的组织中从事公务的人员,或者在受国家机关委托代表国家机关行使职权的组织中从事公务的人员,或者虽未列入国家机关人员编制但在国家机关中从事公务的人员,在代表国家机关行使职权时,有渎职行为,构成犯罪的,依照刑法关于渎职罪的规定追究刑事责任。烟草专卖局系接受有关国家行政机关的委托,代表有关国家机关依法行使烟草专卖市场稽查和查处违反烟草专卖行为等行政执法权的组织。因此,烟草专卖局的工作人员在代表国家机关行使职权时,有渎职行为,构成犯罪的,应当依照刑法关于渎职罪的规定追究刑事责任。

二、根据《中华人民共和国刑法》第四百一十七条的规定,帮助犯罪分子逃避处罚罪是指有查禁犯罪活动职责的国家机关工作人员,向犯罪分子通风报

信、提供便利,帮助犯罪分子逃避处罚的行为。该条规定的“查禁犯罪活动职责”,不仅是指司法机关依法负有的刑事侦查、检察、审判、刑罚执行等职责,也包括法律赋予相关行政机关的查禁犯罪活动的职责。烟草专卖局接受有关国家行政机关的委托,代表有关国家行政机关依法行使烟草专卖市场稽查和查处违反烟草专卖行为等行政执法权。根据国家烟草专卖局《烟草专卖行政处罚程序规定》第二十九条的规定,发现违反烟草专卖规定的违法行为构成犯罪时,相关工作人员应当依法将案件移送司法机关处理。据此,烟草专卖局及其工作人员具有查禁违反烟草专卖的犯罪活动的职责。烟草专卖局稽查队的工作人员在履职过程中,采用通风报信的手法,多次将突击检查假烟销售行动的部署安排透露给销售假烟的犯罪分子,致使犯罪分子逃避刑事处罚的,构成帮助犯罪分子逃避处罚罪。

民　　事

【人格权纠纷】

44. 李海峰等诉叶集公安分局、安徽电视台等侵犯名誉权、肖像权纠纷案

——关键词:公安机关　新闻宣传　注意义务

裁判摘要:公安机关在向新闻媒体提供侦破案件的相关资料,供新闻媒体用于新闻报道时,应尽谨慎注意义务以保护他人合法权益。未尽此义务导致他人名誉权受到侵犯的,应承担相应的民事责任。公安机关侦查行为的合法性、配合新闻媒体进行法制宣传的正当性以及新闻媒体自身在新闻报道中的过失,均不构成免除公安机关上述民事责任的法定事由。

45. 王春生诉张开峰、江苏省南京工程高等职业学校、招商银行股份有限公司南京分行、招商银行股份有限公司信用卡中心侵权纠纷案

——关键词:姓名权　精神损害赔偿

裁判摘要:一、根据《中华人民共和国民法通则》第九十九条的规定,姓名权是指公民自由决定、使用和依照规定改变自己的姓名,并禁止他人干涉、盗用、假冒自己姓名的一项民事权利。未经他人同意,盗用他人身份证、以他人的姓名申办信用卡的行为,即属于盗用、假冒他人姓名,侵犯他人姓名权的民事侵权行为。以上述方式办理信用卡后透支消费,导致他人姓名被银行列入不良信用记录,给他人造成名誉损失的,属于侵犯他人姓名权行为造成的损害后果,不属于侵犯他人名誉权的行为。

二、当事人因他人盗用、冒用自己姓名申办信用卡并透支消费的侵犯姓名权行为，导致其在银行征信系统存有不良信用记录，对当事人从事商业活动及其他社会、经济活动具有重大不良影响，给当事人实际造成精神痛苦，妨碍其内心安宁，降低其社会评价，当事人就此提出精神损害赔偿诉讼请求的，人民法院应予支持。

46. 徐恺诉上海宝钢冶金建设公司侵犯名誉权纠纷案

——关键词：用工单位　不实不良评价劳动者　侵犯名誉权

裁判摘要：名誉是指根据公民的观点、行为、作用、表现等所形成的关于公民品德、才干及其他素质的总体社会评价，是对公民社会价值的一般认识。公民享有名誉权，法律禁止用侮辱、诽谤等方式损害公民的名誉。用工单位对劳动者的劳动、工作情况作出的评价也是劳动者总体社会评价的重要组成部分。用工单位对劳动者作出不实、不良的评价，足以影响到劳动者今后的就业求职和工作生活的，构成对劳动者名誉权的侵犯。

47. 李忠平诉南京艺术学院、江苏振泽律师事务所名誉权侵权纠纷案

——关键词：律师事务所或律师　审查义务　连带责任

裁判摘要：律师事务所或者律师接受委托人的委托发布律师声明，应当对委托人要求发布的声明内容是否真实、合法进行必要的审查、核实。律师事务所或者律师未尽必要的审查义务，即按照委托人的要求发布署名律师声明，如果该律师声明违背事实，侵犯他人名誉权，律师事务所或者律师应对此承担连带侵权责任。

【婚姻家庭继承纠纷】

48. 向美琼等人诉张凤霞等人执行遗嘱代理合同纠纷案

——关键词：律师双方代理

裁判摘要：遗嘱执行人在遗嘱人没有明确其执行遗嘱所得报酬的情况下，与继承人就执行遗嘱相关事项自愿签订代理协议，并按照协议约定收取遗嘱执行费，不属于《中华人民共和国律师法》第三十四条禁止的律师在同一案件中为双方当事人代理的情形，应认定代理协议有效。

49. 单洪远、刘春林诉胡秀花、单良、单译贤法定继承纠纷案

——关键词：夫妻共同债务　举证责任

裁判摘要：最高人民法院《关于适用〈中华人民共和国婚姻法〉若干问题的解释(二)》第二十四条的规定，本意在于加强对债权人的保护，一般只适用于对夫妻外部债务关系的处理。人民法院在处理涉及夫妻内部财产关系的纠纷

时,不能简单依据该规定将夫或妻一方的对外债务认定为夫妻共同债务,其他人民法院依据该规定作出的关于夫妻对外债务纠纷的生效裁判,也不能当然地作为处理夫妻内部财产纠纷的判决依据,主张夫或妻一方的对外债务属于夫妻共同债务的当事人仍负有证明该项债务确为夫妻共同债务的举证责任。

50. 李雪花、范洋诉范祖业、滕颖继承纠纷案

——关键词:人工授精 视为婚生子女

裁判摘要:夫妻关系存续期间,双方一致同意利用他人的精子进行人工授精并使女方受孕后,男方反悔,应当征得女方同意。在未能协商一致的情况下男方死亡,其后子女出生,尽管该子女与男方没有血缘关系,仍应视为夫妻双方的婚生子女。男方在遗嘱中不给该子女保留必要的遗产份额,不符合《中华人民共和国继承法》第十九条规定,该部分遗嘱内容无效。

51. 李维祥诉李格梅继承权纠纷案

——关键词:农村土地承包经营权 不属个人财产

裁判摘要:根据《中华人民共和国农村土地承包法》第十五条的规定,农村土地家庭承包的,承包方是本集体经济组织的农户,其本质特征是以本集体经济组织内部的农户家庭为单位实行农村土地承包经营。家庭承包方式的农村土地承包经营权属于农户家庭,而不属于某一个家庭成员。根据《中华人民共和国继承法》第三条的规定,遗产是公民死亡时遗留的个人合法财产。农村土地承包经营权不属于个人财产,故不发生继承问题。除林地外的家庭承包,当承包农地的农户家庭中的一人或几人死亡,承包经营仍然是以户为单位,承包地仍由该农户的其他家庭成员继续承包经营;当承包经营农户家庭的成员全部死亡,由于承包经营权的取得是以集体成员权为基础,该土地承包经营权归于消灭,不能由该农户家庭成员的继承人继续承包经营,更不能作为该农户家庭成员的遗产处理。

【物权纠纷】

52. 勋怡公司诉瑞申公司财产权属纠纷案

——关键词:恶意串通 诉讼欺诈

裁判摘要:双方当事人恶意串通,隐瞒事实、编织理由进行诉讼,违反了《中华人民共和国民法通则》第四条规定的诚实信用原则,应承担相应的法律责任。

53. 陈清棕诉亭洋村一组、亭洋村村委会征地补偿款分配纠纷案

——关键词:农转非 土地承包经营权 征地补偿款

裁判摘要:依照《中华人民共和国土地管理法》第十四条和《中华人民共和

国农村土地承包法》第二十六条的规定,承包土地的农民到小城镇落户后,其土地承包经营权可以保留或者依法流转;该土地如果被征用,承包土地的农民有权获得征地补偿款。

54. 徐蕾诉中汇房产公司财产所有权纠纷案

——关键词:出租人　退还押金义务

裁判摘要:根据《中华人民共和国合同法》第四十一条的规定,承租人和出租人没有协商免除出租人退还押金的义务,出租人以双方签署的由其提供的解除房屋租赁关系格式合同中有“双方再无经济关系”的约定为由,拒绝退还押金,承租人提出异议的,出租人不能免除退还押金的义务。

55. 刘志兵诉卢志成财产权属纠纷案

——关键词:善意取得　机动车的交易

裁判摘要:善意取得是指无处分权人将不动产或者动产转让给受让人,受让人是善意的且付出合理的价格,依法取得该不动产或者动产的所有权。因此,善意取得应当符合以下三个条件:一、受让人受让该动产时是善意的;二、以合理的价格受让;三、受让的动产依照法律规定应当登记的已经登记,不需要登记的已经交付给受让人。

机动车虽然属于动产,但存在一些严格的管理措施使机动车不同于其他无需登记的动产。行为人未在二手机动车交易市场内交易取得他人合法所有的机动车,不能证明自己为善意并付出相应合理价格的,对其主张善意取得机动车所有权的请求,人民法院不予支持。

56. 无锡市春江花园业主委员会诉上海陆家嘴物业管理有限公司等物业管理纠纷案

——关键词:共有部分收益

裁判摘要:根据《中华人民共和国物权法》第七十二条的规定,业主对建筑物专有部分以外的共有部分,享有权利,承担义务。共有部分在物业服务企业物业管理(包括前期物业管理)期间所产生的收益,在没有特别约定的情况下,应属全体业主所有,并主要用于补充小区的专项维修资金。物业服务企业对共有部分进行经营管理的,可以享有一定比例的收益。

57. 申银万国证券股份有限公司诉上海国宏置业有限公司财产权属纠纷案

——关键词:股权挂靠或代持　股权持有和变动以登记为据

裁判摘要:一、股权的挂靠或代持行为,也就是通常意义上的法人股隐名持有。法人股隐名持有存在实际出资人和挂名持有人,双方应签订相应的协议以确定双方的关系，从而否定挂名股东的股东权利。对于一方原本就是法人股的所有人，对方则是通过有偿转让的方式取得法人股的所有权，双方所签订的是法人股转让协议，协议中确定了转让对价以及所有权的转移问题的，不属于股权的代持或挂靠，可以认定双方是通过出售方式转移法人股的所有权，即使受让方没有支付过任何对价，出让方也已丧失了对系争法人股的所有权，而只能根据转让协议主张相应的债权。

二、根据《中华人民共和国公司法》和《中华人民共和国证券法》的相关规定，公司股权转让应办理变更登记手续，以取得对外的公示效力，否则不得对抗第三人。同时，根据《中华人民共和国证券法》公开、公平、公正的交易原则以及上市公司信息公开的有关规定，对上市公司信息披露的要求，关系到社会公众对上市公司的信赖以及证券市场的交易安全和秩序。因此，作为上市公司，其股东持有股权和变动的情况必须以具有公示效力的登记为据。

【合同纠纷】

买卖合同

58. 新宇公司诉冯玉梅商铺买卖合同纠纷案

——关键词：违约方解除合同　分割商铺权利行使

裁判摘要：一、根据《中华人民共和国合同法》第一百一十条规定，有违约行为的一方当事人请求解除合同，没有违约行为的另一方当事人要求继续履行合同，当违约方继续履约所需的财力、物力超过合同双方基于合同履行所能获得的利益，合同已不具备继续履行的条件时，为衡平双方当事人利益，可以允许违约方解除合同，但必须由违约方向对方承担赔偿责任，以保证对方当事人的现实既得利益不因合同解除而减少。

二、在以分割商铺为标的物的买卖合同中，买方对商铺享有的权利，不同于独立商铺。为保证物业整体功能的发挥，买方行使的权利必须受到其他商铺业主整体意志的限制。

59. 百花公司诉浩鑫公司买卖合同纠纷案

——关键词：抵押物转让

裁判摘要：一、根据《中华人民共和国担保法》第四十九条第一款和《关于适用〈中华人民共和国担保法〉若干问题的解释》第六十七条，在未通知抵押权人和未告知受让人的情况下，抵押人转让已办理登记的抵押物，只要抵押人在转让后向抵押权人清偿了债务，或者受让人在得知受让物上有抵押权后代抵押人清偿了债务，使物上设定的抵押权消灭，转让行为仍可以有效。

二、能够援引《中华人民共和国担保法》第四十九条第一款规定来主张转让行为无效的，应当是合法权益受到损害的抵押权人或者受让人，不是不履行此款规定通知、告知义务的抵押人。抵押人提起诉讼主张确认转让行为无效的，在确保抵押权实现的前提下，其诉讼请求应当驳回。

商品房销售合同

60. 戴雪飞诉华新公司商品房订购协议定金纠纷案

——关键词：格式合同　定金返还

裁判摘要：购房者对开发商的样板房表示满意，与开发商签订订购协议并向其交付了定金，约定双方于某日订立商品房预售合同。后由于开发商提供的商品房预售格式合同中有样板房仅供参考等不利于购房者的条款，购房者对该格式条款提出异议要求删除，开发商不能立即给予答复，以致商品房预售合同没有在订购协议约定的日期订立的，属于最高人民法院《关于审理商品房买卖合同纠纷案件适用法律若干问题的解释》第四条规定的“不可归责于当事人双方的事由”，开发商应当将收取的定金返还给购房者。

61. 黄颖诉美晟房产公司商品房预售合同纠纷案

——关键词：推定主张成立　建筑事项改变　违约责任

裁判摘要：对所购房屋显而易见的瑕疵，业主主张已经在开发商收执的《业主入住验收单》上明确提出书面异议。开发商拒不提交有业主签字的《业主入住验收单》，却以业主已经入住为由，主张业主对房屋现状认可。根据最高人民法院《关于民事诉讼证据的若干规定》，可以推定业主关于已提出异议的主张成立。

根据《中华人民共和国合同法》第一百零七条规定，交付房屋不符合商品房预售合同中的约定，应由开发商向业主承担违约责任。交付房屋改变的建筑事项，无论是否经过行政机关审批或者是否符合建筑规范，均属另一法律关系，不能成为开发商不违约或者免除违约责任的理由。

62. 仲崇清诉上海市金轩大邸房地产项目开发有限公司商品房预售合同纠纷案

——关键词：预约合同　违约责任

裁判摘要：预约合同，一般指双方当事人为将来订立确定性本合同而达成的合意。预约合同生效后，双方当事人均应当按照约定履行自己的义务。一方当事人未尽义务导致本合同的谈判、磋商不能进行，构成违约的，应当承担相应的违约责任。

63. 杨珺诉东台市东盛房地产开发有限公司商品房销售合同纠纷案

——关键词:房屋质量缺陷

裁判摘要:一、人民法院依法独立行使审判权,在审理案件中以事实为根据,以法律为准绳。人民法院据以定案的事实根据,是指经依法审理查明的客观事实。建设行政主管部门的审批文件以及建筑工程勘察、设计、施工、工程监理等单位分别签署的质量合格文件,在关于房屋建筑工程质量的诉讼中仅属诉讼证据,对人民法院认定事实不具有当然的确定力和拘束力,如果存在房屋裂缝、渗漏等客观事实,并且该客观事实确系建筑施工所致,则人民法院应当依法认定房屋存在质量缺陷。

二、除有特别约定外,房屋出卖人应当保证房屋质量符合工程建设强制性标准以及合同的约定,房屋买受人以房屋存在质量缺陷为由向出卖人主张修复等民事责任的,人民法院应当予以支持。

储蓄存款合同纠纷

64. 吴卫明诉上海花旗银行储蓄合同纠纷案

——关键词:外资金融机构 账户管理费

裁判摘要:外资金融机构向小额储户收取账户管理费的行为,不违反法律、法规的禁止性规定的,不构成违法。

65. 周培栋诉江东农行储蓄合同纠纷案

——关键词:保证支付义务

裁判摘要:对于《中华人民共和国商业银行法》规定的保证支付、取款自由、为储户保密应当进行全面理解。保证支付,不仅是指银行不得拖延、拒绝支付,还包括银行应当以适当的方式履行支付义务;取款自由,不仅包括取款时间、取款数额上的自由,在有柜台和自动取款机等多种取款方式的情况下,还应当包括选择取款方式的自由;为储户保密,不仅是指银行应当对储户已经提供的个人信息保密,也包括应当为到银行办理交易的储户提供必要的安全、保密的环境。银行如果没有履行上述义务,即构成违约,应当承担相应违约责任。

66. 顾骏诉上海交行储蓄合同纠纷案

——关键词:自助银行 防范责任

裁判摘要:依照《中华人民共和国商业银行法》第六条的规定,商业银行应当对利用自助银行和 ATM 机实施的各种犯罪承担防范责任。犯罪分子以在自助银行门禁系统上安装盗码器的方法,窃取储户的银行卡信息和密码造成储户损失的,如储户无过错,商业银行应承担赔偿责任。

67. 王永胜诉中国银行股份有限公司南京河西支行储蓄存款合同纠纷案

——关键词:银行安全保障服务

裁判摘要:犯罪分子利用商业银行对其自助柜员机管理、维护上的疏漏,通过在自助银行网点门口刷卡处安装读卡器、在柜员机上部安装摄像装置的方式,窃取储户借记卡的卡号、信息及密码,复制假的借记卡,将储户借记卡账户内的钱款支取、消费的,应当认定商业银行没有为在其自助柜员机办理交易的储户提供必要的安全、保密的环境,构成违约。储户诉讼请求商业银行按照储蓄存款合同承担支付责任,商业银行以储户借记卡内的资金短少是由于犯罪行为所致,不应由其承担民事责任为由进行抗辩的,对其抗辩主张人民法院不予支持。

68. 梅州市梅江区农村信用合作联社江南信用社诉罗苑玲储蓄合同纠纷案

——关键词:强制性规定的认定　银行告知义务

裁判摘要:一、根据《中华人民共和国合同法》第五十二条第(五)项的规定,违反法律、行政法规的强制性规定的合同无效。最高人民法院《关于适用〈中华人民共和国合同法〉若干问题的解释(二)》第十四条规定,所谓强制性规定是指效力性强制性规定。仅是针对特定主体的对内管理行为、不涉及公共利益的规定,不属于效力性强制性规定,违反该规定不能导致合同无效。

二、银行作为专业金融机构,对于关乎储户切身利益的内部业务规定,负有告知储户的义务。如银行未向储户履行告知义务,当双方对于储蓄合同相关内容的理解产生分歧时,应当按照一般社会生活常识和普遍认知对合同相关内容作出解释,不能片面依照银行内部业务规定解释合同内容。

69. 信连华诉新港商业银行存单纠纷案

——关键词:存单与底单不符　存款关系的认定

裁判摘要:根据最高人民法院《关于审理存单纠纷案件的若干规定》第五条的规定,存单持有人的存单与金融机构的底单记载内容不符,如果存单是真实的,且金融机构只能提交单方制作的证据来抗辩存单,应当认定存单持有人与金融机构之间的存款关系成立,金融机构根据存单承担兑付款项的义务。

其他合同纠纷

70. 郭叶律师行诉厦门华洋彩印公司代理合同纠纷管辖权异议案

——关键词:涉外管辖规定

裁判摘要:对于我国人民法院和其他国家或者地区的法院都有管辖权的案

件,一方当事人已向其他国家或者地区的法院起诉后,又向我国人民法院起诉的,如不违反民事诉讼法和我国参加的国际条约的管辖规定,人民法院可予受理。

71. 郑雪峰、陈国青诉江苏省人民医院医疗服务合同纠纷案

——关键词:非紧急情况 改变医疗方案 构成违约

裁判摘要:公共医疗卫生服务机构履行医疗服务合同时,在非紧急情况下,未经同意擅自改变合同双方约定的医疗方案,属于《中华人民共和国合同法》第一百零七条规定的履行合同义务不符合约定的行为。

72. 常州新区工行诉康美公司借款合同纠纷案

——关键词:账户托管贷款 权利质押 优先受偿

裁判摘要:根据《中华人民共和国担保法》第七十五条第(四)项规定,以出口退税账户托管的方式贷款,构成出口退税权利质押。贷款人在借款得不到清偿时,有权在借款人的出口退税款中优先受偿。

73. 孟元诉中佳旅行社旅游合同纠纷案

——关键词:解除合同 减少损失义务

裁判摘要:一方当事人提出解除合同后,在未与对方协商一致的情况下,拒绝对方提出减少其损失的建议,坚持要求对方承担解除合同的全部损失,并放弃履行合同,致使自身利益受到损害的,应自负全部责任。

74. 李金华诉立融典当公司典当纠纷案

——关键词:绝当

裁判摘要:绝当后,消灭当户基于典当合同对当物的回赎权,既不违反法律规定,也符合典当行业的惯例和社会公众的一般理解。

75. 应娟利诉亿贝易趣网络信息服务(上海)有限公司服务合同纠纷案

——关键词:网络交易 居间合同

裁判摘要:一、在网络交易中,提供交易平台的网站与交易双方之间构成居间合同关系的,网站负有合同法所规定的居间人的义务,如应当就有关订立合同的事项向合同双方如实报告,不得故意隐瞒与订立合同有关的重要事实或者提供虚假情况等。如果违反这些义务,网站应当承担相应的法律责任。

二、当事人通过网站交易平台与他人订立网络买卖合同,但未实际履行该合同,而是利用网站提供的合同对方的个人信息,通过电话联系方式与对方订立了与网络买卖合同完全不同的新的合同,该新合同与网站无关,当事人因履行该新合同而遭受经济损失的,网站不承担赔偿责任。

76. 家园公司诉森得瑞公司合同纠纷案

——关键词:显失公平

裁判摘要:合同的显失公平,是指合同一方当事人利用自身优势,或者利用对方没有经验等情形,在与对方签订合同中设定明显对自己一方有利的条款,致使双方基于合同的权利义务和客观利益严重失衡,明显违反公平原则。

双方签订的合同中设定了某些看似对一方明显不利的条款,但设立该条款是双方当事人真实的意思表示,其实质恰恰在于衡平双方的权利义务。在此情形下,合同一方当事人以显失公平为由请求撤销该合同条款的,不应予以支持。

77. 郑州二建公司诉王良础公有住房出售协议违约纠纷案

——关键词:建筑物区分所有权　维修责任

裁判摘要:一、建筑物区分所有权人只能在该建筑物中自己专有的部位行使所有权四项权能,未经该建筑物的其他区分所有权人和物业经营管理者、维修者许可,不得对该建筑物的共用部位行使权利。

二、公有住房售出单位对公有住房的共用部位承担着维修责任。售出单位在与公有住房买受人签订的售房协议中,为了不加重自己一方在住房售出后的维修负担,约定买受人不得实施有碍公有住房共用部位安全的行为,这样的约定没有限制买受人正当行使自己的权利,因此是合法有效的。

78. 青岛中南物业管理有限公司南京分公司诉徐献太、陆素侠物业管理合同纠纷案

——关键词:建筑物共用部位权属　业主的义务

裁判摘要:一、业主与所在小区的物业管理公司签订物业管理服务协议后,即与物业管理公司之间建立了物业管理服务合同关系。物业管理公司作为提供物业管理服务的合同一方当事人,有义务依约进行物业管理,要求业主遵守业主公约及小区物业管理规定,有权对于违反业主公约及物业管理规定的行为加以纠正,以维护小区正常的物业管理秩序,维护小区全体业主的共同利益。当业主不按照整改要求纠正违反业主公约和物业管理规定的行为时,物业管理公司作为合同一方当事人,有权依法提起诉讼。

二、对于与业主所购房屋毗邻庭院绿地的权属问题,不能仅仅依据房地产开发商的售楼人员曾向业主口头承诺“买一楼房屋送花园”,以及该庭院绿地实际为业主占有、使用的事实,即认定业主对该庭院绿地享有独占使用权。该庭院绿地作为不动产,其使用权的归属必须根据房屋买卖双方正式签订的商品房买卖协议及物权登记情况加以确定。

三、业主不得违反业主公约及物业管理规定，基于个人利益擅自破坏、改造与其房屋毗邻的庭院绿地。即使业主对于该庭院绿地具有独占使用权，如果该庭院绿地属于小区绿地的组成部分，业主在使用该庭院绿地时亦应遵守业主公约、物业管理规定关于小区绿地的管理规定，不得擅自破坏该庭院绿地，损害小区其他业主的合法权益。

79. 上海市弘正律师事务所诉中国船舶及海洋工程设计研究院服务合同纠纷案

——关键词：当事人对自身权益的处分

裁判摘要：当事人在诉讼过程中自愿接受调解、和解，是对自身权益的处分，是当事人依法享有的诉讼权利。律师事务所及其律师作为法律服务者，在接受当事人委托代理诉讼事务中，应当尊重委托人关于接受调解、和解的自主选择，即使认为委托人的选择不妥，也应当出于维护委托人合法权益的考虑提供法律意见，而不能为实现自身利益的最大化，基于多收代理费的目的，通过与委托人约定相关合同条款限制委托人接受调解、和解。上述行为不仅侵犯委托人的诉讼权利，加重委托人的诉讼风险，同时也不利于促进社会和谐，违反社会公共利益，相关合同条款亦属无效。

80. 蔡红辉诉金才来信用卡纠纷案

——关键词：银联卡特约商户核对预留签名义务

裁判摘要：银联卡特约商户在受理有预留签名的银联信用卡消费时，应当根据其与发卡银行之间的约定以及中国人民银行《银行卡联网联合业务规范》的规定，核对持卡人在交易凭证上的签字与信用卡签名条上预留的签字是否一致。未核对签名造成持卡人损失的，应承担相应的赔偿责任。信用卡所有人为信用卡设置了密码，但因自身原因导致密码泄露的，可以适当减轻特约商户的赔偿责任。

【不当得利】

81. 喻山澜诉工行宣武支行、工行北京分行不当得利纠纷案

——关键词：金融企业　不当得利

裁判摘要：根据《中华人民共和国民法通则》第九十二条规定，金融企业在发放与行政机关行政管理职责相关的服务性集成电路卡时，违反收费管理办法，向当事人收取工本费以外的费用，构成不当得利。

【知识产权与不正当竞争纠纷】

82. 山东鲁锦实业有限公司诉鄄城县鲁锦工艺品有限责任公司、济宁礼之邦家纺有限公司侵犯注册商标专用权及不正当竞争纠纷案

——关键词:正当使用　商品通用名称

裁判摘要:一、《中华人民共和国商标法实施条例》第四十九条规定:“注册商标中含有的本商品的通用名称、图形、型号,或者直接表示商品的质量、主要原料、功能、用途、重量、数量及其他特点,或者含有地名,注册商标专用权人无权禁止他人正当使用。”据此,注册商标专用权的行使应有所限制。商标的作用主要在于商品的识别性,即购买者、消费者能够通过不同的商标而区别相应的商品或者服务,防止购买者、消费者对商品及服务的来源产生混淆。因此,虽然在商品或服务上使用了他人注册商标中含有的本商品的通用名称等,属于正当使用,不构成对他人注册商标专用权的侵犯。

二、商品通用名称应当具有广泛性、规范性。对于具有地域性特点的商品通用名称,判断其是否具有广泛性,应以特定产区及相关公众的接受程度为标准,而不应以是否在全国范围内广泛使用为标准;判断其是否具有规范性,应当以相关公众的一般认识及其指代是否明确为标准。对于约定俗成、已为相关公众认可的名称,即使其不尽符合相关科学原理,亦不影响将其认定为通用名称。具体判断是否构成商品的通用名称,应当注意把握以下几点:1. 该名称是否在某一地区或领域普遍使用并为相关公众所接受;2. 该名称所指代的商品生产工艺是否经某一地区或领域长期共同劳动实践而形成;3. 该名称所指代的商品生产原料是否在某一地区或领域普遍生产。

83. 拉科斯特股份有限公司与上海龙华服饰礼品市场经营管理有限公司注册商标专用权纠纷案

——关键词:商品市场管理者　合理注意义务　帮助侵权　连带责任

裁判摘要:商品市场的管理者对市场内商铺销售假冒注册商标商品的行为未尽合理注意义务,为侵权行为提供便利条件的,属于帮助侵权的行为,应当和销售假冒注册商标商品的商铺承担连带责任。

【劳动争议纠纷】

84. 王云飞诉施耐德电气(中国)投资有限公司上海分公司劳动争议纠纷案

——关键词:竞业禁止　经济补偿

裁判摘要:竞业禁止是指负有特定义务的劳动者从原用人单位离职后,在

一定期间内不得自营或为他人经营与原用人单位有直接竞争关系的业务。根据有关法律、行政法规的规定，用人单位与负有保守商业秘密义务的劳动者，可以在劳动合同或者保密协议中约定竞业禁止条款，同时应约定在解除或者终止劳动合同后，给予劳动者一定的竞业禁止经济补偿；未约定给予劳动者竞业禁止经济补偿，或者约定的竞业禁止经济补偿数额过低、不符合相关规定的，该竞业禁止条款对劳动者不具有约束力。

85. 郭懿诉江苏益丰大药房连锁有限公司劳动争议案

——关键词：大专院校在校学生　劳动合同的效力

裁判摘要：即将毕业的大专院校在校学生以就业为目的与用人单位签订劳动合同，且接受用人单位管理，按合同约定付出劳动；用人单位在明知求职者系在校学生的情况下，仍与之订立劳动合同并向其发放劳动报酬的，该劳动合同合法有效，应当认定双方之间形成劳动合同关系。

【与公司、证券、保险、票据有关的民事纠纷】

86. 口福食品公司诉韩国企业银行、中行核电站支行信用证纠纷案

——关键词：信用证欺诈的认定

裁判摘要：信用证欺诈，是指信用证受益人在根本无货或者质量低劣无法交货的情况下，单独或与他人恶意串通，伪造符合信用证要求的一种或几种单据，从开证行骗取信用证项下货款，从而使开证申请人遭受经济损失的行为。开证行如无证据证明信用证项下单据是受益人单独或与他人恶意串通伪造的，目的是从开证行骗取信用证项下款项，且该伪造行为已经给开证申请人造成了实质性损害，不能援引信用证欺诈例外原则拒付信用证项下款项。

87. 张桂平诉王华股权转让合同纠纷案

——关键词：发起人　禁售期内　股权转让合同效力

裁判摘要：一、《中华人民共和国公司法》原第一百四十七条第一款关于“发起人持有的本公司股份，自公司成立之日起三年内不得转让”的规定，旨在防范发起人利用公司设立谋取不当利益，并通过转让股份逃避发起人可能承担的法律责任。

二、股份有限公司的发起人在公司成立后三年内，与他人签订股权转让协议，约定待公司成立三年后为受让方办理股权过户手续，并在协议中约定将股权委托受让方行使的，该股权转让合同不违反《中华人民共和国公司法》原第一百四十七条第一款的规定。协议双方在公司法所规定的发起人股份禁售期内，

将股权委托给未来的股权受让方行使，也并不违反法律的强制性规定，且在双方正式办理股权登记过户前，上述行为并不能免除转让股份的发起人的法律责任，也不能免除其股东责任。因此，上述股权转让合同应认定为合法有效。

88. 陈伟诉广东省机场管理集团公司、广州白云国际机场股份有限公司、上海证券交易所侵权纠纷案

——关键词：权证　信息披露义务主体　交易风险承担

裁判摘要：权证属证券衍生品种，发布权证信息的提示性公告的权证信息披露与证券法规定的涉及上市公司财务状况、股权结构以及公司经营管理人员变化等公司内部重大事项的信息披露不同，应由发行人和相关投资者承担相关信息披露义务，而不是由权证标的证券上市公司承担。

行为人应在充分了解权证交易规则和各种风险的基础上进行高风险的权证交易。在发行人尽到了权证信息公告的披露义务、证券交易机构尽到了监管义务的前提下，行为人一旦根据自主决定进行权证买卖交易，在享有权证交易可能带来的收益的同时，也应承担可能出现的风险。因为疏忽大意没有发现重要信息，或者没有充分了解权证的有关规则，在进行交易行为时产生亏损的，相应后果应自行承担。

89. 邢立强诉上海证券交易所权证交易侵权纠纷案

——关键词：证券交易所　审核创设权证　侵权责任

裁判摘要：权证产品属新型证券衍生品种，具有不同于股票交易的特点。权证发行后，符合一定条件的机构经交易所审核可创设权证。投资者以交易所审核创设权证违规为由而提起的民事侵权之诉，具有可诉性；证券交易所审核合格券商创设权证，是证券法赋予其自律监管职能的行为，其审核行为只要符合权证管理业务规则，主观上不具有过错，其对于投资者因权证交易造成的损失不承担赔偿责任，投资者应自行承担风险损失。

90. 巴菲特投资有限公司诉上海自来水投资建设有限公司股权转让纠纷案

——关键词：国有产权　场外交易无效

裁判摘要：根据《企业国有资产监督管理暂行条例》第十三条的规定，国务院国有资产监督管理机构可以制定企业国有资产监督管理的规章、制度。根据国务院国资委、财政部制定实施的《企业国有产权转让管理暂行办法》第四条、第五条的规定，企业国有产权转让应当在依法设立的产权交易机构中公开进行，企业国有产权转让可以采取拍卖、招投标、协议转让等方式进行。企业未按照上述规定在依法设立的产权交易机构中公开进行企业国有产权转让，而是进

行场外交易的，其交易行为违反公开、公平、公正的交易原则，损害社会公共利益，应依法认定其交易行为无效。

91. 何丽红诉中国人寿保险股份有限公司佛山市顺德支公司、中国人寿保险股份有限公司佛山分公司保险合同纠纷案

——关键词：如实告知义务

裁判摘要：一、基于保险合同的特殊性，合同双方当事人应当最大限度的诚实守信。投保人依法履行如实告知义务，即是最大限度诚实守信的一项重要内容。根据《中华人民共和国保险法》第十七条的规定，投保人在订立保险合同前，应当如实回答保险人就保险标的或者被保险人的有关情况作出的询问，如实告知影响保险人对是否承保以及如何设定承保条件、承保费率作出正确决定的重要事项。对于投保人故意隐瞒事实，不履行如实告知义务的，或者因过失未履行如实告知义务，足以影响保险人决定是否同意承保或者提高保险费率的，保险人有权解除保险合同，并对于保险合同解除前发生的保险事故不承担赔偿或者给付保险金的责任。

二、如果保险人在明知投保人未履行如实告知义务的情况下，不是进一步要求投保人如实告知，而是仍与之订立保险合同，则应视为其主动放弃了抗辩权利，构成有法律约束力的弃权行为，故无权再以投保人违反如实告知义务为由解除保险合同，而应严格依照保险合同的约定承担保险责任。

92. 冯跃顺诉光大永明人寿保险有限公司保险合同纠纷案

——关键词：意外伤害　人身保险　损失补偿原则

裁判摘要：根据《中华人民共和国保险法》第九十二条第二款的规定，意外伤害保险属于人身保险，不适用财产保险中的"损失补偿原则"。被保险人或者受益人从实施致害行为的第三者处获得侵权赔偿后，仍然可以向保险人主张保险理赔，保险人不得以被保险人或者受益人已经获得侵权赔偿为由拒绝履行保险理赔责任。

93. 杨树岭诉中国平安财产保险股份有限公司天津市宝坻支公司保险合同纠纷案

——关键词：家庭成员　免责条款　说明义务

裁判摘要：一、"家庭成员""直系血亲""亲属"等均为法律概念，经营保险业务的保险公司无权对上述法律概念随意进行解释。"家庭"在法律上等同于户籍，"家庭成员"是指在同一户籍内永久共同生活，每个成员的经济收入都作为家庭共同财产的人。"家庭成员"与"直系血亲""亲属"并非同一概念，具有直系血亲关系的人不一定互为家庭成员。

二、根据保《中华人民共和国保险法》第十八条的规定，保险合同中规定有关于保险人责任免除条款的，保险人在订立合同时应当向投保人明确说明，未明确说明的该条款无效。所谓“明确说明”，是指保险人在与投保人签订保险合同之前或者签订保险合同之时，对于保险合同所约定的免责条款，除了在保险单上提示投保人注意外，还应当对有关免责条款的概念、内容及其法律后果等以书面或者口头形式向投保人或其代理人作出解释，以使投保人明了该条款的真实含义和法律后果。

94. 韩龙梅等诉阳光人寿保险股份有限公司江苏分公司保险合同纠纷案

——关键词：说明义务

裁判摘要：《中华人民共和国保险法》第十七条第一款规定：“订立保险合同，保险人应当向投保人说明保险合同的条款内容，并可以就保险标的或者被保险人的有关情况提出询问，投保人应当如实告知。”保险人或其委托的代理人出售“自助式保险卡”未尽说明义务，又未对相关事项向投保人提出询问，自行代替投保人激活保险卡形成数据电文形式的电子保险单，在保险合同生效后，保险人以电子保险单内容不准确，投保人违反如实告知义务为由主张解除保险合同的，人民法院不予支持。

95. 段天国诉中国人民财产保险股份有限公司南京市分公司保险合同纠纷案

——关键词：说明义务　免责条款

裁判摘要：根据2002年修订的《中华人民共和国保险法》第十七条第一款、第十八条的规定，订立保险合同，保险人应当向投保人说明保险合同的条款内容。保险合同中规定有关于保险人责任免除条款的，保险人在订立保险合同时应当向投保人明确说明，未明确说明的，该条款不产生效力。据此，保险人有义务在订立保险合同时向投保人就责任免除条款作出明确说明，前述义务是法定义务，也是特别告知义务。如果保险合同当事人对保险人是否履行该项告知义务发生争议，保险人应当提供其对有关免责条款内容作出明确解释的相关证据，否则该免责条款不产生效力。

【侵权责任纠纷】

96. 王德钦诉杨德胜、泸州市汽车二队交通事故损害赔偿纠纷案

——关键词：死者生前抚养人的认定

裁判摘要：《中华人民共和国民法通则》第一百一十九条规定的“死者生前扶养的人”，既包括死者生前实际扶养的人，也包括应当由死者抚养，但因为死

亡事故发生，死者尚未抚养的子女。

97. 郑克宝诉徐伟良、中国人民财产保险股份有限公司长兴支公司道路交通事故人身损害赔偿纠纷案

——关键词：机动车第三者责任险 第三者的认定 车上人员的认定

裁判摘要：一、根据机动车辆保险合同的约定，机动车辆第三者责任险中的“第三者”，是指除投保人、被保险人和保险人以外的，因保险车辆发生意外事故遭受人身伤亡或财产损失的保险车辆下的受害者；车上人员责任险中的“车上人员”，是指发生意外事故时身处保险车辆之上的人员。据此，判断因保险车辆发生意外事故而受害的人属于“第三者”还是属于“车上人员”，必须以该人在事故发生当时这一特定的时间是否身处保险车辆之上为依据，在车上即为“车上人员”，在车下即为“第三者”。

二、由于机动车辆是一种交通工具，任何人都不可能永久地置身于机动车辆之上，故机动车辆保险合同中所涉及的“第三者”和“车上人员”均为在特定时空条件下的临时性身份，即“第三者”与“车上人员”均不是永久的、固定不变的身份，二者可以因特定时空条件的变化而转化。因保险车辆发生意外事故而受害的人，如果在事故发生前是保险车辆的车上人员，事故发生时已经置身于保险车辆之下，则属于“第三者”。至于何种原因导致该人员在事故发生时置身于保险车辆之下，不影响其“第三者”的身份。

98. 葛宇斐诉沈丘县汽车运输有限公司、中国人民财产保险股份有限公司周口市分公司、中国人民财产保险股份有限公司沈丘支公司道路交通事故损害赔偿纠纷案

——关键词：交通事故认定书 证据效力

裁判摘要：交通事故认定书是公安机关处理交通事故，作出行政决定所依据的主要证据，虽然可以在民事诉讼中作为证据使用，但由于交通事故认定结论的依据是相应行政法规，运用的归责原则具有特殊性，与民事诉讼中关于侵权行为认定的法律依据、归责原则有所区别。交通事故责任不完全等同于民事法律赔偿责任，因此，交通事故认定书不能作为民事侵权损害赔偿案件责任分配的唯一依据。行为人在侵权行为中的过错程度，应当结合案件实际情况，根据民事诉讼的归责原则进行综合认定。

99. 吴成礼等五人诉官渡建行、五华保安公司人身损害赔偿纠纷案

——关键词：商业银行 安全保障义务

裁判摘要：根据《中华人民共和国民法通则》第一百零六条第二款的规定，

商业银行在合理限度内未尽到安全保障的义务,致使存款人及其他客户在银行的营业场所遭抢劫遇害的,应承担与其过错相适应的赔偿责任。

100. 罗倩诉奥士达公司人身损害赔偿纠纷案

——关键词:生产经营者　安全保障义务

裁判摘要:一、从事一定社会活动的民事主体,如果其从事的活动具有损害他人的危险,则该民事主体负有合理限度内的安全保障义务。不履行前述安全保障义务的,属于《中华人民共和国民法通则》第一百零六条规定的"不履行其他义务",应当承担相应的民事责任。

二、在生产经营者的工作场所内,经生产经营者默许临时从事劳动的自然人,即使没有与生产经营者形成正式的劳动法律关系,生产经营者对该自然人仍负有合理限度内的安全保障义务。

101. 杨文伟诉宝二十冶公司人身损害赔偿纠纷案

——关键词:工伤保险赔偿　人身侵权赔偿　责任竞合处理

裁判摘要:因用人单位以外的第三人侵权造成劳动者人身损害,构成工伤的,该劳动者既是工伤事故中的受伤职工,又是侵权行为的受害人,有权同时获得工伤保险赔偿和人身侵权赔偿;用人单位和侵权人均应当依法承担各自所负赔偿责任,即使该劳动者已从其中一方先行获得赔偿,亦不能免除或者减轻另一方的赔偿责任。

102. 李建青、宋宝宁诉青海湟川中学人身损害赔偿纠纷案

——关键词:处分学生　伤害事故　学校赔偿责任

裁判摘要:一、根据教育部制定的《学生伤害事故处理办法》第九条的规定,因学校教师或者其他工作人员体罚或者变相体罚学生,或者在履行职责过程中违反工作要求、操作规程、职业道德或者其他有关规定,造成学生伤害事故的,学校应当依法承担相应的责任。

二、根据《中小学德育工作规程》第二十七条的规定,中小学校应当严肃校纪,对严重违犯学校纪律的学生应当根据其所犯错误的程度给予批评教育或者纪律处分,并将处分情况通知学生家长。

中小学生系未成年人,其心理发育并未成熟,对于外界刺激的承受能力有限,学生之间的个体差异也比较大。学校作为教育机构,在处分学生时应当充分考虑学生的心理承受能力,在处分的同时做好教育、疏导工作。从根本上讲,对学生的处分也是教育手段,而不是简单的惩罚。只有在充分考虑受处分学生的心理素质,针对其实际情况进行教育、疏导的基础上,处分手段

才能真正发挥教育作用，才能避免可能发生的悲剧。如果学校在处分过程中，仅仅为了追求惩戒的时效性，没有充分考虑学生的心理承受能力，且没有按照规定及时与家长进行沟通，使得家长没有机会对学生进行有针对性的引导和教育，学校则对造成学生发生伤害事故具有过错，应当认定学校的违规行为与学生的伤害事故具有一定的因果关系，学校应当依法承担与其过错相应的赔偿责任。

103. 吴文景、张恺逸、吴彩娟诉厦门市康健旅行社有限公司、福建省永春牛姆林旅游发展服务有限公司人身损害赔偿纠纷案

——关键词：旅游服务机构及导游的安全保障义务　树木折断致人损害　无意思联络侵权责任划分

裁判摘要：一、旅游服务机构及其导游对自然风险的防患意识应当高于游客，且负有保障游客安全的责任，应以游客安全第一为宗旨，依诚实信用原则并结合当时的具体情况对是否调整行程作出正确判断。导游不顾客观存在的危险，坚持带游客冒险游玩，致游客身处险境，并实际导致损害结果发生的，其所属的旅游服务机构应当承担相应的民事责任；游客遇险或者受到伤害后，相关旅游服务机构应当尽最大努力及时给予救助，旅游服务机构未尽到救助义务，导致损害结果扩大的，应当承担相应的民事责任。

二、树木折断致人损害的，除存在树木的所有人或管理人已尽到维护、管理义务，或者损害结果的发生系因不可抗力所致，或者受害人因自己的过错造成损害等三种情形外，树木的所有人或管理人应当承担赔偿责任。

三、根据最高人民法院《关于审理人身损害赔偿案件适用法律若干问题的解释》第三条第二款的规定，二人以上没有共同故意或者共同过失，但其分别实施的数个行为间接结合发生同一损害后果的，应当根据过失大小或者原因力比例各自承担相应的赔偿责任。

104. 邹汉英诉孙立根、刘珍工伤事故损害赔偿纠纷案

——关键词：公司清算组成员　连带赔偿责任

裁判摘要：公司法定代表人在组织公司清算过程中，明知公司职工构成工伤并正在进行工伤等级鉴定，却未考虑其工伤等级鉴定后的待遇给付问题，从而给工伤职工的利益造成重大损害的，该行为应认定构成重大过失，应当依法承担赔偿责任。作为清算组成员的其他股东在公司解散清算过程中，未尽到其应尽的查知责任，也应认定存在重大过失，承担连带赔偿责任。

105. 马青等诉古南都酒店等人身损害赔偿纠纷案

——关键词:安全保障义务　合理限度范围认定

裁判摘要:根据最高人民法院《关于审理人身损害赔偿案件适用法律若干问题的解释》第六条规定,安全保障义务人应当在合理限度范围内履行安全保障义务,合理限度范围应当根据一般常识来确定。在安全保障义务人已经尽到安全保障义务的前提下,具有完全民事行为能力的人因为自身判断错误导致损害事实发生的,后果由行为人自己承担。

106. 朱永胜诉世平公司人身损害赔偿纠纷案

——关键词:帮工关系

裁判摘要:根据最高人民法院《关于审理人身损害赔偿案件适用法律若干问题的解释》第十四条的规定,帮工关系是指帮工人无偿为被帮工人处理事务而在双方之间形成的法律关系。帮工人因帮工活动遭受人身损害的,被帮工人应当承担赔偿责任。

107. 杨巧丽诉中州泵业公司优先购买权侵权纠纷案

——关键词:承租人优先购买权　承租房屋

裁判摘要:根据《中华人民共和国合同法》第二百三十条的规定,房屋出租人出卖租赁房屋时,承租人在同等条件下享有的优先购买权,应为购买自己承租的房屋,而不是出租人出卖的其他房屋。

108. 陆耀东诉永达公司环境污染损害赔偿纠纷案

——关键词:照明灯光　环境污染　排除危害责任

裁判摘要:根据《中华人民共和国民法通则》第一百二十四条和《中华人民共和国环境保护法》第四十一条的规定,行为人的照明灯光对他人的正常居住环境和健康生活造成环境污染危害的,行为人有责任排除危害。

109. 王保富诉三信律师所财产损害赔偿纠纷案

——关键词:经律师见证的遗嘱　律师事务所承担过错赔偿责任

裁判摘要:根据《中华人民共和国律师法》第四十九条第一款的规定,经律师见证的遗嘱因不符合法律规定的形式要件被确认无效,致使遗嘱受益人蒙受经济损失的,律师所在的律师事务所应当承担过错赔偿责任。

110. 刘雪娟诉乐金公司、苏宁中心消费者权益纠纷案

——关键词:化妆品安全使用期　消费者知情权

裁判摘要:根据《中华人民共和国消费者权益保护法》第八条和《中华人民共和国产品质量法》第二十七条的规定,化妆品经营者在限期使用的化妆品包

装上虽标注限用合格日期，但没有说明该日期的确切含义，造成消费者无法了解化妆品安全使用期的，侵害了消费者的知情权。

111. 张志强诉徐州苏宁电器有限公司侵犯消费者权益纠纷案

——关键词：商品经营者的举证责任

裁判摘要：商品经营者为消费者提供商品或服务时，应当遵循诚实信用原则，消费者亦有权知悉其所购买、使用的商品或接受服务的真实情况。在侵犯消费者权益纠纷案件中，消费者主张商品经营者提供的商品存在品质问题，并提供了相应证据的，商品经营者如主张该商品不存在品质问题，应对其主张承担举证责任。

行　　政

【行政处罚】

112. 伊尔库公司诉无锡市工商局工商行政处罚案

——关键词：扣留、查封与行政处罚行为的独立性　商品进入流通领域的监督管理　进口产品外包装无中文标识

裁判摘要：扣留、查封与行政处罚，是各自独立的具体行政行为。行政机关已经向行政管理相对人告知了复议权、诉讼权以及起诉期限，行政管理相对人在法定期限内对扣留、查封不行使复议或起诉的权利，却在请求撤销行政处罚决定的行政诉讼中指控扣留、查封违法。根据行政管理相对人的诉讼请求，人民法院只审查行政处罚行为的合法性。

根据《中华人民共和国产品质量法》和《国家工商行政管理总局职能配置内设结构和人员编制规定》的规定，商品一旦进入流通领域，无论是在仓库中、货架上还是在其他地点存放，其质量均由工商行政管理部门进行监督管理。

限期使用的进口产品外包装上没有中文标识，外文标识上没有安全使用期或者失效日期，生产日期不完整，是不符合《中华人民共和国产品质量法》第二十七条规定的产品。销售者销售这种违法产品情节严重的，根据《中华人民共和国产品质量法》第三十六条规定，应当承担该法第五十四条规定的违法责任。

113. 焦志刚诉和平公安分局治安管理处罚决定行政纠纷案

——关键词:生效的行政处罚不能随意撤销　错误的行政处罚应依照法定程序纠正　当事人的陈述和申辩权

裁判摘要:一、依法作出的行政处罚决定一旦生效,其法律效力不仅及于行政相对人,也及于行政机关,不能随意被撤销。已经生效的行政处罚决定如果随意被撤销,不利于社会秩序的恢复和稳定。

二、错误的治安管理行政处罚决定只能依照法定程序纠正。《公安机关内部执法监督工作规定》是公安部为保障公安机关及其人民警察依法正确履行职责,防止和纠正违法和不当的执法行为,保护公民、法人和其他组织的合法权益而制定的内部规章,不能成为制作治安管理行政处罚决定的法律依据。

三、在行政处罚程序中始终贯彻允许当事人陈述和申辩的原则,只能有利于事实的查明和法律的正确适用,不会混淆是非,更不会因此而使违法行为人逃脱应有的惩罚。

114. 邵仲国诉黄浦区安监局安全生产行政处罚决定案

——关键词:实施行政处罚　不必先责令限期改正

裁判摘要:《中华人民共和国安全生产法》第八十一条第二款所称"前款违法行为",是指该条第一款"生产经营单位的主要负责人未履行本法规定的安全生产管理职责"的行为。这种违法行为无论是否被安全生产监管部门发现并责令限期改正,只要导致发生了生产安全事故,安全生产监管部门都有权依照《中华人民共和国安全生产法》第八十一条第二款规定,直接对生产经营单位的主要负责人给予行政处罚,不必先责令限期改正后再实施行政处罚。

115. 廖宗荣诉重庆市公安局交通管理局第二支队道路交通管理行政处罚决定案

——关键词:交警的陈述　优势证据

裁判摘要:一、依照《中华人民共和国道路交通安全法》第八十七条规定,交通警察执行职务时,对所在辖区内发现的道路安全违法行为,有权及时纠正。交通警察对违法行为所作陈述如果没有相反证据否定其客观真实性,且没有证据证明该交通警察与违法行为人之间存在利害关系,交通警察的陈述应当作为证明违法行为存在的优势证据。

二、交通警察一人执法时,对违法行为人当场给予200元以下罚款,符合《中华人民共和国道路交通安全法关于依法管理,方便群众,保障道路交通有序、安全、畅通的原则和该法第一百零七条规定,也符合《道路交通安全违法行为处理程序规定》第 8 条的规定，是合法的具体行政行为。

116. 上海罗芙仙妮化妆品有限公司诉上海市工商行政管理局金山分局工商行政处罚决定案

——关键词：使用他人企业名称构成不正当竞争的认定　境外注册企业授权境内使用　规避企业注册审查

裁判摘要：一、《中华人民共和国反不正当竞争法》第五条规定："经营者不得采用下列不正当手段从事市场交易，损害竞争对手……（三）擅自使用他人的企业名称或者姓名，引人误认为是他人的商品……"据此，使用他人企业名称构成不正当竞争的，应当具备以下要素：使用者与被使用者一般存在同业竞争关系；使用行为未征得被使用人的许可，属擅自使用；被使用的企业名称在市场上具有一定的知名度，为相关公众所知悉；使用行为易使相关公众将使用人提供的商品误认为是被使用人的商品。

二、根据最高人民法院《关于审理不正当竞争民事案件应用法律若干问题的解释》第六条第一款的规定，具有一定的市场知名度、为相关公众所知悉的企业名称中的字号，可以认定为《中华人民共和国反不正当竞争法》第五条第（三）项规定的"企业名称"。

三、行为人通过在境外注册登记企业，然后再授权其所控制的境内企业使用境外企业名称的方式，以规避我国对企业注册的审查，从而间接达到其擅自使用国内外知名企业名称或者企业名称中的字号的目的，造成相关公众对商品产生误认的，尽管该行为表面上是使用了行为人自己注册的企业名称或者企业名称中的字号，同样属于《中华人民共和国反不正当竞争法》第五条第（三）项规定的不正当竞争行为，应当依法承担相应的法律责任。

【行政裁决】

117. 宋莉莉诉宿迁市建设局房屋拆迁补偿安置裁决案

——关键词：拆迁人单方委托评估公司所作评估报告　行政裁决的主要证据

裁判摘要：行政机关在对房屋拆迁补偿纠纷作出裁决时，违反法规的规定，以拆迁人单方委托的评估公司的评估报告为依据，被拆迁人提出异议的，应认定行政裁决的主要证据不足。

118. 丰浩江等人诉广东省东莞市规划局房屋拆迁行政裁决纠纷案

——关键词：评估人不具备法定评估资格　程序违法

裁判摘要：行政机关作出行政裁决时依据的评估报告，如果存在评估人不具备法定评估资格,或评估人未依法取证等程序上严重违法的问题,应认定行政机关的裁决主要证据不足,依法予以撤销。

119. 上海全能科贸有限公司诉上海市知识产权局专利侵权纠纷处理决定案

——关键词:专利侵权的认定

裁判摘要:人民法院审理专利侵权纠纷处理决定行政案件,应当结合专利侵权纠纷民事案件的审理特点,在展开全面合法性审查的基础上,重点审查专利侵权纠纷处理决定中所认定的制造、销售涉嫌侵权产品的事实是否客观准确。

【行政确认】

120. 何文良诉成都市武侯区劳动局工伤认定行政行为案

——关键词:工作时间、工作场所的认定

裁判摘要:根据《中华人民共和国劳动法》第三条的规定,认定劳动者工作时间在工作场所的卫生设施内发生伤亡与工作无关,属适用法律错误。

121. 松业石料厂诉荥阳市劳保局工伤认定案

——关键词:用人单位应在规定时间内提供相关证据

裁判摘要:根据最高人民法院《关于行政诉讼证据若干问题的规定》第五十九条,劳动保障行政部门受理工伤认定申请后,依照法定程序要求用人单位在规定时间内提供相关证据,用人单位无正当理由拒不向行政机关提供证据,事后在行政诉讼程序中向人民法院提供的,人民法院可不予采纳。

122. 杨庆峰诉无锡市劳动和社会保障局工伤认定行政纠纷案

——关键词:事故伤害发生之日的认定

裁判摘要:根据《工伤保险条例》第十七条第二款的规定,工伤认定申请时效应当从事故伤害发生之日起算。这里的"事故伤害发生之日"应当包括工伤事故导致的伤害结果实际发生之日。工伤事故发生时伤害结果尚未实际发生,工伤职工在伤害结果实际发生后一年内提出工伤认定申请的,不属于超过工伤认定申请时效的情形。

123. 北京国玉大酒店有限公司诉北京市朝阳区劳动和社会保障局工伤认定行政纠纷案

——关键词:两个或两个以上用人单位同时就业　受伤时工作单位承担工伤保险责任　对上下班途中的认定

裁判摘要:一、劳动和社会保障部《关于实施〈工伤保险条例〉若干问题的意见》第一条规定:"职工在两个或两个以上用人单位同时就业的,各用人单位应当分别为职工缴纳工伤保险费。职工发生工伤,由职工受到伤害时其工作的单位依法承担工伤保险责任。”根据该规定,下岗、待岗职工又到其他单位工作的,该单位也应当为职工缴纳工伤保险费;职工在该单位工作时发生工伤的,该单位应依法承担工伤保险责任。

二、根据《工伤保险条例》第十四条第(六)项的规定,职工在上下班途中,受到机动车事故伤害的应当认定为工伤。对这里的“上下班途中”应当从有利于保障工伤事故受害者的立场出发,作出全面、正确的理解。“上下班途中”,原则上是指职工为了上下班而往返于住处和工作单位之间的合理路径之中。根据日常生活的实际情况,职工上下班的路径并非固定的、一成不变的、唯一的,而是存在多种选择,用人单位无权对此加以限制。只要在职工为上下班而往返于住处和工作单位之间的合理路径之中,都属于“上下班途中”。至于该路径是否最近,不影响对“上下班途中”的认定。职工在上下班的合理路途中发生机动车事故,被行政机关依法认定为工伤,用人单位以事故发生的地点不在其确定的职工上下班的路线上为由,请求撤销行政机关作出的工伤认定的,人民法院不予支持。

【行政许可】

124. 沈希贤等182人诉北京市规划委员会颁发建设工程规划许可证纠纷案

——关键词:审批建设污染环境项目　提供环境保护影响报告书

裁判摘要:根据《中华人民共和国环境保护法》第十三条的规定,规划部门审批建设污染环境项目时,在申请方没有提供有关环境保护影响报告书,且建设项目不符合有关国家标准的情况下,即颁发建设许可证的行为,构成违法,应予撤销。

125. 念泗三村28幢楼居民35人诉扬州市规划局行政许可行为侵权案

——关键词:符合最低日照标准　行政许可合法

裁判摘要:根据《中华人民共和国城市规划法》第二十一条的规定,编制分区规划城市的规划主管行政机关,依照法律和地方性法规的授权规划许可的建筑工程,虽然缩短了相邻人住宅的原日照时间,但符合国家和当地行政主管部门技术规范规定的最低日照标准,且不违反其他法律、法规规定的,应认定其许可行为合法。

【行政复议】

126. 张成银诉徐州市人民政府房屋登记行政复议决定案

——关键词:作出不利于他人的行政复议决定　未通知本人参加

裁判摘要:行政机关在行政复议中可能作出不利于他人的决定时,如没有采取适当的方式通知其本人参加行政复议即作出复议决定的,构成严重违反法定程序,应予撤销。

【行政赔偿】

127. 上海汇兴实业公司诉上海浦江海关行政赔偿案

——关键词:直接损失

裁判摘要:根据《中华人民共和国国家赔偿法》第二十八条第(七)项规定,行政机关的违法行政行为对行政相对人的财产权造成损害的,应按照直接损失给予赔偿,但未经证实的不确定利益不能作为直接损失。

128. 祁县华誉纤维厂诉祁县人民政府行政赔偿案

——关键词:违法利益　不属于国家赔偿范围

裁判摘要:修订前的《中华人民共和国国家赔偿法》第二条第一款规定:"国家机关和国家机关工作人员违法行使职权侵犯公民、法人和其他组织的合法权益造成损害的,受害人有依照本法取得国家赔偿的权利。"该条规定了国家赔偿责任的构成要件:一是国家机关和国家机关工作人员违法行使职权;二是公民、法人和其他组织的合法权益受到侵害;三是国家机关和国家机关工作人员违法行使职权与公民、法人和其他组织的合法权益受到损害存在因果关系。获得国家赔偿的前提是合法权益受到侵害,如果公民、法人或其他组织受到的损害是不法利益,即使是具体行政行为违法,国家也不承担赔偿责任、新修订的《中华人民共和国国家赔偿法》在修改本条时仍然坚持了违法利益不属于国家赔偿范围的原则。

【行政不作为】

129. 中海雅园管委会诉海淀区房管局不履行法定职责案

——关键词:要求履行职责　长时间不予书面答复

裁判摘要:行政机关对具体行政行为相对人要求其依法履行职责的申请,

长时间不予书面答复，亦未按规定履行指导、监督的职责，其行为构成违法。

130. 杨宝玺诉天津服装技校不履行法定职责案

——关键词：教育机构未发放毕业证书

裁判摘要：根据《中华人民共和国教育法》第四十二条第一款第（三）项的规定，受教育者享有完成规定的学业后获得相应的学业证书的权利。教育机构没有直接向其准予毕业的受教育者发放毕业证书的行为，构成了违法。

【其他】

131. 宣懿成等18人诉衢州市国土资源局收回土地使用权行政争议案

——关键词：具体行政行为　没有说明依据的具体法律条款

裁判摘要：行政机关在依法实施具体行政行为时，仅说明所依据的法律名称，没有说明依据的具体法律条款，且不能证明其具体行政行为符合法律的哪些具体规定，构成违法，应予撤销。

132. 眉山气雾剂厂诉眉山市人民政府、眉山市国土局土地行政登记案

——关键词：法院应立案而未立案　非自身原因延误时间　不计算在起诉期限内

裁判摘要：根据最高人民法院《关于执行〈中华人民共和国行政诉讼法〉若干问题的解释》第四十三条的规定，对于当事人提起的行政诉讼，人民法院应该立案而未立案，又未出具书面裁定，造成当事人向其他部门上访、申诉并继续向人民法院起诉的，不应将当事人第一次起诉被拒绝后，由于非自身原因延误的时间，计算在起诉期限内。

133. 黄金成等25人诉成都市武侯区房管局划分物业管理区域行政纠纷案

——关键词：划分物业管理区域　考虑物业共用设施设备问题

裁判摘要：根据《中华人民共和国行政诉讼法》第五十四条第（二）项第一目的规定，没有证据证明行政机关在划分物业管理区域时，已按照《物业管理条例》第九条第二款的要求，考虑了物业共用设施设备的权属、使用与维护等问题的，应判决撤销该行政行为，并责令行政机关重新作出具体行政行为。

134. 再胜源公司诉上海市卫生局行政强制决定案

——关键词：从事采集、提供临床用血的法定机构

裁判摘要：根据《中华人民共和国献血法》第八条和第十八条的规定，血站是国家法定的采集、提供临床用血机构，除卫生行政部门依法定职权批准的血

站外，任何单位和机构从事采集、提供临床用血的都构成违法，卫生行政部门有权依法予以取缔。

135. 建明食品公司诉泗洪县政府检疫行政命令纠纷案

——关键词：上级对下级作出的指示　内容产生实际影响

裁判摘要：审查行政机关内部上级对下级作出的指示是否属于人民法院行政诉讼受案范围内的可诉行政行为，应当从指示内容是否对公民、法人或者其他组织权利义务产生了实际影响着手。在行政管理过程中，上级以行政命令形式对下级作出的指示，如果产生了直接的、外部的法律效果，当事人不服提起行政诉讼的，人民法院应当受理。

136. 夏善荣诉徐州市建设局行政证明纠纷案

——关键词：建设行政主管部门　审查失职　新证据

裁判摘要：一、建设行政主管部门对在集体土地上建造的住宅小区组织竣工综合验收并颁发验收合格证，不违背《城市房地产开发经营管理条例》关于“房地产开发项目竣工，经验收合格后，方可交付使用”的立法原意，是依职权实施的具体行政行为。该行为直接影响到住宅小区居民的利益，属可诉的具体行政行为。

二、建设行政主管部门是本行政区域内住宅小区竣工综合验收的组织者和最终审验者，代表国家对住宅小区行使竣工综合验收权力。在竣工综合验收合格后建设行政主管部门颁发的《住宅竣工验收合格证书》，是以政府机关公信力来担保住宅小区的建筑质量达到了可以交付使用的水平。建设行政主管部门在颁发证书前，必须保证证书所证明的每个事实都真实，以免因此破坏政府机关的公信力。如果证书所证明的某一事实是虚假的，建设行政主管部门应当承担审查失职的法律责任。

三、按照审判监督程序审理的行政诉讼案件，当事人应依法提供其在原审举证期限届满后发现的新证据，对确因客观原因不能自行收集且提供了相关线索的，当事人可以申请人民法院调取，人民法院也可以依职权向行政机关、其他组织或者公民调取证据。经过对新的证据质证、认证，被诉具体行政行为所依据的主要事实不能成立的，应当改判撤销原具体行政行为。

137. 杨一民诉成都市政府其他行政纠纷案

——关键词：驳回当事人申诉的信访答复　重复处理行为

裁判摘要：行政机关驳回当事人申诉的信访答复，属于行政机关针对当事人不服行政行为的申诉作出的重复处理行为，并未对当事人的权利义务产生新的法律效果，不是行政复议法所规定的可以申请行政复议的行政行为。当事人不服行政机关作出的上述信访答复，申请行政复议，接受申请的行政复议机关作出不予受理决定，当事人不服该决定，诉请人民法院判决撤销该不予受理决定的，人民法院不予支持。

四川省高级人民法院《审判指导》发布案例汇集

刑　　事

【危害公共安全罪】

1. 醉酒肇事后继续驾车冲撞，放任危害后果的发生，构成以危险方法危害公共安全罪

——四川省成都市人民检察院诉孙伟铭以危险方法危害公共安全案

裁判规则：行为人醉酒驾车肇事后继续驾车冲撞，放任危害结果的发生，造成重大伤亡或者使公私财产遭受重大损失的，主观上具有危害公共安全的间接故意，应当依照《中华人民共和国刑法》第一百一十五条以“以危险方法危害公共安全罪”定罪处罚。

2. 为非法生产烟花爆竹配制、买卖烟火药的行为，构成非法制造、买卖爆炸物罪

——四川省叙永县人民检察院诉胡明贵非法制造、买卖爆炸物案

裁判规则：行为人为非法生产烟花爆竹而配制、买卖烟火药的行为，构成非法制造、买卖爆炸物罪。如果行为人配制、买卖烟火药的行为没有造成严重的社会危害性，数量不大，经教育确有悔改表现，可以根据有关规定和法律确定的程序，对行为人从轻、减轻或者免除处罚。

3. 企业职工违反规章制度造成重大伤亡事故的，构成重大责任事故罪

——泸州市纳溪区人民检察院诉杜宝县、史胜军重大责任事故案

裁判规则：根据《中华人民共和国刑法》第一百三十四条的规定，被告人违反规章制度，造成重大伤亡事故或者其他严重后果的，其行为构成重大责任事故罪。

【破坏社会主义市场经济秩序罪】

4. 非法销售大量盗版光碟的行为构成侵犯著作权罪

——成都市金牛区人民检察院诉贺中林、王春兰非法经营、贩卖淫秽物品牟利案

裁判规则：最高人民法院、最高人民检察院《关于办理侵犯知识产权刑事案件具体应用法律若干问题的解释（二）》第二条第三款规定，非法出版、复制、发行他人作品，侵犯著作权构成犯罪的，按照侵犯著作权罪定罪处罚。此处的“发行”，应理解为包括“销售”。行为人非法销售大量盗版光碟构成犯罪的，应当按照侵犯著作权罪处罚。

5. 用人单位通过制定内部保密规定加强对商业秘密管理的行为，属于采取了刑法意义上的保密措施

——成都市人民检察院诉堀茂、雷剑平、周勇、刘发刚、沈倩侵犯商业秘密案

裁判规则：用人单位通过制定单位内部保密规定加强对商业秘密管理的行为，属于采取了刑法意义上的保密措施。行为人违反用人单位有关保守商业秘密的内部规定，盗窃、披露、使用或者允许他人使用用人单位商业秘密，给用人单位造成重大损失的，构成侵犯商业秘密罪。

6. 注册会计师出具的验资报告重大失实，造成严重后果的，应当承担刑事责任

——宜宾市翠屏区人民检察院诉鲁礼和、丁勇出具证明文件重大失实案

裁判规则：根据《中华人民共和国刑法》第二百二十九条第三款之规定，承担资产评估、验资、验证、会计、审计、法律服务等职责的中介组织的人员，严重不负责任，出具的证明文件有重大失实，造成严重后果的，应当以出具证明文件重大失实罪追究刑事责任，处三年以下有期徒刑或者拘役，并处或者单处罚金。

7. 行为人在合同履行过程中以秘密窃取的手段取得财物的构成盗窃罪

——四川省绵阳市人民检察院指控封德胜、陈积全、付波合同诈骗案

裁判规则：行为人在签订合同中虽然采取了虚构事实、隐瞒真相的方法，与被害人签订了合同，但是在合同履行过程中，行为人是以秘密窃取的手段取得被害人的财物，而不是以骗取的手段取得被害人的财物的，应当认定行为人的行为构成盗窃罪，根据《中华人民共和国刑法》第二百六十四条之规定以盗窃罪追究行为人的刑事责任。

8. 假冒注册商标并销售假冒注册商标商品的行为构成假冒注册商标罪

——四川省宜宾市翠屏区人民检察院诉唐光烈合同诈骗、销售假冒注册商标的商品、销售伪劣产品、非法持有枪支，李建华等五人假冒注册商标，梁自如伪造国家机关印章、证件、伪造公司印章案

裁判规则：一、根据最高人民法院、最高人民检察院《关于办理侵犯知识产权刑事案件具体应用法律若干问题的解释》的规定，被告人未经注册商标所有人许可，在同一种商品中使用与其注册商标相同的商标，具有“假冒两种以上注册商标，非法经营数额在三万元以上或者违法所得数额在二万元以上的”，属于《中华人民共和国刑法》第二百一十三条规定的“情节严重”；具有“假冒两种以上注册商标，非法经营数额在十五万元以上或者违法所得数额在十万元以上的”，属于《中华人民共和国刑法》第二百一十三条规定的“情节特别严重”。

二、实施《中华人民共和国刑法》第二百一十三条规定的假冒注册商标犯罪，又销售该假冒注册商标的商品，属于刑法理论的牵连犯，应从一重处，不实行并罚，依照《中华人民共和国刑法》第二百一十三条的规定，以假冒注册商标罪定罪量刑。

9. 伪造没有印制票面金额的风景区旅游接待票构成伪造有价票证罪

——四川省雅安市雨城区人民检察院诉何鹏伪造有价票证案

裁判规则：被告人伪造没有印制票面金额的风景区旅游接待票，属于伪造其他有价票证，数额较大的，构成伪造有价票证罪。

【侵犯公民人身权利、民主权利罪】

10. 已到案的犯罪嫌疑人规劝同案犯投案的，属于协助司法机关抓捕同案犯的行为，应当认定为立功

——内江市东兴区人民检察院诉朱德斌、彭代彬故意伤害案

裁判规则：已到案的犯罪嫌疑人规劝同案犯自动投案的，属于最高人民法院《关于处理自首和立功具体应用法律若干问题的解释》第五条“协助司法机关抓捕其他犯罪嫌疑人（包括同案犯）”的行为，应当认定为有立功表现。

11. 犯罪人亲属带领司法人员抓获犯罪嫌疑人的应认定为自首

——四川省遂宁市人民检察院诉郑鹏故意杀人案

裁判规则：犯罪嫌疑人作案后，在其亲属的规劝下有投案自首的意愿，虽没有投案行为，但在其亲属带领公安人员对其实施抓捕时，没有反抗或者拒绝的行为，到案后如实供述自己罪行的，应当认定为自首。

12. 共同致害人应当追加为刑事附带民事案件的共同被告

——四川省德阳市人民检察院诉邱书勇故意伤害案

裁判规则:共同犯罪中共同致害人应当承担连带赔偿责任。附带民事诉讼原告人仅起诉部分共同致害人的,人民法院应当追加其他共同致害人为共同被告。附带民事诉讼原告人在诉讼中放弃对部分共同致害人的诉讼请求的,其他共同致害人对被放弃诉讼请求的被告应当承担的赔偿份额不承担连带责任。责任范围难以确定的,推定各共同致害人承担同等责任。

13. 犯罪嫌疑人为逃避扭送造成自身损害后果的,见义勇为者不承担刑事责任

——胡永立、陈兰珍等五人诉张德军故意伤害刑事附带民事案

裁判规则:根据《中华人民共和国刑事诉讼法》第六十三条第(一)项之规定,对正在实行犯罪或者犯罪后即时被发觉的人,任何公民都可以立即扭送公安机关、人民检察院或者人民法院处理。制止犯罪、扭送犯罪嫌疑人属于公民正当、合法的行为。犯罪嫌疑人为逃避抓捕造成的伤害后果,扭送公民不应当承担刑事及民事责任。

14. 明知自己的不法行为可能造成被害人死亡,但采取放任态度,导致被害人死亡的,构成(间接)故意杀人罪

——四川省金堂县人民检察院诉付强故意杀人案

裁判规则:被害人为躲避被告人的不法行为而发生死亡结果,被告人明知自己的不法行为可能造成被害人死亡,但采取放任态度,最终导致被害人死亡,其行为与被害人死亡结果的发生有一定的因果关系,构成(间接)故意杀人罪。

15. 聚众斗殴罪不以殴斗各方均人数众多为要件

——四川省成都市人民检察院诉叶华利、郭毅、郭忠飞、叶玉洪故意杀人案

裁判规则:被害人为躲避被告人的不法行为而发生死亡结果,被告人明知自己的不法行为可能造成被害人死亡,但采取放任态度,最终导致被害人死亡,其行为与被害人死亡结果的发生有一定的因果关系,构成(间接)故意杀人罪。

【侵犯财产罪】

16. 冒充人民警察,使用暴力或者暴力威胁当场劫取财物的构成抢劫罪

——四川省攀枝花市人民检察院诉杨武金、勒古色力、沈军、安得华、周啊卡抢劫案

裁判规则:行为人冒充正在执行公务的人民警察,采取强行搜身、出示警

具、语言威胁等方式进行暴力或暴力威胁,当场劫取他人财物的,构成抢劫罪。

17. 证明有罪的证据确实充分的,“零口供”不影响对其定罪量刑

——凉山彝族自治州人民检察院诉单满向抢劫案

裁判规则:被告人在整个刑事诉讼活动过程中,没有任何有罪供述,但证明被告人有罪的证据之间能够相互印证,形成锁链,尤其是主观性证据与客观性证据之间相互印证,足以排除合理怀疑得出唯一结论的,应当依法对被告人定罪量刑。

18. 数罪并罚时附加剥夺政治权利的并罚应当适用限制加重原则

——四川省内江市人民检察院诉刘长寿、甘强、刘建祥抢劫、强奸、盗窃,刘学文抢劫、强奸、盗窃、非法持有枪支案

裁判规则:数罪中有两罪以上被判处有期徒刑并附加剥夺政治权利的,按照限制加重的方法和《中华人民共和国刑法》第五十五条的规定,其剥夺政治权利的附加刑,应当在一年以上五年以下决定执行的刑期。

19. 非法占有目的是构成抢劫罪必备的主观条件

——四川省成都市人民检察院诉陈帮蓉抢劫案

裁判规则:债权人在债务人不履行还债义务的情况下为实现自己的合法债权强行索债,客观上使用了暴力及胁迫手段,也侵害了第三人的财产权利,但行为仅针对债务人,主观上没有非法占有公私财物的目的,不具备抢劫罪的构成要件,不构成抢劫罪。

20. 以欺诈手段通过秘密窃取非法占有被害人财物的,构成盗窃罪

——四川省内江市人民检察院诉孔宋、钟声斌、向志波、孔军诈骗,钟小华隐瞒犯罪所得罪案

裁判规则:行为人以欺诈手段骗取被害人的信任,假装进行交易,但最终通过秘密窃取方式非法占有被害人财物的,构成盗窃罪。

21. 设置圈套诱使他人参加赌博并以欺诈手段控制赌局,骗取财物数额较大的,构成诈骗罪

——四川省泸县人民检察院指控黄艺、袁小军等五人诈骗案

裁判规则:行为人以非法占有他人财产为目的,采取虚构事实、隐瞒真相、设置圈套的方法诱使他人参加赌博,骗取他人财物,数额较大的行为,符合《中华人民共和国刑法》第二百六十六条关于诈骗罪的规定,应当以诈骗罪追究刑事责任。

【妨害社会管理秩序罪】

22. 毒品进入交易环节即可认定为贩卖毒品罪既遂

——四川省攀枝花市人民检察院诉宋立会贩卖毒品案

裁判规则:买卖毒品的双方已经着手实施查验毒品等交易行为时被抓获,买方虽尚未实际取得毒品,但涉案毒品已进入实际交易环节的,应当认定为贩卖毒品罪既遂。

23. 明知他人制造毒品而为其提供制毒场所的,构成制造毒品罪的共犯

——四川省成都市人民检察院诉刘显富、杜旋制造毒品、非法持有毒品、非法持有枪支、容留他人吸毒案

裁判规则:行为人明知他人制造毒品而为其提供制毒场所的,构成制造毒品罪的共犯。在此情形下,行为人为制毒者实施犯罪提供便利条件,属于帮助犯,在共同犯罪中一般起次要或者辅助作用,可认定为从犯,依法应予从轻或者减轻处罚。

24. 已经制造出粗制毒品或者半成品的,构成制造毒品罪既遂

——四川省成都市人民检察院诉廖久春、覃帮书制造毒品案

裁判规则:认定制造毒品罪的既遂与未遂,应当以行为人客观上是否制造出毒品为标准,而不应以行为人是否制造出已可直接吸食的毒品成品为标准。已经制造出粗制毒品或者半成品的,应当认定为构成制造毒品罪既遂。

25. 行为人以虚假身份或者地址办理托运的物品中查获毒品,其不能作出合理解释的,可以认定其明知是毒品

——四川省成都市人民检察院诉祝太平、张九成、刘德兴贩卖、运输毒品案

裁判规则:行为人以虚假身份或者地址办理托运手续,在其托运的物品中查获毒品,且行为人对此不能作出合理解释的,可以认定其明知是毒品。

26. 贩卖、运输经过取汁的罂粟壳废渣的行为不构成贩卖、运输毒品罪

——成都市人民检察院诉杨兴德、杨兴华贩卖、运输毒品案

裁判规则:经过取汁的罂粟壳废渣不属于毒品,贩卖、运输罂粟壳废渣的行为不构成贩卖、运输毒品罪。如果行为人具有将罂粟壳废渣作为制售毒品原料予以利用的故意,可以建议由公安机关给予治安行政处罚。

27. 地震期间犯编造、故意传播虚假恐怖信息罪的,依法从重处罚

——达州市通川区人民检察院诉刘长春编造、故意传播虚假恐怖信息案

裁判规则:在5·12地震期间,编造、故意传播虚假恐怖信息并严重扰乱社

会秩序的，构成编造、故意传播虚假恐怖信息罪，依法从重处罚。

28. 氯胺酮属于刑法规定的其他毒品

——四川省宜宾市人民检察院诉陈泊润、唐双石等10人贩卖、制造、非法持有、运输毒品案

裁判规则：氯胺酮是列入《精神药品管制品种目录》的国家进行管制的精神药品，具有一定的精神依赖性潜力，属于《中华人民共和国刑法》第三百五十七条规定的"国家规定管制的其他能够使人形成瘾癖的"其他毒品。贩卖、制造、非法持有氯胺酮数量较大的，或者明知氯胺酮是毒品而为他人窝藏的行为，应当按照刑法关于毒品犯罪的相关规定定罪处罚。

29. 违反国家规定超标准排放工业废水造成重大环境污染事故，致使公私财产遭受重大损失的，构成重大环境污染事故罪

——四川省成都市锦江区人民检察院诉李俭等三人重大环境污染事故案

裁判规则：一、违反国家对危险废物的安全管理规定，严重超标准向水体排放工业废水，造成水体重大环境污染事故，致使公私财产遭受重大损失、工农业生产和人民生活受到严重影响的，以重大环境污染事故罪论处。

二、对于应当认定为单位犯罪的案件，检察机关只作为自然人案件起诉的，人民法院仍应依法审理，对被起诉的自然人根据指控的犯罪事实、证据及庭审查明的事实，依法按单位犯罪中的直接负责的主管人员或者其他直接责任人员追究刑事责任，并应引用《中华人民共和国刑法》分则关于单位犯罪追究直接负责的主管人员和其他直接责任人员刑事责任的有关条款。

【贪污贿赂罪】

30. 裁判生效之后发现罪犯在裁判生效之前有立功或者重大立功表现并明显影响量刑的，应当适用审判监督程序审理

——四川省攀枝花市西区人民检察院诉王云贪污、受贿、违法发放林木采伐许可证案

裁判规则：裁判生效之后发现罪犯在裁判生效之前有立功或者重大立功表现，并且明显影响量刑的，应当依照《中华人民共和国刑事诉讼法》第二百零四条之规定适用审判监督程序审理。经查证属实的，依照《中华人民共和国刑法》第六十八条的规定予以改判。

31. 收受汽车未办理权属变更登记的，不影响受贿罪的认定

——四川省自贡市人民检察院诉韩文明、高建民受贿案

裁判规则：国家工作人员利用职务上的便利为请托人谋取利益，收受请托人房屋、汽车等物品，未变更权属登记或者借用他人名义办理权属变更登记的，不影响受贿罪的认定。

32. 单位直接负责的主管人员投案自首的，应当认定单位具有自首情节

——四川省成都市锦江区人民检察院指控四川省鑫拓建设工程有限公司、赵尤均单位行贿案

裁判规则：单位犯罪案件中，单位直接负责的主管人员自首的，应当认定单位具有自首情节，可以对其从轻或减轻处罚。

33. 赃款的用途不影响受贿罪的认定

——四川省广元市人民检察院诉侯朝银受贿案

裁判规则：根据《中华人民共和国刑法》第三百八十五条的规定，国家工作人员利用职务上的便利，索取他人财物的，或者非法收受他人财物，为他人谋取利益的，是受贿罪。行为人受贿后，用受贿款为单位购买办公用品以及将受贿款捐赠给社会公益事业的，不影响其受贿罪的认定，应当依法追究受贿人的刑事责任。

34. 挪用公款数额巨大但有特殊情况的可以在法定刑以下量刑

——四川省南溪县人民检察院诉刘国林、何志平、蔡文学挪用公款案

裁判规则：一、申报注册资本是为了进行生产经营活动做准备，属于成立公司、企业进行营利活动的组成部分。因此，挪用公款归个人用于公司、企业注册资本验资证明的，应当认定为挪用公款进行营利活动。挪用公款数额较大、进行营利活动的，构成挪用公款罪。

二、根据《中华人民共和国刑法》第六十三条第二款的规定，犯罪分子虽然不具有刑法规定的减轻处罚情节，但是根据案件的特殊情况，经最高人民法院核准，也可以在法定刑以下判处刑罚。被告人挪用公款数额巨大，但时间短，未造成损失，属于有“特殊情况”，经最高人民法院核准后，可以在法定刑以下量刑。

35. 使用人与挪用人共谋取得挪用款的，以挪用公款罪定罪处罚

——四川省人民检察院成都铁路运输分院诉王显智挪用公款案

裁判规则：最高人民法院《关于审理挪用公款案件具体应用法律若干问题的解释》第八条规定，挪用公款归他人使用，使用人与挪用人共谋，指使或者参

与策划取得挪用款的,以挪用公款罪的共犯定罪处罚。非国家工作人员与国家工作人员共同挪用公款归个人进行营利活动,数额巨大,情节严重的,其行为应根据《中华人民共和国刑法》第三百八十四条第一款的规定,以挪用公款罪共犯论处。

36. 非法钱物亦可视为公共财物

——四川省成都市人民检察院诉尚荣多、李域明贪污案

裁判规则:国家工作人员利用职务上的便利,侵吞学校违反规定收取的“点招费”,侵犯了公共财物的所有权,构成贪污罪。“点招费”乱收费的性质不影响罪名的成立。

37. 收受住房尚未办理产权过户但已实际控制的构成受贿罪

——四川省达县人民检察院诉冯国权受贿案

裁判规则:国家工作人员利用职务上的便利,向他人索取房屋等财物,虽未办理产权过户手续,但已对外出租或自用,实际对房屋等财物占有、使用和支配的,构成受贿罪。

38. 承诺亦是“为他人谋取利益”的表现形式

——四川省成都市人民检察院诉刘爱东受贿、贪污案

裁判规则:国家工作人员明知他人有具体请托事项而收受其财物的,虽未为他人谋取实际利益,但同样具备了受贿罪中“为他人谋取利益”的要件,其行为构成受贿罪。

【渎职罪】

39. 在刑事诉讼中为罪犯伪造证据情节严重的,构成帮助伪造证据罪

——成都市锦江区人民检察院诉杨初、唐光荣徇私枉法案

裁判规则:一、行为人在刑事诉讼中故意为罪犯伪造证据,妨碍了正常的刑事诉讼活动,情节严重的,构成帮助伪造证据罪。司法工作人员犯该罪的,从重处罚。

二、辩护人在刑事诉讼中与他人共同实施了帮助伪造证据的行为,且在共同犯罪中处于从犯地位的,应当以帮助伪造证据罪定罪处罚,而不构成辩护人伪造证据罪。

民　　事

【人格权纠纷】

40. 广告主、广告经营者、广告发布者在广告中侵犯他人肖像权的应按过错大小承担民事责任

——翁栩诉德阳市俊莎广告装饰有限公司、四川德阳锦虹建筑房产有限公司肖像权纠纷案

裁判规则:广告主、广告经营者、广告发布者在广告中未经同意使用他人名义、形象的,违反《中华人民共和国广告法》的规定,应按过错责任的大小,依法承担相应的民事责任。

【婚姻家庭继承纠纷】

41. 在认定亲子关系的案件中一方拒绝鉴定的,法院可以根据相关证据推定其亲子关系成立

——何志豪诉何宗智抚养纠纷案

裁判规则:在确认非婚生子女的案件中,法庭可以要求被告(男方)进行亲子鉴定。如果被告拒绝作鉴定,法庭可根据查证属实并排除第三人为非婚生子女生父的证据,推定原告(女方)的诉讼请求成立。

42. 民事案件裁定再审的,可以根据法律规定并结合案件具体情况,中止部分内容的执行

——魏某与李某离婚后财产纠纷再审案

裁判规则:根据《中华人民共和国民事诉讼法》第一百八十五条的规定,民事案件裁定再审的,裁定中止原判决的执行。对于不能或者不宜中止原判决全部内容的案件,可以根据法律规定并结合案件具体情况,裁定中止原判决部分内容的执行。

43. 婚后以一方婚前财产全额购买的自住房屋属于婚前个人财产

——马某诉王某离婚房屋分割纠纷案

裁判规则:婚姻关系存续期间,一方当事人以婚前个人财产全额购买的自住房屋及其增值部分,属于婚前个人财产,不属于夫妻共同财产。

【物权纠纷】

44. 产品局部欺诈亦应适用整体双倍赔偿规则

——朱敏诉四川西林汽车销售有限公司达州分公司财产损害赔偿纠纷案

裁判规则:经营者明知其销售的车辆系发生交通事故的受损修复车辆,但故意隐瞒真相,将其作为新车销售的行为系欺诈消费者的行为,依法适用《中华人民共和国消费者权益保护法》第四十九条的规定,由经营者对消费者实行加倍赔偿。

45. 储户在储蓄存款凭条上错误填写身份证号码的,不影响储蓄合同的效力

——魏婷婷诉中国建设银行股份有限公司成都市第六支行存单确认纠纷案

裁判规则:储户在银行存款取得存单,即与银行形成储蓄存款合同,储户在储蓄存款凭条上错误填写身份证号码的行为,不影响储蓄合同的效力,储户仍享有存单的所有权。储户请求确认所有权的,应予支持。

【合同纠纷】

46. 在订立合同的过程中,未履行保护交易方人身、财产安全的先合同义务的,应当承担一定的赔偿责任

——向庆秀诉大英县福满家超市缔约过失责任赔偿纠纷案

裁判规则:超市向市民公开发布促销公告,应视为要约邀请,在订立合同的过程中,负有保护购买者人身、财产安全的先合同义务,因未尽义务,致使购买者在秩序混乱中受伤致残,对此损害后果,超市应承担一定的赔偿责任。购买者忽视自身安全,自身有过错的,也应承担相应责任。

买卖合同纠纷

47. 已经发生法律效力的民事判决,如原判仅作出驳回诉讼请求而无具体执行内容的,可另行起诉

——上海白猫股份有限公司诉四川省商业集团有限公司买卖合同纠纷案

裁判规则:对于已经发生法律效力的民事判决,当事人有新的证据再行诉讼的,是否进入再审程序,应分别情况处理:一、原判作出具有执行内容的实体处理结果的,应进入再审程序;二、原判仅作出驳回诉讼请求而无具体执行内容的,可另行起诉。

48. 内容具体明确的商品房销售广告应视为合同内容

——李楠诉都江堰市宁江房地产开发有限责任公司、成都市益民房地产开发有限责任公司房屋买卖合同纠纷案

裁判规则:根据最高人民法院《关于审理商品房买卖合同纠纷案件适用法律若干问题的解释》第三条的规定,商品房的销售广告和宣传资料为要约邀请,但是出卖人就商品房开发规划范围内的房屋及相关设施所作的说明和允诺具体确定,并对商品房买卖合同的订立和房屋价格的确定有重大影响的,应当视为要约。该说明和允诺即使未载入商品房买卖合同,亦应视为合同内容,当事人违反的,应当承担违约责任。

49. 二审审理期间双方当事人自行达成和解协议并撤回上诉,一方当事人不履行和解协议,另一方当事人申请执行一审判决的,应予支持

——吴梅诉四川省眉山西城纸业有限公司买卖合同纠纷案

裁判规则:在人民法院二审审理期间,双方当事人自行协商达成和解协议并向人民法院撤回上诉,一方当事人不履行和解协议,另一方当事人申请人民法院执行原一审判决的,人民法院应予支持。

50. 招、投标当事人拒绝依照中标通知书订立合同的,应当承担缔约过失责任,具体赔偿数额应结合个案情况确定

——重庆大唐测控技术有限公司诉四川省达州市国家税务局买卖合同纠纷案

裁判规则:根据《中华人民共和国招标投标法》第四十五条第二款的规定,中标通知书发出后,招标人改变中标结果,或者中标人放弃中标项目的,应当依法承担法律责任。因单方原因导致合同未签订的,一方应当承担缔约过失责任,具体赔偿数额由法院结合个案情况予以确定。

借款合同纠纷

51. 债权人超过举证期限提交的证据材料,债务人同意质证而担保人不同意质证的,可以组织质证

——中国工商银行成都市盐市口支行诉四川省有色金属材料总公司、四川物资(集团)有限公司借款合同纠纷案

裁判规则:最高人民法院《关于民事诉讼证据的若干规定》第三十四条第二款规定,“对于当事人逾期提交的证据材料,人民法院审理时不组织质证。但对方当事人同意质证的除外”。对于债权人超过举证期限提交的证据材料,债务人同意质证而担保人不同意质证的,在排除债权人与债务人恶意串通的情况下,从有利于债权人的利益出发,该逾期提交的证据材料可以组织质证。

52. 第三人非因信赖虚假验资证明而受损的，验资机构不承担赔偿责任

——成都市伊斯兰教协会诉四川省通田投资管理(集团)有限公司、四川正信会计师事务所有限公司等借款合同纠纷案

裁判规则：验资单位为企业出具虚假验资证明承担民事赔偿责任，须以该虚假验资证明与合同当事人的损失有因果关系为前提。否则，合同一方当事人要求验资单位承担赔偿责任的诉讼请求人民法院不予支持；债权人索赔所依据的合同无效的，应免除验资单位的赔偿责任。

建设工程合同纠纷

53. 未经村民会议讨论决定，村民小组擅自对外进行工程招投标和签订合同的行为无效

——峨眉山市燕岗建筑工程有限公司诉峨眉山市绥山镇城西村民委员会第七村民小组建设工程合同违约责任纠纷案

裁判规则：《中华人民共和国村民委员会组织法》第十九条规定，村集体经济项目的立项、承包方案及村公益事业的建设承包方案等涉及村民利益的事项，村民委员会必须提请村民会议讨论决定，方可办理。村民小组作为村民委员会的组成部分，其以自己的名义对外进行工程招投标和签订合同，应体现全体村民的意志。未经村民会议讨论决定，村民小组擅自对外进行工程招投标和签订合同的行为，违反了《中华人民共和国村民委员会组织法》的强制性规定，应认定为无效。

54. 特殊原因造成诉讼中迟延提交的证据，不采用将明显导致裁判不公的，应予采用

——四川省资阳市第二建筑工程公司第九工程处诉九龙县林珍野生资源有限责任公司建筑工程施工合同结算纠纷案

裁判规则：最高人民法院《关于民事诉讼证据的若干规定》中关于证据失权原则一般应得到遵从，但对因特殊原因造成在诉讼中迟延提交的证据，如不采用将明显导致裁判不公的，应予采用。

运输合同纠纷

55. 快递企业不属于邮政企业，其在承运过程中造成货物灭失的，应当适用合同法的有关规定承担相应的赔偿责任

——连斌杰诉成都西部中通速递有限公司其他运输合同纠纷案

裁判规则：快递企业不是邮政企业，不属于《中华人民共和国邮政法》的调

整范围。快递企业在承运过程中造成货物灭失的，应当适用《中华人民共和国合同法》的有关规定承担相应的赔偿责任。

其他合同纠纷

56. 履行义务方接受对方迟延履行时先履行抗辩权消灭

——四川省江油金信置业有限公司诉江油市华丰房地产开发有限公司、余洪远国有土地招商合同案

裁判规则：一、根据《中华人民共和国合同法》第六十七条的规定，当事人互负债务，有先后履行顺序，先履行一方未履行的，后履行一方有权拒绝其相应的履行要求。先履行一方履行债务不符合约定的，后履行一方有权拒绝其相应的履行要求。负有先履行义务方迟延交付土地，负有后履行义务方仍予接受的，先履行抗辩权消灭，其不能以对方未支付迟延履行违约金为由拒绝履行自身义务。

二、负有先履行义务方超出合同约定期限迟延交付土地，属履行债务不符合约定，应当按照合同约定支付迟延履行违约金。负有后履行义务方接受土地并实现合同目的，其拒绝履行己方债务构成违约，亦应按合同约定承担违约责任。

57. 经营者对消费者履行合同附随义务存在瑕疵，应当承担相应的赔偿责任

——陆明忠诉成都市火巴子火锅城餐饮服务合同纠纷案

裁判规则：经营者与消费者基于双方建立的服务合同关系所产生的附随义务，同样具有合同效力。经营者对消费者的车辆履行必要保护的合同附随义务存在瑕疵的，应承担相应的赔偿责任。

【知识产权与不正当竞争纠纷】

58. 行为人在经营活动中使用与他人注册商标相同或近似的商业标识侵犯他人注册商标专用权

——毛里求斯共和国客禧康国际有限公司诉成都真锅咖啡餐饮文化有限公司商标侵权纠纷案

裁判规则：根据《中华人民共和国商标法》第五十二条第（一）项的规定，未经商标注册人的许可，在同一种商品或者类似商品上使用与其注册商标相同或者近似的商标，构成侵犯注册商标专用权。该条规定同样适用于服务商标。因此，行为人在同一种商品的服务招牌、服务工具、广告宣传以及其他商业活动中

使用的标识与他人注册商标相同或近似，容易使相关公众产生误认的，构成侵犯注册商标专用权，应当承担侵权民事责任。

59. 植物新品种的委托或者合作育种品种权属无约定的，属于受委托完成人或共同完成人

——四川农大高科农业有限责任公司诉绵阳市仙农种业有限责任公司、第三人四川农业大学侵犯植物新品种权纠纷案

裁判规则：《中华人民共和国植物新品种保护条例》第七条第二款规定，植物新品种的委托育种或者合作育种，品种权的归属由当事人在合同中约定，没有合同约定的，品种权属于受委托完成人或者对育成新品种的实质性特点作出了创造性贡献的共同完成人。权利人对授权的新品种享有排他的独占权，未经许可，以商业目的生产或者销售植物新品种及繁殖材料的，侵犯了品种权人和独占生产被许可人依法享有的权利，应当承担侵权责任。

60. 经营者擅自使用他人知名服务特有店面装潢构成不正当竞争

——廖开泰诉沈晓瑜不正当竞争案

裁判规则：根据《中华人民共和国反不正当竞争法》第五条第（三）项的规定，擅自使用他人的企业名称或者姓名，引人误认为是他人商品的行为，属于不正当竞争行为。行为人虽与商标权人签订有商标许可使用合同，但未经权利人许可，擅自使用他人字号、店招及类似装潢的，构成不正当竞争。

61. 出版者与设计单位未就版式设计专有使用权进行特别约定的，版式设计专有使用权由出版者享有

——《汽车杂志》杂志社诉中国汽车工业经济技术信息研究所侵犯版式设计专有使用权案

裁判规则：一、期刊的版式设计属于著作权法保护范畴，包括版心、排版用字、行距、标点等版面布局因素的安排和设计，应受法律保护。

二、出版者与设计单位未就版式设计专有使用权进行特别约定时，按照《中华人民共和国著作权法》第三十五条的规定，其版式设计专有使用权由出版者享有，出版者有权许可或者禁止他人使用其出版的图书、期刊的版式设计。

62. 当事人提供的有关网络侵权的公证证据，人民法院应依法审查其所证明的网络信息是否来源于相关网站

——新传在线（北京）信息技术有限公司诉中国网络通信集团公司自贡市分公司信息网络传播权纠纷案

裁判规则：对于当事人提供的网络公证证据，人民法院在必要时可以根据

网络环境和网络证据的具体情况，审查公证证据的网络信息的来源，并在此基础上决定能否作为定案依据。如果公证证据不能确定网络信息来源于相关网站，则不能作为人民法院的定案依据。

63. 未执笔但参与创作并对作品独创性成果作出创造性贡献的，应认定为参与实施了共同创作行为

——邹士敏诉肖涛生著作权权属及侵权纠纷案

裁判规则：根据《中华人民共和国著作权法》第十三条第一款的规定，“两人以上合作创作的作品，著作权由合作作者共同享有。没有参加创作的人，不能成为合作作者”。两人以上有共同创作的意思，实施共同创作行为的，是合作创作。行为人虽未执笔，但参与创作并对作品的独创性成果作出创造性贡献的，应当认定为参与实施了共同创作行为。

64. 停止经营但尚未注销的企业名称中的知名字号应受法律保护

——四川热盆景酒店有限公司诉成都百雅楼餐饮有限公司擅自使用他人企业名称案

裁判规则：停止经营但尚未注销的企业名称仍然存续，该类企业名称中的知名字号仍具有市场知名度。擅自使用该字号的行为构成不正当竞争，侵权人应当承担相应的民事责任。

65. 答题卡不是图形作品，不属于著作权法的保护客体

——陈建诉富顺县万普印务有限公司著作权纠纷案

裁判规则：《中华人民共和国著作权法实施条例》第四条第（十二）项规定，图形作品，是指为施工、生产绘制的工程设计图、产品设计图，以及反映地理现象、说明事物原理或者结构的地图、示意图等作品。图形作品应当反映作者的思想或设计意图，属于作者的智力成果。答题卡不能表达作者特有的思想或设计意图，不具有独创性，不是图形作品，不属于著作权法的保护客体。

66. 教学单位未经权利人许可，将其作品上传到可通过互联网访问的图书馆网站的行为，不属于合理使用

——北京中文在线文化发展有限公司诉成都信息工程学院侵犯信息网络传播权纠纷案

裁判规则：教学单位未经权利人许可，将其文学作品上传到可通过互联网访问的图书馆网站上，致使普通读者可以随时通过互联网完成对上传文学作品的阅读下载，其行为不属于《中华人民共和国著作权法》第二十二条第一款第（六）项规定的“为学校课堂教学研究，翻译或者少量复制已经发表的作品，供

教学或者科研人员使用”的合理使用行为,侵犯了权利人的信息网络传播权。

67. 对于尚无固定表达形式的民间艺术人物,创作主体运用独特的构思和技巧创作出的美术作品,应受著作权法保护

——段国胜诉成都市风雅堂工艺品有限公司、成都风雅堂文化发展有限公司著作权侵权纠纷案

裁判规则:对于尚无固定表达形式的民间艺术人物,创作主体根据自己对该民间艺术人物形象的理解,运用独特的构思和技巧创作出的民俗人物美术作品,具有一定的独创性,应受《中华人民共和国著作权法》的保护。

【劳动争议纠纷】

68. 当事人无争议但涉及他人合法权益的事实,人民法院可以责令其提供证据

——钟勇诉夹江华南陶瓷厂拖欠劳动报酬争议纠纷案

裁判规则:根据最高人民法院《关于民事诉讼证据的若干规定》第八条及第十三条的规定,民事诉讼中涉及财产纠纷的双方当事人无争议的事实,一般无需举证,但涉及国家利益、社会公共利益或者他人合法权益的,人民法院可以责令当事人提供有关证据。

69. 劳动者已提供存在劳动关系的初步证据,用人单位拒不提供相关证据的,应当承担举证不利的后果

——廖光文诉自贡市天利劳务开发派遣有限公司确认劳动关系纠纷案

裁判规则:劳动者已提供存在劳动关系的初步证据,用人单位无正当理由拒不提供相关证据的,应当承担举证不利的法律后果。

70. 用人单位与劳动者未订立书面劳动合同,劳动者请求支付二倍工资的仲裁时效起算期间,应自劳动关系终止之日起计算

——高勇诉成都泽仁通讯设备有限公司劳动争议纠纷案

裁判规则:用人单位与劳动者未订立书面劳动合同,劳动者根据《中华人民共和国劳动合同法》第八十二条请求支付二倍工资的仲裁时效,适用《中华人民共和国劳动争议调解仲裁法》第二十七条第四款的规定,不受劳动者知道或者应当知道其权利被侵害之日起一年的仲裁时效期间限制,劳动关系终止的,应当自劳动关系终止之日起一年内提出。

【与公司、证券、保险、票据有关的民事纠纷】

71. 保险人明知投保人的投保有导致合同无效的情形仍接受投保并收取保险费的，不得以合同无效为由进行抗辩

——廖天富诉中国人寿保险公司南充市顺庆区支公司人身保险合同纠纷案

裁判规则：一、根据《中华人民共和国保险法》第五十六条第一款的规定，以死亡为给付保险金条件的合同，未经被保险人书面同意并认可保险金额的，合同无效。禁止反言原则是保险人应当遵循的基本原则。保险人明知投保人的投保有导致合同无效的情形或其他重大瑕疵，仍接受投保人的投保，并签发保险单、收取保险费的，应当推定被保险人以其他书面方式同意并认可保险合同，保险人不得以合同无效或其他原已放弃的权利进行抗辩。

二、根据《中华人民共和国保险法》第十七条第二款、第三款的规定，投保人在投保时应当履行如实告知义务。投保人故意隐瞒事实，不履行如实告知义务的，保险人不承担赔偿或者给付保险金的责任。

72. 因疾病所致的自缢死亡，不属于《中华人民共和国保险法》第六十六条规定意义上的"自杀"

——杨晓蓉、何娟诉新华人寿保险股份有限公司南充中心支公司人寿保险合同纠纷案

裁判规则：根据《中华人民共和国保险法》第六十六条第一款的规定，以死亡为给付保险金条件的合同，被保险人自杀的，除合同成立之日起满二年的以外，保险人不承担给付保险金的责任。正确理解"自杀"的含义是适用该条的关键。对于"自杀"的鉴定，主要应考查被保险人的主观意愿而非客观行为。被保险人因患抑郁症自合同成立之日起二年内自缢死亡的，不属于主动剥夺自己生命的"自杀"行为，亦不具有骗取保险金的目的，保险人应按合同约定承担保险责任。

73. 公司有权要求抽回出资的股东返还出资财产，股东之间变更出资方式属于对合营合同及章程的修改

——奥微光电(成都)有限公司诉成都精密光学工程研究中心返还出资款案

裁判规则：一、根据《中华人民共和国公司法》第四条的规定，公司享有由股东投资形成的全部法人财产权，依法享有民事权利，承担民事责任。公司股

东抽回出资的行为,侵犯了公司的法人财产权,因此,公司依法享有要求侵权股东返还出资财产的权利。

二、根据《中华人民共和国中外合资经营企业法》第三条和《中华人民共和国中外合资经营企业法实施条例》第十四条的规定,合营各方的合营合同及章程的修改,经审批机构批准后生效。股东之间变更出资方式的行为,属于对合营合同及章程的修改,未经审批机构批准,变更行为未生效。

74. 期货公司未按照期货经纪合同约定的期限、方式,将交易或持仓头寸的结算结果及时通知客户,造成客户损失的,由期货公司承担赔偿责任

——王运涛诉成都倍特期货经纪有限公司期货交易合同纠纷案

裁判规则:根据最高人民法院《关于审理期货纠纷案件若干问题的规定》第二十五条第二款的规定,期货公司未按照期货经纪合同约定的期限、方式,将交易或持仓头寸的结算结果及时通知客户,造成客户损失的,由期货公司承担赔偿责任。

75. 被保险人或受益人已从致害人处获得侵权赔偿后,仍可向保险人主张保险理赔

——杨峰诉中华联合财产保险公司达州中心支公司人身保险合同纠纷案

裁判规则:学生平安保险属于人身保险,不适用财产保险中的"损失补偿原则"。被保险人或者受益人已从实施致害行为人处获得侵权赔偿后,仍然可以向保险人主张保险理赔,保险人不得以被保险人或者受益人已经获得侵权赔偿为由拒绝履行保险理赔责任。

76. 公司拒绝股东查阅公司会计账簿的,股东可以诉请人民法院行使知情权

——徐璐璐诉攀枝花四季花城房地产开发有限责任公司知情权纠纷案

裁判规则:根据《中华人民共和国公司法》第三十四条第二款的规定,股东有权要求查阅公司会计账簿。公司拒绝提供查阅,股东诉请人民法院要求行使知情权的,人民法院应予支持,并可判决查阅账簿的具体方式。

77. 被保险人在保险期内因意外事故下落不明,宣告死亡时间在保险期外的,保险公司应当承担保险赔偿责任

——梁友碧、唐学辉、唐学清诉中华联合财产保险股份有限公司达州中心支公司保险合同纠纷案

裁判规则:被保险人在保险期内遭遇意外事故下落不明,不论其宣告死亡的时间是否在保险期内,保险公司均应当承担保险赔偿责任。

【侵权责任纠纷】

78. 二人以上没有共同故意或者共同过失，但其分别实施的数个行为间接结合发生同一损害后果的，应当根据过失大小或者原因力比例各自承担相应的赔偿责任

——魏文全诉四川省南方高速公路股份有限公司人身损害赔偿纠纷案

裁判规则：根据最高人民法院《关于审理人身损害赔偿案件适用法律若干问题的解释》第三条的规定，二人以上没有共同故意或者共同过失，但其分别实施的数个行为间接结合发生同一损害后果的，应当根据过失大小或者原因力比例各自承担相应的赔偿责任。

79. 履带式车辆不属于道路行驶的机动车，不适用机动车交强险限额赔偿条款

——郑纪祥诉张进、肖腾明、阳光财产保险股份有限公司湖南分公司人身损害赔偿纠纷案

裁判规则：履带式车辆不属于《中华人民共和国道路交通安全法》第一百一十九条规定的机动车范围，发生事故的，应当按照一般人身损害赔偿纠纷处理，不适用《机动车交通事故责任强制保险条例》关于车辆所有人或管理人在交强险限额内承担赔偿责任的相关规定。

80. 受害人在电力设施保护区从事法律、行政法规所禁止的行为造成损害的，产权人不承担赔偿责任

——陈浪、陈开富、周兴珍诉达州电业局新桥供电局、达县江阳乡新学村民委员会、达县江阳乡新学村第七组、邓克贵、邓廷钊触电人身损害赔偿纠纷案

裁判规则：受害人在电力设施保护区内从事法律、行政法规所禁止的行为，因高压线造成触电人身损害的，电力设施产权人不承担民事责任。

81. 怀孕期间胎儿父亲因他人侵权行为造成死亡的，婴儿出生后享有请求赔偿的权利

——王德钦诉杨德胜、泸州市汽车二队交通事故损害赔偿纠纷案

裁判规则：父母对子女的抚养义务因其本身的血缘关系而存在。胎儿在出生前，其抚养人因他人的侵权行为造成死亡而无法履行抚养义务的，胎儿出生后，应视为受害人生前实际抚养的人，依法享有请求侵权人承担在正常情况下抚养人必然负担的生活、教育等费用的权利。

82. 因环境污染引起的损害赔偿诉讼，由加害人就法律规定的免责事由及其行为与损害结果之间不存在因果关系承担举证责任

——张君耀诉四川省新万兴瓷业有限公司等环境污染损害赔偿纠纷案

裁判规则：根据最高人民法院《关于民事诉讼证据的若干规定》第四条第一款第（三）项的规定，因环境污染引起的损害赔偿诉讼，由加害人就法律规定的免责事由及其行为与损害结果之间不存在因果关系承担举证责任。诉讼中，原告对被告有污染行为以及存在损害后果举证以后，被告不能就免责事由及不存在因果关系举证的，应当承担赔偿责任。

83."日平均工资"应当以法定工作日为标准进行计算

——高晓慧诉双流县籍田中心卫生院医疗事故损害赔偿案

裁判规则：在医疗事故损害赔偿纠纷中，误工费、陪护费等的计算应当以法定工作日为标准计算"日平均工资"，而不能以365天为基数对"医疗事故发生地上一年度职工平均工资"计算"日平均工资"。否则，降低了日平均劳动报酬，损害了赔偿权利人的合法权益。

84. 肇事车辆的挂靠单位应当承担赔偿责任

——王绍其诉珙县协州汽车运输有限责任公司、中国人民财产保险股份有限公司珙县支公司、银兴智道路交通事故人身损害赔偿案

裁判规则：根据《中华人民共和国民法通则》第一百二十三条及《中华人民共和国道路交通安全法》第七十六条第一款第（二）项之规定，交通事故人身损害属于特殊侵权范畴，依法适用无过错归责原则。公共交通的车辆挂靠单位作为肇事车辆的法定登记车主，属于法律规定的交通事故应当承担责任的"机动车一方"，依法应当对交通事故承担民事赔偿责任。

【适用特殊程序案件案由】

仲裁程序案件

85. 超越法定范围作出的劳动仲裁终局裁决应予撤销

——谭军申请撤销劳动仲裁裁决案

裁判规则：劳动争议仲裁委员会错误地对不适用终局裁决的劳动争议作出终局裁决的，仲裁委员会所在地中级人民法院根据用人单位的申请，对该仲裁裁决依法应予撤销。

行 政

【行政处罚】

86. 以合伙、承包等方式委托他人实际经营的行政登记人应承担安全生产法律责任

——刘永镇诉泸州市安全生产监督管理局安全生产监督行政处罚案

裁判规则:在安全生产监督行政处罚案件中,行政登记人通过合伙、承包等方式委托他人实际经营的,不影响行政登记人的安全生产法律责任,行政机关依法对行政登记人进行行政处罚的行为,应予支持。

87. 没收较大数额财产的行政处罚应当适用听证程序

——黄泽富、何伯琼、何熠诉成都市金堂县工商行政管理局工商行政处罚案

裁判规则:《中华人民共和国行政处罚法》第四十二条规定,“行政机关作出责令停产停业、吊销许可证或者执照、较大数额罚款等行政处罚决定之前,应当告知当事人有要求举行听证的权利”。根据立法的相关精神,行政机关作出的没收较大数额财产的行政处罚属于上述规定中“等”所包含的范畴,行政机关未告知当事人有权要求举行听证或未按规定举行听证的,违反了法定程序,依法应予撤销。

88. 非法权益受让人不具有行政诉讼主体资格

——陈明高诉四川省国土资源厅行政处罚案

裁判规则:依照《中华人民共和国行政诉讼法》第二条的规定,有权提起行政诉讼的是认为其“合法权益”受到侵犯的公民、法人或其他组织。我国对矿产资源的开采实行许可制度,依法取得采矿权后将采矿权倒卖属非法行为。采矿权的非法受让人既不是行政处罚的相对人,也与行政处罚行为之间没有法律上的利害关系,其要求保护的权益属于非法权益,不具有原告诉讼主体资格,对其起诉,依法应予驳回。

【行政决定】

89. 部分行政行为证据不足的,整个行政决定应予撤销

——李立平诉西充县政府土地管理行政决定案

裁判规则:被诉行政决定包含多个行政行为的,行政机关应当对多个行政

行为的合法性分别举证证实。行政机关在法定举证期限内仅举证部分行政行为的,其余行政行为应视为没有相应证据证实,依法应对该行政决定予以撤销。

90. 未合理考虑共用设施、设备等因素的物业管理区域划分行为不具有合法性

——黄金城等25人诉成都市武侯区房产管理局物业管理行政决定案

裁判规则:根据《物业管理条例》第九条第二款的规定,物业管理区域的划分应当考虑物业的共用设施、设备、建筑物规模、社区建设等因素。行政机关在诉讼中没有提供证据证明其在决定对物业管理区域划分时已考虑共用设施、设备等因素,应认定行政机关作出决定的主要证据不足,依法应予撤销。

91. 受让人与行政机关在受让前针对所涉不动产作出的具体行政行为之间没有法律上的利害关系

——中国长城资产管理公司成都办事处诉旺苍县人民政府土地行政决定案

裁判规则:受让人与行政机关在受让前针对所涉不动产作出的具体行政行为之间没有法律上的利害关系,不具有向人民法院提起行政诉讼的主体资格。

【行政确认】

92. 履行护理职责时突发疾病抢救无效死亡的职工应享受工伤待遇

——四川省泸州玉河建筑工程有限公司诉泸州市劳动和社会保障局工伤认定案

裁判规则:一、根据《工伤保险条例》第十五条第一款第(一)项的规定,职工在工作时间和工作岗位,突发疾病死亡或者在48小时之内经抢救无效死亡的,视同工伤。因此,职工受单位指派护理他人,因突发疾病抢救无效死亡的,应视同工伤处理。

二、根据《工伤保险条例》第六十四条的规定,条例施行前已受到事故伤害或者患职业病的职工尚未完成工伤认定的,按照条例的规定执行。劳动行政主管部门对条例施行前职工受到的事故作出不构成工伤的认定被人民法院撤销后,在条例施行后重新进行工伤认定的,适用条例的有关规定。

93. 劳动者因实现其生理需求在工作时间、工作场所发生伤亡的应认定为工伤

——何文良诉成都市武侯区劳动和社会保障局工伤认定行政行为案

裁判规则:劳动者的人身权受法律保护,与劳动者人身不可分离的必要的、合理的生理需求,是其人身权的重要内容。满足并保障劳动者合理的生理需

求，是劳动者实现正常劳动所必需。劳动者因实现其生理需求，在工作时间、工作场所发生伤亡，并非与其正常工作无关。劳动者享有获得劳动安全卫生保障的权利。劳动保障部门认为劳动者在日常工作中“上厕所”等合理的、必要的生理需求是与其工作无关的私事，对此期间发生的伤亡不认定为工伤的行政行为没有法律依据，依法应予撤销。

94. 职工利用休息时间帮助工作所受伤害仍属工伤

——成都鹏程机械厂诉成都市青羊区劳动和社会保障局工伤认定行政行为案

裁判规则：根据《工伤保险条例》第十四条第（一）项的规定，在工作时间和工作场所，因工作原因受到事故伤害的，应认定为工伤。职工利用休息时间到工作单位帮助调试机器，虽非从事本职工作，但其行为是为工厂利益，因此，劳动行政部门对此作出工伤的认定符合法律规定，应予支持。

【行政许可】

95. 行政机关无权超越法律自设行政许可限制性条件

——李震波诉荣县卫生局卫生行政许可案

裁判规则：根据《中华人民共和国行政诉讼法》第五十四条第（二）项第2目的规定，卫生行政部门对于申请人符合法定条件的申请作出不予行政许可决定的，属于适用法律、法规错误，人民法院应依法判决撤销，并可责令其重新作出具体行政行为。

96. 对不具备条件而出租以划拨方式取得国有土地使用权行为的行政许可应予撤销

——成都泰隆游乐实业有限公司诉绵阳市国土资源局土地行政许可案

裁判规则：出租以划拨方式取得的国有土地使用权，应符合法律规定的条件。土地行政主管部门在申请人未签订土地使用权出让合同、不具备出租条件的情况下作出行政许可，批复同意其出租划拨土地使用权，其许可行为不具有合法性，应予依法撤销。

【行政复议】

97. 对不属于行政诉讼范围事项作出的行政复议决定，仍然不属于行政诉讼受案范围

——冯仁萍诉四川省人民政府行政复议案

裁判规则：当事人不服行政复议决定提起的行政诉讼，同样受行政诉讼受

案范围的限制。行政机关对于不属于行政诉讼受案范围事项作出的行政复议决定,仍然不属于行政诉讼受案范围。

98. 复议机关发现自身已作出的复议行为确有错误的,可以自行纠正

——江平诉泸州市国土资源局改变行政复议决定案

裁判规则:行政复议机关履行复议职责时,应当坚持有错必纠原则。对其自身的行政复议行为,发现确有错误的,可以自行纠正。

99. 行政机关驳回当事人申诉的信访答复不属于可以申请行政复议的行为

——杨一民诉成都市人民政府行政受理案

裁判规则:行政机关针对申诉的重复处理行为并未对行政相对人的权利义务产生法律效果,不是行政复议法所规定的可以申请行政复议的行政行为。行政机关针对该重复处理行为作出的不予受理行政复议决定,依法应予维持。

【行政赔偿】

100. 侵犯公民生命健康权引起的国家赔偿,应以作出赔偿决定的上年度职工年平均工资为标准计算赔偿金

——官礼生、鲜晓华诉四川省营山县公安局行政赔偿案

裁判规则:根据《中华人民共和国国家赔偿法》第二十七条的规定,国家机关和国家机关工作人员违法行使职权造成公民死亡的,应当支付死亡赔偿金、丧葬费,总额为国家上年度职工年平均工资的20倍。这里的"上年度",应当理解为赔偿义务机关、复议机关或者人民法院赔偿委员会作出赔偿决定时的上年度;复议机关或者人民法院赔偿委员会决定维持原赔偿决定的,按作出原赔偿决定时的上年度执行。

101. 民事侵权与行政侵权竞合时受害当事人应首先寻求民事救济

——常思俊、常思华诉阆中市公安局行政赔偿案

裁判规则:当事人的实际损失既可寻求民事救济也可寻求行政赔偿救济的,应当首先穷尽民事救济。如果当事人在民事诉讼中自动放弃民事权利而另行提起行政赔偿诉讼的,其诉讼请求不予支持。

【行政不作为】

102. 省级建设行政主管部门对全省城市房屋撤迁工作负有宏观行政管理职责

——胡忠容等29人、恒达安装队诉四川省建设厅不履行城市房屋拆迁管理法定职责案

裁判规则:《城市房屋拆迁管理条例》第五条第二款规定,县级以上地方人

民政府负责管理房屋拆迁工作的部门对本行政区域内的城市房屋拆迁工作实施监督管理,县级以上地方人民政府有关部门应当依照本条例的规定互相配合,保证房屋拆迁工作顺利进行。《四川省城市房屋拆迁管理条例》第四条第一款规定,省人民政府建设行政主管部门主管全省的城市房屋拆迁工作。据此,省级建设行政主管部门负有主管全省城市房屋撤迁工作的法定职责,该职责是一种宏观的行政管理职责。省级建设行政主管部门对公民、法人或其他组织向其反映解决的事项,已及时听取意见,并责成相关主管部门具体负责处理的,应认为已履行法定职责。公民、法人或其他组织仍以其不履行法定职责为由提起诉讼的,人民法院不予支持。

103. 行政机关未按规定全面履行职责的属于不履行法定职责

——黎萍等10人诉成都市房地产管理局不履行房屋行政监督职责案

裁判规则:根据《物业管理条例》第六十三条的规定,物业管理企业挪用专项维修资金的,由县级以上地方人民政府房地产行政主管部门追回挪用的专项维修资金,给予警告,没收违法所得,可以并处挪用数额两倍以下的罚款;物业管理企业挪用专项维修资金,情节严重的,并由颁发资质证书的部门吊销资质证书。房地产行政主管部门在诉讼中没有证据证明已针对业主的投诉,按照上述规定对物业管理企业挪用专项维修资金的行为进行查处的,应根据《中华人民共和国行政诉讼法》第五十四条第(三)项的规定,判决房地产行政主管部门在一定期限内履行房屋行政监督职责。

104. 行政主体受理申请登记制度不完备的,法院应从宽认定相对人提出申请的事实

——曾小林诉成都住房公积金管理中心不履行法定职责案

裁判规则:根据最高人民法院《关于行政诉讼证据若干问题的规定》第四条的规定,公民、法人或者其他组织起诉被告不作为的,应当提供其在行政程序中曾经申请的证据材料。但原告因被告受理申请的登记制度不完备等正当事由不能提供相关证据材料并能够作出合理说明的情形除外。被告认为原告起诉超过法定期限的,由被告承担举证责任。据此,原告向法院提供了向行政机关申请要求履行法定职责的证据材料,行政机关未能提供证据证实其受理申请登记制度完备的事实,其认为原告起诉超过法定期限的,应承担相应举证责任。行政机关未能提供证据证实原告超过起诉期限,其未履行法定职责的行为不具有合法性,依法应当责令其对原告的申请作出处理。

【其他】

105. 协商是签订行政合同的正当程序

——陈仁香诉成都市国土资源局锦江分局其他行政行为案

裁判规则:行政机关在依法征用土地中与相对人签订的《房屋拆迁产权调换安置住房协议书》是具有行政合同性质的协议,该协议对双方均具有约束力。在不具有法定理由的情况下,行政机关未与相对人协商,未听取其陈述及申辩,擅自变更合同,重新作出安置决定,属于程序不合法的行政行为。行政相对人请求法院撤销该行为的,人民法院应予支持。

106. 未经政府裁决的土地征收补偿标准争议法院不予受理

——徐加林等879人诉乐山市沙湾区政府土地征收行政补偿案

裁判规则:根据《中华人民共和国土地管理法实施条例》第二十五条第三款的规定,行政相对人对土地征用补偿标准有争议的,由县级以上地方人民政府协调,协调不成的,由批准征用土地的人民政府裁决。因此,未经批准征用土地的人民政府裁决,径直向人民法院提起行政诉讼的,不具备法定起诉条件,依法应当裁定不予受理,已经受理的,裁定驳回起诉。

107. 因上访、申诉和要求行政机关作为而被耽误的时间不应计算在起诉期间之内

——北京天然香妆品研究所眉山气雾剂厂诉眉山市人民政府、眉山市国土资源局土地行政登记案

裁判规则:最高人民法院《关于执行〈中华人民共和国行政诉讼法〉若干问题的解释》第四十三条规定,由于不属于起诉人自身的原因超过起诉期限的,被耽误的时间不计算在起诉期间内。起诉人因上访、申诉和要求行政机关作为而被耽误的时间,不属于起诉人自身的原因造成,不应当计算在起诉期间内。

《最高人民法院公报》案例调查统计表

1. 指导案例发布时间			
A. 20 世纪 80 年代		87/810	10.7%
B. 20 世纪 90 年代		231/810	28.5%
C. 2000 年后		492/810	60.7%
2. 指导案例审级			
A. 最高人民法院		224/810	27%
B. 高级人民法院		247/810	30%
C. 中级人民法院		244/810	29%
D. 基层人民法院		115/810	14%
3. 指导案例性质			
A. 刑事		204/834	24.5%
B. 民商事		534/834	64%
C. 行政		75/834	9%
D. 国家赔偿		10/834	1.2%
E. 执行		11/834	1.3%
4. 刑事指导案例类型统计			
A. 危害国家安全		1/201	0.5%
B. 危害公共安全		14/201	7.0%
C. 破坏社会主义市场经济秩序		42/201	20.9%
D. 侵犯公民人身权利民主权利		29/201	14.4%
E. 侵犯财产权		31/201	15.4%
F. 妨害社会管理秩序		34/201	16.9%
G. 贪污贿赂		41/201	20.4%
H. 渎职		9/201	4.5%
5. 民事指导案例类型统计			
A. 人格权		19/537	3.5%
B. 婚姻家庭、继承		12/537	2.2%
C. 物权		24/537	4.5%
D. 合同、无因管理、不当得利		198/537	36.9%
E. 知识产权与竞争		116/537	21.6%

（续表）

F. 劳动、人事争议		4/537	0.7%
G. 海事海商		36/537	6.7%
H. 与公司、证券、保险、票据有关		64/537	11.9%
I. 侵权		59/537	11.0%
J. 特殊程序		5/537	0.9%
6. 裁判摘要分类			
A. 刑法总则		9/374	2.4%
B. 刑法分则		48/374	12.8%
C. 民法总则		21/374	5.6%
D. 民法规则		201/374	54.6%
E. 其他		92/374	24.6%
7. 裁判摘要性质			
A. 实体		304/374	81.3%
B. 程序		70/374	18.7%
8. 案例指导特色			
A. 以案释法		324/375	86.4%
B. 填补空白		15/375	4.0%
C. 新类型		27/375	7.2%
D. 重大疑难		6/375	1.6%
E. 其他		3/375	0.8%
9. 法官获取《公报》案例途径			
A. 中国审判法律应用支持系统		148/1301	11.4%
B. 互联网、报纸杂志等转载		157/1301	12.1%
C. 单位或个人订阅公报		844/1301	64.8%
D. 其他途径		152/1301	11.7%
10. 律师获取《公报》案例途径			
A. 中国审判法律应用支持系统		78/432	18.1%
B. 互联网、报纸杂志等转载		140/432	32.4%
C. 单位或个人订阅公报		202/432	46.7%
D. 其他途径		12/432	2.8%
11. 法院其他工作人员获取《公报》案例途径			
A. 中国审判法律应用支持系统		68/684	9.9%

（续表）

B. 互联网、报纸、杂志等转载		121/684	17.7%
C. 单位或个人订阅公报		375/684	54.9%
D. 其他途径		120/684	17.5%
12. 人民陪审员获取《公报》案例途径			
A. 中国审判法律应用支持系统		20/278	7.2%
B. 互联网、报纸杂志等转载		122/278	43.9%
C. 单位或个人订阅公报		124/278	44.6%
D. 其他途径		12/278	4.3%
13. 接触《公报》案例情况			
A. 法官		1114/1367	81.5%
B. 法院其他工作人员		470/704	66.8%
C. 检察、公安、司法行政人员		235/566	41.5%
D. 人民陪审员		178/339	52.5%
E. 律师		349/488	71.5%
F. 社会公众		189/530	35.7%
14. 认为《公报》对办案(工作)影响最大			
A. 法官		496/1367	40.8%
B. 法院其他工作人员		145/704	66.8%
C. 检察、公安、司法行政人员		121/566	36. 8%
D. 人民陪审员		76/339	22.4%
E. 律师		130/488	39.3%

四川省高级人民法院《审判指导》案例调查统计表

1. 四川省高级人民法院案例发布时效

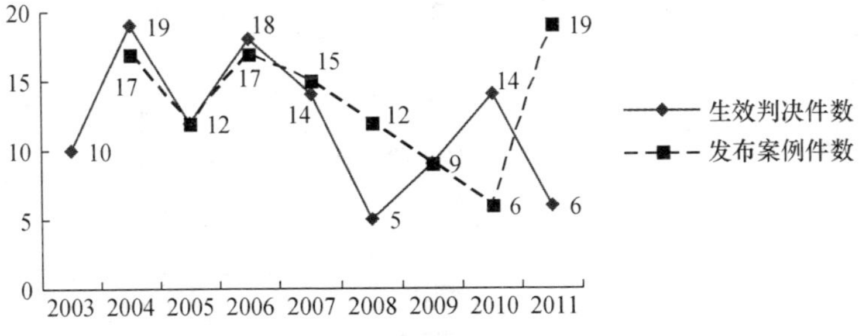

案例生效判决及发布年度

2. 四川省高级人民法院案例地域来源

案例地域来源

地区	件数	百分比
成都	48	44.86%
泸州	8	7.48%
达州	7	6.54%
自贡	6	5.61%
南充	5	4.67%
宜宾	5	4.67%
乐山	4	3.74%
绵阳	4	3.74%
攀枝花	4	3.74%
眉山	3	2.8%
内江	3	2.8%
德阳	2	1.87%
广元	2	1.87%
遂宁	2	1.87%
成铁	1	0.93%
甘孜	1	0.93%
凉山	1	0.93%
雅安	1	0.93%
合计	107	100%

3. 四川省高级人民法院案例审级			
最高人民法院生效裁判		1/107	0.93%
高级人民法院生效裁判		51/107	47.66%
中级人民法院生效裁判		35/107	32.71%
基层人民法院生效裁判		20/107	18.69%
4. 四川省高级人民法院案例审判程序			
一审生效		22/107	20.56%
二审生效		80/107	74.77%
再审及复核生效		5/107	4.67%
5. 四川省高级人民法院案例类型			
刑事案例		39/107	36.4%
民商事案例		46/107	43.0%

（续表）

行政案例		20/107	18.7%
国家赔偿案例		2/107	1.9%
6. 四川省高级人民法院刑事案例案由分布			
危害公共安全		3/39	7.7%
破坏社会主义市场经济秩序		6/39	15.4%
侵犯公民人身权利、民主权利		6/39	15.4%
侵犯财产		6/39	15.4%
妨害社会管理秩序		8/39	20.5%
贪污贿赂		9/39	23.1%
渎职		1/39	2.6%
7. 四川省高级人民法院民商事案例案由分布			
人格权		1/46	2.2%
婚姻家庭、继承		3/46	6.5%
物权		2/46	4.3%
合同、无因管理、不当得利		12/46	26.1%
知识产权与竞争		10/46	21.7%
劳动争议		3/46	6.5%
与公司、证券、保险、票据有关		7/46	15.2%
侵权责任		7/46	15.2%
适用特殊程序		1/46	2.2%
8. 四川省高级人民法院案例裁判规则分析			
实体性规则		93/107	86.9%
程序性规则		14/107	13.1%
9. 四川省高级人民法院刑事案例裁判规则分析			
涉及《刑法》总则的理解与适用		13/39	33.33%
涉及《刑法》分则的理解与适用		26/39	66.67%
10. 四川省高级人民法院民商事案例裁判规则分析			
涉及民法原则的理解与适用		5/46	10.87%
涉及民法规则的理解与适用		41/46	89.13%
11. 四川省高级人民法院案例特点			
以案释法型		45/107	42.06%
填补空白型		31/107	28.97%
新类型		25/107	23.36%

（续表）

重大疑难型		5/107	4.67%
其他		1/107	0.93%
12. 四川省高级人民法院案例编写内容			
交代当事人基本情况		107/107	100%
交代诉讼经过		107/107	100%
交代案件事实		107/107	100%
罗列证据		85/107	79.44%
交代裁判理由和结果		107/107	100%
列举合议庭成员		0/107	0%
交代裁判时间		107/107	100%

附录三　案例指导制度应用试点工作

四川省高级人民法院
关于开展案例指导制度试点工作的通知

川高法〔2011〕563 号

成都市锦江区、青羊区，盐边县、绵阳市高新区、资中县、南充市高坪区、华蓥市、雅安市雨城区、眉山市东坡区、西昌市人民法院：

为落实最高人民法院《关于案例指导工作的规定》（法发〔2010〕51 号）要求，经研究，省法院决定从 2011 年 9 月起在全省 10 个审判管理工作基层联系点法院开展案例指导制度试点工作。现将相关事项通知如下：

一、试点时间

2011 年 9 月 6 日至 12 月 5 日（基层法院第四季度统计周期）。

二、试点内容

（一）试点范围。各试点法院在试点期间审理的刑事、民事、行政及其他各类案件，均属案例指导制度试点范围。

（二）适用对象。由省法院审判管理办公室汇总整理并统一提供近年最高人民法院《公报》及四川省高级人民法院《审判指导》发布的部分案例（另行提供），作为试点适用对象。最高人民法院今后发布的全国性指导案例，纳入适用范围。为方便适用，省法院审管办提供相应检索方式。

（三）适用要求。各试点法院在办案中应认真比对待决案件与参照案例在裁判规则（裁判摘要）方面的相似性，类似案件要积极参照适用；存在相似性但因故未适用的，应层报分管副院长审批或提交审判委员会讨论决定。

（四）引用方式。可在裁判文书中就参照案例的裁判规则进行说理，但不作为裁判依据引用。试点工作中也可就引用方式作其他有益探索。

（五）具体应用。待决案件是否适用类似案例或未发现类似案例的，均应在案件审理报告、庭审笔录、合议笔录、审委会讨论记录等案卷材料中反映，同时在相关材料中记载参照案例的发布机关、案例编号、裁判规则、生效裁判文书字号及相似性比对过程等。

（六）法律释明。如有当事人以各地法院类似生效案例作为抗辩、申诉、申请再审理由或质疑判决结果的，要针对其理由并结合案件具体情况，运用案例的裁判规则和适用原则，适时以适当方式进行释明及回应，释明及回应情况应做好记录并归入案卷档案。

三、试点要求

（一）加强学习培训。各试点法院要高度重视，采取有效措施切实做好试点工作。要加强试点工作的学习和培训，让办案人员熟知案例及案例指导制度的主要内容，领会掌握和积极参与案例指导工作。

（二）加强材料报送。各试点法院应确定试点工作负责人和联络人各1名，将人员名单和通讯方式于9月6日前报送省法院审管办。要逐案统计试点参照案例情况，认真填写个案统计表（见附件1）及当月汇总统计表（见附件2），连同具体参照应用案例的案件材料（包括裁判文书、庭审笔录、合议笔录、审委会讨论记录、释明记录等纸质材料）一并于每月15日前报送省法院审判管理办公室（电子版通过内网电子邮件报送）。

（三）加强试点总结。各试点法院要认真对试点工作的开展进行全面调研总结，形成书面报告，内容包括：试点期间审结案件及参照案例的总体情况，参照案例的主要做法及取得的成效，存在的问题及原因分析，对下一步工作的意见建议等，填写试点期间的汇总统计表（见附件2），书面报告及汇总统计表请于12月20日前报送省法院审判管理办公室。

联系人：聂茸

附：1. 案例试点工作个案统计表（略）
　　2. 案例试点工作汇总统计表（略）

二〇一一年八月二十六日

四川省高级人民法院办公室
关于进一步做好案例指导制度试点工作的通知

川高法办〔2011〕115 号

成都、攀枝花、绵阳、内江、南充、广安、雅安、眉山、凉山州(市)中级人民法院,成都市锦江区、青羊区、盐边县、绵阳市高新区、资中县、南充市高坪区、华蓥市、雅安市雨城区、眉山市东坡区、西昌市人民法院:

按照川高法〔2011〕563 号“关于开展案例指导制度试点工作的通知”要求,省法院决定从 2011 年 9 月起在全省 10 个审判管理工作基层联系点法院开展案例指导制度试点工作。在前期试点工作中,各试点法院高度重视、积极部署、认真开展试点工作。为及时总结前期试点工作开展情况,省法院审判管理办公室于 10 月 21 日召开了“审判管理基层联系点暨案例指导制度试点工作座谈会议”,对试点工作存在的问题及下一步工作的开展进行了深入研讨。为进一步做好下一步试点工作,现将相关事项通知如下:

一、调整试点工作内容和方案

(一) 延长试点时间。试点时间由原定的 2011 年 9 月 6 日至 12 月 5 日(第四季度统计周期)延长至半年,即自 2011 年 9 月 6 日至 2012 年 3 月 5 日(今年第四季度及明年第一季度统计周期)。

(二) 缩小试点案件范围。试点案件仅限于试点期间审理的各类判决结案的案件,原则上不包括调解、撤诉和裁定结案的案件(前述案件如引用相关案例的可同时填报相关表格)。

(三) 扩大参照案例范围。参照案例不限于前期试点工作提供的最高人民法院《公报》及四川省高级人民法院《审判指导》发布的 238 件案例,但应首先检索和选择试点工作提供的试点案例;对于法律、司法解释等已有明确规定的仍可引用试点案例进行佐证；此外，试点工作中可积极检索参考最高人民法院各业务庭编辑发布的审判指导或审判参考等所刊载的案例，《人民法院案例选》《中国审判案例要览》以及其他生效案例；最高人民法院今后发布全国性指导案例的，应积极引用。相关案例裁判规则存在冲突的，优先选用层级高的法院发布的案例。

（四）简化报送程序。试点工作相关材料通过网上报送和调阅。各试点法院应强化试点案件网上办案、同步录入工作，认真填写并记载引用案例相关信息及引用方式。试点工作相关统计表于每月 15 日前通过法院内网电子邮件报送（修改后的个案统计表及当月汇总统计表见附件 1、2），其中，10 月汇总表应按要求区分判决、调解等类案件并重新填写报送。试点工作总结应于 2012 年 3 月 15 日前报送。

二、做好下一步试点工作的要求

一是加强督促和引导。各试点法院应指定专门机构，认真分析前期试点工作的开展情况及存在的问题，做好本院相关案件的统计分析，积极组织对试点案例的学习培训及应用引导，做好个案的跟踪分析。同时，对于前期试点工作审结的案件进行系统梳理，对于应当参照试点案例而未予参照的应补填个案统计表、修改汇总统计表并重新报送。

二是积极引用相关案例。各试点法院要进一步做好动员和部署工作，要求办案人员进一步统一思想，提高认识，转变思维，切实熟悉和掌握相关案例，积极探索引用方式，加强判后释明。负责审核裁判文书的院庭领导应积极检索查阅相关案例，切实将案例的引用贯穿于办案全过程。

三是结合实际、突出重点。各试点法院在试点工作中要结合实际，突出重点，抓好各地常见多发型案例的参照引用。同时，为确保试点工作有序开展，试点工作中应加强试点案例的宣传工作及与各地公安、检察人员及律师等的联系沟通。

四是建立健全激励机制。各试点法院要建立健全激励机制，广泛调动办案人员引用案例的主动性和积极性。可采取纳入岗位目标管理、进行案件质量评查及设立特别奖项等方式，推动试点工作深入开展。

五是相关中级法院应加强指导和支持力度。各试点法院所属的中级法院应加大对案例应用试点工作的宣传，让办案人员了解试点工作，在二审中自觉支持试点工作，切实加强对试点工作的指导（试点工作通知及相关案例已在省法院内网“审判管理”栏目发布）。

试点工作其他事项仍按照川高法〔2011〕563号“关于开展案例指导制度试点工作的通知”执行。

联系人：省法院审判管理办公室　魏庆锋　聂　茸

附：1. 案例试点工作个案统计表（略）
　　2. 案例试点工作汇总统计表（略）

二〇一一年十月二十四日

四川省高级人民法院审判管理办公室关于加强对最高人民法院及省法院新发布案例参照适用的通知

各审判管理基层联系点法院：

为进一步推进案例指导制度应用试点工作，加强对最高人民法院及省法院新发布案例的参照适用，现将近期最高人民法院发布的第一批全国指导性案例（4 件）及省法院《审判指导》（2011 年第 4、5 期）发布的案例（6 件）转发给你们（见附件 1—3），请积极参照适用，并特别注意对最高人民法院发布的第一批全国指导性案例的参照适用。试点工作中遇到的问题及相关工作建议，请及时与省法院审判管理办公室联系，并请按要求按时报送统计表及具体参照应用案例的相关材料。

联系人：何　柳

附：1. 最高人民法院发布的第一批全国指导性案例（略）

2. 省法院《审判指导》（2011 年第 4 期）（略）

3. 省法院《审判指导》（2011 年第 5 期）（略）

二〇一二年一月五日

附录四　案例指导制度问卷调查统计表

四川省高级人民法院
关于做好“中国特色案例指导制度的发展与完善”课题问卷调查工作的通知

川高法〔2011〕638 号

全省各中级人民法院、成都铁路运输中级法院、本院各部门：

今年，省法院和四川大学共同承担了最高人民法院 2011 年审判理论重大课题“中国特色案例指导制度的发展与完善”。为深入调研、全面了解案例指导制度相关情况，省法院设计了 6 套问卷（详见附件），拟在全省开展课题问卷调查工作。现将相关事项通知如下：

一、关于法官、法院其他工作人员的问卷调查。省法院在内网（网址：http://150.0.0.6）发布上述两套问卷的答题网页。请省法院各部门积极组织相关人员参与问卷调查，各中院积极组织辖区两级法院法官（特别是审判业务部门的法官）及其他工作人员，登录网页认真填写电子问卷，答题完毕后点击“提交”。系统自动统计省法院各部门及各中基层两级法院提交份数。其中，各中、基层两级法院法官问卷回收不少于该地区法官人数的 50%（如泸州地区法官问卷回收不少于 200 份），法院其他工作人员问卷回收不少于 60 份。

二、关于人民陪审员、律师、社会公众及检察、公安、司法行政人员的问卷调查。省法院在外网（网址：http://www.sccourt.gov.cn）发布上述四套问卷的答题网页，请各中院协调辖区相关调查对象登录网页认真填写电子问卷（操作同法官、法院其他工作人员问卷），也可采用纸质问卷方式发放并回收（问卷电子文档可通过省法院内网“审判管理”栏目下载）。其中，各地区律师问卷回收不少于 60 份（其中成都地区不少于 100 份，阿坝、甘孜、凉山、成铁应积极组织，但数量不受此限），其他问卷（人民陪审员问卷、社会公众问卷及检察、公安、司法行政人员问卷）回收分别不少于50份（其中成都地区分别不少于80份）。

案例指导制度是司法改革的重要内容，也是在中国特色社会主义法律体系形成背景下应对社会转型矛盾与问题的重要制度。请各中院高度重视，鼎力支持，全力配合，并请于2011年12月10日前协助完成问卷调查工作，将发放回收的纸质问卷寄送省法院审判管理办公室（通过网页答题的由省法院通过系统自行回收），共同做好省法院承担的最高人民法院审判理论重大课题工作。

联系人：魏庆锋　蒋　军

附：1. 法官问卷调查
2. 人民陪审员问卷调查
3. 法院其他工作人员问卷调查
4. 检察、公安、司法行政人员问卷调查
5. 律师问卷调查
6. 社会公众问卷调查

二〇一一年十月十四日

法官问卷及调查统计表

您好！感谢您在百忙之中接受我们的问卷调查，请客观填写相关信息。本问卷为匿名问卷，调查结果仅作为最高人民法院2011年重点课题“中国特色案例指导制度的发展与完善”资料使用。

填写说明：本问卷除在题干后特别注明“可多选”的题目外，均为单项选择题。请在您认为正确的选项上打“√”，或在选项中的___上填写适当内容。谢谢您的支持！

1. 年龄			
A. 35周岁及以下		323/1367	23.63%
B. 35—50周岁		850/1367	62.45%
C. 50周岁及以上		194/1367	14.22%
2. 从事审判工作年限			
A. 5年及以下		293/1367	21.47%
B. 5—10年		189/1367	13.82%

（续表）

C. 10 年及以上		885/1367	65%
3. 所在地区			
A. 成都地区		107/1367	8.04%
B. 阿坝、甘孜、凉山		225/1367	16.47%
C. 其他地区		865/1367	63.33%
D. 审判管理基层联系点		170/1367	12.45%
4. 所在法院级别			
A. 高级法院		65/1367	5%
B. 中级法院		158/1367	11.57%
C. 基层法院		1144/1367	83.73%
5. 所学专业			
A. 法律专业		1171/1367	85.88%
B. 非法律专业		196/1367	14.41%
6. 文化程度			
A. 大专及以下		181/1367	13.43%
B. 大学本科		1107/1367	81.08%
C. 硕士及以上		79/1367	5.78%
7. 所在岗位部门			
A. 刑事审判部门		175/1367	12.84%
B. 民事审判部门		664/1367	48.63%
C. 行政审判部门		71/1367	5.29%
D. 其他审判业务部门		457/1367	33.53%
8. 您是否了解我国案例指导制度			
A. 了解		559/1367	40.88%
B. 有一定了解		742/1367	54.29%
C. 不了解		66/1367	4.84%
9. 若了解，请选择您最初获悉的途径			
A. 通过法院内部工作部署获悉		579/1367	42.41%
B. 在办案活动或日常工作中获悉		451/1367	32.96%
C. 在院校学习或在职培训中获悉		152/1367	11.09%
D. 通过电视、报纸、网络等途径获悉		86/1367	6.32%
E. 与同事、同行交流中获悉		42/1367	3.05%

（续表）

F. 其他		16/1367	1.19%
G. 未回答		41/1367	2.98%
10. 您是否了解国外的案例或判例制度			
A. 了解		310/1367	22.67%
B. 有一定了解		929/1367	67.94%
C. 不了解		128/1367	9.39%
11. 若了解，您认为国外的案例或判例制度对中国特色案例指导制度具有哪些借鉴意义（可多选）			
A. 案例或判例对法官裁判的约束力		980/1367	71.69%
B. 案例或判例的汇编技术		703/1367	51.43%
C. 案例或判例的检索技术		527/1367	38.55%
D. 其他		87/1367	6.36%
12. 您是否了解最高人民法院去年出台的法发〔2010〕51号《关于案例指导工作的规定》			
A. 了解		454/1367	33.24%
B. 有一定了解		699/1367	51.1%
C. 不了解		214/1367	15.67%
13. 若了解，您认为《关于案例指导工作的规定》是否完善			
A. 完善		225/1367	16.49%
B. 不够完善		864/1367	63.19%
C. 不完善		214/1367	15.67%
D. 不清楚		64/1367	4.65%
14. 与法律、司法解释相比，您认为指导性案例具有哪些优势（可多选）			
A. 直观性，让法律具体易懂		1119/1367	81.86%
B. 适应性，让法律与时俱进		977/1367	71.47%
C. 可读性，让人乐于阅读		635/1367	46.45%
D. 通俗性，让人记忆深刻		661/1367	48.35%
E. 及时性，让人知识常新		685/1367	50.11%
F. 其他		51/1367	3.73%
15. 您认为我国是否有必要建立案例指导制度			
A. 有		1184/1367	86.56%
B. 没有		102/1367	7.49%
C. 不清楚		81/1367	5.95%

（续表）

16. 若有必要,您认为应当由哪个或哪些机关编辑发布案例(可多选)			
A. 法院		1282/1367	93.78%
B. 检察院		357/1367	26.12%
C. 公安机关		183/1367	13.39%
D. 司法行政机关		200/1367	14.63%
17. 您接触过哪些政法机关发布的案例(可多选)			
A. 法院案例		1313/1367	96.05%
B. 检察院案例		379/1367	27.72%
C. 公安案例		277/1367	20.26%
D. 司法行政案例		202/1367	14.78%
18. 您认为哪一政法机关的案例影响最大			
A. 法院案例		1274/1367	93.19%
B. 检察院案例		25/1367	1.85%
C. 公安案例		40/1367	2.96%
D. 司法行政案例		27/1367	2%
19. 与其他政法机关的案例相比,您认为法院案例具有哪些特色(可多选)			
A. 最具法律价值		1097/1367	80.25%
B. 最具权威性		1010/1367	73.88%
C. 最具影响力		971/1367	71.03%
D. 受众面最广		754/1367	55.16%
E. 内容最完备		658/1367	48.13%
F. 案件类型多样		872/1367	63.79%
G. 其他		46/1367	3.33%
20. 您认为法院案例指导制度是指			
A. 由有权机关通过一定程序审核发布指导性案例,法官在审判相似案件时应当参照案例进行裁判的制度		826/1367	60.4%
B. 由有权机关通过一定程序编辑、发布指导性案例,供法官学习参考,提高裁判技术的制度		443/1367	32.43%
C. 与英美法系的判例制度相似,直接赋予某一层级法院先前判决具有法律效力,可作为裁判依据的制度		58/1367	4.25%

（续表）

D. 其他		9/1367	0.66%
E. 未回答		31/1367	2.27%
21. 您认为法院案例指导制度有哪些功能(可多选)			
A. 统一法律适用标准,防止和减少“同案不同判”		1226/1367	89.69%
B. 指导、监督和制约法官的裁判行为		956/1367	69.93%
C. 以案说法,进行法制宣传,引导公众按照案例规则来守法		932/1367	68.18%
D. 丰富和发展法学理论		709/1367	51.87%
E. 其他		38/1367	2.78%
22. 您接触过哪些法院案例刊物(可多选)			
A.《最高人民法院公报》		1114/1367	81.49%
B. 最高人民法院《人民法院案例选》《中国审判案例要览》		966/1367	70.67%
C. 最高人民法院各庭室编辑出版的审判指导、参考或参阅		584/1367	42.72%
D.《人民法院报》刊载的案例		956/1367	69.93%
E.《人民司法》案例版		630/1367	46.09%
F. 四川省高级人民法院《案例指导》		750/1367	54.86%
G. 其他		46/1367	3.33%
23. 以下哪一种案例刊物刊载的案例对您办案影响最大			
A.《最高人民法院公报》		565/1367	41.33%
B. 最高人民法院《人民法院案例选》《中国审判案例要览》		352/1367	25.75%
C. 最高人民法院各庭室编辑出版的审判指导、参考或参阅		92/1367	6.75%
D.《人民法院报》刊载的案例		147/1367	10.75%
E.《人民司法》案例版		62/1367	4.5%
F. 四川省高级人民法院《案例指导》		133/1367	9.73%
G. 其他		16/1367	1.18%
24. 以下案例刊物的编辑体例或结构,哪一种最方便您在办理相似案件时参照应用			
A.《最高人民法院公报》		457/1367	33.41%
B. 最高人民法院《人民法院案例选》《中国审判案例要览》		344/1367	25.2%

（续表）

C. 最高人民法院各庭室编辑出版的审判指导、参考或参阅		120/1367	8.76%
D.《人民法院报》刊载的案例		139/1367	10.17%
E.《人民司法》案例版		61/1367	4.46%
F. 四川省高级人民法院《案例指导》		190/1367	13.93%
G. 其他		14/1367	1.02%
H. 未回答		42/1367	3.05%
25. 您是否能够及时获悉最高人民法院《公报》发布的案例			
A. 能		463/1367	33.85%
B. 有时能		622/1367	45.5%
C. 不能		282/1367	20.65%
26. 您主要是通过何种途径获悉《最高人民法院公报》发布的案例			
A. 单位或个人订阅的《最高人民法院公报》		887/1367	64.87%
B. 中国审判法律应用支持系统		156/1367	11.38%
C. 互联网或报纸、杂志等媒体的转载		165/1367	12.07%
D. 四川省高级人民法院案例指导制度试点工作中整理并上传法院内网“审判管理”栏目的《最高人民法院公报》案例		120/1367	8.76%
E. 其他		40/1367	2.92%
27. 您是否能够及时获悉四川省高级人民法院《案例指导》发布的案例			
A. 能		507/1367	37.08%
B. 有时能		556/1367	40.69%
C. 不能		304/1367	22.23%
28. 您主要是通过何种途径获悉四川省高级人民法院《案例指导》发布的案例			
A. 四川省高级人民法院编发的《案例指导》		730/1367	53.43%
B. 四川省高级人民法院案例指导制度试点工作中整理并上传法院院内网“审判管理”栏目的《案例指导》案例		384/1367	28.06%
C. 互联网或报纸、杂志等媒体的转载		165/1367	12.1%
D. 其他		87/1367	6.4%

（续表）

29. 您认为已发布案例对您的工作是否有帮助			
A. 有帮助		741/1367	54.22%
B. 有一定帮助		602/1367	44.01%
C. 没有帮助		24/1367	1.76%
30. 您一般在什么情形下会参照适用《最高人民法院公报》或四川省高级人民法院《案例指导》发布案例(可多选)			
A. 法律法规或司法解释未规定,或仅有原则规定,或规定有多种理解		1187/1367	86.83%
B. 合议庭、审委会研究案件争议较大		874/1367	63.94%
C. 当事人对裁判不服		362/1367	26.48%
D. 当事人或诉讼代理人引述相关案例支持诉辩意见		477/1367	34.89%
E. 其他		60/1367	4.41%
31. 您在办案过程中是否曾参照适用上述案例			
A. 是		1064/1367	77.83%
B. 否		303/1367	22.17%
32. 您参照适用上述案例的动因是什么(可多选)			
A. 避免承办案件被上级法院改判或发回重审		599/1367	43.82%
B. 增强裁判的说理性与正当性		1085/1367	79.37%
C. 追求良好的社会效果		767/1367	56.11%
D. 上级法院要求应当参照		203/1367	14.85%
E. 其他		52/1367	3.8%
33. 您参照适用哪个机关发布的指导性案例较多			
A. 最高人民法院		871/1367	63.75%
B. 四川省高级人民法院		402/1367	29.39%
C. 其他		94/1367	6.86%
34. 若当事人或诉讼代理人引述案例支持诉辩意见时,您是否作出回应并说明理由			
A. 回应		591/1367	43.23%
B. 不一定回应		306/1367	22.38%
C. 不回应,但会查阅了解当事人或诉讼代理人提出的案例		464/1367	33.94%

（续表）

D. 既不回应，也不查阅案例		6/1367	0.44%
35. 您一般在审理哪些案件时会参照有权机关发布的案例（可多选）			
A. 争议焦点或待决事项与所掌握的已发布案例具有相似性的案件		1064/1367	77.83%
B. 法律或司法解释对争议焦点没有规定，或仅有原则规定，或规定有多种理解的案件		1107/1367	80.98%
C. 新类型或疑难案件		940/1367	68.76%
D. 社会影响大的案件		690/1367	50.48%
E. 依照现有法律得出的裁判结果不合情理的案件		580/1367	42.43%
F. 其他		52/1367	3.82%
36. 您认为哪些因素会影响您在办案中参照适用相似案例（可多选）			
A. 案例没有法律约束力，既不能作为裁判依据，也不易说服当事人		970/1367	70.96%
B. 我国不是判例法国家，没有必要适用，且不便适用		663/1367	48.5%
C. 案例未提炼裁判要旨或裁判规则，不易查找获得相似案例		774/1367	56.62%
D. 案例本身不具有说理性与说服力		566/1367	41.4%
E. 实践中没有参照使用案例的习惯，周围同事也不参照使用案例		425/1367	31.09%
F. 作出案例所涉生效判决的法院级别较低		331/1367	24.21%
G. 其他		63/1367	4.61%
37. 您认为在办案过程中参照案例可能会遇到哪些困难（可多选）			
A. 法律效力不明确		1047/1367	76.59%
B. 案例不易查找		934/1367	68.32%
C. 相似性难以判断		825/1367	60.35%
D. 引用方式不明确，不便引用		752/1367	55.01%
E. 其他		52/1367	3.8%
38. 您认为应当如何参照适用案例（可多选）			
A. 在形成合议意见或裁判观点的过程中受案例影响		838/1367	61.3%

（续表）

B. 合议庭研究案件时引述案例作为合议意见佐证		976/1367	71.4%
C. 向审委会汇报时进行引述		847/1367	61.96%
D. 在裁判文书、审理报告说理部分引述		547/1367	40.01%
E. 判后释明时引述		562/1367	41.11%
F. 在组织调解过程中引述		667/1367	48.79%
G. 当事人或诉讼代理人引述案例支持诉辩意见时作出回应并说明理由		474/1367	34.67%
H. 其他		56/1367	4.12%
39. 您认为指导性案例中具有指导性或参照价值的内容包括（可多选）			
A. 从案例中提炼的具有普适性的裁判要旨或裁判规则		1054/1367	77.1%
B. 裁判理由		999/1367	73.08%
C. 裁判结果		616/1367	45.06%
D. 裁判方法		787/1367	57.57%
E. 法律思维		912/1367	66.72%
F. 其他		44/1367	3.22%
40. 以下指导性内容中最具指导性或参照价值的是			
A. 从案例中提炼的具有普适性的裁判要旨或裁判规则		655/1367	47.89%
B. 裁判理由		247/1367	18.06%
C. 裁判结果		76/1367	5.55%
D. 裁判方法		59/1367	4.31%
E. 法律思维		277/1367	20.3%
F. 其他		13/1367	0.99%
41. 若您参照适用已发布的案例，是否在裁判文书中引用			
A. 引用		234/1367	17.12%
B. 视个案情况决定是否引用		524/1367	38.33%
C. 不引用		559/1367	40.89%
D. 不清楚		50/1367	3.66%
42. 若引用，您认为在裁判文书哪一部分引用最合适			
A. 事实证据部分		150/1367	10.97%

（续表）

B. 裁判说理部分		943/1367	68.98%
C. 裁判依据部分		167/1367	12.22%
D. 法律条文附录部分		107/1367	7.83%
43. 您认为应当在裁判文书中引用已发布案例的哪一部分			
A. 引用裁判要旨或裁判规则		587/1367	42.94%
B. 引用案例案号		82/1367	6%
C. 引用案例裁判理由及依据		655/1367	47.92%
D. 引用案例裁判结果		43/1367	3.15%
44. 您认为应当如何判断待判案件与已发布的案例是否相似(可多选)			
A. 案件争议焦点是否相似		1005/1367	73.52%
B. 案件可能适用的裁判要旨或裁判规则是否相似		949/1367	69.42%
C. 案件基本事实是否相似		945/1367	69.13%
D. 案件法律适用是否相似		818/1367	59.84%
E. 案件案由是否相同		522/1367	38.19%
F. 凭经验、良知、感觉等主观因素判断是否相似		252/1367	18.43%
G. 其他		43/1367	3.14%
45. 对于当事人以各地法院先前裁判的相似案例作为抗辩、上诉、申诉、申请再审等理由或质疑判决结果的,您认为应当如何处理			
A. 以适当方式进行释明或回应		789/1367	57.72%
B. 一律告知其对本案不具有约束力		161/1367	11.78%
C. 根据案件情况决定是否回应及如何回应		384/1367	28.09%
D. 不需要释明		33/1367	2.41%
46. 您认为指导性案例是否可以作为上级法院指令再审、提审、发回重审或改判的理由			
A. 可以		448/1367	32.77%
B. 不可以		763/1367	55.82%
C. 不清楚		156/1367	11.41%
47. 您是否愿意推荐案例			
A. 愿意		1040/1367	76.08%
B. 不愿意		169/1367	12.36%

（续表）

C. 不清楚		154/1367	11.27%
D. 未回答		4/1367	0.29%
48. 您是否曾编写案例			
A. 经常编写		103/1367	7.53%
B. 偶尔编写		599/1367	43.82%
C. 从未编写		656/1367	47.99%
D. 未回答		9/1367	0.66%
49. 您认为以下哪些案例可以作为指导性案例（可多选）			
A. 法律未规定或规定较为原则的案例		1064/1367	77.83%
B. 疑难复杂、新类型等具有典型性的案例		1165/1367	85.22%
C. 社会广泛关注或影响较大的案例		915/1367	66.93%
D. 常见多发型案例		735/1367	53.77%
E. 适用新法律法规、司法解释进行裁判的案例		809/1367	59.18%
F. 其他		45/1367	3.29%
50. 您认为指导性案例应当具备什么条件（可多选）			
A. 裁判已经生效，未进入再审		992/1367	72.57%
B. 案件事实清楚，证据充分，程序合法		1107/1367	80.98%
C. 裁判文书制作规范，说理透彻，适用法律正确		1140/1367	83.39%
D. 处理结果社会效果好		920/1367	67.3%
E. 其他		57/1367	4.17%
51. 您认为指导性案例在编写体例上应当包括哪些内容（可多选）			
A. 裁判要旨或裁判规则		1118/1367	81.78%
B. 标题、案由、案号、审理法院、审理时间、审级		1007/1367	73.66%
C. 裁判文书原文		934/1367	68.32%
D. 经编辑加工后的基本案情、法院审理情况及裁判结果		896/1367	65.54%
E. 相关法律条文		924/1367	67.59%
F. 案例评析		978/1367	71.54%

（续表）

G. 关键词		497/1367	36.36%
H. 其他		41/1367	3%
52. 您认为指导性案例由谁负责编写最合适(可多选)			
A. 生效案件的承办人		691/1367	50.55%
B. 案件各审级承办人		537/1367	39.28%
C. 专门从事案例工作的人员		986/1367	72.13%
D. 专家学者、律师等社会各界人士		456/1367	33.36%
53. 您认为指导性案例在法院内部采取哪种推荐程序最合适			
A. 各级法院经审委会讨论后逐级向上级法院负责案例工作的部门推荐		699/1367	51.13%
B. 各级法院专门负责案例工作的部门直接向上级法院负责案例工作的部门推荐		439/1367	32.11%
C. 各级法院审判业务部门直接向上级法院对口部门推荐		123/1367	9%
D. 各级法院案件承办人直接向上级法院负责案例工作的部门推荐		61/1367	4.46%
E. 未回答		45/1367	3.3%
54. 您认为案例的事实、理由部分应当如何编写			
A. 应当引用生效裁判文书原文，不应当修改		523/1367	38.26%
B. 可以在不改变主要事实的前提下，对案件事实及裁判理由进行适当加工，增强说理性		790/1367	57.79%
C. 可以对案件事实及裁判理由进行全面修改		32/1367	2.34%
D. 未回答		22/1367	1.61%
55. 您认为我国现有案例指导制度是否完善			
A. 完善		138/1367	10.08%
B. 不够完善		794/1367	58.06%
C. 不完善		388/1367	28.40%
D. 不清楚		41/1367	3.02%
E. 未回答		6/1367	0.44%

（续表）

56. 您认为当前案例指导制度中存在哪些问题(可多选)			
A. 制度称谓不科学		611/1367	44.7%
B. 功能定位不明确		967/1367	70.74%
C. 法律效力不明确		1093/1367	79.96%
D. 运作程序不明确		842/1367	61.59%
E. 应用方式不明确		816/1367	59.69%
F. 编选发布方式不规范		605/1367	44.26%
G. 影响力不够广泛		694/1367	50.77%
H. 其他		54/1367	3.92%
57. 您认为指导性案例与法律、司法解释之间应当是什么关系			
A. 对法律、司法解释的细化或补充		846/1367	61.89%
B. 与法律具有同等效力		108/1367	7.9%
C. 与司法解释具有同等效力		129/1367	9.44%
D. 比司法解释效力略低		175/1367	12.8%
E. 不清楚		109/1367	7.97%
58. 您认为指导性案例应当如何定位			
A. 作为正式的法律渊源		210/1367	15.36%
B. 属于一种法律适用机制,实现同案同判		638/1367	46.67%
C. 作为立法补充,应对社会转型产生的疑难复杂问题		349/1367	25.53%
D. 属于司法解释的范畴		129/1367	9.44%
E. 未回答		41/1367	3%
59. 您认为指导性案例的效力应当如何			
A. 具有法律上的约束力,可直接作为判决依据援引		359/1367	26.26%
B. 具有事实上的约束力,如明显违背法律并造成裁判不公的,将可能成为当事人上诉、抗诉或上级法院改判、发回重审的理由		553/1367	40.45%
C. 用以判断优势证据		222/1367	16.24%
D. 没有约束力		205/1367	15%
E. 未回答		28/1367	2.05%

（续表）

60. 您认为哪一级法院审结的案件可以作为指导性案例			
A. 最高人民法院		526/1367	38.47%
B. 高级及最高人民法院		355/1367	25.99%
C. 中级、高级及最高人民法院		147/1367	10.72%
D. 各级人民法院		322/1367	23.57%
E. 未回答		17/1367	1.25%
61. 您认为最高人民法院审结的案件是否当然成为指导性案例			
A. 是		554/1367	40.49%
B. 不是		701/1367	51.3%
C. 不清楚		112/1367	8.22%
62. 您认为指导性案例应当由哪一级法院发布			
A. 最高人民法院		838/1367	61.23%
B. 高级及最高人民法院		393/1367	28.78%
C. 中级、高级及最高人民法院		79/1367	5.8%
D. 各级人民法院		52/1367	3.82%
E. 未回答		5/1367	0.37%
63. 您认为指导性案例的发布应当符合什么程序			
A. 由专门负责案例工作的部门审核报审委会讨论后发布		958/1367	70.01%
B. 由相关业务部门审核报审委会讨论后发布		138/1367	10.1%
C. 由专门负责案例工作的部门直接审核发布		100/1367	7.32%
D. 由相关业务部门直接审核发布		24/1367	1.76%
E. 由专门成立的专家委员会讨论发布		109/1367	7.97%
F. 未回答		39/1367	2.84%
64. 您认为指导性案例如何发布最为合适			
A. 在有权编辑发布案例机关的现有报刊及网站上发布		664/1367	48.61%
B. 由有权编辑发布案例的机关新创设专门刊物进行发布		490/1367	35.84%
C. 专门创设网站发布		176/1367	12.85%

（续表）

D. 不清楚		37/1367	2.7%
65. 您认为是否有必要制定专门的案例相似性比对规则			
A. 有		1060/1367	77.54%
B. 没有		186/1367	13.61%
C. 不清楚		121/1367	8.85%
66. 您认为是否有必要建立定期梳理、编纂、废止指导性案例的机制			
A. 有		1188/1367	86.91%
B. 没有		94/1367	6.88%
C. 不清楚		77/1367	5.63%
D. 未回答		8/1367	0.58%
67. 若定期梳理、编纂、废止指导性案例，您认为应当由哪一机构进行			
A. 发布机构		1070/1367	78.22%
B. 法学研究机构		214/1367	15.69%
C. 不清楚		80/1367	5.87%
D. 未回答		3/1367	0.22%
68. 指导性案例废止方式包括因与新法律、司法解释冲突而自动失效及因特殊情形而宣告废止。您认为宣告废止的情形包括(可多选)			
A. 指导性案例被撤销或改判		1064/1367	77.83%
B. 指导性案例确立的裁判要旨和包含的决定理由已不适应社会的发展		1113/1367	81.42%
C. 指导性案例之间出现冲突		902/1367	65.98%
D. 其他		65/1367	4.75%
69. 您认为宣告废止应当采取哪一程序			
A. 负责案例工作的部门审查后提交审委会讨论决定		1143/1367	83.61%
B. 负责案例工作的部门审查后自行决定		146/1367	10.68%
C. 不清楚		59/1367	4.32%
D. 未回答		19/1367	1.39%
70. 您认为指导性案例如何查询检索最为方便			
A. 按照案由、案号及法院名称		455/1367	33.28%
B. 按照裁判要旨或裁判规则		264/1367	19.31%
C. 按照关键词		487/1367	35.63%

（续表）

D. 按照裁判依据的法律法规		74/1367	5.41%
E. 按照发布时间		27/1367	1.98%
F. 其他		13/1367	0.95%
G. 未回答		47/1367	3.44%
71. 您认为是否有必要在最高人民法院《关于案例指导工作的规定》基础上制定实施细则或另行制定司法解释			
A. 有		1025/1367	74.98%
B. 没有		194/1367	14.19%
C. 不清楚		148/1367	10.83%
72. 您认为是否有必要建立案例指导制度效果评价机制			
A. 有		1100/1367	80.47%
B. 没有		149/1367	10.9%
C. 不清楚		111/1367	8.12%
D. 未回答		7/1367	0.51%
73. 您认为编写的案例被最高人民法院或高级人民法院相关刊物采用的，应当得到什么奖励（可多选）			
A. 得到物质奖励		1060/1367	77.54%
B. 作为学术成果		831/1367	60.79%
C. 纳入年终考核		731/1367	53.47%
D. 得到精神奖励		687/1367	50.26%
E. 其他		43/1367	3.15%

法院其他工作人员问卷及调查统计表			
您好！感谢您在百忙之中接受我们的问卷调查，请客观填写相关信息。本问卷为匿名问卷，调查结果仅作为最高人民法院 2011 年重点课题“中国特色案例指导制度的发展与完善”资料使用。 填写说明：本问卷除在题干后特别注明“可多选”的题目外，均为单项选择题。请在您认为正确的选项上打“√”，或在选项中的____上填写适当内容。谢谢您的支持！			
1. 身份			
A. 法官助理		147/704	20.88%
B. 书记员		286/704	40.63%
C. 其他人员		271/704	38.49%

（续表）

2. 年龄			
A. 35 周岁及以下		493/704	70.03%
B. 35—50 周岁		168/704	23.86%
C. 50 周岁及以上		43/704	6.11%
3. 工作年限			
A. 5 年及以下		453/704	64.35%
B. 5—10 年		103/704	14.63%
C. 10 年及以上		148/704	21.02%
4. 所学专业			
A. 法律专业		440/704	62.5%
B. 非法律专业		264/704	37.5%
5. 文化程度			
A. 大专及以下		103/704	14.63%
B. 大学本科		551/704	78.27%
C. 硕士及以上		50/704	7.1%
6. 所在岗位部门			
A. 刑事审判部门		53/704	7.53%
B. 民事审判部门		233/704	33.1%
C. 行政审判部门		18/704	2.56%
D. 其他审判业务部门		131/704	18.61%
E. 综合部门		269/704	38.21%
7. 您是否了解我国案例指导制度			
A. 了解		183/704	25.93%
B. 有一定了解		455/704	64.67%
C. 不了解		65/704	9.26%
D. 未回答		1/704	0.14%
8. 若了解，请选择您最初获悉的途径			
A. 通过法院内部工作部署获悉		254/704	36.16%
B. 在办案活动或日常工作中获悉		110/704	15.67%
C. 在院校学习或在职培训中获悉		76/704	10.83%
D. 通过电视、报纸、网络等途径获悉		56/704	7.91%
E. 与同事、同行交流中获悉		27/704	3.81%

（续表）

F. 其他		21/704	2.93%
G. 未回答		160/704	22.69%
9. 您是否了解国外的案例或判例制度			
A. 了解		120/704	17.03%
B. 有一定了解		454/704	64.50%
C. 不了解		130/704	18.47%
10. 若了解，您认为国外的案例或判例制度对中国特色案例指导制度具有哪些借鉴意义（可多选）			
A. 案例或判例对法官裁判的约束力		433/704	61.51%
B. 案例或判例的汇编技术		380/704	53.98%
C. 案例或判例的检索技术		313/704	44.46%
D. 其他		50/704	7.10%
11. 您是否了解最高人民法院去年出台的法发〔2010〕51号《关于案例指导工作的规定》			
A. 了解		148/704	21.04%
B. 有一定了解		357/704	50.72%
C. 不了解		199/704	28.24%
12. 若了解，您认为《关于案例指导工作的规定》是否完善			
A. 完善		138/704	19.55%
B. 不够完善		370/704	52.58%
C. 不完善		39/704	5.61%
D. 不清楚		157/704	22.26%
13. 与法律、司法解释相比，您认为指导性案例具有哪些优势（可多选）			
A. 直观性，让法律具体易懂		583/704	82.81%
B. 适应性，让法律与时俱进		481/704	68.32%
C. 可读性，让人乐于阅读		369/704	52.41%
D. 通俗性，让人记忆深刻		396/704	56.25%
E. 及时性，让人知识常新		356/704	50.57%
F. 其他		25/704	3.55%
14. 您认为我国是否有必要建立案例指导制度			
A. 有		595/704	84.5%
B. 没有		41/704	5.83%

（续表）

C. 不清楚		67/704	9.53%
D. 未回答		1/704	0.14%
15. 若有必要，您认为应当由哪个或哪些机关编辑发布案例（可多选）			
A. 法院		647/704	91.9%
B. 检察院		221/704	31.39%
C. 公安机关		118/704	16.76%
D. 司法行政机关		169/704	24.01%
16. 您接触过哪些政法机关发布的案例（可多选）			
A. 法院案例		668/704	94.89%
B. 检察院案例		157/704	22.3%
C. 公安案例		135/704	19.18%
D. 司法行政案例		106/704	15.06%
17. 您认为哪一政法机关的案例影响最大			
A. 法院案例		638/704	91.93%
B. 检察院案例		17/704	2.45%
C. 公安案例		26/704	3.75%
D. 司法行政案例		13/704	1.87%
18. 与其他政法机关的案例相比，您认为法院案例具有哪些特色（可多选）			
A. 最具法律价值		576/704	81.82%
B. 最具权威性		509/704	72.3%
C. 最具影响力		479/704	68.04%
D. 受众面最广		416/704	59.09%
E. 内容最完备		330/704	46.88%
F. 案件类型多样		482/704	68.47%
19. 您认为法院案例指导制度是指			
A. 由有权机关通过一定程序审核发布指导性案例，法官在审判相似案件时应当参照案例进行裁判的制度		374/704	53.06%
B. 由有权机关通过一定程序编辑、发布指导性案例，供法官学习参考，提高裁判技术的制度		256/704	36.42%

（续表）

C. 与英美法系的判例制度相似，直接赋予某一层级法院先前判决具有法律效力，可作为裁判依据的制度		43/704	6.12%
D. 其他		29/704	4.12%
E. 未回答		2/704	0.28%
20. 您认为法院案例指导制度有哪些功能（可多选）			
A. 统一法律适用标准，防止和减少“同案不同判”		611/704	86.79%
B. 指导、监督和制约法官的裁判行为		487/704	69.18%
C. 以案说法，进行法制宣传，引导公众按照案例规则来守法		524/704	74.43%
D. 丰富和发展法学理论		364/704	51.7%
E. 其他		22/704	3.13%
21. 您接触过哪些法院案例刊物（可多选）			
A.《最高人民法院公报》		470/704	66.76%
B. 最高人民法院《人民法院案例选》《中国审判案例要览》		453/704	64.35%
C. 最高人民法院各庭室编辑出版的审判指导、参考或参阅		261/704	37.07%
D.《人民法院报》刊载的案例		464/704	65.91%
E.《人民司法》案例版		243/704	34.52%
F. 四川省高级人民法院《案例指导》		348/704	49.43%
22. 以下哪一种案例刊物刊载的案例对您工作影响最大			
A.《最高人民法院公报》		145/704	40.73%
B. 最高人民法院《人民法院案例选》《中国审判案例要览》		78/704	21.91%
C. 最高人民法院各庭室编辑出版的审判指导、参考或参阅		23/704	6.46%
D.《人民法院报》刊载的案例		53/704	14.89%
E.《人民司法》案例版		8/704	2.25%
F. 四川省高级人民法院《案例指导》		27/704	7.58%
23. 以下案例刊物的编辑体例或结构，哪一种最方便您参照应用			
A.《最高人民法院公报》		191/704	27.16%

（续表）

B. 最高人民法院《人民法院案例选》《中国审判案例要览》		143/704	20.3%
C. 最高人民法院各庭室编辑出版的审判指导、参考或参阅		59/704	8.36%
D.《人民法院报》刊载的案例		73/704	10.45%
E.《人民司法》案例版		41/704	5.82%
F. 四川省高级人民法院《案例指导》		103/704	14.63%
G. 其他		18/704	2.54%
24. 您是否能够及时获悉《最高人民法院公报》发布的案例			
A. 能		186/704	26.76%
B. 有时能		342/704	49.21%
C. 不能		167/704	24.03%
25. 您主要是通过何种途径获悉《最高人民法院公报》发布的案例			
A. 单位或个人订阅的《最高人民法院公报》		375/704	54.82%
B. 中国审判法律应用支持系统		68/704	9.94%
C. 互联网或报纸、杂志等媒体的转载		121/704	17.69%
D. 四川省高级人民法院案例指导制度试点工作中整理并上传法院内网“审判管理”栏目的《最高人民法院公报》案例		85/704	12.43%
E. 其他		35/704	5.12%
26. 您是否能够及时获悉四川省高级人民法院《案例指导》发布的案例			
A. 能		205/704	29.24%
B. 有时能		342/704	48.79%
C. 不能		154/704	21.97%
27. 您主要是通过何种途径获悉四川省高级人民法院《案例指导》发布的案例			
A. 四川省高级人民法院编发的《案例指导》		308/704	45.77%
B. 四川省高级人民法院案例指导制度试点工作中整理并上传法院院内网“审判管理”栏目的《案例指导》案例		207/704	30.76%
C. 互联网或报纸、杂志等媒体的转载		102/704	15.16%
D. 其他		56/704	8.32%

（续表）

28. 您认为已发布案例对您的工作是否有帮助			
A. 有帮助		358/704	51.29%
B. 有一定帮助		308/704	44.13%
C. 没有帮助		32/704	4.58%
29. 您认为法官在什么情况下应参照适用《最高人民法院公报》或四川省高级人民法院《案例指导》发布案例（可多选）			
A. 法律法规或司法解释未规定，或仅有原则规定，或规定有多种理解		617/704	87.64%
B. 合议庭、审委会研究案件争议较大		453/704	64.35%
C. 当事人对裁判不服		180/704	26.48%
D. 当事人或诉讼代理人引述相关案例支持诉辩意见		247/704	35.09%
30. 您认为当事人或诉讼代理人引述案例支持诉辩意见时，法官是否应作出回应并说明理由			
A. 回应		380/704	53.98%
B. 不回应		46/704	6.53%
C. 不回应，但应查阅了解当事人或诉讼代理人提出的案例		263/704	37.36%
D. 既不需要回应，也不需要查阅案例		15/704	2.13%
31. 您认为法官在审理哪些案件时可参照有权机关发布的案例（可多选）			
A. 争议焦点或待决事项与所掌握的已发布案例具有相似性的案件		548/704	77.84%
B. 法律或司法解释对争议焦点没有规定，或仅有原则规定，或规定有多种理解的案件		553/704	78.55%
C. 新类型或疑难案件		462/704	65.63%
D. 社会影响大的案件		389/704	55.26%
E. 依照现有法律得出的裁判结果不合情理的案件		346/704	49.15%
32. 您认为哪些因素会影响指导性案例的参照适用（可多选）			
A. 案例没有法律约束力，既不能作为裁判依据，也不易说服当事人		528/704	75.00%
B. 我国不是判例法国家，没有必要适用，且不便适用		370/704	52.56%

（续表）

C. 案例未提炼裁判要旨或裁判规则，不易查找获得相似案例		413/704	58.66%
D. 案例本身不具有说理性与说服力		318/704	45.17%
E. 实践中没有参照使用案例的习惯，周围同事也不参照使用案例		286/704	40.63%
F. 作出案例所涉生效判决的法院级别较低		215/704	30.54%
33. 您认为法官在办案过程中参照案例可能会遇到哪些困难(可多选)			
A. 法律效力不明确		549/704	77.98%
B. 案例不易查找		468/704	66.48%
C. 相似性难以判断		468/704	66.48%
D. 引用方式不明确,不便引用		419/704	59.52%
E. 其他		22/704	3.13%
34. 您认为法官应当如何参照适用案例(可多选)			
A. 在形成合议意见或裁判观点的过程中受案例影响		439/704	62.36%
B. 合议庭研究案件时引述案例作为合议意见佐证		492/704	69.89%
C. 向审委会汇报时进行引述		442/704	62.78%
D. 在裁判文书、审理报告说理部分引述		334/704	47.44%
E. 判后释明时引述		315/704	44.74%
F. 在组织调解过程中引述		356/704	50.57%
G. 当事人或诉讼代理人引述案例支持诉辩意见时作出回应并说明理由		275/704	39.06%
35. 您认为指导性案例中具有指导性或参照价值的内容包括(可多选)			
A. 从案例中提炼的具有普适性的裁判要旨或裁判规则		548/704	77.84%
B. 裁判理由		479/704	68.04%
C. 裁判结果		315/704	44.74%
D. 裁判方法		391/704	55.54%
E. 法律思维		469/704	66.62%
F. 其他		24/704	3.41%

（续表）

36. 以下指导性内容中最具指导性或参照价值的是			
A. 从案例中提炼的具有普适性的裁判要旨或裁判规则		362/704	51.38%
B. 裁判理由		72/704	10.28%
C. 裁判结果		32/704	4.6%
D. 裁判方法		27/704	3.83%
E. 法律思维		95/704	13.5%
F. 其他		33/704	4.6%
G. 未回答		83/704	11.81%
37. 若您认为法官应当参照适用已发布的案例，是否应在裁判文书中引用			
A. 引用		169/704	24.01%
B. 视个案情况决定是否引用		368/704	52.27%
C. 不引用		139/704	19.74%
D. 不清楚		28/704	3.98%
38. 若引用，您认为在裁判文书哪一部分引用最合适			
A. 事实证据部分		96/704	13.64%
B. 裁判说理部分		364/704	51.7%
C. 裁判依据部分		153/704	21.73%
D. 法律条文附录部分		91/704	12.93%
39. 您认为应当在裁判文书中引用已发布案例的哪一部分			
A. 引用裁判要旨或裁判规则		291/704	41.34%
B. 引用案例案号		49/704	6.96%
C. 引用案例裁判理由及依据		324/704	46.02%
D. 引用案例裁判结果		40/704	5.68%
40. 您认为应当如何判断待判案件与已发布的案例是否相似（可多选）			
A. 案件争议焦点是否相似		517/704	73.44%
B. 案件可能适用的裁判要旨或裁判规则是否相似		501/704	71.16%
C. 案件基本事实是否相似		482/704	68.47%
D. 案件法律适用是否相似		449/704	63.78%
E. 案件案由是否相同		307/704	43.61%
F. 凭经验、良知、感觉等主观因素判断是否相似		160/704	22.73%

（续表）

41. 对于当事人以各地法院先前裁判的相似案例作为抗辩、上诉、申诉、申请再审等理由或质疑判决结果的，您认为应当如何处理			
A. 以适当方式进行释明或回应		374/704	53.13%
B. 一律告知其对本案不具有约束力		84/704	11.93%
C. 根据案件情况决定是否回应及如何回应		231/704	32.81%
D. 不需要释明		15/704	2.13%
42. 您认为指导性案例是否可以作为上级法院指令再审、提审、发回重审或改判的理由			
A. 可以		250/704	35.51%
B. 不可以		325/704	46.16%
C. 不清楚		129/704	18.32%
43. 您是否愿意推荐案例			
A. 愿意		517/704	73.44%
B. 不愿意		55/704	7.81%
C. 不清楚		131/704	18.61%
D. 未回答		1/704	0.14%
44. 您是否曾编写案例			
A. 经常编写		49/704	6.96%
B. 偶尔编写		167/704	23.72%
C. 从未编写		483/704	68.61%
D. 未回答		5/704	0.71%
45. 您认为以下哪些案例可以作为指导性案例（可多选）			
A. 法律未规定或规定较为原则的案例		507/704	72.02%
B. 疑难复杂、新类型等具有典型性的案例		585/704	83.1%
C. 社会广泛关注或影响较大的案例		463/704	65.77%
D. 常见多发型案例		366/704	51.99%
E. 适用新法律法规、司法解释进行裁判的案例		382/704	54.26%
F. 其他		25/704	3.55%
46. 您认为指导性案例应当具备什么条件（可多选）			
A. 裁判已经生效，未进入再审		465/704	66.05%

（续表）

B. 案件事实清楚，证据充分，程序合法		575/704	81.68%
C. 裁判文书制作规范，说理透彻，适用法律正确		572/704	81.25%
D. 处理结果社会效果好		466/704	66.19%
E. 其他		36/704	5.11%
47. 您认为指导性案例在编写体例上应当包括哪些内容（可多选）			
A. 裁判要旨或裁判规则		570/704	80.97%
B. 标题、案由、案号、审理法院、审理时间、审级		492/704	69.89%
C. 裁判文书原文		471/704	66.9%
D. 经编辑加工后的基本案情、法院审理情况及裁判结果		489/704	69.46%
E. 相关法律条文		481/704	68.32%
F. 案例评析		487/704	69.18%
G. 关键词		259/704	36.79%
H. 其他		25/704	3.55%
48. 您认为指导性案例由谁负责编写最合适（可多选）			
A. 生效案件的承办人		402/704	57.1%
B. 案件各审级承办人		346/704	49.15%
C. 专门从事案例工作的人员		476/704	67.61%
D. 专家学者、律师等社会各界人士		230/704	32.67%
49. 您认为指导性案例在法院内部采取哪种推荐程序最合适			
A. 各级法院经审委会讨论后逐级向上级法院负责案例工作的部门推荐		365/704	51.85%
B. 各级法院专门负责案例工作的部门直接向上级法院负责案例工作的部门推荐		219/704	31.11%
C. 各级法院审判业务部门直接向上级法院对口部门推荐		76/704	10.8%
D. 各级法院案件承办人直接向上级法院负责案例工作的部门推荐		34/704	4.83%
E. 未回答		10/704	1.41%

（续表）

50. 您认为案例的事实、理由部分应当如何编写			
A. 应当引用生效裁判文书原文，不应当修改		280/704	39.77%
B. 可以在不改变主要事实的前提下，对案件事实及裁判理由进行适当加工，增强说理性		401/704	56.96%
C. 可以对案件事实及裁判理由进行全面修改		19/704	2.7%
D. 未回答		4/704	0.57%
51. 您认为我国现有案例指导制度是否完善			
A. 完善		63/704	9.00%
B. 不够完善		439/704	62.29%
C. 不完善		144/704	20.43%
D. 不清楚		57/704	8.14%
E. 未回答		1/704	0.14%
52. 您认为当前案例指导制度中存在哪些问题（可多选）			
A. 制度称谓不科学		311/704	44.18%
B. 功能定位不明确		459/704	65.2%
C. 法律效力不明确		524/704	74.43%
D. 运作程序不明确		387/704	54.97%
E. 应用方式不明确		416/704	59.09%
F. 编选发布方式不规范		326/704	46.31%
G. 影响力不够广泛		385/704	54.69%
53. 您认为指导性案例与法律、司法解释之间应当是什么关系			
A. 对法律、司法解释的细化或补充		420/704	59.66%
B. 与法律具有同等效力		53/704	7.53%
C. 与司法解释具有同等效力		71/704	10.09%
D. 比司法解释效力略低		78/704	11.08%
E. 不清楚		82/704	11.65%
54. 您认为指导性案例应当如何定位			
A. 作为正式的法律渊源		103/704	14.63%

（续表）

B. 属于一种法律适用机制，实现同案同判		299/704	42.47%
C. 作为立法补充，应对社会转型产生的疑难复杂问题		229/704	32.53%
D. 属于司法解释的范畴		64/704	9.09%
E. 未回答		9/704	1.28%
55. 您认为指导性案例的效力应当如何			
A. 具有法律上的约束力，可直接作为判决依据援引		209/704	29.69%
B. 具有事实上的约束力，如明显违背法律并造成裁判不公的，将可能成为当事人上诉、抗诉或上级法院改判、发回重审的理由		294/704	41.76%
C. 用以判断优势证据		126/704	17.9%
D. 没有约束力		70/704	9.94%
E. 未回答		5/704	0.71%
56. 您认为哪一级法院审结的案件可以作为指导性案例			
A. 最高人民法院		239/704	34%
B. 高级及最高人民法院		153/704	21.71%
C. 中级、高级及最高人民法院		98/704	13.86%
D. 各级法院		210/704	29.86%
E. 未回答		4/704	0.57%
57. 您认为最高人民法院审结的案件是否当然成为指导性案例			
A. 是		298/704	42.38%
B. 不是		314/704	44.56%
C. 不清楚		92/704	13.06%
58. 您认为指导性案例应当由哪一级法院发布			
A. 最高人民法院		421/704	59.83%
B. 高级及最高人民法院		202/704	28.63%
C. 中级、高级及最高人民法院		52/704	7.41%
D. 各级人民法院		25/704	3.56%
E. 未回答		4/704	0.57%

（续表）

59. 您认为指导性案例的发布应当符合什么程序			
A. 由专门负责案例工作的部门审核报审委会讨论后发布		472/704	67.05%
B. 由相关业务部门审核报审委会讨论后发布		81/704	11.51%
C. 由专门负责案例工作的部门直接审核发布		56/704	7.95%
D. 由相关业务部门直接审核发布		12/704	1.7%
E. 由专门成立的专家委员会讨论发布		74/704	10.51%
F. 未回答		9/704	1.28%
60. 您认为指导性案例如何发布最为合适			
A. 在有权编辑发布案例机关的现有报刊及网站上发布		296/704	42.65%
B. 由有权编辑发布案例的机关新创设专门刊物进行发布		275/704	39.63%
C. 专门创设网站发布		96/704	13.83%
D. 不清楚		27/704	3.89%
61. 您认为是否有必要制定专门的案例相似性比对规则			
A. 有		545/704	77.41%
B. 没有		88/704	12.5%
C. 不清楚		71/704	10.09%
62. 您认为是否有必要建立定期梳理、编纂、废止指导性案例的机制			
A. 有		591/704	83.95%
B. 没有		46/704	6.53%
C. 不清楚		59/704	8.38%
D. 未回答		8/704	1.14%
63. 若定期梳理、编纂、废止指导性案例，您认为应当由哪一机构进行			
A. 发布机构		463/704	65.7%
B. 法学研究机构		178/704	25.33%
C. 不清楚		62/704	8.83%
D. 未回答		1/704	0.14%
64. 指导性案例废止方式包括因与新法律、司法解释冲突而自动失效及因特殊情形而宣告废止。您认为宣告废止的情形包括（可多选）			
A. 指导性案例被撤销或改判		509/704	72.3%

（续表）

B. 指导性案例确立的裁判要旨和包含的决定理由已不适应社会发展		580/704	82.39%
C. 指导性案例之间出现冲突		450/704	63.92%
D. 其他		37/704	5.26%
65. 您认为宣告废止应当采取哪一程序			
A. 负责案例工作的部门审查后提交审委会讨论决定		554/704	78.69%
B. 负责案例工作的部门审查后自行决定		86/704	12.22%
C. 不清楚		53/704	7.53%
D. 未回答		11/704	1.56%
66. 您认为指导性案例如何查询检索最为方便			
A. 按照案由、案号及法院名称		194/704	27.56%
B. 按照裁判要旨或裁判规则		138/704	19.6%
C. 按照关键词		245/704	34.8%
D. 按照裁判依据的法律法规		75/704	10.65%
E. 按照发布时间		16/704	2.27%
F. 其他		16/704	2.27%
G. 未回答		20/704	2.85%
67. 您认为是否有必要在最高人民法院《关于案例指导工作的规定》基础上制定实施细则或另行制定司法解释			
A. 有		501/704	71.16%
B. 没有		94/704	13.35%
C. 不清楚		109/704	15.48%
68. 您认为是否有必要建立案例指导制度效果评价机制			
A. 有		566/704	80.4%
B. 没有		66/704	9.38%
C. 不清楚		69/704	9.8%
D. 未回答		3/704	0.43%
69. 您认为编写的案例被最高人民法院或高级人民法院相关刊物采用的，应当得到什么奖励（可多选）			
A. 得到物质奖励		545/704	77.41%
B. 作为学术成果		481/704	68.32%

（续表）

C. 纳入年终考核		426/704	60.51%
D. 得到精神奖励		370/704	52.56%
E. 其他		40/704	5.68%

人民陪审员问卷及调查统计表

您好！感谢您在百忙之中接受我们的问卷调查，请客观填写相关信息。本问卷为匿名问卷，调查结果仅作为最高人民法院2011年重点课题“中国特色案例指导制度的发展与完善”资料使用。

填写说明：本问卷除在题干后特别注明“可多选”的题目外，均为单项选择题。请在您认为正确的选项上打“√”，或在选项中的___上填写适当内容。谢谢您的支持！

1. 年龄			
A. 35周岁及以下		101/339	29.9%
B. 35—50周岁		165/339	48.7%
C. 50周岁及以上		73/339	21.5%
2. 从事陪审工作年限			
A. 5年及以下		196/339	57.7%
B. 5—10年		114/339	33.7%
C. 10年及以上		29/339	8.7%
3. 所学专业			
A. 法律专业		98/339	28.8%
B. 非法律专业		239/339	70.6%
4. 文化程度			
A. 大专		169/339	49.8%
B. 大学本科		162/339	47.7%
C. 硕士及以上		8/339	2.5%
5. 目前的工作性质			
A. 党政机关		135/339	39.8%
B. 企事业单位		109/339	32.3%
C. 其他		82/339	24.3%
D. 无		12/339	3.6%
6. 您是否了解我国案例指导制度			
A. 了解		65/339	19.29%

（续表）

B. 有一定了解		212/339	62.31%
C. 不了解		62/339	18.4%
7. 若了解，请选择您最初获悉的途径			
A. 通过法院内部工作部署获悉		103/339	30.24%
B. 在办案活动或日常工作中获悉		92/339	27.15%
C. 在院校学习或在职培训中获悉		47/339	13.75%
D. 通过电视、报纸、网络等途径获悉		78/339	23.02%
E. 与同事、同行交流中获悉		3/339	1.03%
F. 其他		1/339	0.34%
G. 未回答		15/339	4.47%
8. 您是否了解国外的案例或判例制度			
A. 了解		34/339	10.06%
B. 有一定了解		213/339	62.83%
C. 不了解		92/339	27.22%
9. 若了解，您认为国外的案例或判例制度对中国特色案例指导制度具有哪些借鉴意义（可多选）			
A. 案例或判例对法官裁判的约束力		175/339	51.49%
B. 案例或判例的汇编技术		115/339	33.99%
C. 案例或判例的检索技术		94/339	27.72%
D. 其他		15/339	4.29%
10. 您是否了解最高人民法院去年出台的法发〔2010〕51号《关于案例指导工作的规定》			
A. 了解		44/339	13.06%
B. 有一定了解		177/339	52.23%
C. 不了解		117/339	34.42%
D. 未回答		1/339	0.3%
11. 若了解，您认为《关于案例指导工作的规定》是否完善			
A. 完善		52/339	15.22%
B. 不够完善		205/339	60.51%
C. 不完善		26/339	7.61%
D. 不清楚		56/339	16.66%
12. 与法律、司法解释相比，您认为指导性案例具有哪些优势（可多选）			
A. 直观性，让法律具体易懂		262/339	77.29%

（续表）

B. 适应性，让法律与时俱进		210/339	61.95%
C. 可读性，让人乐于阅读		208/339	61.36%
D. 通俗性，让人记忆深刻		198/339	58.41%
E. 及时性，让人知识常新		114/339	33.63%
F. 其他		16/339	4.72%
13. 您认为我国是否有必要建立案例指导制度			
A. 有		290/339	85.37%
B. 没有		25/339	7.46%
C. 不清楚		24/339	7.16%
14. 若有必要，您认为应当由哪个或哪些机关编辑发布案例（可多选）			
A. 法院		288/339	84.96%
B. 检察院		77/339	22.71%
C. 公安机关		41/339	12.09%
D. 司法行政机关		80/339	23.6%
15. 您接触过哪些政法机关发布的案例（可多选）			
A. 法院案例		295/339	87.02%
B. 检察院案例		15/339	4.42%
C. 公安案例		15/339	4.42%
D. 司法行政案例		10/339	2.95%
16. 您认为哪一政法机关的案例影响最大			
A. 法院案例		310/339	91.37%
B. 检察院案例		9/339	2.56%
C. 公安案例		12/339	3.51%
D. 司法行政案例		9/339	2.56%
17. 与其他政法机关的案例相比，您认为法院案例具有哪些特色（可多选）			
A. 最具法律价值		247/339	72.86%
B. 最具权威性		213/339	62.83%
C. 最具影响力		171/339	50.44%
D. 受众面最广		166/339	48.97%
E. 内容最完备		111/339	32.74%
F. 案件类型多样		162/339	47.79%
G. 其他		11/339	3.33%

（续表）

18. 您认为法院案例指导制度是指			
A. 由有权机关通过一定程序审核发布指导性案例，法官在审判相似案件时应当参照案例进行裁判的制度		202/339	59.6%
B. 由有权机关通过一定程序编辑、发布指导性案例，供法官学习参考，提高裁判技术的制度		116/339	34.2%
C. 与英美法系的判例制度相似，直接赋予某一层级法院先前判决具有法律效力，可作为裁判依据的制度		14/339	4.1%
D. 其他		4/339	1.2%
E. 未回答		3/339	0.9%
19. 您认为法院案例指导制度有哪些功能（可多选）			
A. 统一法律适用标准，防止和减少"同案不同判"		259/339	76.4%
B. 指导、监督和制约法官的裁判行为		210/339	61.95%
C. 以案说法，进行法制宣传，引导公众按照案例规则来守法		214/339	63.13%
D. 丰富和发展法学理论		137/339	40.41%
E. 其他		2/339	0.59%
20. 您接触过哪些法院案例刊物（可多选）			
A.《最高人民法院公报》		178/339	52.51%
B. 最高人民法院《人民法院案例选》《中国审判案例要览》		144/339	42.48%
C. 最高人民法院各庭室编辑出版的审判指导、参考或参阅		83/339	24.48%
D.《人民法院报》刊载的案例		196/339	57.82%
E.《人民司法》案例版		71/339	20.94%
F. 四川省高级人民法院《案例指导》		82/339	24.19%
G. 其他		11/339	3.33%
21. 以下哪一种案例刊物刊载的案例对您工作影响最大			
A.《最高人民法院公报》		116/339	34.08%
B. 最高人民法院《人民法院案例选》《中国审判案例要览》		100/339	29.6%

（续表）

C. 最高人民法院各庭室编辑出版的审判指导、参考或参阅		12/339	3.59%
D.《人民法院报》刊载的案例		97/339	28.7%
E.《人民司法》案例版		6/339	1.79%
F. 四川省高级人民法院《案例指导》		8/339	2.24%
G. 其他		0/339	—
22. 以下案例刊物的编辑体例或结构,哪一种最方便您参照应用			
A.《最高人民法院公报》		95/339	28.11%
B. 最高人民法院《人民法院案例选》《中国审判案例要览》		80/339	23.69%
C. 最高人民法院各庭室编辑出版的审判指导、参考或参阅		18/339	5.22%
D.《人民法院报》刊载的案例		72/339	21.29%
E.《人民司法》案例版		19/339	5.62%
F. 四川省高级人民法院《案例指导》		41/339	12.05%
G. 其他		3/339	0.8%
H. 未回答		11/339	3.22%
23. 您是否能够及时获悉《最高人民法院公报》发布的案例			
A. 能		74/339	21.69%
B. 有时能		157/339	46.39%
C. 不能		108/339	31.93%
24. 您主要是通过何种途径获悉《最高人民法院公报》发布的案例			
A. 单位或个人订阅的《最高人民法院公报》		151/339	44.6%
B. 中国审判法律应用支持系统		24/339	7.19%
C. 互联网或报纸、杂志等媒体的转载		149/339	43.88%
D. 案例指导制度试点工作中整理并上传四川省高级人民法院内网"审判管理"栏目的《最高人民法院公报》案例		2/339	0.72%
E. 其他		12/339	3.6%
25. 您是否能够及时获悉四川省高级人民法院《案例指导》发布的案例			
A. 能		57/339	16.72%

（续表）

B. 有时能		142/339	41.95%
C. 不能		140/339	41.34%
26. 您主要是通过何种途径获悉四川省高级人民法院《案例指导》发布的案例			
A. 四川省高级人民法院编发的《案例指导》		117/339	34.47%
B. 四川省高级人民法院案例指导制度试点工作中整理并上传法院院内网“审判管理”栏目的《案例指导》案例		69/339	20.45%
C. 互联网或报纸、杂志等媒体的转载		132/339	39.02%
D. 其他		21/339	6.06%
27. 您认为已发布案例对您的工作是否有帮助			
A. 有帮助		124/339	36.45%
B. 有一定帮助		196/339	57.83%
C. 没有帮助		19/339	5.72%
28. 您一般在什么情形下会参照适用《最高人民法院公报》或四川省高级人民法院《案例指导》发布案例（可多选）			
A. 法律法规或司法解释未规定，或仅有原则规定，或规定有多种理解		217/339	64.01%
B. 合议庭、审委会研究案件争议较大		200/339	59%
C. 当事人对裁判不服		136/339	40.12%
D. 当事人或诉讼代理人引述相关案例支持诉辩意见		122/339	35.99%
29. 您在工作中是否曾参照适用上述案例			
A. 是		215/339	63.47%
B. 否		124/339	36.53%
30. 您参照适用上述案例的动因是什么（可多选）			
A. 避免参与承办的案件被上级法院改判或发回重审		111/339	32.74%
B. 增强裁判的说理性与正当性		200/339	59%
C. 追求良好的社会效果		167/339	49.26%
D. 上级法院要求应当参照		37/339	10.91%

（续表）

31. 您参照适用哪个机关发布的指导性案例较多			
A. 最高人民法院		215/339	63.4%
B. 四川省高级人民法院		87/339	25.6%
C. 其他		37/339	11.1%
32. 您认为当事人或诉讼代理人引述案例支持诉辩意见时，法官是否应作出回应并说明理由			
A. 回应		167/339	50%
B. 不一定回应		87/339	26.05%
C. 不回应，但会查阅了解当事人或诉讼代理人提出的案例		77/339	23.05%
D. 既不回应，也不查阅案例		3/339	0.9%
33. 您认为法官在审理哪些案件时可参照有权机关发布的案例（可多选）			
A. 争议焦点或待决事项与所掌握的已发布案例具有相似性的案件		244/339	71.98%
B. 法律或司法解释对争议焦点没有规定，或仅有原则规定，或规定有多种理解的案件		235/339	69.32%
C. 新类型或疑难案件		189/339	55.75%
D. 社会影响大的案件		181/339	53.39%
E. 依照现有法律得出的裁判结果不合情理的案件		85/339	25.07%
F. 其他		13/339	3.82%
34. 您认为哪些因素会影响指导性案例的参照适用（可多选）			
A. 案例没有法律约束力，既不能作为裁判依据，也不易说服当事人		218/339	64.31%
B. 我国不是判例法国家，没有必要适用，且不便适用		146/339	43.07%
C. 案例未提炼裁判要旨或裁判规则，不易查找获得相似案例		187/339	55.16%
D. 案例本身不具有说理性与说服力		159/339	46.9%
E. 实践中没有参照使用案例的习惯，周围同事也不参照使用案例		94/339	27.73%
F. 作出案例所涉生效判决的法院级别较低		40/339	11.8%

（续表）

G. 其他		0/339	—
35. 您认为在办案过程中参照案例可能会遇到哪些困难（可多选）			
A. 法律效力不明确		237/339	69.91%
B. 案例不易查找		231/339	68.14%
C. 相似性难以判断		218/339	64.31%
D. 引用方式不明确，不便引用		138/339	40.71%
E. 其他		6/339	1.77%
36. 您认为应当如何参照适用案例（可多选）			
A. 在形成合议意见或裁判观点的过程中受案例影响		181/339	53.39%
B. 合议庭研究案件时引述案例作为合议意见佐证		220/339	64.9%
C. 向审委会汇报时进行引述		177/339	52.21%
D. 在裁判文书、审理报告说理部分引述		146/339	43.07%
E. 判后释明时引述		86/339	25.37%
F. 在组织调解过程中引述		124/339	36.58%
G. 当事人或诉讼代理人引述案例支持诉辩意见时作出回应并说明理由		89/339	26.25%
H. 其他		14/339	4.12%
37. 您认为指导性案例中具有指导性的内容包括（可多选）			
A. 从案例中提炼的具有普适性的裁判要旨或裁判规则		191/339	56.48%
B. 裁判理由		162/339	47.68%
C. 裁判结果		123/339	36.43%
D. 裁判方法		119/339	35.21%
E. 法律思维		129/339	38.14%
F. 其他		22/339	6.36%
38. 以下指导性内容中最具指导性或参照价值的是			
A. 从案例中提炼的具有普适性的裁判要旨或裁判规则		171/339	50.46%
B. 裁判理由		53/339	15.74%
C. 裁判结果		14/339	4.17%

（续表）

D. 裁判方法		27/339	7.87%
E. 法律思维		41/339	12.04%
F. 其他		11/339	3.24%
39. 若您参照适用已发布的案例，是否在裁判文书中引用			
A. 引用		61/339	17.99%
B. 视个案情况决定是否引用		164/339	48.38%
C. 不引用		84/339	24.78%
D. 不清楚		30/339	8.85%
40. 若引用，您认为在裁判文书哪一部分引用最合适			
A. 事实证据部分		72/339	21.24%
B. 裁判说理部分		133/339	39.23%
C. 裁判依据部分		52/339	15.34%
D. 法律条文附录部分		20/339	5.9%
E. 未回答		62/339	18.29%
41. 您认为应当在裁判文书中引用已发布案例的哪一部分			
A. 引用裁判要旨或裁判规则		175/339	51.62%
B. 引用案例案号		28/339	8.26%
C. 引用案例裁判理由及依据		128/339	37.76%
D. 引用案例裁判结果		8/339	2.36%
42. 您认为应当如何判断待判案件与已发布的案例是否相似（可多选）			
A. 案件争议焦点是否相似		233/339	68.73%
B. 案件可能适用的裁判规则是否相似		192/339	56.64%
C. 案件基本事实是否相似		230/339	67.85%
D. 案件法律适用是否相似		184/339	54.28%
E. 案件案由是否相同		85/339	25.07%
F. 凭经验、良知、感觉等主观因素判断是否相似		47/339	13.86%
G. 其他		11/339	3.14%
43. 对于当事人以各地法院先前裁判的相似案例作为抗辩、上诉、申诉、申请再审等理由或质疑判决结果的，您认为应当如何处理			
A. 以适当方式进行释明或回应		167/339	49.26%
B. 一律告知其对本案不具有约束力		45/339	13.27%

（续表）

C. 根据案件情况决定是否回应及如何回应		100/339	29.5%
D. 不需要释明		10/339	2.95%
E. 未回答		17/339	5.01%
44. 您认为指导性案例是否可以作为上级法院指令再审、提审、发回重审或改判的理由			
A. 可以		107/339	31.56%
B. 不可以		145/339	42.77%
C. 不清楚		87/339	25.66%
45. 您是否愿意推荐案例			
A. 愿意		231/339	68.15%
B. 不愿意		36/339	10.71%
C. 不清楚		71/339	20.83%
D. 未回答		1/339	0.14%
46. 您是否曾编写案例			
A. 经常编写		26/339	7.6%
B. 偶尔编写		46/339	13.68%
C. 从未编写		265/339	78.12%
D. 未回答		2/339	0.6%
47. 您认为以下哪些案例可以作为指导性案例(可多选)			
A. 法律未规定或规定较为原则的案例		156/339	45.97%
B. 疑难复杂、新类型等具有典型性的案例		221/339	65.28%
C. 社会广泛关注或影响较大的案例		176/339	51.83%
D. 常见多发型案例		133/339	39.12%
E. 适用新法律法规、司法解释进行裁判的案例		97/339	28.61%
F. 其他		18/339	5.38%
48. 您认为指导性案例应当具备什么条件(可多选)			
A. 裁判已经生效，未进入再审		197/339	58.09%
B. 案件事实清楚，证据充分，程序合法		275/339	81.19%

（续表）

C. 裁判文书制作规范，说理透彻，适用法律正确		247/339	72.94%
D. 处理结果社会效果好		204/339	60.07%
E. 其他		10/339	2.97%
49. 您认为指导性案例在编写体例上应当包括哪些内容（可多选）			
A. 裁判要旨或裁判规则		183/339	54.03%
B. 标题、案由、案号、审理法院、审理时间、审级		187/339	55.26%
C. 裁判文书原文		171/339	50.37%
D. 经编辑加工后的基本案情、法院审理情况及裁判结果		179/339	52.81%
E. 相关法律条文		135/339	39.85%
F. 案例评析		162/339	47.68%
G. 关键词		80/339	23.72%
H. 其他		17/339	5.13%
50. 您认为指导性案例由谁负责编写最合适（可多选）			
A. 生效案件的承办人		159/339	46.94%
B. 案件各审级承办人		104/339	30.56%
C. 专门从事案例工作的人员		177/339	52.32%
D. 专家学者、律师等社会各界人士		104/339	30.56%
51. 您认为指导性案例在法院内部采取哪种推荐程序最合适			
A. 各级法院经审委会讨论后逐级向上级法院负责案例工作的部门推荐		179/339	52.68%
B. 各级法院专门负责案例工作的部门直接向上级法院负责案例工作的部门推荐		95/339	27.98%
C. 各级法院审判业务部门直接向上级法院对口部门推荐		44/339	13.1%
D. 各级法院案件承办人直接向上级法院负责案例工作的部门推荐		9/339	2.68%
E. 未回答		10/339	1.41%
52. 您认为案例的事实、理由部分应当如何编写			
A. 应当引用生效裁判文书原文，不应当修改		121/339	35.54%

（续表）

B. 可以在不改变主要事实的前提下，对案件事实及裁判理由进行适当加工，增强说理性		199/339	58.73%
C. 可以对案件事实及裁判理由进行全面修改		12/339	3.61%
D. 未回答		7/339	2.12%
53. 您认为我国现有案例指导制度是否完善			
A. 完善		30/339	8.73%
B. 不够完善		187/339	55.12%
C. 不完善		77/339	22.59%
D. 不清楚		44/339	12.95%
E. 未回答		2/339	0.6%
54. 您认为当前案例指导制度中存在哪些问题（可多选）			
A. 制度称谓不科学		135/339	39.82%
B. 功能定位不明确		217/339	64.01%
C. 法律效力不明确		239/339	70.62%
D. 运作程序不明确		202/339	59.59%
E. 应用方式不明确		118/339	34.81%
F. 编选发布方式不规范		110/339	32.45%
G. 影响力不够广泛		125/339	36.87%
H. 其他		13/339	3.92%
55. 您认为指导性案例与法律、司法解释之间应当是什么关系			
A. 对法律、司法解释的细化或补充		195/339	57.52%
B. 与法律具有同等效力		40/339	11.8%
C. 与司法解释具有同等效力		32/339	9.44%
D. 比司法解释效力略低		30/339	8.85%
E. 不清楚		42/339	12.39%
56. 您认为指导性案例应当如何定位			
A. 作为正式的法律渊源		58/339	17.11%
B. 属于一种法律适用机制，实现同案同判		157/339	46.31%
C. 作为立法补充，应对社会转型产生的疑难复杂问题		93/339	27.43%

（续表）

D. 属于司法解释的范畴		22/339	6.49%
E. 未回答		9/339	2.65%
57. 您认为指导性案例的效力应当如何			
A. 具有法律上的约束力，可直接作为判决依据援引		65/339	19.17%
B. 具有事实上的约束力，如明显违背法律并造成裁判不公的，将可能成为当事人上诉、抗诉或上级法院改判、发回重审的理由		160/339	47.2%
C. 用以判断优势证据		41/339	12.09%
D. 没有约束力		62/339	18.29%
E. 未回答		11/339	3.24%
58. 您认为哪一级法院审结的案件可以作为指导性案例			
A. 最高人民法院		147/339	43.2%
B. 高级及最高人民法院		83/339	24.47%
C. 中级、高级及最高人民法院		49/339	14.5%
D. 各级人民法院		55/339	16.31%
E. 未回答		5/339	1.51%
59. 您认为最高人民法院审结的案件是否当然成为指导性案例			
A. 是		117/339	34.6%
B. 不是		165/339	48.5%
C. 不清楚		55/339	16.27%
D. 未回答		2/339	0.6%
60. 您认为指导性案例应当由哪一级法院发布			
A. 最高人民法院		186/339	54.85%
B. 高级及最高人民法院		107/339	31.52%
C. 中级、高级及最高人民法院		29/339	8.48%
D. 各级人民法院		13/339	3.94%
E. 未回答		4/339	1.21%
61. 您认为指导性案例的发布应当符合什么程序			
A. 由专门负责案例工作的部门审核报审委会讨论后发布		186/339	54.76%

（续表）

B. 由相关业务部门审核报审委会讨论后发布		57/339	16.67%
C. 由专门负责案例工作的部门直接审核发布		49/339	14.58%
D. 由相关业务部门直接审核发布		12/339	3.57%
E. 由专门成立的专家委员会讨论发布		27/339	8.04%
F. 未回答		8/339	2.38%
62. 您认为指导性案例如何发布最为合适			
A. 在有权编辑发布案例机关的现有报刊及网站上发布		166/339	48.94%
B. 由有权编辑发布案例的机关新创设专门刊物进行发布		116/339	34.35%
C. 专门创设网站发布		41/339	12.16%
D. 不清楚		16/339	4.56%
63. 您认为是否有必要制定专门的案例相似性比对规则			
A. 有		234/339	69.03%
B. 没有		62/339	18.29%
C. 不清楚		43/339	12.68%
64. 您认为是否有必要建立定期梳理、编纂、废止指导性案例的机制			
A. 有		266/339	78.34%
B. 没有		32/339	9.5%
C. 不清楚		41/339	12.16%
65. 若定期梳理、编纂、废止指导性案例，您认为应当由哪一机构进行			
A. 发布机构		213/339	62.74%
B. 法学研究机构		86/339	25.48%
C. 不清楚		40/339	11.78%
66. 指导性案例废止方式包括因与新法律、司法解释冲突而自动失效及因特殊情形而宣告废止。您认为宣告废止的情形包括（可多选）			
A. 指导性案例被撤销或改判		236/339	69.62%
B. 指导性案例确立的裁判要旨和包含的决定理由已不适应社会发展		232/339	68.44%
C. 指导性案例之间出现冲突		198/339	58.41%
D. 其他		8/339	2.36%

（续表）

67. 您认为宣告废止应当采取哪一程序			
A. 负责案例工作的部门审查后提交审委会讨论决定		244/339	71.99%
B. 负责案例工作的部门审查后自行决定		55/339	16.27%
C. 不清楚		38/339	11.14%
D. 未回答		2/339	0.6%
68. 您认为指导性案例如何查询检索最为方便			
A. 按照案由、案号及法院名称		101/339	29.94%
B. 按照裁判要旨或裁判规则		47/339	13.77%
C. 按照关键词		110/339	32.34%
D. 按照裁判依据的法律法规		30/339	8.98%
E. 按照发布时间		2/339	0.6%
F. 其他		2/339	0.6%
G. 未回答		47/339	13.77%
69. 您认为是否有必要在最高人民法院《关于案例指导工作的规定》基础上制定实施细则或另行制定司法解释			
A. 有		212/339	62.54%
B. 没有		57/339	16.81%
C. 不清楚		70/339	20.65%
70. 您认为是否有必要建立案例指导制度效果评价机制			
A. 有		243/339	71.68%
B. 没有		42/339	12.39%
C. 不清楚		48/339	14.16%
D. 未回答		6/339	1.77%
71. 您认为编写的案例被最高人民法院或高级人民法院相关刊物采用的，应当得到什么奖励（可多选）			
A. 得到物质奖励		265/339	78.17%
B. 作为学术成果		181/339	53.39%
C. 纳入年终考核		160/339	47.2%
D. 得到精神奖励		186/339	54.87%
E. 其他		15/339	4.42%

检察、公安、司法行政人员问卷及调查统计表

您好！感谢您在百忙之中接受我们的问卷调查，请客观填写相关信息。本问卷为匿名问卷，调查结果仅作为最高人民法院 2011 年重点课题“中国特色案例指导制度的发展与完善”资料使用。

填写说明：本问卷除在题干后特别注明“可多选”的题目外，均为单项选择题。请在您认为正确的选项上打“√”，或在选项中的___上填写适当内容。谢谢您的支持！

1. 身份			
A. 检察人员		186/566	32.86%
B. 公安人员		156/566	27.56%
C. 司法行政人员		224/566	39.58%
2. 年龄			
A. 35 周岁及以下		261/566	46.11%
B. 35—50 周岁		165/566	29.16%
C. 50 周岁及以上		140/566	24.73%
3. 工作年限			
A. 5 年及以下		234/566	41.34%
B. 5—10 年		220/566	38.87%
C. 10 年及以上		112/566	19.79%
4. 所在单位级别			
A. 省级		65/566	11.48%
B. 市级		66/566	11.66%
C. 县级		435/566	76.86%
5. 所学专业			
A. 法律专业		249/566	43.99%
B. 非法律专业		317/566	56.01%
6. 文化程度			
A. 大专及以下		112/566	19.79%
B. 大学本科		359/566	63.43%
C. 硕士及以上		95/566	16.78%
7. 您是否了解我国案例指导制度			
A. 了解		120/566	21.28%
B. 有一定了解		386/566	68.09%
C. 不了解		60/566	10.64%

（续表）

8. 若了解，请选择您最初获悉的途径			
A. 通过法院内部工作部署获悉		124/566	21.75 %
B. 在办案活动或日常工作中获悉		181/566	32.04%
C. 在院校学习或在职培训中获悉		90/566	15.92%
D. 通过电视、报纸、网络等途径获悉		81/566	14.37 %
E. 与同事、同行交流中获悉		21/566	3.69%
F. 其他		10/566	1.75%
G. 未回答		59/566	10.49%
9. 您是否了解国外的案例或判例制度			
A. 了解		89/566	15.81%
B. 有一定了解		357/566	63.06%
C. 不了解		119/566	20.96%
D. 未回答		1/566	0.18%
10. 若了解，您认为国外的案例或判例制度对中国特色案例指导制度具有哪些借鉴意义（可多选）			
A. 案例或判例对法官裁判的约束力		360/566	63.6%
B. 案例或判例的汇编技术		252/566	44.52%
C. 案例或判例的检索技术		215/566	37.99%
D. 其他		22/566	3.89%
11. 与法律、司法解释相比，您认为指导性案例具有哪些优势（可多选）			
A. 直观性，让法律具体易懂		452/566	79.86%
B. 适应性，让法律与时俱进		373/566	65.9%
C. 可读性，让人乐于阅读		257/566	45.41%
D. 通俗性，让人记忆深刻		310/566	54.77%
E. 及时性，让人知识常新		236/566	41.7%
F. 其他		9/566	1.59%
12. 您认为我国是否有必要建立案例指导制度			
A. 有		479/566	84.6%
B. 没有		35/566	6.19%
C. 不清楚		51/566	9.03%
D. 未回答		1/566	0.18%

（续表）

13. 若有必要，您认为应当由哪个或哪些机关编辑发布案例（可多选）			
A. 法院		464/566	81.98%
B. 检察院		266/566	47%
C. 公安机关		135/566	23.85%
D. 司法行政机关		120/566	21.2%
14. 您接触过哪些政法机关发布的案例（可多选）			
A. 法院案例		453/566	80.04%
B. 检察院案例		258/566	45.58%
C. 公安案例		195/566	34.45%
D. 司法行政案例		115/566	20.32%
15. 您认为哪一政法机关的案例影响最大			
A. 法院案例		464/566	81.92%
B. 检察院案例		48/566	8.47%
C. 公安案例		46/566	8.1%
D. 司法行政案例		9/566	1.51%
16. 与其他政法机关的案例相比，您认为法院案例具有哪些特色（可多选）			
A. 最具法律价值		356/566	62.9%
B. 最具权威性		335/566	59.19%
C. 最具影响力		323/566	57.07%
D. 受众面最广		258/566	45.58%
E. 内容最完备		204/566	36.04%
F. 案件类型多样		297/566	52.47%
17. 您认为法院案例指导制度是指			
A. 由有权机关通过一定程序审核发布指导性案例，法官在审判相似案件时应当参照案例进行裁判的制度		321/566	56.68%
B. 由有权机关通过一定程序编辑、发布指导性案例，供法官学习参考，提高裁判技术的制度		187/566	32.98 %
C. 与英美法系的判例制度相似，直接赋予某一层级法院先前判决具有法律效力，可作为裁判依据的制度		30/566	5.35 %

（续表）

D. 其他		3/566	0.53 %
E. 未回答		25/566	4.546%
18. 您认为法院案例指导制度有哪些功能(可多选)			
A. 统一法律适用标准,防止和减少“同案不同判”		471/566	83.22%
B. 指导、监督和制约法官的裁判行为		406/566	71.73%
C. 以案说法,进行法制宣传,引导公众按照案例规则来守法		388/566	68.55%
D. 丰富和发展法学理论		245/566	43.29%
E. 其他		6/566	1.06%
19. 您是否能够及时获悉法院发布的案例信息			
A. 能		187/566	33.09%
B. 有时能		261/566	46.04%
C. 不能		118/566	20.86%
20. 您接触过哪些法院案例刊物(可多选)			
A.《最高人民法院公报》		235/566	41.52%
B. 最高人民法院《人民法院案例选》《中国审判案例要览》		267/566	47.17%
C. 最高人民法院各庭室编辑出版的审判指导、参考或参阅		124/566	21.91%
D.《人民法院报》刊载的案例		217/566	38.34%
E.《人民司法》案例版		140/566	24.73%
F. 四川省高级人民法院《案例指导》		102/566	18.02%
21. 以下哪一种案例刊物刊载的案例对您办案影响最大			
A.《最高人民法院公报》		163/566	28.88%
B. 最高人民法院《人民法院案例选》《中国审判案例要览》		208/566	36.78%
C. 最高人民法院各庭室编辑出版的审判指导、参考或参阅		29/566	5.17%
D.《人民法院报》刊载的案例		65/566	11.55%
E.《人民司法》案例版		64/566	11.25%
F. 四川省高级人民法院《案例指导》		36/566	6.37%

（续表）

22. 以下案例刊物的编辑体例或结构，哪一种最方便您在办理相似案件时参照应用			
A.《最高人民法院公报》		223/566	39.35?%
B. 最高人民法院《人民法院案例选》《中国审判案例要览》		117/566	20.71%
C. 最高人民法院各庭室编辑出版的审判指导、参考或参阅		40/566	7.1%
D.《人民法院报》刊载的案例		59/566	10.36%
E.《人民司法》案例版		67/566	11.83%
F. 四川省高级人民法院《案例指导》		26/566	4.73%
G. 其他		17/566	2.96%
H. 未回答		17/566	2.96%
23. 您认为已发布案例对您的工作是否有帮助			
A. 有帮助		221/566	39.04%
B. 有一定帮助		332/566	58.65%
C. 没有帮助		13/566	2.32%
24. 您一般在办理哪些案件时会参照法院发布的案例（可多选）			
A. 争议焦点或待决事项与所掌握的已发布案例具有相似性的案件		394/566	69.61%
B. 法律或司法解释对争议焦点没有规定，或仅有原则规定，或规定有多种理解的案件		386/566	68.20%
C. 新类型或疑难案件		352/566	62.19%
D. 社会影响大的案件		237/566	41.87%
E. 依照现有法律得出的裁判结果不合情理的案件		168/566	29.68%
25. 您认为哪些因素会影响您在办案中参照适用相似案例（可多选）			
A. 案例没有法律约束力，既不能作为裁判依据，也不易说服当事人		372/566	65.72%
B. 我国不是判例法国家，没有必要适用，且不便适用		217/566	38.34%
C. 案例未提炼裁判要旨或裁判规则，不易查找获得相似案例		320/566	56.54%
D. 案例本身不具有说理性与说服力		234/566	41.34%

（续表）

E. 实践中没有参照使用案例的习惯，周围同事也不参照使用案例		155/566	27.39%
F. 作出案例所涉生效判决的法院级别较低		127/566	22.44%
G. 未回答		6/566	1.06%
26. 您认为在办案过程中参照案例可能会遇到哪些困难(可多选)			
A. 法律效力不明确		430/566	75.97%
B. 案例不易查找		354/566	62.54%
C. 相似性难以判断		313/566	55.3%
D. 引用方式不明确,不便引用		264/566	46.64%
E. 未回答		10/566	1.77%
27. 您认为法官应当如何参照适用案例(可多选)			
A. 在形成合议意见或裁判观点的过程中受案例影响		339/566	59.89%
B. 合议庭研究案件时引述案例作为合议意见佐证		382/566	67.49%
C. 向审委会汇报时进行引述		290/566	51.24%
D. 在裁判文书、审理报告说理部分引述		240/566	42.4%
E. 判后释明时引述		187/566	33.04%
F. 在组织调解过程中引述		221/566	39.05%
G. 当事人或诉讼代理人引述案例支持诉辩意见时作出回应并说明理由		178/566	31.45%
28. 若您认为应当在裁判文书中引述案例,在哪一部分引用最合适			
A. 事实证据部分		105/566	18.55%
B. 裁判说理部分		234/566	41.34%
C. 裁判依据部分		94/566	16.61%
D. 法律条文附录部分		38/566	6.71%
E. 未回答		95/566	16.78%
29. 您认为指导性案例中具有指导性的内容包括(可多选)			
A. 从案例中提炼的具有普适性的裁判要旨或裁判规则		336/566	59.38%
B. 裁判理由		314/566	55.5%
C. 裁判结果		230/566	40.62%

（续表）

D. 裁判方法		250/566	44.19%
E. 法律思维		277/566	48.99%
F. 其他		8/566	1.4%
30. 以下指导性内容中最具指导性或参照价值的是			
A. 从案例中提炼的具有普适性的裁判要旨或裁判规则		243/566	42.86%
B. 裁判理由		122/566	21.57%
C. 裁判结果		54/566	9.62%
D. 裁判方法		31/566	5.54%
E. 法律思维		83/566	14.58%
F. 其他		7/566	1.17%
G. 未回答		26/566	4.66%
31. 若您参照适用已发布的法院案例，是否在法律文书中引用			
A. 引用		88/566	15.55?%
B. 视个案情况决定是否引用		298/566	52.65%
C. 不引用		127/566	22.44%
D. 不清楚		53/566	9.36%
32. 若引用，您认为在法律文书中引用哪一部分最合适			
A. 事实证据部分		105/566	18.55%
B. 裁判说理部分		234/566	41.34%
C. 裁判依据部分		94/566	16.61%
D. 法律条文附录部分		38/566	6.71%
E. 未回答		95/566	16.78%
33. 您认为应当在裁判文书中引用已发布案例的哪一部分			
A. 引用裁判要旨或裁判规则		252/566	44.52%
B. 引用案例案号		46/566	8.13%
C. 引用案例裁判理由及依据		255/566	45.05%
D. 引用案例裁判结果		13/566	2.3%
34. 您认为应当如何判断待判案件与已发布的案例是否相似（可多选）			
A. 案件争议焦点是否相似		372/566	65.72%
B. 案件可能适用的裁判要旨或裁判规则是否相似		369/566	65.19%
C. 案件基本事实是否相似		350/566	61.84%

（续表）

D. 案件法律适用是否相似		314/566	55.48%
E. 案件案由是否相同		171/566	30.21%
F. 凭经验、良知、感觉等主观因素判断是否相似		98/566	17.31%
35. 当案件当事人以法院先前裁判的相似案例质疑办案的公正性时，您认为应当如何处理			
A. 以适当方式进行释明或回应		314/566	55.48%
B. 一律告知其对本案不具有约束力		67/566	11.84%
C. 根据案件情况决定是否回应及如何回应		117/566	20.67%
D. 不需要释明		12/566	2.12%
E. 未回答		56/566	9.89%
36. 您认为指导性案例是否可以作为上级法院指令再审、提审、发回重审或改判的理由			
A. 可以		257/566	52.66%
B. 不可以		168/566	34.43%
C. 不清楚		63/566	12.91%
37. 您认为以下哪些案例可以作为法院指导性案例（可多选）			
A. 法律未规定或规定较为原则的案例		332/566	58.6%
B. 疑难复杂、新类型等具有典型性的案例		390/566	68.84%
C. 社会广泛关注或影响较大的案例		312/566	55.04%
D. 常见多发型案例		240/566	42.33%
E. 适用新法律法规、司法解释进行裁判的案例		238/566	42.02%
F. 其他		26/566	4.65%
38. 您认为法院指导性案例应当具备什么条件（可多选）			
A. 裁判已经生效，未进入再审		363/566	64.13%
B. 案件事实清楚，证据充分，程序合法		441/566	77.92%
C. 裁判文书制作规范，说理透彻，适用法律正确		428/566	75.62%
D. 处理结果社会效果好		320/566	56.54%

（续表）

E. 其他		12/566	2.12%
39. 您认为法院指导性案例在编写体例上应当包括哪些内容（可多选）			
A. 裁判要旨或裁判规则		368/566	64.96%
B. 标题、案由、案号、审理法院、审理时间、审级		355/566	62.64%
C. 裁判文书原文		290/566	51.16%
D. 经编辑加工后的基本案情、法院审理情况及裁判结果		340/566	60%
E. 相关法律条文		279/566	49.3%
F. 案例评析		283/566	49.92%
G. 关键词		176/566	31.01%
H. 其他		3/566	0.47%
40. 您认为法院指导性案例由谁负责编写最合适（可多选）			
A. 生效案件的承办人		255/566	45.11%
B. 案件各审级承办人		192/566	33.95?%
C. 专门从事案例工作的人员		312/566	55.19%
D. 专家学者、律师等社会各界人士		160/566	28.22%
41. 您认为法院指导性案例在法院内部采取哪种推荐程序最合适			
A. 各级法院经审委会讨论后逐级向上级法院负责案例工作的部门推荐		312/566	54.94%
B. 各级法院专门负责案例工作的部门直接向上级法院负责案例工作的部门推荐		141/566	24.96%
C. 各级法院审判业务部门直接向上级法院对口部门推荐		57/566	10.05%
D. 各级法院案件承办人直接向上级法院负责案例工作的部门推荐		24/566	4.31%
E. 未回答		32/566	5.74%
42. 您认为法院指导性案例的事实、理由部分应当如何编写			
A. 应当引用生效裁判文书原文，不应当修改		193/566	34.11%
B. 可以在不改变主要事实的前提下，对案件事实及裁判理由进行适当加工，增强说理性		337/566	59.43%

（续表）

C. 可以对案件事实及裁判理由进行全面修改		21/566	3.77%
D. 未回答		15/566	2.69%
43. 您认为我国现有案例指导制度是否完善			
A. 完善		40/566	7.01%
B. 不够完善		279/566	49.46%
C. 不完善		214/566	37.77%
D. 不清楚		29/566	5.04%
E. 未回答		4/566	0.72%
44. 您认为当前案例指导制度中存在哪些问题（可多选）			
A. 制度称谓不科学		226/566	39.93%
B. 功能定位不明确		404/566	71.38%
C. 法律效力不明确		423/566	74.73%
D. 运作程序不明确		340/566	60.07%
E. 应用方式不明确		314/566	55.48%
F. 编选发布方式不规范		203/566	35.87%
G. 影响力不够广泛		202/566	35.69%
45. 您认为指导性案例与法律、司法解释之间应当是什么关系			
A. 对法律、司法解释的细化或补充		310/566	54.77%
B. 与法律具有同等效力		49/566	8.66%
C. 与司法解释具有同等效力		50/566	8.83%
D. 比司法解释效力略低		77/566	13.6%
E. 不清楚		80/566	14.13%
46. 您认为指导性案例应当如何定位			
A. 作为正式的法律渊源		65/566	11.48%
B. 属于一种法律适用机制，实现同案同判		212/566	37.46%
C. 作为立法补充，应对社会转型产生的疑难复杂问题		200/566	35.34%
D. 属于司法解释的范畴		39/566	6.89%
E. 未回答		50/566	8.83%

（续表）

47. 您认为指导性案例的效力应当如何			
A. 具有法律上的约束力，可直接作为判决依据援引		112/566	19.79%
B. 具有事实上的约束力，如明显违背法律并造成裁判不公的，将可能成为当事人上诉、抗诉或上级法院改判、发回重审的理由		280/566	49.47%
C. 用以判断优势证据		107/566	18.9%
D. 没有约束力		44/566	7.77%
E. 未回答		23/566	4.06%
48. 您认为哪一级法院审结的案件可以作为指导性案例			
A. 最高人民法院		235/566	41.48%
B. 高级及最高人民法院		139/566	24.62%
C. 中级、高级及最高人民法院		89/566	15.72%
D. 各级人民法院		98/566	17.23%
E. 未回答		5/566	0.95%
49. 您认为最高人民法院审结的案件是否当然成为指导性案例			
A. 是		186/566	32.91%
B. 不是		312/566	55.03%
C. 不清楚		68/566	12.07%
50. 您认为指导性案例应当由哪一级法院发布			
A. 最高人民法院		345/566	60.89%
B. 高级及最高人民法院		163/566	28.75%
C. 中级、高级及最高人民法院		39/566	6.96%
D. 各级人民法院		15/566	2.68%
E. 未回答		4/566	0.71%
51. 您认为指导性案例的发布应当符合什么程序			
A. 由专门负责案例工作的部门审核报审委会讨论后发布		374/566	66.13%
B. 由相关业务部门审核报审委会讨论后发布		66/566	11.59%
C. 由专门负责案例工作的部门直接审核发布		52/566	9.09%

（续表）

D. 由相关业务部门直接审核发布		16/566	2.85%
E. 由专门成立的专家委员会讨论发布		46/566	8.2%
F. 未回答		12/566	2.14%
52. 您认为指导性案例如何发布最为合适			
A. 在有权编辑发布案例机关的现有报刊及网站上发布		260/566	45.85%
B. 由有权编辑发布案例的机关新创设专门刊物进行发布		228/566	40.25%
C. 专门创设网站发布		56/566	9.93%
D. 不清楚		22/566	3.97%
53. 您认为是否有必要制定专门的案例相似性比对规则			
A. 有		415/566	73.32%
B. 没有		69/566	12.19%
C. 不清楚		82/566	14.49%
54. 您认为是否有必要建立定期梳理、编纂、废止指导性案例的机制			
A. 有		461/566	81.43%
B. 没有		35/566	6.25%
C. 不清楚		66/566	11.61%
D. 未回答		4/566	0.71%
55. 若定期梳理、编纂、废止指导性案例，您认为应当由哪一机构进行			
A. 发布机构		367/566	65%
B. 法学研究机构		143/566	25.19%
C. 不清楚		55/566	9.63%
D. 未回答		1/566	0.19%
56. 指导性案例废止方式包括因与新法律、司法解释冲突而自动失效及因特殊情形而宣告废止。您认为宣告废止的情形包括（可多选）			
A. 指导性案例被撤销或改判		402/566	71.02%
B. 指导性案例确立的裁判要旨和包含的决定理由已不适应社会发展		467/566	82.51%
C. 指导性案例之间出现冲突		344/566	60.78%
D. 其他		18/566	3.18%
57. 您认为宣告废止应当采取哪一程序			
A. 负责案例工作的部门审查后提交审委会讨论决定		434/566	76.71%

（续表）

B. 负责案例工作的部门审查后自行决定		88/566	15.52%
C. 不清楚		35/566	6.14%
D. 未回答		9/566	1.63%
58. 您认为指导性案例如何查询检索最为方便			
A. 按照案由、案号及法院名称		169/566	29.89%
B. 按照裁判要旨或裁判规则		81/566	14.23%
C. 按照关键词		232/566	40.93%
D. 按照裁判依据的法律法规		32/566	5.69%
E. 按照发布时间		7/566	1.25%
F. 其他		6/566	1.07%
G. 未回答		39/566	6.94%
59. 您认为是否有必要建立案例指导制度效果评价机制			
A. 有		438/566	77.39%
B. 没有		49/566	8.66%
C. 不清楚		68/566	12.01%
D. 未回答		11/566	1.94%
60. 您认为编写的案例被最高人民法院或高级人民法院相关刊物采用的，应当得到什么奖励（可多选）			
A. 得到物质奖励		366/566	64.66%
B. 作为学术成果		340/566	60.07%
C. 纳入年终考核		287/566	50.71%
D. 得到精神奖励		289/566	51.06%
E. 其他		20/566	3.53%

律师问卷及调查统计表			
您好！感谢您在百忙之中接受我们的问卷调查，请客观填写相关信息。本问卷为匿名问卷，调查结果仅作为最高人民法院 2011 年重点课题“中国特色案例指导制度的发展与完善”资料使用。 填写说明：本问卷除在题干后特别注明“可多选”的题目外，均为单项选择题。请在您认为正确的选项上打“√”，或在选项中的___上填写适当内容。谢谢您的支持！			
1. 年龄			
A. 35 周岁及以下		168/488	34.43%
B. 35—50 周岁		256/488	52.46%

（续表）

C. 50 周岁及以上		64/488	13.11%
2. 从事法律服务工作年限			
A. 5 年及以下		167/488	34.22%
B. 5—10 年		161/488	32.99%
C. 10 年及以上		160/488	32.79%
3. 所学专业			
A. 法律专业		398/488	81.56%
B. 非法律专业		90/488	18.44%
4. 文化程度			
A. 大专及以下		93/488	19.06%
B. 大学本科		378/488	77.46%
C. 硕士及以上		17/488	3.48%
5. 您是否了解我国案例指导制度			
A. 了解		198/488	40.66%
B. 有一定了解		244/488	49.90%
C. 不了解		46/488	9.45%
6. 若了解，请选择您最初获悉的途径			
A. 在办案活动或日常工作中获悉		251/488	51.35 %
B. 在院校学习或在职培训中获悉		106/488	21.85 %
C. 通过电视、报纸、网络等途径获悉		82/488	16.89 %
D. 与同事、同行交流中获悉		29/488	5.86 %
E. 其他		8/488	1.58 %
F. 未回答		12/488	2.48%
7. 您是否了解国外的案例或判例制度			
A. 了解		152/488	31.13%
B. 有一定了解		280/488	57.32%
C. 不了解		55/488	11.34%
D. 未回答		1/488	0.21%
8. 若了解，您认为国外的案例或判例制度对中国特色案例指导制度具有哪些借鉴意义（可多选）			
A. 案例或判例对法官裁判的约束力		286/488	58.61%
B. 案例或判例的汇编技术		258/488	52.87%

（续表）

C. 案例或判例的检索技术		172/488	35.25%
D. 其他		16/488	3.28%
9. 您是否了解最高人民法院去年出台的法发〔2010〕51 号《关于案例指导工作的规定》			
A. 了解		170/488	34.77%
B. 有一定了解		196/488	40.33%
C. 不了解		122/488	24.9%
10. 若了解，您认为《关于案例指导工作的规定》是否完善			
A. 完善		118/488	24.16%
B. 不够完善		277/488	56.94%
C. 不完善		36/488	7.42%
D. 不清楚		56/488	11.48%
E. 未回答		1/488	0.24%
11. 与法律、司法解释相比，您认为指导性案例具有哪些优势（可多选）			
A. 直观性，让法律具体易懂		360/488	73.77%
B. 适应性，让法律与时俱进		304/488	62.3%
C. 可读性，让人乐于阅读		240/488	49.18%
D. 通俗性，让人记忆深刻		245/488	50.2%
E. 及时性，让人知识常新		183/488	37.5%
F. 其他		14/488	2.87%
12. 您认为我国是否有必要建立案例指导制度			
A. 有		417/488	85.39%
B. 没有		34/488	7.00%
C. 不清楚		36/488	7.41%
D. 未回答		1/488	0.21%
13. 若有必要，您认为应当由哪个或哪些机关编辑发布案例（可多选）			
A. 法院		415/488	85.04%
B. 检察院		150/488	30.74%
C. 公安机关		56/488	11.48%
D. 司法行政机关		110/488	22.54%
14. 您接触过哪些政法机关发布的案例（可多选）			
A. 法院案例		448/488	91.80%

（续表）

B. 检察院案例		160/488	32.79%
C. 公安案例		109/488	22.34%
D. 司法行政案例		113/488	23.16%
15. 您认为哪一政法机关的案例影响最大			
A. 法院案例		424/488	86.89%
B. 检察院案例		26/488	5.29%
C. 公安案例		14/488	2.96%
D. 司法行政案例		24/488	4.86%
16. 与其他政法机关的案例相比，您认为法院案例具有哪些特色（可多选）			
A. 最具法律价值		336/488	68.85%
B. 最具权威性		305/488	62.5%
C. 最具影响力		280/488	57.38%
D. 受众面最广		214/488	43.85%
E. 内容最完备		176/488	36.07%
F. 案件类型多样		245/488	5.2%
17. 您认为法院案例指导制度是指			
A. 由有权机关通过一定程序审核发布指导性案例，法官在审判相似案件时应当参照案例进行裁判的制度		271/488	55.37 %
B. 由有权机关通过一定程序编辑、发布指导性案例，供法官学习参考，提高裁判技术的制度		175/488	35.95 %
C. 与英美法系的判例制度相似，直接赋予某一层级法院先前判决具有法律效力，可作为裁判依据的制度		22/488	4.55 %
D. 其他		6/488	1.24 %
E. 未回答		14/488	2.89%
18. 您认为法院案例指导制度有哪些功能（可多选）			
A. 统一法律适用标准，防止和减少"同案不同判"		403/488	82.58%
B. 指导、监督和制约法官的裁判行为		355/488	72.75%
C. 以案说法，进行法制宣传，引导公众按照案例规则来守法		274/488	56.15%
D. 丰富和发展法学理论		198/488	40.57%

（续表）

E. 其他		9/488	1.84%
19. 您接触过哪些法院案例刊物(可多选)			
A.《最高人民法院公报》		349/488	71.52%
B. 最高人民法院《人民法院案例选》《中国审判案例要览》		295/488	60.45%
C. 最高人民法院各庭室编辑出版的审判指导、参考或参阅		154/488	31.56%
D.《人民法院报》刊载的案例		254/488	52.05%
E.《人民司法》案例版		157/488	32.17%
F. 四川省高级人民法院《案例指导》		131/488	26.84%
20. 以下哪一种案例刊物刊载的案例对您办案影响最大			
A.《最高人民法院公报》		192/488	39.27%
B. 最高人民法院《人民法院案例选》《中国审判案例要览》		122/488	25.08%
C. 最高人民法院各庭室编辑出版的审判指导、参考或参阅		28/488	5.74%
D.《人民法院报》刊载的案例		81/488	16.62%
E.《人民司法》案例版		22/488	4.53%
F. 四川省高级人民法院《案例指导》		43/488	8.76%
21. 以下案例刊物的编辑体例或结构，哪一种最方便您在办理相似案件时参照应用			
A.《最高人民法院公报》		149/488	30.57%
B. 最高人民法院《人民法院案例选》《中国审判案例要览》		107/488	21.76%
C. 最高人民法院各庭室编辑出版的审判指导、参考或参阅		25/488	5.18%
D.《人民法院报》刊载的案例		58/488	11.92%
E.《人民司法》案例版		34/488	6.99%
F. 四川省高级人民法院《案例指导》		62/488	12.69%
G. 其他		18/488	3.63%
H. 未回答		35/488	7.26%
22. 您是否能够及时获悉《最高人民法院公报》发布的案例			
A. 能		164/488	33.68%
B. 有时能		229/488	46.9%

（续表）

C. 不能		95/488	19.42%
23. 您主要是通过何种途径获悉《最高人民法院公报》发布的案例			
A. 单位或个人订阅的《最高人民法院公报》		228/488	46.76%
B. 中国审判法律应用支持系统		88/488	18.06%
C. 互联网或报纸、杂志等媒体的转载		158/488	32.41%
D. 其他		14/488	2.78%
24. 您是否能够及时获悉四川省高级人民法院《案例指导》发布的案例			
A. 能		114/488	23.36%
B. 有时能		226/488	46.31%
C. 不能		148/488	30.33%
25. 您主要是通过何种途径获悉四川省高级人民法院《案例指导》发布的案例			
A. 四川省高级人民法院编发的《案例指导》		186/488	38.13%
B. 互联网或报纸、杂志等媒体的转载		273/488	55.88%
C. 其他		29/488	6%
26. 您认为已发布案例对您的工作是否有帮助			
A. 有帮助		242/488	49.59%
B. 有一定帮助		241/488	49.48%
C. 没有帮助		5/488	1.03%
27. 您一般在什么情形下会参照适用《最高人民法院公报》或四川省高级人民法院《案例指导》发布案例(可多选)			
A. 代理案件时首先就会查找相似案例		222/488	45.49%
B. 代理案件所涉法律问题，法律或司法解释未规定，或仅有原则规定，或规定有多种理解		346/488	70.90%
C. 代理案件时需要引述相关案例支持诉辩意见		203/488	41.60%
28. 您是否在诉讼活动中引用过上述案例			
A. 是		361/488	73.98%
B. 否		127/488	26.02%
29. 您参照适用上述案例的动因是什么(可多选)			
A. 避免承办案件被上级法院改判或发回重审		329/488	67.42%

（续表）

B. 增强裁判的说理性与正当性		281/488	57.58%
C. 追求良好的社会效果		125/488	25.61%
D. 上级法院要求应当参照		210/488	43.03%
E. 其他		16/488	3.28%
30. 您参照适用哪个机关发布的指导性案例较多			
A. 最高人民法院		367/488	75.35%
B. 四川省高级人民法院		97/488	19.82%
C. 其他		18/488	3.69%
D. 未回答		6/488	1.14%
31. 若当事人或诉讼代理人引述案例支持诉辩意见时，您是否作出回应并说明理由			
A. 应当回应		337/488	69.06%
B. 不一定回应		104/488	21.31%
C. 不回应		14/488	2.87%
D. 不清楚		33/488	6.76%
32. 您一般在代理哪些案件时会参照有权机关发布的案例（可多选）			
A. 争议焦点或待决事项与所掌握的已发布案例具有相似性的案件		339/488	69.47%
B. 法律或司法解释对争议焦点没有规定，或仅有原则规定，或规定有多种理解的案件		346/488	70.90%
C. 新类型或疑难案件		284/488	58.20%
D. 社会影响大的案件		172/488	35.25%
E. 依照现有法律得出的裁判结果不合情理的案件		146/488	29.92%
33. 您认为哪些因素会影响您在办案中参照适用相似案例（可多选）			
A. 案例没有法律约束力，既不能作为裁判依据，也不易说服当事人		309/488	63.32%
B. 我国不是判例法国家，没有必要适用，且不便适用		245/488	50.20%
C. 案例未提炼裁判要旨或裁判规则，不易查找获得相似案例		245/488	50.20%
D. 案例本身不具有说理性与说服力		188/488	38.52%

（续表）

E. 实践中没有参照使用案例的习惯，周围同事也不参照使用案例		174/488	35.66%
F. 作出案例所涉生效判决的法院级别较低		108/488	22.13%
G. 其他		11/488	2.25%
34. 您认为在办案过程中参照案例可能会遇到哪些困难（可多选）			
A. 法律效力不明确		346/488	70.90%
B. 案例不易查找		307/488	62.91%
C. 相似性难以判断		245/488	50.20%
D. 引用方式不明确，不便引用		181/488	37.09%
E. 其他		12/488	2.46%
35. 您认为法官应当如何参照适用案例（可多选）			
A. 当事人或诉讼代理人引述案例支持诉辩意见时作出回应并说明理由		350/488	71.72%
B. 在形成合议意见或裁判观点的过程中受案例影响		273/488	55.94%
C. 合议庭研究案件时引述案例作为合议意见佐证		263/488	53.89%
D. 向审委会汇报时进行引述		183/488	37.50%
E. 在裁判文书、审理报告说理部分引述		184/488	37.70%
F. 判后释明时引述		154/488	31.56%
G. 在组织调解过程中引述		134/488	27.46%
36. 您认为指导性案例中具有指导性或参照价值的内容包括（可多选）			
A. 从案例中提炼的具有普适性的裁判要旨或裁判规则		318/488	65.16%
B. 裁判理由		278/488	56.96%
C. 裁判结果		224/488	45.87%
D. 裁判方法		197/488	40.37%
E. 法律思维		205/488	42.02%
F. 其他		9/488	1.83%
37. 以下指导性内容中最具指导性或参照价值的是			
A. 从案例中提炼的具有普适性的裁判要旨或裁判规则		292/488	59.83%

（续表）

B. 裁判理由		69/488	14.16%
C. 裁判结果		40/488	8.09%
D. 裁判方法		21/488	4.34%
E. 法律思维		42/488	8.67%
F. 其他		1/488	0.29%
G. 未回答		23/488	4.62%
38. 您认为法官是否应当在裁判文书中引用已发布的案例			
A. 引用		119/488	24.39%
B. 视个案情况决定是否引用		233/488	47.75%
C. 不引用		103/488	21.11%
D. 不清楚		33/488	6.76%
39. 若引用，您认为在裁判文书哪一部分引用最合适			
A. 事实证据部分		90/488	18.44%
B. 裁判说理部分		192/488	39.34%
C. 裁判依据部分		93/488	19.06%
D. 法律条文附录部分		38/488	7.79%
E. 未回答		75/488	15.37%
40. 您认为法官应当在裁判文书中引用已发布案例的哪一部分			
A. 引用裁判要旨或裁判规则		223/488	45.70%
B. 引用案例案号		52/488	10.66%
C. 引用案例裁判理由及依据		188/488	38.52%
D. 引用案例裁判结果		25/488	5.12%
41. 您认为应当如何判断待判案件与已发布的案例是否相似（可多选）			
A. 案件争议焦点是否相似		327/488	67.01%
B. 案件可能适用的裁判要旨或裁判规则是否相似		306/488	62.70%
C. 案件基本事实是否相似		311/488	63.73%
D. 案件法律适用是否相似		237/488	48.57%
E. 案件案由是否相同		122/488	25.00%
F. 凭经验、良知、感觉等主观因素判断是否相似		63/488	12.91%
42. 对于当事人以各地法院先前裁判的相似案例作为抗辩、上诉、申诉、申请再审等理由或质疑判决结果的，您认为法院应当如何处理			
A. 以适当方式进行释明或回应		290/488	59.43%

（续表）

B. 一律告知其对本案不具有约束力		50/488	10.25%
C. 根据案件情况决定是否回应及如何回应		109/488	22.34%
D. 不需要释明		10/488	2.05%
E. 未回答		29/488	5.94%
43. 您认为指导性案例是否可以作为上级法院指令再审、提审、发回重审或改判的理由			
A. 可以		257/488	52.66%
B. 不可以		168/488	34.43%
C. 不清楚		63/488	12.91%
44. 您是否愿意推荐案例			
A. 愿意		393/488	80.5%
B. 不愿意		44/488	9.13%
C. 不清楚		51/488	10.37%
45. 您是否曾编写案例			
A. 经常编写		48/488	9.92%
B. 偶尔编写		137/488	28.06%
C. 从未编写		303/488	62.02%
46. 您认为以下哪些案例可以作为指导性案例（可多选）			
A. 法律未规定或规定较为原则的案例		286/488	58.53%
B. 疑难复杂、新类型等具有典型性的案例		335/488	68.62%
C. 社会广泛关注或影响较大的案例		259/488	53.03%
D. 常见多发型案例		213/488	43.67%
E. 适用新法律法规、司法解释进行裁判的案例		181/488	37.06%
F. 其他		7/488	1.47%
47. 您认为指导性案例应当具备什么条件（可多选）			
A. 裁判已经生效，未进入再审		285/488	58.40%
B. 案件事实清楚，证据充分，程序合法		373/488	76.43%
C. 裁判文书制作规范，说理透彻，适用法律正确		352/488	72.13%

（续表）

D. 处理结果社会效果好		241/488	49.39%
E. 其他		11/488	2.25%
48. 您认为指导性案例在编写体例上应当包括哪些内容(可多选)			
A. 裁判要旨或裁判规则		307/488	62.94%
B. 标题、案由、案号、审理法院、审理时间、审级		316/488	64.77%
C. 裁判文书原文		244/488	50.09%
D. 经编辑加工后的基本案情、法院审理情况及裁判结果		258/488	52.84%
E. 相关法律条文		227/488	46.42%
F. 案例评析		234/488	47.89%
G. 关键词		123/488	25.14%
H. 其他		1/488	0.18%
49. 您认为指导性案例由谁负责编写最合适(可多选)			
A. 生效案件的承办人		231/488	47.34%
B. 案件各审级承办人		202/488	41.47%
C. 专门从事案例工作的人员		274/488	56.15%
D. 专家学者、律师等社会各界人士		112/488	22.94%
50. 您认为指导性案例在法院内部采取哪种推荐程序最合适			
A. 各级法院经审委会讨论后逐级向上级法院负责案例工作的部门推荐		261/488	53.4%
B. 各级法院专门负责案例工作的部门直接向上级法院负责案例工作的部门推荐		148/488	30.31%
C. 各级法院审判业务部门直接向上级法院对口部门推荐		43/488	8.87%
D. 各级法院案件承办人直接向上级法院负责案例工作的部门推荐		19/488	3.92%
E. 未回答		17/488	3.5%
51. 您认为案例的事实、理由部分应当如何编写			
A. 应当引用生效裁判文书原文，不应当修改		177/488	36.33%
B. 可以在不改变主要事实的前提下，对案件事实及裁判理由进行适当加工，增强说理性		266/488	54.49%

（续表）

C. 可以对案件事实及裁判理由进行全面修改		35/488	7.10%
D. 未回答		10/488	2.08%
52. 您认为我国现有案例指导制度是否完善			
A. 完善		64/488	13.18%
B. 不够完善		276/488	56.49%
C. 不完善		122/488	24.90%
D. 不清楚		24/488	5.02%
E. 未回答		2/488	0.42%
53. 您认为当前案例指导制度中存在哪些问题(可多选)			
A. 制度称谓不科学		176/488	36.07%
B. 功能定位不明确		299/488	61.27%
C. 法律效力不明确		350/488	71.72%
D. 运作程序不明确		248/488	50.82%
E. 应用方式不明确		223/488	45.70%
F. 编选发布方式不规范		152/488	31.15%
G. 影响力不够广泛		185/488	37.91%
54. 您认为指导性案例与法律、司法解释之间应当是什么关系			
A. 对法律、司法解释的细化或补充		281/488	57.58%
B. 与法律具有同等效力		49/488	10.04%
C. 与司法解释具有同等效力		64/488	13.11%
D. 比司法解释效力略低		24/488	4.92%
E. 不清楚		70/488	14.34%
55. 您认为指导性案例应当如何定位			
A. 作为正式的法律渊源		76/488	15.57%
B. 属于一种法律适用机制,实现同案同判		206/488	42.21%
C. 作为立法补充,应对社会转型产生的疑难复杂问题		111/488	22.75%
D. 属于司法解释的范畴		62/488	12.7%
E. 未回答		33/488	6.76%
56. 您认为指导性案例的效力应当如何			
A. 具有法律上的约束力,可直接作为判决依据援引		131/488	26.84%

（续表）

B. 具有事实上的约束力，如明显违背法律并造成裁判不公的，将可能成为当事人上诉、抗诉或上级法院改判、发回重审的理由		213/488	43.65%
C. 用以判断优势证据		67/488	13.73%
D. 没有约束力		56/488	11.48%
E. 未回答		21/488	4.3%
57. 您认为哪一级法院审结的案件可以作为指导性案例			
A. 最高人民法院		190/488	38.72%
B. 高级及最高人民法院		112/488	22.98%
C. 中级、高级及最高人民法院		44/488	9.11%
D. 各级人民法院		132/488	27.12%
E. 未回答		10/488	2.07%
58. 您认为最高人民法院审结的案件是否当然成为指导性案例			
A. 是		232/488	47.58%
B. 不是		212/488	43.37%
C. 不清楚		43/488	8.84%
D. 未回答		1/488	0.21%
59. 您认为指导性案例应当由哪一级法院发布			
A. 最高人民法院		315/488	64.46%
B. 高级及最高人民法院		114/488	23.35%
C. 中级、高级及最高人民法院		39/488	8.06 %
D. 各级人民法院		19/488	3.93 %
E. 未回答		1/488	0.21%
60. 您认为指导性案例的发布应当符合什么程序			
A. 由专门负责案例工作的部门审核报审委会讨论后发布		314/488	64.32%
B. 由相关业务部门审核报审委会讨论后发布		62/488	12.66%
C. 由专门负责案例工作的部门直接审核发布		50/488	10.17%
D. 由相关业务部门直接审核发布		11/488	2.28%

（续表）

E. 由专门成立的专家委员会讨论发布		40/488	8.30%
F. 未回答		11/488	2.27%
61. 您认为指导性案例如何发布最为合适			
A. 在有权编辑发布案例机关的现有报刊及网站上发布		266/488	54.49%
B. 由有权编辑发布案例的机关新创设专门刊物进行发布		165/488	33.82%
C. 专门创设网站发布		43/488	8.77%
D. 不清楚		14/488	2.92%
62. 您认为是否有必要制定专门的案例相似性比对规则			
A. 有		398/488	81.56%
B. 没有		60/488	12.30%
C. 不清楚		30/488	6.15%
63. 您认为是否有必要建立定期梳理、编纂、废止指导性案例的机制			
A. 有		401/488	82.07%
B. 没有		59/488	12.03%
C. 不清楚		28/488	5.70%
64. 若定期梳理、编纂、废止指导性案例，您认为应当由哪一机构进行			
A. 发布机构		349/488	71.58%
B. 法学研究机构		95/488	19.44%
C. 不清楚		42/488	8.55%
D. 未回答		2/488	0.43%
65. 指导性案例废止方式包括因与新法律、司法解释冲突而自动失效及因特殊情形而宣告废止。您认为宣告废止的情形包括（可多选）			
A. 指导性案例被撤销或改判		355/488	72.75%
B. 指导性案例确立的裁判要旨和包含的决定理由已不适应社会发展		341/488	69.88%
C. 指导性案例之间出现冲突		249/488	51.02%
D. 其他		10/488	2.05%
E. 未回答		2/488	0.43%
66. 您认为宣告废止应当采取哪一程序			
A. 负责案例工作的部门审查后提交审委会讨论决定		376/488	76.97%

（续表）

B. 负责案例工作的部门审查后自行决定		70/488	14.29%
C. 不清楚		33/488	6.82%
D. 未回答		9/488	1.92%
67. 您认为指导性案例如何查询检索最为方便			
A. 按照案由、案号及法院名称		150/488	30.83%
B. 按照裁判要旨或裁判规则		67/488	13.75%
C. 按照关键词		208/488	42.5%
D. 按照裁判依据的法律法规		18/488	3.75%
E. 按照发布时间		4/488	0.83%
F. 其他		8/488	1.67%
G. 未回答		33/488	6.67%
68. 您认为是否有必要在最高人民法院《关于案例指导工作的规定》基础上制定实施细则或另行制定司法解释			
A. 有		367/488	75.20%
B. 没有		68/488	13.93%
C. 不清楚		53/488	10.86%
69. 您认为是否有必要建立案例指导制度效果评价机制			
A. 有		402/488	82.38%
B. 没有		39/488	7.99%
C. 不清楚		36/488	7.38%
D. 未回答		11/488	2.25%
70. 您认为编写的案例被最高人民法院或高级人民法院相关刊物采用的，应当得到什么奖励（可多选）			
A. 得到物质奖励		342/488	70.08%
B. 作为学术成果		277/488	56.76%
C. 纳入年终考核		168/488	34.43%
D. 得到精神奖励		221/488	45.29%
E. 其他		14/488	2.87%

社会公众问卷及调查统计表			
您好！感谢您在百忙之中接受我们的问卷调查，请客观填写相关信息。本问卷为匿名问卷，调查结果仅作为最高人民法院 2011 年重点课题“中国特色案例指导制度的发展与完善”资料使用。 填写说明：本问卷除在题干后特别注明“可多选”的题目外，均为单项选择题。请在您认为正确的选项上打“√”，或在选项中的___上填写适当内容。谢谢您的支持！			
1. 职业			
A. 机关公务员		222/530	41.89%
B. 事业单位人员		75/530	14.15%
C. 社会团体人员		39/530	7.36%
D. 公司职员		32/530	6.04%
E. 农业人员		46/530	8.68%
F. 自由职业者		55/530	10.38%
G. 无业		21/530	3.96%
H. 其他		20/530	3.77%
I. 未回答		20/530	3.77%
2. 年龄			
A. 35 周岁及以下		331/530	62.45%
B. 35—50 周岁		151/530	28.46%
C. 50 周岁及以上		48/530	9.09%
3. 所学专业			
A. 法律专业		192/530	36.24%
B. 非法律专业		278/530	52.33%
C. 无		60/530	11.24%
4. 文化程度			
A. 大专及以下		194/530	36.56%
B. 大学本科		257/530	48.62%
C. 硕士及以上		66/530	12.45%
D. 未回答		13/530	2.37%
5. 是否作为当事人参加过诉讼			
A. 参加过		116/530	21.89%
B. 未参加过		414/530	78.11%
6. 您工作、生活中遇到法律问题时会查阅哪些资料(可多选)			
A. 法律法规		407/530	76.79%

（续表）

B. 司法解释		242/530	45.66%
C. 案例		233/530	43.96%
D. 相关文章		182/530	34.34%
7. 您是否了解我国案例指导制度			
A. 了解		45/530	8.57%
B. 有一定了解		268/530	50.48%
C. 不了解		216/530	40.76%
D. 未回答		1/530	0.19%
8. 若了解，请选择您最初获悉的途径			
A. 在院校学习或在职培训中获悉		174/530	32.85%
B. 通过电视、报纸、网络等途径获悉		219/530	41.21%
C. 参加或旁听庭审过程中获悉		41/530	7.78%
D. 从诉讼代理人（律师）处获悉		15/530	2.88%
E. 在与亲戚朋友的交流中获悉		15/530	2.88%
F. 其他		11/530	2.02%
G. 未回答		55/530	10.37%
9. 您是否了解国外的案例或判例制度			
A. 了解		50/530	9.35%
B. 有一定了解		251/530	57.52%
C. 不了解		228/530	42.94%
D. 未回答		1/530	0.19%
10. 若了解，您认为国外的案例或判例制度对中国特色案例指导制度具有哪些借鉴意义（可多选）			
A. 案例或判例对法官裁判的约束力		190/530	35.85%
B. 案例或判例的汇编技术		169/530	31.89%
C. 案例或判例的检索技术		138/530	26.04%
D. 其他		29/530	5.47%
11. 与法律、司法解释相比，您认为指导性案例具有哪些优势（可多选）			
A. 直观性，让法律具体易懂		390/530	73.58%
B. 适应性，让法律与时俱进		245/530	46.23%
C. 可读性，让人乐于阅读		234/530	44.15%
D. 通俗性，让人记忆深刻		311/530	58.68%

（续表）

E. 及时性，让人知识常新		150/530	28.30%
F. 其他		16/530	3.02%
12. 您认为我国是否有必要建立案例指导制度			
A. 有		382/530	72.05%
B. 没有		60/530	11.41%
C. 不清楚		87/530	16.35%
D. 未回答		1/530	0.19%
13. 若有必要，您认为应当由哪个或哪些机关编辑发布案例（可多选）			
A. 法院		404/530	76.23%
B. 检察院		129/530	24.34%
C. 公安机关		71/530	13.40%
D. 司法行政机关		124/530	23.40%
14. 您接触过哪些政法机关发布的案例（可多选）			
A. 法院案例		366/530	69.06%
B. 检察院案例		103/530	19.43%
C. 公安案例		110/530	20.75%
D. 司法行政案例		76/530	14.34%
15. 您认为哪一政法机关的案例影响最大			
A. 法院案例		363/530	75.78%
B. 检察院案例		26/530	5.34%
C. 公安案例		29/530	6.05%
D. 司法行政案例		17/530	3.55%
16. 与其他政法机关的案例相比，您认为法院案例具有哪些特色（可多选）			
A. 最具法律价值		327/530	61.7%
B. 最具权威性		320/530	60.38%
C. 最具影响力		252/530	47.55%
D. 受众面最广		218/530	41.13%
E. 内容最完备		160/530	30.19%
F. 案件类型多样		246/530	46.42%
17. 您认为已发布的法院案例对您学习掌握法律是否有帮助			
A. 有帮助		185/530	34.82 %
B. 有一定帮助		313/530	58.99 %

（续表）

C. 没有帮助		33/530	6.19 %
18. 您接触过哪些法院案例刊物（可多选）			
A.《最高人民法院公报》		189/530	35.66%
B. 最高人民法院《人民法院案例选》《中国审判案例要览》		191/530	24.72%
C. 最高人民法院各庭室编辑出版的审判指导、参考或参阅		107/530	20.19%
D.《人民法院报》刊载的案例		193/530	36.42%
E.《人民司法》案例版		89/530	16.79%
F. 四川省高级人民法院《案例指导》		66/530	12.45%
19. 您主要是通过何种途径获悉上述案例			
A. 单位或个人订阅、购买的案例书籍或刊物		185/530	34.83%
B. “北大法宝”等专业法律信息检索平台		29/530	5.54%
C. 互联网及报纸、杂志等媒体的转载		274/530	51.72%
D. 其他		42/530	7.92%
20. 若作为案件当事人参加诉讼，您是否会查阅法院案例来支持您的诉辩意见			
A. 会		217/530	40.94%
B. 可能会		236/530	44.53%
C. 不会		24/530	4.53%
D. 不清楚		53/530	10%
21. 您认为在诉讼中当事人查阅法院案例的主要原因是			
A. 案例对法官具有约束力，同案应当同判		189/530	35.61%
B. 案例具有较强的说服力与证明力		286/530	53.92%
C. 不清楚		55/530	10.46%
22. 若当事人或诉讼代理人（辩护人）引述案例支持诉辩意见时，您认为法官是否应当作出回应并说明理由			
A. 回应		224/530	42.32%
B. 不一定回应		153/530	28.84%
C. 不回应，但应查阅了解当事人或诉讼代理人（辩护人）提出的案例		103/530	19.35%
D. 既不需回应，也不需查阅案例		10/530	1.9%

（续表）

E. 不清楚		40/530	7.59%
23. 您认为法官在办理案件中是否应当参照有权机关发布的案例			
A. 应当		414/530	78.11%
B. 不应当		108/530	20.38%
C. 未回答		8/530	1.51%
24. 如应当参照，您认为法官是否应当在裁判文书中引用案例			
A. 引用		104/530	19.62%
B. 视个案情况决定是否引用		255/530	48.11%
C. 不引用		74/530	13.96%
D. 不清楚		97/530	18.30%
25. 您认为指导性案例应当由哪一级法院发布			
A. 最高人民法院		313/530	59.13%
B. 高级及最高人民法院		145/530	27.38%
C. 中级、高级及最高人民法院		32/530	6.08%
D. 各级人民法院		37/530	7.03%
E. 未回答		2/530	0.5%
26. 您认为指导性案例如何发布最为合适			
A. 在有权编辑发布案例机关的现有报刊及网站上发布		282/530	53.29%
B. 由有权编辑发布案例的机关新创设专门刊物进行发布		119/530	22.48%
C. 专门创设网站发布		81/530	15.31%
D. 不清楚		47/530	8.91%
27. 您认为哪一级法院审结的案件可以作为指导性案例			
A. 最高人民法院		179/530	33.75%
B. 高级及最高人民法院		167/530	31.42%
C. 中级、高级及最高人民法院		74/530	14%
D. 各级人民法院		99/530	18.67%
E. 未回答		11/530	2.15%
28. 您认为最高人民法院审结的案件是否当然成为指导性案例			
A. 是		212/530	39.96%
B. 不是		217/530	40.93%

（续表）

C. 不清楚		98/530	18.53%
D. 未回答		3/530	0.58%
29. 您认为法院案例指导制度有哪些作用(可多选)			
A. 统一法律适用标准,防止和减少“同案不同判”		379/530	71.51%
B. 指导、监督和制约法官的裁判行为		307/530	57.92%
C. 以案说法,进行法制宣传,引导公众按照案例规则来守法		328/530	61.89%
D. 丰富和发展法学理论		181/530	34.15%
E. 其他		18/530	3.4%
30. 您认为以下哪些类型的案例可以作为法院指导性案例(可多选)			
A. 法律未规定或规定较为原则的案例		315/530	59.43%
B. 疑难复杂、新类型等具有典型性的案例		405/530	76.42%
C. 社会广泛关注或影响较大的案例		321/530	60.57%
D. 常见多发型案例		248/530	46.79%
E. 适用新法律法规、司法解释进行裁判的案例		205/530	38.68%
F. 其他		13/530	2.45%
31. 您认为法院指导性案例应当具备什么条件:(可多选)			
A. 裁判已经生效,未进入再审		281/530	53.02%
B. 案件事实清楚,证据充分,程序合法		376/530	70.94%
C. 裁判文书制作规范,说理透彻,适用法律正确		333/530	62.83%
D. 处理结果社会效果好		234/530	44.15%
E. 其他		18/530	3.40%
32. 法院对案件的判决结果对您处理相似法律问题是否有帮助或影响			
A. 影响较大,一般会参照法院相似案件判决结果办理		205/530	38.67%
B. 有一定影响,会参考法院判决结果		287/530	54.1%
C. 没有影响		33/530	6.25%

（续表）

D. 其他		5/530	0.98%
33. 您认为法院指导性案例如何查找检索最为方便			
A. 按照案由、案号及法院名称		185/530	34.91%
B. 按照裁判要旨或裁判规则		52/530	9.81%
C. 按照关键词		180/530	33.96%
D. 按照裁判依据的法律法规		33/530	6.23%
E. 按照发布时间		14/530	2.64%
F. 其他		6/530	1.13%
G. 未回答		60/530	11.32%
34. 如您参照案例主张权利，可能会遇到哪些困难（可多选）			
A. 法律效力得不到认可		347/530	65.47%
B. 案例不易查找		236/530	44.53%
C. 相似性难以判断		289/530	54.53%
D. 其他		20/530	3.77%
35. 您参照案例时，哪些因素会影响您的选择（可多选）			
A. 案例有无法律约束力		328/530	61.89%
B. 案例是否具有说服力		326/530	61.51%
C. 作出生效判决的法院级别		251/530	47.36%
D. 案例的编辑体例是否规范		119/530	22.45%
36. 您认为指导性案例是否可以作为上级法院指令再审、提审、发回重审或改判的理由			
A. 可以		193/530	36.42%
B. 不可以		198/530	37.36%
C. 不清楚		139/530	26.23%
37. 您认为我国现有案例指导制度是否完善			
A. 不完善		122/530	23.03%
B. 不够完善		283/530	53.36%
C. 非常完善		11/530	2.11%
D. 不清楚		113/530	21.31%
E. 未回答		1/530	0.19%
38. 您认为当前案例指导制度中存在哪些问题（可多选）			
A. 制度称谓不科学		170/530	32.08%

（续表）

B. 功能定位不明确		264/530	49.81%
C. 法律效力不明确		328/530	61.89%
D. 运作程序不明确		230/530	43.40%
E. 应用方式不明确		227/530	42.83%
F. 编选发布方式不规范		174/530	32.83%
G. 影响力不够广泛		223/530	42.08%
39. 您认为指导性案例与法律、司法解释之间的关系是			
A. 对法律、司法解释的细化或补充		293/530	55.28%
B. 与法律具有同等效力		46/530	8.68%
C. 与司法解释具有同等效力		57/530	10.75%
D. 比司法解释效力略低		40/530	7.55%
E. 不清楚		66/530	17.74%
40. 您认为指导性案例的效力应当如何			
A. 具有法律上的约束力，可直接作为判决依据援引		119/530	22.45%
B. 具有事实上的约束力，如明显违背法律并造成裁判不公的，将可能成为当事人上诉、抗诉或上级法院改判、发回重审的理由		224/530	42.26%
C. 用以证明证据可靠性高低，帮助认定事实		65/530	12.26%
D. 仅供参考，没有约束力		98/530	18.49%
E. 未回答		24/530	4.53%
41. 您认为是否有必要建立案例指导制度效果评价机制			
A. 有		366/530	69.06%
B. 没有		67/530	12.64%
C. 不清楚		91/530	17.17%
D. 未回答		6/530	1.13%
42. 您认为是否有必要建立定期梳理、编纂、废止指导性案例的机制			
A. 有		383/530	72.81%
B. 没有		62/530	11.79%
C. 不清楚		81/530	15.40%
D. 未回答		4/530	0.76%

（续表）

43. 指导性案例废止方式包括因与新法律、司法解释冲突而自动失效及因特殊情形而宣告废止。您认为宣告废止的情形包括(可多选)			
A. 指导性案例被撤销或改判		327/530	61.70%
B. 指导性案例确立的裁判要旨和包含的决定理由已不适应社会发展		410/530	77.36%
C. 指导性案例之间出现冲突		259/530	48.87%
D. 其他		28/530	5.28%

四川省高级人民法院
关于开展“中国特色案例指导制度的发展与完善”补充问卷调查的通知

全省各中级人民法院、成都铁路运输中级法院、本院各部门：

去年6月以来，在各级法院的积极参与下，省法院承担的最高人民法院重大课题“中国特色案例指导制度的发展与完善”问卷调查得以顺利进行，当前正处于数据分析阶段。最近，最高人民法院发布了第一批4件全国指导性案例，为全面调查该批案例相关情况，省法院决定开展补充问卷调查。现将相关事项通知如下：

一、关于法院系统内部人员的问卷调查。省法院在内网（网址：http://150.0.0.6）发布问卷的答题图标，进入图标并登录网页后即可填写电子问卷，答题完毕后点击“提交”。系统自动统计省法院各部门及各中基层两级法院提交份数。

二、关于其他人员的问卷调查。本次调查涵盖各类人员，省法院在外网（网址：http://www.sccourt.gov.cn）发布问卷答题网页，请各中院积极协调辖区检察、公安、司法行政、律师、人民陪审员、社会公众等相关调查对象填写电子问卷（操作方式与内网答题方式相同）。

请各中院高度重视，积极组织，并请于2012年3月20日前完成问卷调查工作。

联系人：李新华

附：“中国特色案例指导制度的发展与完善”补充问卷调查

二〇一二年二月二十日

补充调查问卷及调查统计表①

您好！感谢您在百忙之中接受我们的问卷调查。本问卷主要针对最高人民法院发布的全国指导性案例(第一批4件)进行调查。本问卷为匿名问卷,共13题,法院、检察院、公安、司法、人民陪审员、社会公众等各类人员均可答题。调查结果仅作为最高人民法院2011年重点课题"中国特色案例指导制度的发展与完善"资料使用。本问卷为您准备了案例指导制度基本资料,供您答题前参考。

【案例指导制度】指由有权机关通过一定程序审核发布指导性案例,办案人员在办理相似案件时应当参照的制度。长期以来,全国各级法院一直在对案例指导制度进行实践和探索。2010年11月26日,最高人民法院印发《关于案例指导工作的规定》,对案例的编辑、发布、效力等作出原则性规定,初步确立了有中国特色的案例指导制度。

【第一批全国指导性案例】2011年12月20日,最高人民法院经审判委员会讨论决定,印发《关于发布第一批指导性案例的通知》,发布了第一批全国指导性案例4件:

1. 上海中原物业顾问有限公司诉陶德华居间合同纠纷案,旨在解决二手房买卖活动中买方与中介公司因"跳单"引发的纠纷。该案例确认:居间合同中禁止买方利用中介公司提供的房源信息,却撇开该中介公司与卖方签订房屋买卖合同的约定具有约束力,即买方不得"跳单"违约;但是同一房源信息经多个中介公司发布,买方通过上述正当途径获取该房源信息的,有权在多个中介公司中选择报价低、服务好的中介公司促成交易。

2. 吴梅诉四川省眉山西城纸业有限公司买卖合同纠纷案,旨在正确处理诉讼外和解协议与判决的效力关系。该案例确认:对于当事人在二审期间达成诉讼外和解协议后撤诉的,当事人应当依约履行。一方当事人不履行或不完全履行和解协议的,另一方当事人可以申请人民法院执行一审生效判决。

3. 潘玉梅、陈宁受贿案,旨在解决新形式、新手段受贿罪的认定问题。该案例确认:国家工作人员以"合办"公司的名义或以交易形式收受贿赂的、承诺"为他人谋取利益"未谋取利益而受贿的以及为掩饰犯罪而退赃的,不影响受贿罪的认定。

4. 王志才故意杀人案,旨在明确判处死缓并限制减刑的具体条件。该案例确认:《刑法修正案(八)》规定的限制减刑制度,可以适用于2011年4月30日之前发生的犯罪行为;对于罪行极其严重,应当判处死刑立即执行,被害方反应强烈,但被告人具有法定或酌定从轻处罚情节,判处死刑缓期执行,同时依法决定限制减刑能够实现罪刑相适应的,可以判处死缓并限制减刑。

填写说明:本问卷除在题干后特别注明"可多选"的题目外,均为单项选择题。请在您认为正确的选项上打"√",或在选项中的____上填写适当内容。感谢您的支持!

① 共收集补充调查问卷3 990份,其中电子问卷2 327份,纸质问卷1 663份。

（续表）

1. 所学专业			
法律专业		3155/3990	79.07%
非法律专业		835/3990	20.93%
2. 是否司法工作人员			
是		3698/3990	92.68%
否		292/3990	7.32%
3. 是否参加过诉讼活动			
参加过		3373/3990	84.53%
未参加过		617/3990	15.46%
4. 接触本问卷之前，您是否了解第一批指导性案例			
了解		2690/3990	67.42%
不了解		1300/3990	32.58%
5. 最高人民法院成立专门编选机构并经审判委员会讨论后发布指导性案例，您认为这种相对严格的程序是否符合发布工作质量和效率要求？			
符合		2810/3990	70.43%
不完全符合		708/3990	17.75%
不符合		146/3990	3.65%
不清楚		326/3990	8.17%
6. 您认为第一批指导性案例的编写体例是否完善？			
完善		1648/3990	41.3%
不够完善		1612/3990	40.4%
不完善		173/3990	4.34%
不清楚		557/3990	13.96%
7. 您认为最高人民法院指导性案例的发布周期以多长时间发布一次为宜？			
每个月		1008/3990	25.26%
每个季度		1562/3990	39.15%
每半年		749/3990	18.77%
每年		466/3990	11.68%
不清楚		205/3990	5.14%
8. 您认为每年发布多少件全国指导性案例才能满足参照适用的司法需要？			
10 件以上		792/3990	19.85%

（续表）

20 件以上		1226/3990 30.73%
50 件以上		1046/3990 26.22%
100 件以上		624/3990 15.64%
不清楚		302/3990 7.57%
9. 您认为第一批全国指导性案例的编写体例是否方便您检索？		
方便		1558/3990 39.05%
不够方便		1603/3990 40.18%
不方便		275/3990 6.89%
不清楚		554/3990 13.88%
10. 您认为全国指导性案例能否作为上诉或申请再审的理由？		
能		1221/3990 30.6%
不一定		1272/3990 31.88%
不能		1255/3990 31.45%
不清楚		242/3990 6.07%
11. 您认为上级法院审理案件能否依据全国指导性案例作出改判、发回重审和再审裁判？		
能		1207/3990 30.25%
不一定		1327/3990 33.26%
不能		1245/3990 31.2%
不清楚		211/3990 5.29%
12. 您最希望看到最高人民法院发布哪一类型的案例？		
涉及疑难复杂法律问题、填补法律空白的案例		2162/3990 54.19%
常见多发型案例		686/3990 17.19%
社会广泛关注的热点案例		660/3990 16.54%
新类型案例		466/3990 11.68%
其他		16/3990 0.4%
13. 您对第一批指导性案例的总体评价？		
具有指导意义		1610/3990 40.35%
有一定指导意义		1970/3990 49.37%
没有指导意义		96/3990 2.41%
不清楚		314/3990 7.87%

（续表）

14. 您认为最高人民法院发布的指导性案例，各级法院审判类似案例时应当如何参照适用？（可多选）			
在阐述裁判理由时适用		1633/3990	48.17%
在审理报告中适用		1635/3990	48.23%
在合议庭或审委会讨论时适用		2038/3990	60.12%
作为裁判依据适用		897/3990	26.46%
判后释疑或回应当事人时适用		1587/3990	46.81%
不清楚		183/3990	5.4%
15. 您认为第一批指导性案例的哪些部分具有指导价值（可多选）			
关键词		964/3990	28.44%
裁判要点		2247/3990	66.28%
相关法条		1429/3990	42.15%
基本案情		1131/3990	33.36%
裁判结果		1585/3990	46.76%
裁判理由		2209/3990	65.16%
16. 你认为第一批指导性案例哪些地方需要改进？（可多选）			
指导性不够		1021/3990	30.12%
类型太单一		1511/3990	44.57%
数量太少		1884/3990	55.58%
编写体例还需要完善		1305/3990	38.5%
发布渠道不够丰富		1693/3990	49.94%
不清楚		303/3990	8.94%

附录五　课题中期成果

关于“中国特色案例指导制度的发展与完善”课题研究进展情况报告

最高人民法院：

四川省高级人民法院与四川大学联合申报并被确定承担2011年最高人民法院审判理论重大课题“中国特色案例指导制度的发展与完善”。课题主持人陈明国副院长、左卫民教授高度重视课题调研工作，抽调精干力量组成课题组，多次研究课题调研方案。前期，课题组开展了深入的理论研究和广泛的实证调研，目前课题报告已完成初稿，进入论证完善阶段，各项工作进展顺利。现就相关情况报告如下：

一、课题研究进展情况

（一）配齐配强调研力量

一是院校联合。四川省高级人民法院与四川大学联合成立课题组，实现资源共享、优势互补。四川大学拥有550余万册的纸质图书和丰富的电子文献资源及硕士、博士等人才资源，四川省高级人民法院自2003年率先在全国建立案例指导制度，拥有案例工作实践的丰富经验与实证调研队伍。课题组成员既有审判经验丰富的实务界专家，也有理论功底深厚的国内知名学者，确保理论与实践的交流与融通。

二是强强联手。课题组充分调动各方力量，动员四川省高级人民法院审管办、研究室及中基层法院学术研究强、案例工作经验丰富、写作功底好的法官以及四川大学3名以案例指导制度为学位论文题目的在读硕士、博士参加重点课题的研讨、论证及辅助性研究工作。

三是全省联动。四川省高级人民法院审管办结合承担全省典型案例编选发布的工作职能,广泛调动全省法院参与课题问卷调查、统计分析及推荐案例等工作。同时,课题组以省法院联系点法院为依托,广泛组织开展案例应用试点工作,上级法院从案例应用角度加强审级监督和指导,上下联动确保试点工作取得实效,为课题研究提供实践支撑。

（二）制订及论证调研方案

按照最高人民法院关于课题质量与完成进度的要求,课题组拟定了详细的调研方案与初步写作提纲。2011 年 7 月 20 日,课题主持人组织召开了开题论证会,特邀中国社科院梁慧星研究员及全省三级法院部分专家型法官、四川大学相关学者参加会议。论证会围绕课题调研方案、写作思路、初步写作提纲等进行了深入研讨,结合研讨意见修改完善了调研方案、写作提纲,为课题调研方法及思路奠定了基础。调研方案将课题调研细分为课题论证、资料收集、问卷调查、召开座谈会、撰写报告、成果转化等阶段,明确了每个阶段的工作要求、进度安排、完成时限、责任单位及人员。各项调研工作正严格按照调研方案要求有序推进。

（三）扎实开展调研基础性工作

按照课题调研方案,课题组加强协调配合,调研基础性工作已逐项落实完成。

1. 收集梳理理论文献及案例资料。课题组通过互联网、全国法院局域网及北大法宝、中国期刊网等专业网络信息平台,收集国内外有关案例指导制度的研究文献资料、法律政策文件以及近年来最高人民法院召开的“中国特色案例指导制度研讨会”“案例指导国内培训研讨会”等会议材料、会议综述等 578 篇,收集全国各地(北京、江苏、浙江等)法院关于案例工作的规范性文件、发布的案例等实证资料 120 余篇,汇总四川省高级人民法院自 2003 年建立案例指导制度以来发布的典型案例 100 余件、《最高人民法院公报》自 1985 年以来刊载的案例 834 件,为课题研究提供了丰富的文献基础。

2. 部署开展案例应用试点工作。为深入研讨案例的认同程度、实际指导力和应用情况,课题组制定印发了《关于开展案例指导制度试点工作的通知》(川高法〔2011〕563 号)及《关于进一步做好案例指导制度试点工作的通知》(川高法办〔2011〕115 号),依托省法院的基层联系点法院,自 2011 年 9 月起开展了为期半年的案例指导制度应用试点工作,重点筛选出 137 个《公报》案例、101 个四川省高级人民法院发布的典型案例,共计 238 件案例,作为试点适用的参照对象,并于2011年9月1日在绵阳市安县组织召开了10个试点法院院长和相关中级法院负责人参加的试点工作会议,安排部署案例指导制度应用试点工作,对试点范围、具体应用和试点要求等提出了明确的要求。其间,为加强督促指导,课题组于2011年10月21日组织召开案例指导制度应用试点推进会。此外,为方便统计,课题组设计专门的反映案例应用情况的个案统计表及当月汇总统计表,要求每月报送上述统计表及具体参照应用案例的案件材料(包括裁判文书、庭审笔录、合议笔录、审委会讨论记录、释明记录等纸质材料)。目前,已初步完成对案例应用试点情况的实证分析,从"动态"意义上剖析案例应用情况、高频率应用的案例类型、如何应用、制约应用因素等情况。

3. 利用信息化手段设计、发放并回收问卷近8000份。经过反复研究会商、广泛征求意见,课题组从认知、应用、编选、完善等方面设计了针对法官、人民陪审员、法院其他工作人员、检察、公安、司法行政人员、律师、社会公众的6套问卷。之后,针对最高人民法院去年12月发布的首批全国指导性案例的认知、接受程度及评价等内容,课题组专门设计了补充调查问卷。上述问卷均通过法院内网及互联网将电子问卷和纸质问卷同时发放。目前,共回收6套问卷3994份,回收首批指导性案例调查问卷3990份,相关分析工作正深入开展。

4. 开展案例统计分析。课题组对最高人民法院发布的首批指导性案例、《公报》案例及四川省高级人民法院《审判指导》发布的典型案例进行了统计分析,通过分析案例的类型、法律适用特色、裁判摘要性质、生效法院审级等,从"静态"意义上掌握案例指导制度的编选标准、制作技术及司法实践中哪些判决具有案例潜质等。此外,结合收集的全国各地法院关于案例工作的规范性文件、发布的案例等实证资料,分析现行案例指导制度的运作模式,吸收借鉴各地案例工作的有益经验。

5. 多次召开课题联席会。为做好课题调研工作,课题组加强沟通协调,广纳意见建议,先后于2011年9月30日、10月21日、2012年2月17日等多次召开联席会,加强课题组成员单位之间的交流、沟通与协调,对课题调研过程中的重大事项集思广益,部署写作任务分工,研讨下一步调研安排。

(四)及时转化阶段性研究成果

结合调研工作进展情况,课题组撰写了《从理论迈向实践:指导性案例的应用障碍及克服——四川法院案例应用试点工作的初步分析》与《指导性案例社会推荐模式初论——以〈最高人民法院关于案例指导工作的规定〉为例》两篇阶段性研究论文,目前已向《法律适用》《四川大学学报》等期刊投稿预约发表。

同时，为加强调研成果转化，着手起草了《关于案例指导工作的规定》实施细则建议稿。

（五）分工负责撰写课题研究报告

课题组合理划分写作任务，确定由四川大学承担“基础理论”部分，内容包括“案例指导制度概述”“案例指导相关制度的域外考察”“案例指导相关制度的历史考察”等，四川省高级人民法院承担“实证研究”与“改革建言”部分，内容包括“案例指导制度运行机制的实践描述”“案例指导制度运行机制的效果评价”“案例指导制度运行机制的问题检讨”“中国特色案例指导制度的理论建构”“中国特色案例指导制度的改革路径”等。目前已形成初稿，下一步将集中力量修改完善。

二、课题研究的主要观点

本课题按照“理论结合实证”的调研思路，在研究方法上，注重理论研究与实证分析的有机结合，通过深入比较研究两大法系案例制度，充分认识到案例指导相关制度一直作为法律体系不可或缺的组成部分。同时，增强“问题意识”，通过深入开展实证分析，对最高人民法院发布的首批指导性案例、《公报》案例及四川省高级人民法院《审判指导》发布的典型案例及各地案例工作模式、案例应用试点情况及相关问卷调查进行深度剖析，集中力量找准实践运作中存在的问题、应用“软肋”、发展“瓶颈”等问题，忌空谈、泛谈。在研究重点上，在着眼于对案例指导制度定位、效力等宏观层面分析论证的基础上，着重着眼于对案例指导制度运作程序、制作技术、案例检索、识别技能等微观层面的精心设计。同时，积极转化调研成果，结合实证调研起草《关于案例指导工作的规定》实施细则建议稿。

本课题的主要观点是：

1. 从理论研究上看，中国特色案例指导制度既是历史传统的持续与发展，又是法治潮流的借鉴与融汇。比较研究有助于拓宽理论视野。

首先，从比较法意义上看，大陆法系与英美法系之间的个性特征逐渐融汇，代表之一即是案例制度。通过梳理和考察两大法系的案例制度，深入比较研究两大法系案例制度的构建背景、制度特色、司法技术、配套机制等，同时，从纵向分析中国从律例共存的混合法走向成文法一枝独秀的历史进程、个中原因，我们认为，不管从横向还是纵向比较看，案例指导相关制度一直作为法律体系不可或缺的组成部分，也是统一法律适用的必然趋势，对于弥补成文法的“时滞性”，促进法律制度的完善进步，发挥着极其重要的作用。特别是法律越抽象模糊，案例需求就越大。

其次，我们侧重研究两大法系及近代中国案例实践运作的微观层面，勾勒提炼了两大法系在案例的性质定位、编纂技术、区别技术、发布汇编、实效化机制等方面的有益经验，目的不在于对西方案例实践经验的顶礼膜拜或一味盲从，而是从中国实际出发进行反思与借鉴，从中剥离或总结一些经验性启示，为中国特色案例指导制度的发展与完善提供理论支撑与实证基础。

2. 从实证分析上看，中国特色案例指导制度已初步构建，发展和完善案例指导制度已达成共识，但案例需求尚不能满足，案例应用尚不理想。案例指导制度的发展与完善应当结合实证研究有的放矢，这既是实证研究的目的与初衷，也是实证研究的重点与突破。

通过对相关案例进行统计分析发现，在案例类型方面，主要集中为总结经验、解释法律的以案释法型案例，填补法律空白的补漏型案例较少；在审级方面，以二审案例为主；在案由方面，以民商事案例为主；从案例的分布看，《公报》发布案例主要以东部地区法院为主等，发布案例数量较少且类型单一，尚不能满足司法需求。

通过对案例应用试点情况进行分析发现，案例应用比例普遍偏低，主要以民事案件为主，高频率应用的案例以道路交通事故损害赔偿等常见多发案件为主；在参照适用的案例中，案例发布主体的审级越高，参照适用的案例数越少，从某种程度上反映案例发布者的编选标准与案例应用者的需求之间存在一定的脱节。此外，裁判思维习惯，司法解释、案件请示制度、审判委员会制度等疑难案件化解制度，试点法院的受案类型以及案例检索技术等因素也制约着案例的实际应用。

通过对问卷调查进行统计分析发现，发展和完善案例指导制度已在社会层面达成普遍共识，不同主体对案例指导制度提高裁判质量、维护司法公正的功能寄予厚望。同时，问卷调查也反映出案例指导制度与社会各界的期待之间存在落差，集中表现在案例的功能期待、效力期待、案例的说理性与说服力、编纂体例、检索技术及推荐激励机制等方面。这就为构思案例指导制度存在的问题、未来发展与完善的路径、对策建议提供了实证支撑。

3. 结合理论研究与实证分析看，中国特色的案例指导制度应定位于一种法律适用机制，具体构建应着重解决其应用“软肋”与发展“瓶颈”。

首先,最高人民法院《关于案例指导工作的规定》规定的“应当参照”,从应然层面对案例指导制度进行了定位,“应当参照”虽不具有法律意义上的强制力,但它是一种发展和建设意识,既凝聚着最高人民法院对指导性案例的效力期待,又内敛着最高人民法院对判例制度经验主义哲学基础的实质借鉴;它不是以往案例指导实践乏力的默认与延续,而是力图纠偏的合理选择,具有进步意义。

其次,从应然层面过渡到实然层面,尚需司法技术的支持与配套机制之间的衔接。在构思发展和完善案例指导制度的路径过程中,我们应当坚持合法性、经济性、实效性原则,着重推进案例应用从理论迈向实践的实效化机制。而案例能否在实践中作为裁判的参照对象,关键在于案例是否具有“内在的法律品格”。这就要求指导性案例编选科学、说理充分。据此,实践中应处理好“鱼”与“渔”的关系,改革当前法条主义的法官培训机制,形构一种以“学”与“术”并重为基本定位,以诉讼程序问题与证据认定问题为培训内容,以法律诊所、法庭辩论等一系列实践性法学教育课程为基本形式,以激发怀疑和批判精神为目标的教育与培训模式。同时,提供一些“类似”识别的指引性标准和高效便捷的检索技术。

三、课题研究难题及研究设想

案例指导制度的构建主要包括“如何选”“如何编”“如何用”三个层面,其中,“如何用”是本课题研究遇到的瓶颈与难题。从案例指导制度的运作现状及案例应用试点情况来看,案例应用的激励机制、应用跟踪、效果评价等是中国特色的案例指导制度发展与完善的研究难题。毋庸置疑,法官在裁判类似案件时应当参照案例或者必然受案例影响。但这种参照、影响内化于办案过程,无有形的载体承载这种参照与影响。案例在司法实践中的隐形化运作,直接导致我们对案例应用的跟踪及实践效果的准确评价等。同时,部分对策建议的实用性无从检验。虽然有实证研究支撑,但改革建言中部分对策建议仍难免有理论化、空洞化之嫌,存在实践中是否可操作、操作性大小、对可能出现的运作异化估计不足等问题,特别是在将这些对策建议转化为实施细则建议稿的过程中,更应仔细推敲斟酌。

为此,下一步研究工作中,我们将着力通过发展与完善以下机制以破解应用瓶颈:

一是参照适用机制。改变以往案例在司法实践中的隐形化运作方式,推动案例应用在法律文书如裁判文书、庭审笔录、合议笔录、审委会讨论记录等纸质材料中的显性化,法官参照案例的比对过程、裁判思维、区分理由等形成内心确信的过程,须在法律文书中得到清楚的表达。

二是效果评价与反馈机制。一方面,法官在审理类似案件时应当参照指导性案例,当法官认为背离指导性案例进行裁判更有利于实现法律、社会效果,从而实际背离指导性案例时,应当经审判委员会讨论后逐级报送最高人民法院备案。另一方面,最高人民法院应主动作为,选择部分省市对已发布案例进行跟踪调研,了解案例的参照适用情况、功能实现、司法实践需求等,从而有针对性地编选发布指导性案例。此外,可将指导性案例适用情况纳入案件质量评查,将应当参照而实际未参照的案件作为质量问题进行评估。

三是推荐机制。重点解决推荐报送的激励机制,包括社会推荐机制。可将案例推荐采用情况纳入法院考核、个人质效评估、岗位目标考评等,对发布指导性案例的推荐人给予一定的精神及物质奖励。

四是编纂机制。一方面,以方便检索、糅合决定性裁判理由与裁判摘要为原则,在目前指导性案例的编写体例基础上,在案件具体概况前增加对决定案件规则适用与裁判的必要事实与推理过程的精要。另一方面,改进案例标题,以对裁判摘要的进一步提炼形成的短句作为主标题,以当事人与案由作为副标题,方便检索。

五是其他配套机制。如依托信息化的案例检索查阅平台、案例编纂清理、裁判文书公开等机制。

四、下一步研究计划

为优质高效完成课题研究任务,按照完成课题的实际需要,课题组下一步将主要开展以下工作:

1. 转化研究成果。结合课题研究成果,课题组将以推进案例应用为目标指引,针对调研中发现的问题、总结的经验,根据最高人民法院《关于案例指导工作的规定》,不断充实完善《关于案例指导工作的规定》实施细则建议稿。

2. 深入论证。课题组拟邀请国内有关院校专家、三级法院及其他司法机关从事或研究案例工作的资深法官、其他司法工作人员以及社会公众,召开专题论证会,围绕课题报告、实施细则建议稿进行论证完善。

3. 深度调研。一是走访座谈。选择部分案例应用试点法院,了解案例应用中存在的问题、制约因素、意见建议等。二是学习考察。为获取更多的实证资料,同时考察比较我省法院和其他省市法院案例工作的异同,更好地借鉴其他省市法院的经验,课题组拟适时选择部分外省市学习考察。

4. 修改完善课题报告。在完成课题初稿的基础上,课题组将结合走访、座谈、考察等获取的调研信息、意见建议,集中精力进行统稿修改,按时高质完成课题报告。

5. 梳理课题附件并送印。全面梳理课题相关资料(调查问卷、应用试点工作、案例分析表、论证会及调研会记录等),作为调研报告附件,着手课题报告的校对、印制、寄送工作,按时结题并向最高人民法院报送课题报告。

从理论迈向实践：指导性案例的应用障碍及克服

——四川法院案例应用试点工作的初步分析

“中国特色案例指导制度的发展与完善”课题组

引　　言

自1985年《最高人民法院公报》(以下简称《公报》)发布第一批案例[①]迄今,历时数十载,中国特色案例指导制度仍“待字闺中”,其间虽有理论之关注与实践之探索,但总体而言,中国特色案例指导制度仍未完成从理论到实践的艰难一跃。2010年底,最高人民法院出台《关于案例指导工作的规定》(以下简称《规定》),首次以“法发”文件规定“最高人民法院发布的指导性案例,各级人民法院审判类似案例时应当参照”。有学者认为,“具有中国特色的判例制度发轫成行”[②]。毋庸置疑,《规定》的出台,为案例指导制度从理论场域迈向实践场域迎来希望的曙光。为推进案例指导制度在实践中的应用,四川省高级人民法院组织开展为期半年的案例应用试点工作[③],目的在于寻求案例应用障碍,破解案

① 樊明、刘希龙故意杀人、强奸案。最高人民法院发表意见认为此案例“可供各级人民法院借鉴”。这标志着中国特色案例指导制度正式形成。参见《最高人民法院公报》1985年第1期,第22—23页。

② 宋晓:《判例生成与中国案例指导制度》,载《法学研究》2011年第4期,第59页。

③ 四川省高级人民法院与四川大学组成联合课题组,成功申报最高人民法院“中国特色案例指导制度的发展与完善”审判理论重大课题。为做好课题工作,四川省高级人民法院从2011年9月至2012年3月在全省10个审判管理工作基层联系点法院,即成都市锦江区人民法院、青羊区人民法院,盐边县人民法院,绵阳市高新技术产业开发区人民法院,资中县人民法院,南充市高坪区人民法院,华蓥市人民法院,雅安市雨城区人民法院,眉山市东坡区人民法院,西昌市人民法院开展为期半年的案例指导制度试点工作。

例应用难题。由于案例应用试点工作尚未结束，本文通过实证分析、走访座谈等方式，结合前期试点工作情况，侧重从宏观方面分析案例应用障碍及其克服路径。因此，本文不对应然意义上的案例拘束力、“类似”识别技术、“参照”标准等相对技术化的问题进行深入分析，虽然这些问题也实实在在地构成案例应用障碍。[①] 具体而言，本文主要基于以下“问题意识”进行分析：最高人民法院的《规定》能否使广大法官在司法实践中主动或被动应用案例？换言之，在科层式组织架构下权力能否推进案例应用？权力是否为案例应用的主要激励方式？除此之外还有哪些因素会影响案例应用？如何消除这些因素的阻遏影响？对前述问题的研究，将有助于促进案例应用，推进中国特色案例指导制度的发展与完善。

一、权力递延：案例应用试点的启动逻辑

相对固定的实践，既可以因经年累月的重复延续而自发生成，也可以因权力的反复强制而规训成型。据此，案例应用的定型与固化，在应然意义上可以择一而为。具体到中国语境及司法实践之中，似乎倚重后者。究其原因，一方面，案例应用的传统受到挑战，另一方面，权力倡导“依法办案”原则，而案例不属于法源。被挑战的传统短期难以修正，但权力则可以主动作为。重塑案例，即将案例定位为一种法律适用的产物[②]，从而成功将案例的裁判摘要（裁判规则）纳入“法律”范畴，从逻辑上解除了应用障碍，这就为权力驱动案例应用提供了正当性基础。同时，在科层式组织架构中，权力呈金字塔结构，沿着等级序列自上而下地发挥作用。在司法权的运作体系中，审级较高的法院有权对下级法院进行常规、全面的指导、监督与审查。正如日本法学家大木雅夫所述：“在大陆法系确实不存在先例拘束的原则。但无论法国还是德国，下级法院都遵从上级法院的判例。否则，下级法院的判决就必然在上级审时被撤销，有敢于反抗上级审勇气之人，实属罕见。”[③]这就为权力驱动案例应用提供了最大可能性与可行性。基于此，我们着力扩散最高人民法院《规定》内涵的“权力细胞”，冀

① 对于这些问题，课题组将在试点工作结束后，结合应用案例进行裁判的个案进行深度分析。

② 《人民法院第二个五年改革纲要(2004—2008)》第13条规定，“建立和完善案例指导制度，重视指导性案例在统一法律适用标准、指导下级法院审判工作、丰富和发展法学理论等方面的作用”。既然指导性案例具有统一法律适用标准的作用，那么，其本身便是一种标准的法律适用。

③ 〔日〕大木雅夫：《比较法》，范愉译，法律出版社1999年版，第126页。

望短期内通过权力递延达致案例应用效果。

一是制订实施方案,明确参照标准。四川省高级人民法院根据最高人民法院的《规定》,以文件形式制定下发《关于开展案例指导制度试点工作的通知》,要求将参照案例的裁判摘要(裁判规则)作为相似性比对标准,待决案件是否适用类似案例(含未发现类似案例),均应在案件审理报告、庭审笔录、合议笔录、审委会讨论记录等案卷材料中反映,同时在相关材料中记载参照案例的发布机关、案例编号、裁判规则、生效裁判文书字号及相似性比对过程等。存在相似性但因故未适用的,应层报分管院领导审批或提交审判委员会讨论决定。简言之,试点通知意图构建案例的事实拘束力,倡导一种简便易行的相似性比对技术,促使案例从隐性应用转变为显性应用。

二是确定参照案例,建立检索目录。按照刑事、民事、行政分类,收集梳理了1985年以来《公报》案例824篇和2003年以来四川省高级人民法院经审判委员会讨论发布《案例指导》的全部案例,剔除部分指导意义不大的非典型案例和因法律更新失效的案例,重点选出137个《公报》案例、101个《案例指导》案例共计238个案例,作为试点适用的参照对象。同时,通过"链接"方式生成了检索目录,每个案例都区分主、副标题,其中《公报》案例的主标题为主要案由,副标题是从裁判摘要中提炼的关键词;《案例指导》案例的主标题是对裁判规则的高度提炼,副标题为主要案由。以电子文档形式通过局域网下发至各试点法院,同时在四川省高级人民法院内网网页提供下载服务,并及时转发最高人民法院发布的第一批全国性指导案例。

三是会议现场推进,及时调整方案。四川省高级人民法院先后两次组织召开了由10个试点基层法院院长和相关中级法院部门负责人参加的试点工作推进会议,安排部署案例指导试点工作,研究、细化实施方案,认真组织好试点工作。针对试点中存在的问题,及时印发通知调整试点方案,延长试点期限,简化报送程序、扩大案例参照范围①等,要求试点法院院庭领导在审判委员会讨论、文书审签等过程中积极检索查阅、应用相关案例,有相似案例而未参照的,应当要求承办人说明理由。各试点法院所属的中级法院在二审、再审中应积极督促、支持案例应用试点工作,在发回重审、指令再审时引导试点法院参照适用相似案例。

① 即当发布的238个案例中无案例可供参照时,可参考《人民法院案例选》《中国审判案例要览》、最高人民法院各业务部门编辑发布的案例刊物所刊载的案例以及其他生效案例。

四是各地倾力配合，多举抓好落实。各试点法院及时传达案例应用试点会议精神及试点要求，分别制订具体实施方案，迅速部署落实案例应用试点工作，定期分析、报送案例应用情况。有的印制案例汇编册，方便办案法官随时随地查阅适用；有的积极组织案例学习会，确保办案法官熟悉案例；有的指定案件评查机构在评查案件时检查是否存在具有相似案例而未适用的情形；有的配套建立考评激励机制，将案例应用情况纳入部门、法官业绩考核，或者给予案例应用者一定的经济奖励等。

由此，在科层式权力架构下，通过自上而下的权力不断叠加递延的方式，不仅构建了案例应用的外部强制，而且营造了案例应用的内生机制（如应用技术、正向激励），基于此，我们有理由憧憬案例应用试点工作将取得预期效果。

二、现实张力：案例应用试点的实践思考

现实是否契合预期呢？通过对前期试点工作进行初步分析，案例应用情况不甚理想，呈现出如下特点：

一是案例应用率畸低。截至2012年1月15日，试点法院共结案13099件，其中仅94件参照适用案例进行裁判，适用率为0.72%，呈现结案多但应用案例少的趋势。

二是应用案例的类型以民事案件为主。在参照适用案例的94件案件中，民事案件占97.87%，刑事、行政案件各1件①，呈现出案件类型单一化特点。

三是适用案例的案由合同纠纷较高。参照适用的案例中，合同纠纷75件，比例为79.79%，其次为侵权纠纷，共14件。其中适用频率较高的是《公报》所载“郑克宝诉徐伟良、中国人民财产保险股份有限公司长兴支公司道路交通事故人身损害赔偿纠纷案”关于机动车“第三者”认定问题，共有5件案件参照适用该案例。

四是试点发布案例应用比例较低。238个试点发布案例中，仅12个案例被适用，适用比例仅5.04%，其中，《公报》案例8个、四川省高级人民法院《案例指导》案例4个。“其他”案例82个，其中，73个案例系当地法院先前判决，3个

① 案例应用集中在民事案件的主要原因在于：一方面，民事案件在各级法院受理案件中所占比重较大；另一方面，参考案例中民事类案例较多。试点工作中有238件参考案例，其中民事类案例109件，占45.8%，刑事案例82件，占34.45%，行政案例47件，占19.75%。

案例为上级法院判决,5 个案例为外省中基层法院判决,1 个案例来源于《人民法院案例选》。

五是审理程序集中为普通程序。在案例应用案件中,84 件案件适用普通程序审理,比例为 89.36%,其余 10 件案件适用简易程序审理。

理想与现实之间的张力促使我们探究个中缘由。我们认为,自上而下的权力递延在推进案例应用方面的作用有限,案例应用尚存在以下障碍:

一是裁判思维的羁绊。在调研座谈中,大多数法官坦言:"检索案例太麻烦了,还是习惯找法律、司法解释审理案件。"众所周知,我国属于大陆法系国家,其法典化的法律体系衍生出一套与之匹配的裁判理念、技术与方法,如法律至上理念、"三段论"式的逻辑推理等。在此话语系统中,法官被要求成为"法律的喉舌""法律活的宣喻者"。从实践层面看,经过长年累月的熏陶与规训,法官往往属于"逻辑法条主义者",偏爱那些更加脱离语境并因此更具一般性的标准①,习惯于立足于现有法律法规的明确规定,通过"规则加事实等于结论"这一演绎逻辑的精炼公式,形成裁判结论。而且,法官也乐意将自己的裁判贴上法条主义标签,以昭示其裁判的正当性与合法性。虽然"某种形式的演绎推理是法律推理的核心所在"②,虽然案例的裁判摘要(裁判规则)作为另一种精确的法律文本提供了演绎推理的"大前提",但案例应用思维与"逻辑法条主义"思维之间仍存在一些难以糅合的区别。案例应用在逻辑上"并不是从一些普适的和效力不变的前定真理中演绎推导出结论。它的方法是归纳的,它从具体中得出它的一般"③,其"核心是在新案件中运用先例,并且在法条主义分析中属于'类推'的范围",而"'类推'是一个不起作用的术语,更糟的是,它误导人,因为它听起来像是在找相似处,实际上它是在找不同点"④。简言之,此种"类推"有别于通常意义上的"求同",毋宁是更加注重在案例与待决案件之间"辨异",因为相似性判断"属于发现的逻辑,而不属于正当化的逻辑",其意义有限。关键在于案例与待决案件是否可以区分,这个区别是否可以令这一政策——它曾

---

① 参见〔美〕米尔伊安·R. 达玛什卡:《司法和国家权力的多种面孔——比较视野中的法律程序》,郑戈译,中国政法大学出版社 2004 年版,第 33 页。在书中,作者将法条主义分为"实用主义的法条主义"与"逻辑法条主义"。

② 〔美〕尼尔·麦考密克:《法律推理与法律理论》,法律出版社 2005 年版,"前言"部分第 1 页。

③ 〔美〕本杰明·卡多佐:《司法过程的性质》,苏力译,商务印书馆 2003 年版,第 10 页。

④ 〔美〕理查德·波斯纳:《法官如何思考》,苏力译,北京大学出版社 2009 年版,第 162、168 页。

让案例生动活泼——不适用于待决案件。[①] 这即是判例法国家所谓的“区分技术”，其“技术特性主要体现在作出细致辨析的技巧上”[②]，要求法官将待决案件与指导性案例之间进行区分，以“解剖麻雀”的精神去作细微的甄别。由于区分的正当性建立在“政策”或“社会命题”[③]基础上，因此，区分技术具有浓厚的实用主义色彩，更多地考虑个案特性。

二是受案类型的掣肘。案件类型可以笼统地划分为“简单案件”与“疑难案件”。从法律适用意义而言，“简单案件”指有相对具体的法律规则决定的案件，即受规则约束的案件。“疑难案件”指欠缺规则约束或规则约束模棱两可的案件。在案例应用试点中，审判组织以合议庭为主的特点表明，疑难案件是法官应用案例的主要动因。从案例指导制度的构建背景及价值考量分析，发布案例也偏重疑难案件，但在司法实践中，基层法院受理的案件以普遍性、常规性、法律有明确规定的简单案件为主，其中涉及婚姻家庭、邻里纠纷、民间借贷、劳动争议的案件所占比重较大。这种法院层级越低受案越常规的现象具有普遍性。在现行法律框架内，特别是在社会主义法律体系形成的背景下，前述案件都可以通过事实加规范形成裁决。因此，法院层级越低，法官越是法条主义者，而案例应用试点工作主要选取了基层法院开展，这在一定程度上抑制了案例需求。

三是现有制度的纾解。当然，基层法院也不可避免地遭遇疑难案件。这些疑难案件是否会产生对案例的需求呢？从前期试点情况分析，基层法院因疑难案件产生的案例需求并不明显。究其原因，主要在于：其一，立案环节的“太极推手”。“不得拒绝裁判”原则，要求任何法官不得以现行法律规定不明确或者没有规定为由而拒绝受理和裁判案件，在许多国家法律上都有体现，比如，《法国民法典》第 4 条规定：“审判员借口没有法律或法律不明确不完备而拒绝受理者，得依拒绝审判罪追诉之。”[④]但我国法律尚未确立该原则，这就为法院在立案环节拒绝受理部分界于受理或不受理之间的疑难案件提供了操作空间。其二，司法解释的规范效力。我国的司法解释具有法源地位，成为统一法律适用、

---

① 参见〔美〕理查德·波斯纳：《法官如何思考》，苏力译，北京大学出版社 2009 年版，第 169 页。

② 〔美〕米尔伊安·R. 达玛什卡：《司法和国家权力的多种面孔——比较视野中的法律程序》，郑戈译，中国政法大学出版社 2004 年版，第 33 页。

③ “社会命题”主要包括道德规范、政策和经验命题等，艾森伯格认为，两起案件的任何不同必须由某些相关的背景性命题来证明其正当性。参见〔美〕迈尔文·艾隆·艾森伯格：《普通法的本质》，张曙光、张小平、张含光等译，法律出版社 2004 年版，第 20、88 页。

④ 《拿破仑法典(法国民法典)》，李浩培、吴传颐、孙鸣岗译，商务印书馆 1979 年版，第 1 页。

调和法律与现实的利器，从而在一定程度上为疑难案件的办理提供了规则命题，减少了案例需求。其三，制度性的责任转嫁。在错案责任追究的高压之下，疑难案件对法官而言，是“不能承受之重”。一旦遭遇疑难案件，法官趋向于将责任“外部化”。而现行制度框架提供了责任转嫁渠道：审判委员会、个案请示答复等。[①] 由此，疑难案件通过集体智慧或逐级请示的方式得以稀释，促使法官自发寻求案例指导的潜在作用大打折扣。总之，在上述因素的共同作用下，疑难案件难以助推案例应用。

四是案例编选标准的桎梏。在成文法体系下，“法官造法”，至少在规范层面是不能触碰的“禁区”。这就为案例编选标准划定了边界，不能突破现行法律框架。据2004年—2007年《公报》案例分类统计比率，复述法律规定为38%、解释法律规定为49%、填补法律漏洞为13%。[②] 据此，《公报》前期发布的案例主要是以复述法律、解释法律为主。[③] 在此种情况下，当法律与案例作为选项时，法官将毫不犹豫地选择适用法律。与此同时，编选、发布的案例对司法实践中常见多发型案件或者亟需规范统一司法尺度的案件关注较少。以劳动争议案件为例，此类案件在实践中数量大，有逐年上升趋势，且由于劳动法体系庞杂，政策性强，实践中具体案情千变万化，执法尺度极不统一，案件改发率一直居高不下[④]，亟需案例予以统一法律适用。但各类公布的案例较少涉及劳动争议，试点的238件案例中仅3件劳动争议案例，且并未涵盖实践中对法律适用存在分歧的问题。这就导致案例与实践需求之间发生脱节与错位，陷入无案例可用的窘境。

五是案例检索的制约。在案多人少的办案压力下，案例检索应体现便捷性、高效性与经济性，但现行案例检索却尚未达标。首先，缺乏统一的案例发布平台。目前，案例的发布平台多样化，除《公报》外，尚有最高人民法院各业务庭编辑发布的审判指导或审判参考，《人民司法案例》《人民法院案例选》《中国审

---

① 在应用案例的案件中，仅1件提交审判委员会讨论。由此我们可以预期，案例指导制度的发展与完善，将会把审判委员会从个案漩涡中解救出来，使其可以更多地注重总结审判经验。

② 参见迟日大：《法律适用统一的障碍及其破解路径——一个关于建立中国特色案例指导制度的话题》，载《河北法学》2011年第3期。

③ 《关于案例指导工作的规定》试图改变此种编选标准，其第2条规定指导性案例除发生法律效力外，还须符合以下条件：社会广泛关注，法律规定比较原则，具有典型性，疑难复杂或者新类型，具有其他指导作用。

④ 以C市JN区法院为例，2011年度，劳动争议案件的上诉率高达33.33%。C市中级人民法院受理的劳动争议二审案件1304件，占二审民事案件的22.81%。其中发改340件，占民事二审判决发改案件的37.28%。

判案例要览》《人民法院报》等刊物，以及人民法院网、专门的知识产权裁判文书平台等网络平台。多样化的平台及多样化的案例，增加了法官在司法实践中检索案例的难度。其次，难以找准类似案例。这主要可归咎于案例编写体例不统一。具有较高权威性、指导性的《公报》案例以及最高人民法院近期发布的第一批指导性案例，虽然都归纳提炼了裁判摘要，但直接以当事人和案由作为案例标题，在实践中不利于法官准确迅速地检索对待决案件具有指导性的案例。

三、破冰之道：案例应用迈入实践的可能路径

从案例应用试点的前期开展情况中，我们推论，在“案例市场”上，“计划经济”难以统揽大局，只有从根本上改善“供给—需求”结构，着眼于作为案例“消费者”的法官群体，着重在面向“市场”、刺激“消费”、训练技能等方面寻找突破，案例应用才会逐渐融入司法实践。

一是改革法学教育与培训模式。案例应用作为一种司法知识，具有独特的法学教育与培训模式。当前我国的法学教育与培训模式侧重理论传授、法律诠释、精密逻辑，是“倾向于一般的，而不是职业的训练”①，一定程度上契合了理性主义与法条主义传统，但却疏远了司法实践，忽视事实发现、证据辨认、实践理性等问题较为突出。在此种模式下成长起来的法官，普遍习惯于机械适用法条，而对案例应用稍显陌生。判例法“主要是一种司法和法学思想的模式，一种解决法律问题的方法”②，其传统的延续肇始于一种学徒制度，与其配套的是注重司法知识与实践理性的职业化、经验化、务实化的法学教育与培训模式。实践证明，这套法学教育与培训模式在维系“遵循先例”原则方面发挥了重要作用。欲推进案例应用，当从中借鉴有益因子，改革当前法学教育与培训模式。我们认为，在某种意义上，法律乃经世致用之术，旨在凝聚社会共识与寻求最佳平衡以解决矛盾与冲突。因而司法就不仅仅是一种技巧，更是一门艺术；不仅仅是规范加事实的水到渠成，更是客观标准与个人良知的百转千回。为此，欲适应司法的复杂性与务实性，就应当改革法学教育与培训模式，形构一种以学与术并重为基本定位，以诉讼程序问题与证据认定问题为培训内容，以法律诊

---

① 〔美〕格伦顿、戈登、卡罗兹：《比较法律传统》，米健、贺卫方、高鸿钧译，中国政法大学出版社1993年版，第46页。

② 〔美〕罗斯科·庞德：《普通法的精神》，唐前宏、高雪原、廖湘文译，法律出版社2010年版，第1页。

所、法庭辩论等一系列实践性法学教育课程为基本形式，以激发怀疑和批判精神为目标的教育与培训模式。申言之，经由此种教育与培训模式“生产”的法官，应当是“实用主义的法条主义”者，秉持“具体标准不能脱离它们在具体案件中实用主义而存在”的理念，其技术特性主要体现在作出细致辨析的技巧上。①

二是取缔个案请示制度。一直以来，个案请示制度因影响司法独立、混淆审级关系、损害当事人诉权等弊端广受诟病。虽然最高人民法院已有改革思路②，但未出台相关的具有约束力的规范性文件，个案请示在司法实践中仍受青睐。我们认为，个案请示制度抑制了法官对案例应用的欲望与需求。在实践中，疑难案件往往是个案请示的主流对象，而此类案件恰恰是案例指导制度的存在价值及法官应用案例的内在刺激。当法官面对疑难案件时，在合议庭、审判委员会拿捏不定时，个案请示制度成为最佳选择，法官寻找、参照案例的动力被消解殆尽。可以说，个案请示制度稀释着案例指导制度价值，排解着案例应用刺激。因此，案例指导制度的广泛施行必然宣告个案请示制度寿终正寝，而且，除最高人民法院倡导个案请示诉讼化改造外，案例指导制度也是个案请示制度的另一种改革方向。

三是开展案例清理汇编工作。2011 年 12 月 20 日，最高人民法院发布了第一批 4 个指导性案例。对此，社会各界给予广泛关注与积极评价，但指导性案例发布周期过长与数量较少，难以满足社会期待与司法需求。③ 自 2004 年起，《公报》案例的编写体例逐渐定型，并在第一批指导性案例上得以延续。但是，从 1999 年第 12 期开始，《公报》案例不再提交最高人民法院审委会讨论。我们认为，最高人民法院案例指导工作办公室可开展对《公报》案例的清理汇编，甚至可以考虑将清理范围扩大到《人民法院案例选》《中国审判案例要览》等刊物，将那些符合指导性案例选取标准、仍具有指导意义的案例，提出审查意见，提交最高人民法院审委会讨论后直接转换为指导性案例，以增加指导性案例的“供给”，最大限度地确保司法实践有充足的指导性案例可供参照。

---

① 参见〔美〕米尔伊安·R. 达玛什卡：《司法和国家权力的多种面孔——比较视野中的法律程序》，郑戈译，中国政法大学出版社 2004 年版，第 33 页。

② 最高人民法院《人民法院第二个五年改革纲要》第 12 条规定：“改革下级人民法院就法律适用疑难问题向上级人民法院请示的做法。对于具有普遍法律适用意义的案件，下级人民法院可以根据当事人的申请或者依职权报请上级人民法院审理。上级法院经审查认为符合条件的，可以直接审理。”

③ 参见黄秀丽、孙毛宁：《中国式“判例”头炮有点闷》，载《南方周末》2012 年 1 月 12 日。

四是提供经济便捷的案例检索。如何经济地获取案例,如何让法官迅速地熟谙案例,如何方便法官将待决案件准确迅速地定位到类似案例等问题的化解,将切实推进案例的应用。客观地说,“裁判摘要”的编写体例一定程度上缓解了上述问题,但在实践中容易剑走偏锋。“裁判摘要”注重抽取和概括判决中的抽象规则,有意省略了案件事实和法律推理过程,加之“裁判摘要”的精炼与案件概况的相对冗长,容易导致法官产生“判例规则仿佛可以离开案件而独立存在”①的错误幻觉,过度关注“裁判摘要”而忽视裁判生成的具体事实情景及推理过程,从而存在滑向机械法条主义的实践风险,同时也无益于法官裁判技艺的交流借鉴与提升娴熟。因此,我们认为,案例的编写体例需要进一步完善,糅合大陆法系与英美法系的各自优势,即在目前的编写体例基础上,在案件具体概况前增加对决定案件规则适用与裁判的必要事实与推理过程的精要,另一方面,改进案例标题,以对裁判摘要的进一步提炼形成的短句作为主标题,以当事人与案由作为副标题。如四川省高级人民法院发布并被最高人民法院作为第一批指导性案例的“吴梅诉四川省眉山西城纸业有限公司买卖合同纠纷案”编写体例如下:

【主标题】二审审理期间双方当事人自行达成和解协议并撤回上诉,一方当事人不履行和解协议,另一方当事人申请执行一审判决的,应予支持

【副标题】——吴梅诉四川省眉山西城纸业有限公司买卖合同纠纷案

【裁判规则】当事人在二审期间达成诉讼外和解协议后撤诉的,当事人双方应当依约履行。一方当事人不履行或不完全履行和解协议的,另一方当事人可以申请人民法院执行一审生效判决。

此种编写体例,既有助于法官依据“主标题”查找可资参照的类似案例,又有助于法官全面熟悉裁判规则赖以适用的必要事实与推理过程。此外,检索的便捷还有赖于最高人民法院搭建全国统一、便利的案例检索技术平台。

结　语

案例从理论迈入实践不是毕其功于一役的朝夕之事,甚至也不是通过权力

---

① 〔德〕卡尔·拉伦茨:《法学方法论》,陈爱娥译,商务印书馆2005年版,第233页。

自上而下的传递(包括赋予案例以约束力)即可以大功告成的单纯之事,而是滴水穿石般涓滴积聚与潜移默化的历久之事。具体而言,案例从理论迈入实践应注重配套机制的建设与完善,如案例意识与应用技术应当融贯法官"生产线"、案例产品应当充足、案例检索应当便捷等。挂一漏万,其中难免有失偏颇与疏漏,但我们相信,实践会指引着中国特色案例指导制度走向成熟,迎来案例指导制度的春天。

指导性案例社会推荐模式初论

——以最高人民法院《关于案例指导工作的规定》为例

“中国特色案例指导制度的发展与完善”课题组

一、引　　论

2010 年,最高人民检察院《关于案例指导工作的规定》(以下简称《最高检规定》)、最高人民法院《关于案例指导工作的规定》(以下简称《最高法规定》)相继出台,标志着中国特色案例指导制度体系初步架构成型。在这两个制度文本中,最高人民法院与最高人民检察院不谋而合,都明文确立了一项新型的案例推荐方式,即司法外的社会各界人士均可参与推荐指导性案例的机制。[①] 透析这一机制,我们不难发现,最高司法机构展现出了“民主化”的动向与开放性的姿态,这对于推动案例指导制度的发展与完善无疑具有重要意义。然而,其间仍然存有诸多问题值得深入探讨。首先,“民主化”的价值取向是否完全值得肯定? 这主要是针对最高人民法院而言,其“民主化”的动向会否影响司法的独立性、自治性? 其次,开放性的姿态能否达致预想的良好结果? 换言之,虽然最高司法机构敞开胸襟,接纳社会各界人士推荐案例、倾听专家学者的意见,但这些主体是否会遵循最高司法机构的设计路径,主动、积极地参与推荐,以及这种

① 最高人民法院《关于案例指导工作的规定》第 5 条规定:“人大代表、政协委员、专家学者、律师,以及其他关心人民法院审判、执行工作的社会各界人士对人民法院已经发生法律效力的裁判,认为符合本规定第二条规定的,可以向作出生效裁判的原审人民法院推荐。”最高人民检察院《关于案例指导工作的规定》第 7 条第 2 款规定:“人大代表、政协委员、专家学者等社会各界人士对人民检察院办理的案件,认为符合指导性案例条件的,可以向最高人民检察院案例指导工作委员会推荐。”

推荐的结果能否呈现良好态势？前者是一个理论问题，后者则更多是一个现实问题。本文便是对这两个问题展开的初步探讨，以期为案例指导制度的发展与完善提供一些理论资源与知识支撑。

本文主要采取规范研究与实证分析相结合的进路。针对前一理论问题，主要从逻辑、规范层面展开细致探讨；针对后一现实问题，则主要采取实证分析方法，同时辅以规范研究。文中的实证材料主要来源于最高人民法院2011年审判理论重大课题“中国特色案例指导制度的发展与完善”的调研结果。

二、预期功能及制度问题

（一）象征功能：增强司法民主

最高人民法院研究室负责人接受记者采访时曾指出：“我们要构建的案例指导制度，是充分体现司法民主要求，对社会各界开放并欢迎广大公众积极参与的司法制度。”“今后，我们要把征求专家学者和有关方面的意见，作为指导性案例发布前的一道程序，将指导性案例作为充分反映社情民意，及时回应社会各界关切期待的常规工作机制。”[①]透过这一话语，我们不难发现，案例指导制度的社会推荐模式体现了最高司法机构的“民主化”动向。具体而言，这种“民主化”动向呈现了两个不同向度：其一，社会各界人士可以向原审人民法院推荐指导性案例，参与推动案例指导制度的发展；其二，最高人民法院在发布指导性案例前，要征求专家学者和有关方面的意见，以此机制回应社情民意。这一过程体现了司法（法院）与社会之间的一种双向交流、互动的状态，因此，其某种程度上契合了哈贝马斯基于交往理性的民主理论的基本要求。

毋庸置疑，基于交往理性的民主理论是诠释现代法治国家基本政治样态的重要话语，“商谈论民主”构成政府权力正当性的根本来源。正如哈贝马斯所言，只有基于交往形式的民主，才能在平等主体互动的过程中实现公民的自我规范，从而推动个人权利与国家主权之间的良性互动。[②] 在法治进程加快运转、司法民主价值凸显的中国现实语境下，这一理论所建构的话语体系显然已获得

---

① 张先明：《用好用活指导性案例 努力实现司法公正——最高人民法院研究室负责人就案例指导制度答记者问》，载《人民法院报》2011年12月21日。

② 参见〔德〕哈贝马斯：《在事实与规范之间——关于法律和民主法治国的商谈理论》，童世骏译，生活·读书·新知三联书店2003年版，第368—375页。

决策层、理论界的高度重视与认可。历史性考察可以发现,《最高人民法院公报》案例制度及各地方试点与试验性案例指导制度的遴选机制中,仅存在法院系统内封闭式、排异性的层报,推荐模式与案例确定主体行政化的调查、遴选模式。[①] 二者由于缺乏各类社会主体之间基于交往理性的辩论、商谈,同时阻塞了公共意见向决策机构传达的路径,决策结果仍是来自司法机构(规范施加者)的决断,某种程度上并不能真切、实质反映法律承受者的主观意愿,因此,上述模式下生成的案例若作为参考性裁判背景运用并影响裁判结果[②],可能会减损权力正当性的程度,裁判的可接受性也会有所折扣。[③] 新型的社会推荐模式则与前述模式形成鲜明对比,一定层面上回应了交往理性与司法民主的现代性需要。社会公众可以在公共领域反复辩论、理性探讨,形成何种案例可成为指导性案例的公共意见,同时,这一参与机制建构了将不同意见传达至最高司法机构的制度性渠道,力图通过这一建制化程序(哈贝马斯语)推动公共意见对法院意志形成过程的影响。应当说,这一机制首先应值得肯定。

(二)实质功能:吸纳信息与知识

案例指导制度的社会推荐模式在增强司法民主的功能上更多是象征性的,而在实质上,其吸纳更多信息与知识的功能更为突出。同时,也只有在将指导性案例的社会推荐模式的功能定位于为最高人民法院的决策提供更为丰富的信息资源,促进最高人民法院更为审慎与合理地作出有效决策上,才能看出其所具有的重要意义。在许多时候,最高人民法院负责指导性案例遴选的法官,在相关的信息获取及知识储备方面,都会存在不可避免的欠缺,尤其是,一方面,不同于英美判例法国家"初审法院—上诉法院—最高法院"的三审制,中国的四级二审制造成大量处于基层法院与中级法院的具有法律争议的案件无法直接上达至最高人民法院;另一方面,中国的法官在业务知识能力上比域外法治发达国家相比差距较大,素质也参差不齐。因此,通过鼓励和欢迎司法外的

---

① 参见周道鸾:《中国案例制度的历史发展》,载《法律适用》2004 年第 5 期。

② 虽然就制度上而言,《公报》案例并不能直接运用到裁判过程中并写入裁判文书,但事实上,《公报》案例确实在一定程度上已实质性地影响到法官裁判的结果。对此,可参见陈越峰:《公报案例对下级法院同类案件裁判的客观影响——以规划行政许可侵犯相邻权争议案件为考察对象》,载《中国法学》2011 年第 5 期。

③ 典型的例证就是即使存在很多《公报》案例,但是在实践中仍然存在不被法官采纳的现象,因为,法院一旦参照《公报》案例裁判,很有可能导致结果的实质不公正,从而最终影响裁判的可接受性。

社会各界人士积极参与推荐案例，尤其是知识精英提供的大量专业性分析，可以一定程度上解决最高人民法院在决策时信息资源不够充分、知识掌握不足的问题，从而助益于最高人民法院发布确有法律价值的指导性案例。①

（三）制度文本的两个问题

1. 司法民主与司法独立的冲突

"司法"的本性决定了法院（包括最高人民法院）必须与民意保持适当距离，因此会产生一种疑问：这一"民主化"的动向是否会影响到最高人民法院的独立性与自治性？最高人民法院与最高人民检察院的两个案例指导工作规定中都明确指出，"社会广泛关注的"或者"群众反映强烈、社会关注的热点案件"可以作为指导性案例予以发布，如此情形下，散在的、非理性的、一时的民意难免会对最高司法机构的判断造成不良影响，有可能导致这类指导性案例仅仅成为一种应景之作，而在其应有的解释和发展法律规则、指导下级法院审判工作的路径上作用甚少。显然，这意味着我们在肯定之余也必须保持理性，必须对最高司法机构（特别是最高人民法院）的这一"民主化"动向谨慎对待。

需要指出，司法民主与司法独立的冲突并不能予以夸大，这是因为，从制度文本来看，所谓的案例指导制度的"民主化"只是限于"社会各界人士推荐指导性案例"的民主模式。它既不是在选举基础上的代议制民主模式，也不是在参与者直接交流协商基层上的合意民主模式，也不是参与者直接投票、采取多数决的民主模式。这就使得最高人民法院仍然可以在汲取所缺信息或知识的同时，保持相对的独立性和自治性，从而避免指导性案例"民意化"的可能性，避免最高司法机构完全受控于民意。

2. 间接推荐方式与信息、知识汲取最大化的冲突

根据《最高法规定》，社会各界人士只能向作出生效裁判的人民法院推荐案例，先由下级法院对其法律价值与社会效果进行审核评估，其后再层级上报。对此，最高人民法院研究室负责人曾指出："之所以要求向作出生效裁判的人民法院而不是向最高人民法院直接推荐，主要因为，最高人民法院案例指导工作

---

① 事实上，即便在法治发达，法官知识、素质都较高的英美国家，也存在逻辑类似的制度，此即西方不少国家存在的"法庭之友"制度，案外人可以向法院提供与案件有关的事实或者适用法律方面的意见，为法官的裁判提供更为丰富的信息与知识，以影响法院的判决。参见翁国民：《"法庭之友"制度与司法改革》，法律出版社2006年版。在英美国家，由于法院判决有可能成为先例，因此，法庭之友的参与和我国案例指导制度中的司法外人士推荐案例，提供信息和知识在逻辑上具有基本同一性。

办公室选择指导性案例时，不仅要看某一份裁判文书，而且要看一审、二审乃至全案的相关文书或材料，了解裁判的法律与社会效果。而这些材料和信息，只有作出生效裁判的法院才可能全面掌握，所以，采取社会各界人士向作出生效裁判的法院提出建议的形式，更为便捷、稳妥。"①

然而，这里也存在一个值得深入探讨的问题。最高人民法院的预期是通过司法外主体的积极参与，能够为其决策时提供足够丰富的信息与知识资源。换言之，最高人民法院所希望看到的，是这一社会推荐模式能够实现信息、知识汲取的最大化。然而，社会主体在推荐的过程中，必须经过地方法院的层级审核，在无强制性压力的情境下，地方法院是否会接受社会主体合理的推荐意见而向上层报呢？或许不应该过于乐观。我们不能把希望仅仅寄托在地方各层级法院权力行使"良善"的基础上。况且，最高人民法院案例指导办公室在接受司法外人士推荐案例的建议后，如若认为具有指导意义，则完全可以直接向作出生效判决的人民法院调取案卷。换言之，可以解决上述最高人民法院研究室负责人指出的问题。此外，对照最高人民检察院明文规定的社会各界人士可以直接向最高人民检察院案例指导工作委员会推荐的模式②，两者在逻辑上并无区别，却产生了重大分歧，个中原因，值得进一步思考。

三、实践困境及其原因

（一）实践困境

众多实证研究表明，受制于诸多因素，制度设计不一定会因其想象的美好愿景而能自动生成积极的实践功能（正功能）。③ 那么，案例指导制度的社会推荐模式是否会遇到同样的困境呢？笔者以为，我们需要通过案例指导制度实行以来的相关实证材料予以验证。

---

① 张先明：《用好用活指导性案例 努力实现司法公正——最高人民法院研究室负责人就案例指导制度答记者问》，载《人民法院报》2011 年 12 月 21 日。

② 最高人民检察院《关于案例指导工作的规定》第 7 条第 2 款。

③ 最典型的例证是 1996 年《刑事诉讼法》修改所设计的诸多美好的制度框架，如对抗化的庭审模式，由于受制于我国政治、社会等传统因素的影响，并未产生有效的实践功能，甚至呈现虚置状态。对此可参见左卫民：《权利话语/实践的艰难展开：1996 年中国刑事诉讼法典修改的反思》，载《中外法学》2002 年第 4 期。

1. 主体意愿

课题组对是否愿意推荐案例进行了调查,其中涉及案例指导制度社会推荐模式的主体包括律师、高校群体(法律专家学者、法科学生、非法科学生等),各类人群的意见如下:

表1 是否愿意推荐案例

选项	法官		高校群体						律师	
			专家学者		法科学生		非法科学生			
	人数	比例	人数	比例	人数	比例	人数	比例	人数	比例
愿意	1 040	76.3%	10	100%	164	84.1%	20	60.6%	388	80.5%
不愿意	169	12.4%	0	0	6	3.1%	5	15.1%	44	9.13%
不清楚	154	11.3%	0	0	25	12.8%	8	24.3%	50	10.37%
总计	1 363		10		195		33		482	

从是否愿意推荐案例的情况看,76.3%的法官、100%的专家学者、84.1%的法科学生、60.6%的非法科学生以及80.5%的律师表示愿意推荐案例,说明绝大多数参与问卷调查的人在实践中对推荐案例的主观愿望很高,尤其是法律工作者普遍对推荐案例有较高的积极性,案例推荐有很好的基础,并且在很大程度上得到了专业人士的支持。

2. 编写案例情况

虽然通过问卷调查可以看出案例的推荐有很好的社会基础,但在实践中从未编写过案例的人却很多,造成了主观上愿意推荐案例但实践中却很少编写的矛盾状态。调查问卷显示,大部分人士从未编写过案例,其中只有法官和律师曾经编写过案例的比例相对较高,分别为51.69%和37.97%。绝大多数参与问卷调查的人在实践中不重视案例的编写,尤其是除律师之外的大多数司法外人士。案例的编写主体呈现出相对单一的困境。

表2 是否曾编写案例

选项	法官		高校群体						律师	
			专家学者		法科学生		非法科学生			
	人数	比例	人数	比例	人数	比例	人数	比例	人数	比例
经常	103	7.58%	0	0	0	0	0	0	47	9.92%
偶尔	599	44.11%	2	20%	20	10.2%	0	0	133	28.0%
从未	656	48.31%	8	80%	175	89.8%	33	100%	294	62.03%
总计	1 358		10		195		33		474	

3. 推荐案例情况

从S省高院向最高人民法院推荐第一批指导性案例的情况来看,其中尚无一例是由司法外的社会主体推荐而来。同时,课题组曾召开过10个基层试点法院的座谈会,从各基层法院反映的情况来看,各个基层法院也都极少出现有社会各界人士推荐指导性案例的情况。几乎全部层报至S省高院的拟推荐案例依旧是按照此前单一的法院内部层报模式而运作。

综上,我们不难发现,案例指导制度的社会推荐模式目前遇到了一个严重的瓶颈。虽然各个社会主体的推荐意愿极高,但实践中,参与编写案例,推荐案例的情况极为罕见。甚至可以说,案例指导制度的社会推荐模式完全沦为虚置的装置。

(二)原因阐析

1. 社会主体对案例指导制度认识不足

案例指导制度目前尚处于制度的初步架构与发展完善期,很多社会人士对其认识严重不足。2011年年底,最高人民法院发布第一批指导性案例,经过3个多月后,2012年3月,课题组特别针对这一批指导性案例进行了问卷调查。调查结果发现,近80%的高校法科学生与100%的非法科学生对这一制度完全不了解。不过,由于工作的需要,律师群体则表现出较大不同,70%多的律师都对这一批指导性案例有所了解。总之,绝对多数社会人士对案例指导制度的了解不足,很显然会造成案例指导制度的社会推荐模式呈现出不好的效果。

2. 案例指导制度文本本身存在问题

第一,指导性案例的效力。效力定位是案例指导制度的核心问题,也是我国当前法律体制框架内的一个重大疑难争议问题。① 社会主体推荐案例的积极性首先会受制于指导性案例效力定位的重要影响。英美法系的判例法制度中,法院审判的每一案例均可能成为先例而产生法律拘束力,因此,具有未来利益期待的当事人双方或法庭之友均会积极准备、参与并施加影响,以期塑构有利于己方的司法先例。而在我国,虽然《最高法规定》指出,“最高人民法院发布的指导性案例,各级人民法院审判类似案件时应当参照”。但目前对于“应当参照”作何理解在理论上仍是见仁见智,规范层面也未对此展开精致界定。换言

① 参见胡云腾、于同志:《案例指导制度若干重大疑难争议问题研究》,载《法学研究》2008年第6期。

之,指导性案例的效力目前还处于模糊状态。而且,虽然“指导性”一词具有一定的规范功能,但有学者研究发现,指导性案例在司法实践中存在未被各地法院遵守与参考,而是通过不同的理由、立场作出截然相反裁判的情况。[①] 换言之,即使社会主体推荐的案例被确立为指导性案例,实践中仍有可能被法官规避。鉴于指导性案例没有明确性效力的情势,笔者对社会主体向法院推荐案例的积极意愿持一定的保留态度。

第二,指导性案例的数量。最高司法机构公布指导性案例数量的多少,也会影响社会主体推荐案例的积极性。数量偏少便意味着要舍弃大量推荐至最高人民法院的案例,而在长期不得采纳后,指导性案例的数量或许会对社会主体推荐案例的动力形成反向激励,抑制其积极性。最高人民法院目前已经发布了第一批指导性案例,但其数量相当有限。[②] 同时,目前也尚未有明确材料显示最高人民法院每年欲公布的指导性案例数量。对此,可以《公报》案例为考察背景。据统计,自1985年至2007年,最高人民法院仅发布《公报》案例544件,已公布的案例数量不能满足审判实践的需要。[③] 此外,笔者统计了2008年至2010年公布的案例数量,分别为42例、37例、38例(包括裁判文书选登的案例,若仅统计案例则仅为19例、19例、20例)。若最高人民法院仅以《公报》案例数量为参照发布指导性案例,则显然不够。不过,《最高法规定》已经指出,最高人民法院审判委员会讨论决定的指导性案例,统一在《最高人民法院公报》、最高人民法院网站、《人民法院报》上以公告的形式发布。可以想见,由于发布平台的多样性,最高人民法院每年发布指导性案例的数量应具有一定规模。但这一数量能否达致足以有效激励社会主体推荐案例的较高程度,需要有待实证观察后作进一步评估。

第三,推荐的层级性。《最高法规定》指出,社会主体不能直接向最高人民法院推荐案例,而应首先推荐至作出生效裁判的原审人民法院,再由法院系统内部进行层报、推荐。这也意味着其中存在法院内部的多级审查,地方各级司法机构的甄选会舍弃部分案例,这便使社会主体的多样化诉求无法完全有效传

① 参见李友根:《指导性案例为何没有约束力——以无名氏因交通肇事致死案件中的原告资格为研究对象》,载《法制与社会发展》2010年第4期。

② 最高人民法院发布的第一批指导性案例仅仅为4例,民事与刑事各两个,分别为:上海中原物业顾问有限公司诉陶德华居间合同纠纷案;吴梅诉四川省眉山西城纸业有限公司买卖合同纠纷案;潘玉梅、陈宁受贿案;王志才故意杀人案。

③ 参见丁海湖:《案例指导制度研究》,西南政法大学2008年博士论文,第73页。

递至最高司法机构。因此,推荐的层级性同样会对社会主体推荐案例的动力形成反向激励。相较而言,最高人民检察院则确立了一种无须地方机构层级审核的直接推荐模式。① 但需要注意,最高人民法院确定该层级审核式的推荐模式事实上也具有一定的合理性,即若规定社会主体可直接向最高人民法院案例指导办公室推荐,则可能导致其工作量呈现爆炸式增长态势,造成最高人民法院的无法承受之重。不过,如何既避免层级审查带来的弊端,又能解决直接推荐所导致最高人民法院工作负担过重的问题,值得进一步思考。

第四,推荐的地域性。《最高法规定》指出,社会主体只能向作出生效判决的原审人民法院推荐。这就可能产生这样一个问题:原审人民法院所在地以外其他地域的社会主体就无从推荐案例,或者其推荐成本会较高。在此情形下,这类主体就可能选择不予推荐。

第五,决策程序中的回应机制。决策过程中的双向交流、互动具有重要意义。从心理学角度来看,沉默是主体交往最无效、最应避免的状态,只有来自对方的回应(无论是积极的肯定,还是委婉的拒绝)才会刺激行为人展开进一步行动,最终达致有效交流状态。由于社会推荐模式中最高司法机构采取了单向度的行政化决策程序②,社会主体的参与性受到一定制约,因此,人民法院对社会主体的主动回应极其重要。《最高法规定》并未明确建构一种反馈机制,这在某种程度上会影响社会主体推荐案例的积极性。

第六,技术性保障机制。制度的某些技术机制也会对主体作出某种行为产生刺激—反应效应。精致、完善的技术装置一定程度上可以降低主体的行为成本,从而提高行为主体的能动欲望。在社会推荐模式中,是否存在畅通、方便的渠道促使社会主体向人民法院推荐案例,也是值得注意的重要一环。如果推荐案例必须付出较高成本,就可能抑制一部分社会主体向司法机构推荐案例的积极性、主动性。《最高法规定》并未明确社会主体推荐案例的具体技术装置,这无疑是一种遗憾。

---

① 最高人民检察院《关于案例指导工作的规定》第 7 条指出,人大代表、政协委员、专家学者等社会各界人士对人民检察院办理的案件,认为符合指导性案例条件的,可以向最高人民检察院案例指导工作委员会推荐。即社会主体推荐案例不需要经过地方各级人民检察院的层级审核。

② 最高人民法院《关于案例指导工作的规定》第 6 条明确指出,案例指导工作办公室对于被推荐的案例,应当及时提出审查意见。符合本规定第 2 条规定的,应当报请院长或者主管副院长提交最高人民法院审判委员会讨论决定。其中,最高人民法院单向度的行政化决策程序十分明显。

（三）一个可能出现的问题

上述内容初步阐释了影响指导性案例社会推荐模式功能有效发挥的若干制度性制约因素。不仅如此，社会主体的不同心理期待及影响能力也会对该模式的功能发挥产生实质性影响。对此，尚需展开细致探讨。

首先需要明确关于社会主体心理期待的一个预设命题。根据经济学理性人的基本假设，社会主体推荐案例一般具有一定的经济利益期待，即希望被推荐的案例确定为指导性案例后，可以对自己此后可能参加的类似诉讼产生有利影响。当然，需要注意，理性人假设早已受到挑战，也许不能精确解释主体行为，如人大代表、政协委员及学者等主体推荐案例行为的经济利益期待或许就不明显①，但这并不影响笔者分析的基本展开。根据上述理论预设，可以作出一个大致推断，由于案例推荐的社会主体一般都存有对未来利益的一定期望，因此，多数情况下属于偶发性参加诉讼的自然人推荐案例的驱动力就较低，大部分推荐主体应是可能会常态性参加诉讼的公司、团体、协会等，如可能会经常参与诉讼（多数情况作为被告）的房地产公司、投资经营企业等。这就会出现某些社会主体策略性地挑选案件推荐至法院的状况，最终致使一部分指导性案例有失偏颇、片面。正如有学者所言，在策略性选择模型下，法院本质上可能就成为社会主体用来制造对其有利的法律的工具。② 但是，这其中还存在另一个变量因素影响，即一般而言，法院会在综合考量相关因素的情势下，秉持一种公正立场来选择指导性案例。

因此，也就产生了第二个值得思考的问题，即不同社会主体掌握信息、权力等资源的程度及其运作能力能否对法院确定指导性案例的结果产生实质影响。有美国学者对联邦上诉法院的裁判之道进行的实证研究发现，由于巡回法院的判决具有巨大的先例效应，不同类型的当事人（包括自然人、公司、协会、联邦政府、州政府、州以下级别政府以及信托机构等）均会积极运作并试图影响上诉法院的裁判结果，但这些当事人的影响程度有所差异，政府成为上诉阶段最成功的当事人类型，公司、协会等团体次之，而自然人则很明显是上诉审判中最具劣

---

① 这些主体虽不具有经济利益期待，但完全有可能存在其他的非经济性利益期待，如通过推荐案例并促使其成为指导性案例后获得名望、影响、心理满足等方面的利益。

② 参见〔美〕弗兰克·克罗斯：《美国联邦上诉法院的裁判之道》，曹斐译，北京大学出版社2011年版，第143页。

势的当事人类型。[1] 换言之,即使在法官公正性较强的美国,对于先例形成的影响程度,还是呈现出政府、公司团体和自然人从高到低的趋势。虽然存在一定程度的差异,但这一逻辑实质上可以运用到指导性案例社会推荐模式中进行分析。首先,《最高法规定》排除了检察机关、政府部门等公权力机构以其机构名义推荐、影响指导性案例的可能性,这或许与最高人民法院虑及这些机构的强势地位会影响推荐的公正效果有关,因此值得肯定。但其次,排除公权力机构后,如果制度走向常态化、规范化,指导性案例的效力能够明确,并实际上具有一定"先例"效应的话,可以肯定的是,具有信息与权力资源优势的推荐主体(大部分情形可能是协会、公司、团体等)会积极运作(聘请更有影响力的律师、学者为其论证,进行更详尽的理由阐述),促使人民法院选择有利于他们的指导性案例。尤其是在尚无明确法律规范,或者针对同一类型案例的双方推荐主体都存在一定正当性理由的情况下,信息与权力资源处于优势地位的社会主体影响最高司法机构决策的情况可能更为凸显。

此外,还需讨论的是人大代表、政协委员、知识精英以及律师等推荐主体。首先,律师在案例指导社会推荐模式的运作中实际上也存在经济利益期待,甚至比其他社会主体更为强烈,律师掌握信息与权力资源的多寡也会产生不同影响。其次,人大代表、政协委员及知识精英等主体的经济利益期待并不明显,因此在推荐案例上应当会较为客观、中立。但值得注意的是,一方面,对于名望、影响力、心理满足等非经济性利益的期待究竟会在多大程度上促动他们主动推荐案例仍需要进一步考量;另一方面,由于这类主体尤其知识精英对司法实践的真实需要可能没有一个深切把握,因此其推荐的案例能否真正对实践起到指导性作用,也存有疑虑。

四、改革与完善进路

综合上述分析,笔者作出如下一些大致预断。一方面,社会推荐模式实践运作的初期,在对相关信息初步了解的情况下,社会主体应会积极向人民法院推荐案例。理由在于,任何一项新制度产生后,行为主体都会在初期抱持一种高度期待的心理态度,其参与程度一般较高。但另一方面,在对各种制度性的

---

① 参见〔美〕弗兰克·克罗斯:《美国联邦上诉法院的裁判之道》,曹斐译,北京大学出版社2011年版,第153页。

制约因素具有真切体验或把握后，社会主体推荐指导性案例的积极程度会有所回落。再有，若社会推荐模式走向常态化、规范化，各类型社会主体因其不同的心理期待及掌握资源的优劣程度会对该模式的运作表现出差异性影响，最终可能导致诸多问题出现，如某些指导性案例会偏从于优势方，造成一定程度的司法不公。

需要指出，由于社会推荐模式目前在实践中并未得到充分展开，因此如前文所述，其效果与问题均需要通过今后的进一步实证研究来评估。不过，上文前瞻性的理论考察与反思也在一定程度上指出了该模式可能会受制于制度性因素以及制度常态化后可能遭遇的问题。因此，为促进该模式的有效运转，需要制度规范展开不断调整与完善。笔者以为，下述几点值得重视。

其一，政治、司法决策层对案例指导制度准确定位，尤其是对指导性案例效力的精致界定。换言之，决策层应该对"应当参照"这一模糊甚至冲突的语词的规范性含义予以明确化。正如有学者所言，在我国，案例指导的效力问题是一个真正的法治理念与实践难题。如果没有法治理念与实践的发展与变革，案例指导就没有存在和生长的理论与制度空间，也谈不上"应当参照"的效力问题，案例指导充其量不过是用于学习或论说的例示方法。[①] 因此，更为重要的是，决策层法治理念的深化与转变以及实践层面试点或试验性甚至试错性的变革。

其二，在案例指导制度能够得到决策层的方向性定位后，指导性案例的数量也应达致较高规模。在考量多方面因素的状况下，逐步增加每年发布的指导性案例数量，以满足持续增长的司法实践需要，回应社会各方面的多样化诉求。

其三，减少社会主体推荐案例的层级审核。如有可能，借鉴最高人民检察院的做法，建立一种直接性的指导性案例社会推荐模式，规定社会主体的推荐无须经过地方各级法院的层级审核，可直接传递至最高人民法院案例指导工作办公室。当然，考虑到最高人民法院的工作负担，若这一直接推荐方式暂时不具可行性的话，还是可以采取退而求其次的方式，提高审核主体的级别，如规定社会各界人士可以向其所在地的高级人民法院推荐，经高级人民法院审核后再向最高人民法院推荐。

其四，建构一种有效的回应机制。人民法院在接收到社会主体推荐案例的意见后，不论是否决定向上级法院层报、推荐，都应以书面形式予以回应，特别是在拒绝其请求的情形下，更应当阐述详尽理由。

---

① 参见冯文生：《审判案例指导中的"参照"问题研究》，载《清华法学》2011 年第 3 期。

其五，细致完善技术性保障机制，降低社会主体推荐案例的成本。一个可行的方式是，借鉴立法机构对立法草案征求社会意见的方法，社会主体既可以通过传统的书面材料方式向各级司法机构推荐案例，同时更重要的，可以通过网络平台方便、快捷地推荐案例。此外，最高司法机构也可以在适当情形下，公开向社会公众征集某一类型的案例，并提供畅通的推荐渠道。

其六，最高司法机构在选择指导性案例的过程中，应当秉持公正、客观的立场，保持审慎和警惕的态度，平等对待不同类型社会主体的推荐意见，多角度、全方位把握和考察，避免最终选取的指导性案例成为某些社会主体寻求不当利益的工具。

五、结　语

整体而言，本文意在对这一制度先行、实践跟进的指导性案例推荐模式展开前瞻性的理论阐析，指出影响其实践运作的诸多可能性因素，以期引起决策机构的事先把握与警惕。但更为重要的是，透过全文的分析，笔者意欲以小见大，揭示这样一个值得深刻思考的现实性命题：在案例指导制度定位不明确或无法在我国现行政治、法律框架下得到充分理论证成的前提下，任何具体程式设计的预期功能、价值目标都可能如镜中花、水中月，难以得到实质性实现。因此，问题的重点在于如何对案例指导制度（尤其是指导性案例的效力）进行合理、基于中国国情的准确、细致定位。其中，理论证成虽具有一定意义，但政治、司法决策机构对其未来走向的引领性决定更为重要。笔者相信，在政治、司法决策层越来越秉持一种开放多元、兼容并蓄的态度，公民社会逐步兴起，在社会主体尤其是知识精英影响决策的实质能力不断增强的情势下，案例指导制度必定能在公共领域的反复辩论、理性探讨及国家（政治）与社会的双向交流互动中构筑一幅绚烂多姿的中国图景，指导性案例社会推荐模式的有效运作指日可待。

参考文献

一、中文译著

1. 〔美〕弗兰克·克罗斯:《美国联邦上诉法院的裁判之道》,曹斐译,北京大学出版社2011年版。

2. 〔美〕罗斯科·庞德:《普通法的精神》,唐前宏、高雪原、廖湘文译,法律出版社2010年版。

3. 〔美〕理查德·波斯纳:《法官如何思考》,苏力译,北京大学出版社2009年版。

4. 〔德〕卡尔·拉伦茨:《法学方法论》,陈爱娥译,商务印书馆2005年版。

5. 〔英〕尼尔·麦考密克:《法律推理与法律理论》,姜峰译,法律出版社2005年版。

6. 〔美〕E. 博登海默:《法理学、法律哲学与法律方法》,邓正来译,中国政法大学出版社2004年版。

7. 〔美〕梅利曼:《大陆法系》,顾培东、禄正平译,法律出版社2004年版。

8. 〔美〕约翰·亨利·梅利曼:《大陆法系》,顾培东、禄正平译,法律出版社2004年版。

9. 〔美〕迈尔文·艾隆·艾森伯格:《普通法的本质》,张曙光、张小平、张含光等译,法律出版社2004年版。

10. 〔美〕米尔伊安·R. 达玛什卡:《司法和国家权力的多种面孔——比较视野中的法律程序》,郑戈译,中国政法大学出版社2004年版。

11. 〔德〕K. 茨威格特、H. 克茨:《比较法总论》,潘汉典、米健、高鸿钧等译,法律出版社2003年版。

12. 〔德〕哈贝马斯:《在事实与规范之间——关于法律和民主法治国的商谈理论》,童世骏译,生活·读书·新知三联书店2003年版。

13. 〔美〕伯纳姆:《英美法导论》,林利芝译,中国政法大学出版社2003年版。

14. 〔美〕理查德·A. 波斯纳:《法理学问题》,苏力译,中国政法大学出版社 2002 年版。

15. 〔美〕艾德华·H. 列维:《法律推理引论》,庄重译,中国政法大学出版社 2002 年版。

16. 〔日〕大木雅夫:《比较法》,范愉译,法律出版社 1999 年版。

17. 〔美〕卡多佐:《司法过程的性质》,苏力译,商务印书馆 1998 年版。

18. 〔英〕哈特:《法律的概念》,张文显等译,中国大百科全书出版社 1996 年版。

19. 〔美〕格伦顿、戈登、卡罗兹:《比较法律传统》,米健、贺卫方、高鸿钧译,中国政法大学出版社 1993 年版。

20. 〔法〕勒内·达维德:《当代主要法律体系》,漆竹生译,上海译文出版社 1984 年版。

21.《拿破仑法典(法国民法典)》,李浩培、吴传颐、孙鸣岗译,商务印书馆 1979 年版。

二、中文著作

1. 胡兴东:《中国古代判例法运作机制研究:以元朝和清朝为比较的考察》,北京大学出版社 2010 年版。

2. 刘风景:《判例的法理》,法律出版社 2009 年版。

3. 董皞主编:《中国判例解释构建之路》,中国政法大学出版社 2009 年版。

4. 奚晓明等:《两大法系判例制度比较研究》,北京交通大学出版社 2009 年版。

5.《江华传》编审委员会:《江华传》,中共党史出版社 2007 年版。

6. 陈林林:《裁判的进路与方法》,中国政法大学出版社 2006 年版。

7. 翁国民:《"法庭之友"制度与司法改革》,法律出版社 2006 年版。

8. 邵建东编著:《德国民法总则编典型判例 17 则评析》,南京大学出版社 2005 年版。

9. 武延平、刘根菊等编:《刑事诉讼法参考资料汇编》(中册),北京大学出版社 2005 年版。

10. 任建新:《政法工作五十年——任建新文选》,人民法院出版社 2005 年版。

11. 苏力:《法治及其本土资源》(修订版),中国政法大学出版社 2004 年版。

12. 武树臣主编:《判例法研究》,人民法院出版社 2004 年版。

13. 何勤华:《中国法学史》,法律出版社 2000 年版。

14. 董皞:《司法解释论》,中国政法大学出版社 1999 年版。

15. 胡长清:《民法总论》,中国政法大学出版社 1997 年版。

16. 类比允编:《江华司法文集》,人民法院出版社 1989 年版。

17. 林纪东:《法学绪论》,五南图书出版公司 1987 年版。
18. 俞建平等:《建国以来法制建设记事》,河北人民出版社 1986 年版。
19. 刁荣华:《法学绪论》,汉林出版社 1985 年版。
20. 潘维和:《中国民事法律史》,汉林出版社 1982 年版。
21. 邓之诚:《中华二千年史》(卷五),中华书局 1958 年版。

三、中文论文

1. 左卫民:《检察机关构建案例指导制度评析》,载《人民检察》2012 年第 2 期。
2. 王利明:《我国案例指导制度若干问题研究》,载《法学》2012 年第 1 期。
3. 秦宗文:《案例指导制度的特色、难题与前景》,载《法制与社会发展》2012 年第 1 期。
4. 王晨光:《制度构建与技术创新——我国案例指导制度面临的挑战》,载《国家检察官学院学报》2012 年第 1 期。
5. 刘树德:《案例指导制度中"应当参照"的诠释及展开》(下),载《中国法律》2011 年第 4 期。
6. 胡云腾、罗东川、王艳彬、刘少阳:《〈关于案例指导工作的规定〉的理解与适用》,载《人民司法》2011 年第 3 期。
7. 胡云腾:《如何做好案例指导的选编与适用工作》,载《中国审判》2011 年第 9 期。
8. 吴英姿:《谨防案例指导制度可能的"瓶颈"》,载《法学》2011 年第 9 期。
9. 林学飞:《浅析最高人民法院公报刑事案例的裁判摘要》,载《法治研究》2011 年第 5 期。
10. 刘昕杰、杨晓蓉:《民国学者对民初大理院判例制度的研究》,载《东方法学》2011 年第 5 期。
11. 左卫民:《迈向实践:反思当代中国刑事诉讼知识体系》,载《中外法学》2011 年第 2 期。
12. 王亚新:《判例研究中新的视角及方法探求》,载《昆明理工大学学报》(社会科学版)2011 年第 1 期。
13. 宋晓:《判例生成与中国案例指导制度》,载《法学研究》2011 年第 4 期。
14. 迟日大:《法律适用统一的障碍及其破解路径——一个关于建立中国特色案例指导制度的话题》,载《河北法学》2011 年第 3 期。
15. 陈越峰:《公报案例对下级法院同类案件裁判的客观影响——以规划行政许可侵犯相邻权争议案件为考察对象》,载《中国法学》2011 年第 5 期。
16. 赵静波:《司法解释理论变迁与行政判例》,载《社会科学战线》2011 年第 11 期。
17. 陈金钊:《案例指导制度下的法律解释及其意义》,载《苏州大学学报》2011 年第

4 期。

18. 汪振江、戴瑛:《案例指导制度的效力定位》,载《科学·经济·社会》2011 年第 4 期。

19. 雷安军、王留彦:《判例制度与经济发展的关系研究(上)——德国判例制度及其对构建我国案例指导制度的启示》,载《前沿》2011 年第 2 期。

20. 张娟:《论案例指导制度》,载《东北大学学报》(社会科学版)2011 年第 2 期。

21. 罗东川:《案例指导工作面面观》,载《法制资讯》2011 年第 5 期。

22. 赵娟:《案例指导制度的合法性评析——以〈最高人民法院关于案例指导工作的规定〉为对象》,载《江苏社会科学》2011 年第 6 期。

23. 冯文生:《审判案例指导中的"参照"问题研究》,载《清华法学》2011 年第 3 期。

24. 王学聪:《论刑事判例制度的本土化》,载《公民与法》2011 年第 8 期。

25. 武树臣:《激活判例机制 提升司法权威》,载《河北法学》2011 年第 3 期。

26. 武建敏:《司法公信力的判例法立场》,载《河北法学》2011 年第 3 期。

27. 胡震远:《案例指导制度初论》,载《上海政法学院学报》2011 年第 4 期。

28. 刘颖:《论构建中国行政判例法的必要性》,载《黑龙江省政法管理干部学院学报》2011 年第 2 期。

29. 李友根:《指导性案例为何没有约束力——以无名氏因交通肇事致死案件中的原告资格为研究对象》,载《法制与社会发展》2010 年第 4 期。

30. 胡兴东:《中西判例法形成语境比较》,载《东方法学》2010 年第 6 期。

31. 武树臣:《"案例指导制度"的历史指导》,载《中国法律》2010 年第 5 期。

32. 宋晓:《裁判摘要的性质追问》,载《法学》2010 年第 2 期。

33. 孙谦:《建立刑事司法案例指导制度的探讨》,载《中国法学》2010 年第 5 期。

34. 何美欢:《案例制度的域外经验》,载《中国法律》2010 年第 5 期。

35. 薛军:《意大利的判例制度》,载《华东政法大学学报》2009 年第 1 期。

36. 解亘:《日本的判例制度》,载《华东政法大学学报》2009 年第 1 期。

37. 刘风景:《"指导性案例"名称之辨正》,载《环球法律评论》2009 年第 4 期。

38. 李晓辉:《"水中之石":普通法传统中的美国法典化》,载《人大法律评论》2009 年卷。

39. 邓志伟、陈健:《指导性案例裁判要旨的价值及其实现——以最高人民法院公报案例为研究对象》,载《法律适用》2009 年第 6 期。

40. 袁秀挺:《我国案例指导制度的实践运作及其评析——以〈最高人民法院公报〉中的知识产权案例为对象》,载《法商研究》2009 年第 2 期。

41. 张琪:《论寻找指导性案例的方法——以审判经验为基础》,载《中外法学》2009 年第 3 期。

42. 张东波:《建立案例指导制度的实证报告》,载沈德咏主编:《中国特色案例指导制度研究》,人民法院出版社2009年版。

43. 郎贵梅:《中国案例指导制度的若干基本理论问题研究》,载《上海交通大学学报》(哲学社会科学版)2009年第2期。

44. 汪倩:《美德司法制度比较研究》,载《湖北经济学院学报》(人文科学版)2009年第2期。

45. 李仕春:《案例指导制度的另一条思路——司法能动主义在中国的有限适用》,载《法学》2009年第6期。

46. 张榕:《通过有限判例制度实现正义——兼评我国案例指导制度的局限性》,载《厦门大学学报》(哲学社会科学版)2009年第5期。

47. 周伟:《通过案例解释法律:最高人民法院案例指导制度的发展》,载《当代法学》2009年第3期。

48. 张本顺:《论中国古代判例法的风格、成因及其现代意义》,载《湖北社会科学》2009年第7期。

49. 林彦:《美国法院如何遵循先例》,载《中外法学》2009年第6期。

50. 刘万洪:《构建中国案例指导制度的障碍及克服的理论分析》,载《甘肃政法学院学报》2008年第3期。

51. 朱建敏:《构建案例指导制度的几个具体问题——基于效力定位的视角》,载《法治研究》2008年第7期。

52. 杨力:《中国案例指导运作研究》,载《法律科学》2008年第6期。

53. 胡云腾:《案例指导制度若干重大疑难争议问题研究》,载《法学研究》2008年第6期。

54. 杨力:《中国案例指导运作研究》,载《法律科学》2008年第6期。

55. 刘作翔、徐景和:《案例指导制度中的案例适用问题》,载《湘潭大学学报》(哲学社会科学版)2008年第2期。

56. 丁海湖:《案例指导制度研究》,西南政法大学2008年博士论文。

57. 郎贵梅:《美国联邦最高法院判例汇编制度及其启示》,载《法律文献与信息研究》2008年第2期。

58. 胡云腾、于同志:《案例指导制度若干重大疑难争议问题研究》,载《法学研究》2008年第6期。

59. 北京市高级人民法院课题组:《关于完善案例指导制度的调研报告》,载《人民司法》2007年第19期。

60. 刘笃才:《中国古代判例考论》,载《中国社会科学》2007年第4期。

61. 汪世荣、刘全娥:《陕甘宁边区高等法院编制判例的实践与经验》,载《法律科学》2007年第4期。

62. 陈一容:《清"例"简论》,载《福建论坛·人文社会科学版》2007年第7期。

63. 张琪:《试论指导性案例的"指导性"》,载《法制与社会发展》2007年第6期。

64. 杨成:《法国行政判例制度及其借鉴》,载《行政与法》2007年第5期。

65. 李安:《归纳法在判例主义法律推理中的有效性与论证》,载《法律科学》2007年第2期。

66. 余高能等:《美国判例法的运作机制》,载《西安电子科技大学学报》(社会科学版)2007年4期。

67. 房文翠:《接近正义寻求和谐:案例指导制度的法哲学之维》,载《法制与社会发展》2007年第3期。

68. 最高人民法院课题组:《关于德国判例考察情况的报告》,载《人民司法》2006年第7期。

69. 杨树明等:《判例:一种法律解释的方法——兼论我国国际私法判例制度的构建》,载《河北法学》2006年5期。

70. 刘作翔:《我国为什么要实行案例指导制度》,载《法律适用》2006年第8期。

71. 周佑勇:《作为过渡措施的案例指导制度——以"行政〔2005〕004号案例"为观察对象》,载《法学评论》2006年第3期。

72. 汪世荣:《判例在中国传统法中的功能》,载《法学研究》2006年第1期。

73. 汪世荣:《中国古代的判例研究:一个学术史的考察》,载《中国法学》2006年第1期。

74. 王继福、王秀玲:《中国宜建立适合自己国情的判例指导制度》,载《燕山大学学报》(哲学社会科学版)2005年第1期。

75. 杨成良:《美国州际协定法律背景的变迁》,载《山东师范大学学报》(人文社会科学版)2005年5期。

76. 钟心廉:《案例研究若干问题思考》,载武树臣主编:《判例制度研究》(下),人民法院出版社2004年版。

77. 周道鸾:《中国案例制度的历史发展》,载《法律适用》2004年第5期。

78. 张骐:《建立中国先例制度的意义与路径:兼答"判例法"质疑〉》,载《法制与社会发展》2004年第6期。

79. 顾敏康:《引入判例法,促进司法改革》,载《法学家》2004年第4期。

80. 许江、罗勇:《论法的不确定性与判例法之引进》,载《江苏行政学院学报》2004年第3期。

81. 沈宗灵:《当代中国的判例——一个比较法研究》,载武树臣主编:《判例制度研究》,人民法院出版社2004年版。

82. 杜江:《美国审判制度》,载《西南师范大学学报》(人文社会科学版)2004 年第 4 期。

83. 孟凡哲:《普通法系的判例制度——一个源与流的解读》,吉林大学 2004 年博士学位论文。

84. 龚稼立:《关于先例判决和判例指导的思考》,载《河南社会科学》2004 年第 2 期。

85. 吴美来、眭欧丽:《我国"有限判例制度"的构建》,载《法律适用》2004 年第 5 期。

86. 王志强:《清代成案的效力和其运用中的论证方式——以〈刑案汇览〉为中心》,载《法学研究》2003 年第 3 期。

87. 潘锋平、饶艾:《西方两大法系判例之比较》,载《成都行政学院学报》2003 年第 5 期。

88. 钟尔璞:《德国法院的组织体系与法官制度》,载《四川审判》2002 年第 2 期。

89. 董皞:《开启神秘之窗——以〈最高人民法院公报〉发布案例为研习对象》,载《判例与研究》2002 年第 3 期。

90. 曹三明:《中国判例法的传统与建立中国特色的判例制度》,载《法律适用》2002 年第 12 期。

91. 张庆旭:《"判例法"质疑》,载《比较法研究》2002 年第 4 期。

92. 左卫民:《权利话语/实践的艰难展开:1996 年中国刑事诉讼法典修改的反思》,载《中外法学》2002 年第 4 期。

93. 于大水:《简论审判中的法律推理》,载《当代法学》2001 年第 6 期。

94. 杨亚非:《判例与俄罗斯法的发展》,载《法制与社会发展》2000 年第 1 期。

95. 宋建潮等:《德国、法国司法制度之比较》,载《人民司法》2000 年第 3 期。

96. 吕丽:《论〈大清律例〉"以例辅律"的体例原则》,载《吉林大学社会科学学报》1999 年第 4 期。

97. 王玧:《判例在联邦德国法律制度中的作用》,载《人民司法》1998 年第 7 期。

98. 潘荣伟:《大陆法系的司法判例及其借鉴》,载《山东法学》1998 年第 4 期。

99. 王侃、吕丽:《明清例辨析》,载《法学研究》1998 年第 2 期。

100. 〔日〕滋贺秀三:《清代诉讼制度之民事法渊源的概括性考察——情、理、法》,载滋贺秀三等:《明清时期的民事审判与民间契约》,王亚新、梁治平编译,法律出版社 1998 年版。

101. 武树臣:《中国古代法律样式的理论诠释》,载《中国社会科学》1997 年第 1 期;

102. 汪世荣:《中国古代判例法制度》,载《判例与研究》1996 年第 1 期。

103. 廖彦忠:《美国法院运用"遵循先例原则"之探讨》,载《美欧月刊》1994 年第 11 期。

104. 高岩:《我国不宜采用判例法制度》,载《中国法学》1991 年第 3 期。

105. 〔美〕R. B. 施莱辛格:《大陆法系的司法判例》,吴英姿译,载《法学译丛》1991 年第 6 期。

106. 贺卫方:《中国古代司法判决的风格与精神——以宋代判决为基本依据兼与英国比较》,载《中国社会科学》1990 年第 6 期。

107. 〔美〕E. 阿伦 · 法恩斯沃思:《美国的判例法》,陶正华译,载《环球法律评论》1985 年第 6 期。

四、纸媒报道

1. 黄秀丽、孙毛宁:《中国式"判例"头炮有点闷》,载《南方周末》2012 年 1 月 12 日。

2. 张先明:《用好用活指导性案例 努力实现司法公正——最高人民法院研究室负责人就案例指导制度答记者问》,载《人民法院报》2011 年 12 月 21 日。

3. 蒋安杰、周斌:《最高法要求探索发展案例指导机制》,载《法治日报》2011 年 5 月 13 日。

5. 《"两高"研究室主任详谈"中国特色案例指导制度"的构建》,载《法制日报》2011 年 1 月 5 日。

6. 王洪亮:《德国的判例编纂制度》,载《法制日报》2005 年 3 月 10 日。

7. 刘树德:《析判例在两大法系中的地位和作用》,载《人民法院报》2003 年 8 月 11 日。

图书在版编目(CIP)数据

中国特色案例指导制度研究/左卫民,陈明国主编. —北京:北京大学出版社,2014.12

(中国司法改革实证研究丛书)

ISBN 978-7-301-25394-6

Ⅰ. ①中… Ⅱ. ①左… ②陈… Ⅲ. ①案例—中国 Ⅳ. ①D920.5

中国版本图书馆 CIP 数据核字(2015)第 018010 号

书　　名 中国特色案例指导制度研究

著作责任者 左卫民　陈明国　主编

责任编辑 陈　康

标准书号 ISBN 978-7-301-25394-6

出版发行 北京大学出版社

地　　址 北京市海淀区成府路 205 号　100871

网　　址 http://www.pup.cn　http://www.yandayuanzhao.com

电子信箱 yandayuanzhao@163.com

新浪微博 @北京大学出版社　@北大出版社燕大元照法律图书

电　　话 邮购部 62752015　发行部 62750672　编辑部 62117788

印 刷 者 三河市北燕印装有限公司

经 销 者 新华书店

965mm×1300mm　16 开本　26.5 印张　448 千字

2014 年 12 月第 1 版　2014 年 12 月第 1 次印刷

定　　价 59.00 元